Prozeß- und Methoden-Management für Informationssysteme

Michael Heym

Prozeß- und Methoden-Management für Informationssysteme

Überblick und Referenzmodell

Mit 59 Abbildungen

Dr. Michael Heym
TI Information Engineering (Deutschland) GmbH
Hammerbrookstraße 5
D-20097 Hamburg

Die Deutsche Bibliothek - CIP-Einheitsaufnahme
Heym, Michael: Prozess- und Methoden-Management für Informationssysteme: Überblick und Referenzmodell / Michael Heym. - Berlin; Heidelberg; New York; London; Paris; Tokyo; Hong Kong; Barcelona; Budapest: Springer, 1995

ISBN-13:978-3-642-78277-0 e-ISBN-13:978-3-642-78276-3
DOI: 10.1007/978-3-642-78276-3

Softcover reprint of the hardcover 1st edition 1995

SPIN: 10084006 45/3140-5 4 3 2 1 0 - Gedruckt auf säurefreiem Papier

Geleitwort

Die Fähigkeit eines Unternehmens, seine Organisation schnell auf die Bedürfnisse des Marktes auszurichten, wird mehr und mehr zum Erfolgsfaktor. Viele Unternehmen widmen daher dem Prozeß der Organisations- und Systementwicklung stärkere Aufmerksamkeit.

Der rapide Wandel in der Systementwicklung mit der heutigen zunehmenden Bedeutung der Organisationsgestaltung, der Auslagerung von Entwicklungsaktivitäten, dem stärkeren Einsatz von Standardsoftware oder Workflow-Managementsystemen und der Ablösung der Host-Architekturen durch Client-Server-Systeme bringt neue Dimensionen und Anforderungen. Die Fähigkeiten und die Motivation der Mitarbeiter bilden die Grundlage jeder Innovation; die eingesetzten Methoden und Werkzeuge müssen dieses Potential zur Geltung bringen. Die Organisations- und Systementwicklung wird daher durch vermehrten Einsatz ingenieurmäßiger Methoden unterstützt, wie sie z.B. bei der Produktentwicklung im Maschinenbau seit vielen Jahren erprobt sind.

Im Kompetenzzentrum "Rechnergestütztes Informationsmanagement" des Forschungsprogramms "Informationsmanagement 2000" an der Hochschule St. Gallen haben sich acht namhafte Schweizer Unternehmen zusammengetan, um ihren Prozeß der Softwareentwicklung zu analysieren. Das Ziel war es, den Prozeß besser zu verstehen, die Komponenten der Systementwicklung zu bestimmen, Methoden und Werkzeuge zu beurteilen und so den Entwicklungsprozeß zu optimieren. Die Untersuchungen erstreckten sich auf die Techniken des Entwurfs, die Tätigkeiten der Entwicklung und des Projektmanagements, die Qualitätssicherung (ISO 9000), die Rollen und Verantwortlichkeiten in Entwicklungsprojekten und die Pflege des Wissens über die Organisation und die Informationssysteme.

Die in diesem Buch von Dr. Michael Heym beschriebenen Grundlagen und neuen Konzepte ermöglichen es, die vielfältigen Aspekte und Komponenten der Entwicklungsprozesse zu dokumentieren und in ein zusammenhängendes, integriertes Gesamtvorgehen zu bringen. Damit ist die notwendige Harmonisierung und ein Referenzmodell für die ingenieurmäßige Integration und Anpassung verschiedener Methoden entstanden, um das unternehmensspezifische Know-how über die Organisations- und die Systementwicklung zu dokumentieren und weiter zu pflegen.

Die Arbeiten der mehr als zwanzig Experten aus den verschiedenen Partnerunternehmen innerhalb des Kompetenzzentrums haben das vorliegende Referenzmodell für die Beschreibung und Optimierung der Entwicklungsprozesse in der praktischen Anwendung bestätigt. Damit können durch den hier beschriebenen Ansatz des *Methoden-Engineering* die Entwicklungsprozesse den organisatorischen und technischen Veränderungen angepaßt und der stetige Wandel in der Informationstechnologie bewältigt werden.

St. Gallen, 28. Oktober 1994 Hubert Österle

Vorwort

Ausgangspunkt dieses Buches ist die fortwährende Innovation in der Informationstechnologie mit ihren Konsequenzen für die Organisations- und Systementwicklung. Die Vielfalt der vorhandenen und immer neu entstehenden Ansätze und Technologien, wie z.B. Client-Server, Business Process Reengineering, Objekt-Orientierung oder die Einführung von Workflow- und Standardanwendungs-Systemen, eröffnet mögliche Erfolgspositionen für das Unternehmen. Bei dieser Vielfalt und der ständigen Weiterentwicklung in der Informationstechnologie bedarf es einer kontinuierlichen Potentialeinschätzung und veränderter Entwicklungs- und Umsetzungsprozesse für die Informationssysteme, um langfristig die Wettbewerbsfähigkeit des Unternehmens zu sichern.

Entsprechendes Wissen und Erfahrungen über Technologien und Umsetzungsstrategien für das Unternehmen sind zumeist nur in den Köpfen weniger Mitarbeiter oder externer Berater vorhanden. Häufig existieren zwar bewährte Methoden und Techniken für abgegrenzte Bereiche wie Projekt- oder Qualitätsmanagement oder zur Neugestaltung der Ablauforganisation und der Informationssysteme. Eine integrierte Sichtweise der Organisations- und Systementwicklung scheitert jedoch an inkonsistenten Terminologien und Modellen, insbesondere bei der Integration neuer Trends und Erkenntnisse in die bestehenden Entwicklungs- und Umsetzungsprozesse. Das vorliegende Buch zeigt einen Weg auf, wie das Potential von Wissen über Methoden und Entwicklungsprozesse für Informationssysteme dem Unternehmen langfristig zugänglich zu machen ist, damit es schneller und kompetenter auf veränderte Anforderungen des Marktes reagieren kann.

Zur Lösung dieser Probleme bildete sich 1989 eine Arbeitsgruppe aus Industrie, Dienstleistung und dem Institut für Wirtschaftsinformatik an der Hochschule St. Gallen. Die hier vorgestellten Ergebnisse entstanden in der Folgezeit im Rahmen des Kompetenzzentrums "Rechnergestütztes Informationsmanagement" (CC RIM) des Forschungsprogramms "Informationsmanagement 2000" (IM2000).

Mit der Entwicklung eines Referenzmodells für die Beschreibung von Entwicklungsmethoden und -prozessen richtet sich das vorliegende Buch an alle Unternehmen und Beratungshäuser im Bereich der Organisations- und Systementwicklung. Die entwickelten

Konzepte und das computergestützte Methodendokumentations- und Entwicklungswerkzeug MEET bilden die Grundlage für den unternehmensweiten Aufbau einer Wissens- und Erfahrungsbank.

Ich möchte Herrn Prof. Dr. Hubert Österle für die inhaltliche Betreuung beim Entstehen des Buches und für das professionelle und produktive Arbeitsumfeld herzlichst danken. Insbesondere danke ich Herrn Dr. habil. Thomas Gutzwiller für die Projektleitung und die freundschaftliche Zusammenarbeit, die zu wertvollen Diskussionen und Anregungen für das Buch geführt haben.

Mein weiterer Dank gilt allen Partnerunternehmen und ihren Vertretern, ohne deren umfangreiches Analyse- und Expertenwissen die Ideen und Konzepte dieses Buches nicht in der vorliegenden Form ausgereift wären. Im einzelnen danke ich für die produktive und interessante Zusammenarbeit den folgenden Firmen und Vertretern des Kompetenzzentrums: P. Christensen, Dr. D. Keller (*Bundesamt für Informatik*); R. Gamma, G. Härtel (*Bühler AG*); B. Hösli (*Gebrüder Sulzer AG*); G. Krähenbühl, H. U. Marti, J. Reichen (*PTT*); R. Ami, H. Färberböck, Ch. Henrici, S. Kasa (*Schweizerische Bankgesellschaft*); S. Breinbauer, W. Wälti (*Schweizerischer Bankverein*); J. Drabek, Dr. Ch. Haenggi, Dr. U. Matter, P. Sturzenegger (*Swissair*); Th. Hobi, P. Petrinec, H.P. Schwarz, H. Weber (*Winterthur Versicherungen*); A. Meier, Dr. P. Morath, Dr. J. Remlinger (*Zürich Versicherungs-Gesellschaft*).

Nicht zuletzt möchte ich meinen Freunden und Kollegen am Institut für Wirtschaftsinformatik, namentlich Kurt Barthmes, Prof. Dr. Walter Brenner, Christian Gassner, Dr. Konrad Hilbers, Dr. Peter Lindtner, Dr. Martin Mende, Gerhard Neis, Martin Reck und Dr. Hans-Joachim Steinbock, für die intensive und fruchtbare Zusammenarbeit und die schöne Zeit in St. Gallen danken. Für die Durchsicht des Manuskripts und viele wertvolle Anmerkungen gilt mein Dank besonders Dr. Andrea Kretschmer und Marianne Saupe. Für die angenehme Zusammenarbeit und professionelle Unterstützung danke ich herzlichst Herrn Dr. Hans Wössner und Frau Barbara Gängler im Springer-Verlag.

Hamburg, im Januar 1995 Michael Heym

Inhaltsverzeichnis

1. Einleitung

1.1 Problemstellung

In allen Bereichen unserer Gesellschaft gewinnt *Know-how* immer mehr an Bedeutung. Innerhalb der betrieblichen Wertschöpfung wird *Know-how* zur wichtigen Ressource [vgl. Nefiodow 1990, S. 49ff.]. Informationstechnologie und deren Nutzung ist im betrieblichen Geschäftsablauf in immer stärkerem Maße notwendig, um die Wettbewerbsfähigkeit des Unternehmens aufrechtzuerhalten. Neue Produkte oder effizientere Ablauforganisationen entstehen erst durch die Informationstechnologie [vgl. Davenport/ Short 1990; Hammer 1990; Österle 1988a; Österle 1992]. Zum Erreichen kürzerer Produktdurchlaufzeiten, höherer Produktqualität oder zur Kostenersparnis ist es notwendig, verschiedene Geschäftsaktivitäten innerhalb der Wertekette eines oder mehrerer Unternehmen zu verknüpfen [vgl. Porter 1989, S. 223, S. 410; Stalk 1988]. Dabei entstehen immer komplexere und hochgradig integrierte Informationssysteme.

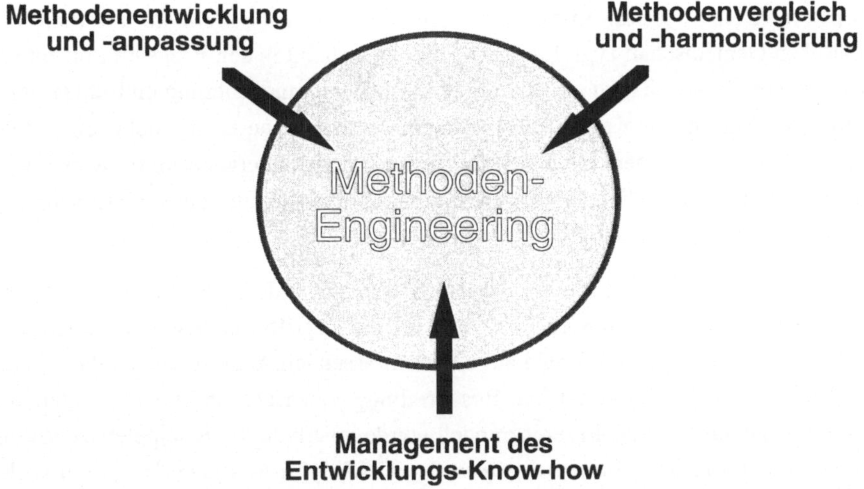

Abb.1.1: Problemstellung

Wie aber kann die Software-Entwicklung mit der steigenden Komplexität dieser Systeme Schritt halten? Was bieten *integrierte* Entwicklungsmethoden? Wie können diese an das jeweilige Unternehmen angepaßt werden und kontinuierlich der technologischen und betrieblichen Weiterentwicklung folgen? Diese Fragestellungen bilden die Grundlage des Buches. Abbildung 1.1 zeigt die drei kritischen Probleme in der Informationssystem-Entwicklung (ISE) eines Unternehmens.

- **Methodenvergleich und -harmonisierung**

Das Angebot an Methoden und CASE-Tools in Europa wächst mit jedem Tag und ist heute praktisch unüberschaubar. Jede der Methoden verwendet eine eigene Terminologie, was die Transparenz und den konzeptionellen Vergleich stark erschwert. Die Einschätzung der Anwendbarkeit und der Leistungsfähigkeit einzelner Methoden ist ein aufwendiger Prozeß, der für ein einzelnes Unternehmen kaum durchführbar und zu finanzieren ist [vgl. Färberböck/Gutzwiller/Heym 1991].

Die Auswahl der am besten geeigneten Methoden und Werkzeuge ist aber für das Unternehmen eine strategisch Entscheidung und mit hohen Einführungskosten verbunden. In der derzeitigen Praxis bestimmen häufig situative oder technische Faktoren die Entscheidung, die das Unternehmen für mindestens einen Zeitraum von fünf Jahren an die Methoden und Werkzeuge bindet. Die Verwendung von europäischen Quasistandards in der Informationssystem-Entwicklung, wie z.B. *SSADM* [vgl. CCTA 1990a] als verbindliche Methode für Regierungsprojekte in Grossbritannien, *Merise* [vgl. Rochfeld 1987] in Frankreich oder die Entwicklung einer *europäischen Methode* innerhalb der Europäischen Gemeinschaft [vgl. Eurogroup 1990a], scheint in den nächsten fünf Jahren ein erfolgversprechender Trend zu sein. Diese Methodenharmonisierung und -integration birgt für die Unternehmen ein großes Nutzenpotential. Eine einheitliche und breite Ausbildung sowie eine höhere Vergleichbarkeit von extern zu vergebenen Entwicklungsaufträgen sind zwei wesentliche Faktoren, die die IS-Entwicklung eines Unternehmens maßgeblich verbessern könnten.

Der fundierte Vergleich und die Harmonisierung verschiedener Methoden setzt eine einheitliche Terminologie und Sprache voraus, um die Begriffswelten der verschiedenen Methoden zu überbrücken. Basierend auf einer umfassenden Analyse, liefert das vorliegende Buch ein Referenzmodell zur Beschreibung von Entwicklungsmethoden für Informationssysteme. Dieses Referenzmodell wurde innerhalb des Kompetenzzentrums "*Rechnergestütztes Informationsmanagement*" (CC RIM) für den Vergleich von sechs integrierten Entwicklungsmethoden und zur Erarbeitung einer harmonisierten Methode erfolgreich eingesetzt [vgl. Österle/Gutzwiller 1992; Gutzwiller 1994].

- **Methodenentwicklung und -anpassung**

Mit der Einführung von integrierten Methoden und Werkzeugen des *Computer-Aided Software-Engineering* (CASE) arbeiten heutige Großunternehmen im Industrie- und Dienstleistungsbereich an unternehmens- oder konzernweiten Entwicklungsstandards. Dabei geht die Einführung von CASE weit über den bloßen Kauf entsprechender Methoden und Werkzeuge hinaus. Damit die Methoden und CASE-Werkzeuge nicht einen weiteren Platz neben der schon bereits vorhandenen "*Shelfware*" einnehmen, ist das Engagement der Unternehmensleitung und die Akzeptanz der Entwickler notwendig.

Dies setzt bei der Einführung von CASE die *technische, organisatorische* und *personelle* Einbindung und Anpassung an die bestehende Entwicklungsumgebung voraus. Der überwiegende Anteil der Kosten bei der Einführung eines integrierten CASE für ein Unternehmen liegt in der Anpassung der Aufbau- und Ablauforganisation sowie in der Ausbildung der Mitarbeiter und der Akquisition entsprechenden Know-hows, z.B. durch externe Berater. Bei einem voraussichtlichen Einsatz von fünf Jahren macht der Kauf entsprechender CASE-Methoden und -Tools nur etwa ein Fünftel bis ein Zehntel der Kosten aus [vgl. Gutzwiller/Österle 1990, S. 25; Huff 1992, S. 53]. Der weitaus größere Teil geht in die Anpassung der Methode und in die Ausbildung der Mitarbeiter.

Ferner existieren derzeit Hunderte von Entwicklungsmethoden, die die verschiedensten Phasen und Probleme in der Informationssystem-Entwicklung unterstützen. Es existieren separate Methoden sowohl für ein übergeordnetes Informationssystem-Management, für die Anforderungsanalyse oder das logische Design eines Informationssystems als auch für das Projekt- und das Qualitätsmanagement (z.B. ISO 9000). Die Einpassung neuer Entwicklungsmethoden und -werkzeuge in die spezifische Umgebung eines Unternehmens ist ein langfristiger und kontinuierlicher Integrationsprozeß. Diese Einpassung umfaßt sowohl die Integration verschiedener Methoden als auch die Berücksichtigung des bestehenden organisatorischen Umfelds mit z.B. einer gewachsenen Terminologie und einem übergeordneten Informationssystem-Management oder die Verbindung mit einem unternehmensweiten Datenmodell.

Dem Ziel einer *integrierten Entwicklungsmethode*, die verschiedene Entwicklungstechniken und Methoden mit verschiedenen Schwerpunkten zu einem ganzheitlichen Ansatz zusammenfaßt, widmet sich dieses Buch. Bisher existieren keine integrierten Konzepte und Werkzeuge für eine ingenieurmäßige Methodenentwicklung und -anpassung. Dieses relativ junge Forschungsinteresse führte 1992 zu einem ersten internationalen Workshop[1] und zur Planung einer *Taskgroup* zum *Methoden-Engineering* innerhalb der *International Federation for Information Processing* (IFIP WG 8.1/8.2).

- **Management des Entwicklungs-Know-how**

Die dritte Problemstellung dieses Buches befaßt sich mit dem *Know-how-Management* in der Informationssystem-Entwicklung eines Unternehmens. Das in einem Entwicklungsprojekt aufgebaute Wissen ergänzt das Wissen in integrierten Methoden, wird jedoch heute bestenfalls am Ende eines Projektes in Form eines Reviews und eines Abschlußberichtes festgehalten. Erfahrung ist und bleibt aber der wohl wichtigste Erfolgsfaktor und geht mit dem Ausscheiden eines Mitarbeiters oder durch Auflösung

---

1 "*First International Summer School on Metamodelling and Methodology Engineering*", 23. - 26. Juni, Universität Jyväskylä, Finnland, 1992

des Projektteams für das Unternehmen verloren. Daher ist es für eine erfolgreiche Anwendungsentwicklung notwendig, eine unternehmensweite Wissensbank der IS-Entwicklung aufzubauen, die die Erfahrungen und die Verbesserungen der eingesetzten Entwicklungsmethoden dokumentiert [vgl. Österle 1988b, S. 22]. Die Modellierung von Methoden und die *Know-how*-Konservierung, z.B. in elektronischen Handbüchern ist als eine der drei wesentlichen *short- und long-term actions* der Forschungsagenda des amerikanischen *Computer Science and Technology Board* aufgeführt [vgl. CSTB 1990, S. 288f.].

1.2 Zielsetzung und Adressaten

Methoden in der Informationssystem-Entwicklung unterliegen einem kontinuierlichen Prozeß der Erweiterung, Verbesserung und Integration. Neue Technologien werden durch neue Entwicklungstechniken unterstützt, Erkenntnisse aus anderen Methoden müssen integriert werden, Erfahrungen aus dem praktischen Einsatz der Methode erfordern eine kontinuierliche unternehmensspezifische Anpassung der Methode. Ferner gibt es keine integrierte Methode, die alle Aspekte der Systementwicklung abdeckt. Vielmehr muß ein Unternehmen eine Menge von verschiedenen Teilmethoden für unterschiedliche Aspekte (Anforderungsanalyse, Systemspezifikation, Projektmanagement, Qualitätsmanagement) integrieren. Dabei entstehen inkompatible Schnittstellen, inkonsistente Dokumentationen und erhebliche Integrationsprobleme bei den durch die eigenen Erfahrungen und Standards erweiterten neueren Versionen der Methoden [vgl. Wijers 1991, S. 2].

Zielsetzung dieses Buches ist es, Konzepte für eine ingenieurmäßige Entwicklung von integrierten Methoden zur Informationssystem-Entwicklung zu liefern. Während das *Software-Engineering* den disziplinierten Prozeß der Umsetzung der betrieblichen Anforderungen in ein Informationssystem unterstützt, befaßt sich das *Methoden-Engineering* mit der Beschreibung und Entwicklung von Software-Entwicklungsmethoden.

Unter METHODEN-ENGINEERING wird der *systematische und strukturierte Prozeß zur Entwicklung, Modifikation und Anpassung von Software-Entwicklungsmethoden durch die Beschreibung der Methodenkomponenten und ihrer Beziehungen* verstanden. Die entstehenden Methoden bieten effektive Lösungen für spezifische Entwicklungssituationen[1]. Abbildung 1.2 zeigt die verschiedenen Aspekte und Arbeitsschwerpunkte der noch jungen Forschungsrichtung des Methoden-Engineering.

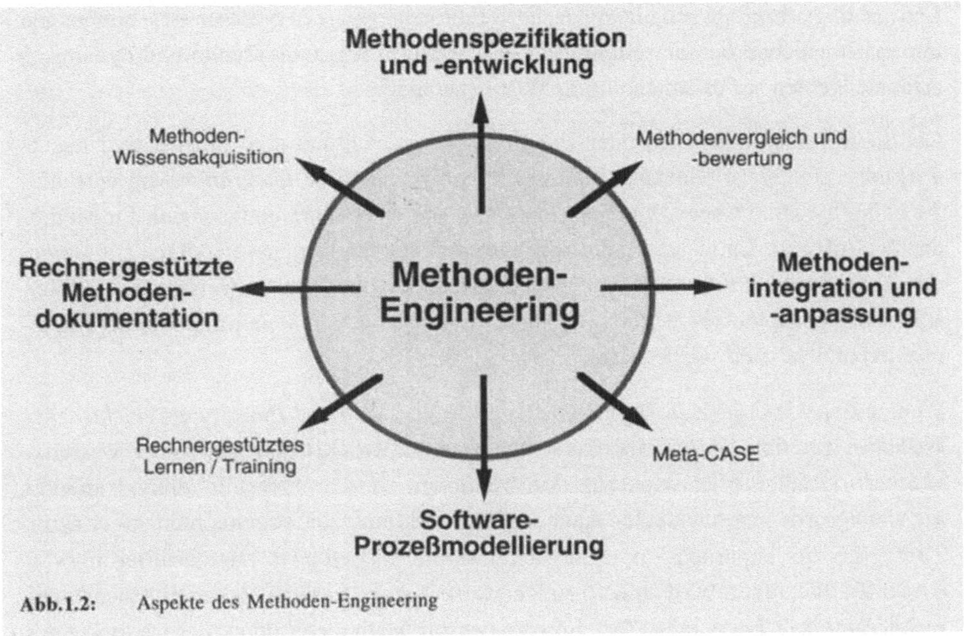

Abb.1.2: Aspekte des Methoden-Engineering

Der Schwerpunkt des Buches liegt zunächst auf der Entwicklung einer einheitlichen Struktur zur rechnergestützten *Methodenspezifikation*. Sie beschreibt ein Modell, wie Methoden und Software-Entwicklungsprozesse formal beschrieben werden können, und liefert damit einen Beitrag zur sogenannten *Software-Prozeßmodellierung* aus Sicht der Methodenmodellierung (vgl. Abschnitt 3.3.1). Ferner soll das Modell durch die Integration von Erfahrungswissen zur IS-Entwicklung ein allgemeines Repräsentationsmodell für methodisches Wissen liefern.

Überträgt man die Konzepte des *Computer-Aided Software Engineering* (CASE) konsequent auf eine Methodenentwicklung, dann gehören zur Spezifikation einer Methode neben einem Repräsentationsmodell verschiedene graphische Techniken und Diagramme, die in dem vorliegenden Buch entwickelt werden sollen. Bisher werden Methoden in Form von Büchern beschrieben, in denen Ungenauigkeiten übergangen

---

1 Die Definition basiert auf den Bemühungen um eine einheitliche Terminologie während der "*First International Summer School on Metamodelling and Methodology Engineering*", June 23-26, Jyväskylä, Finland, 1992.

werden können. Häufig weisen die Methodenhandbücher Inkonsistenzen bezüglich verschiedener Namenskonventionen auf. Bei Änderungen der Methode sind Referenzen, z.B. zwischen verschiedenen Entwicklungsaktivitäten und -produkten, manuell im Methodenhandbuch zu ersetzen. Ein *rechnergestütztes Methodendokumentations-* und *Entwicklungswerkzeug* mit entsprechenden Editoren zwingt zu präzisen Beschreibungen und erlaubt neben der maschinellen Konsistenzprüfung, individuelle und dynamisch erzeugte Sichten auf das methodische Wissen zu bilden.

Der Schwerpunkt beim Methoden-Engineering liegt nicht auf dem Prozeß der Neuentwicklung, sondern vielmehr auf der *Weiterentwicklung* und *Integration* von verschiedenen Methoden. Daher soll neben einem integrierten Beschreibungsmodell für Methoden der Software-Entwicklung die Weiterentwicklung und Anpassung durch ein *Methodenversionsmodell zum Customizing* von Methoden unterstützt werden. Schließlich sollen alle genannten Konzepte in einem Prototyp zum *Methoden-Engineering* implementiert und validiert werden.

Weitere Aspekte des Methoden-Engineering wie *Vergleich* und *Bewertung verschiedener Methoden* für den Einsatz in einem konkreten Entwicklungsprojekt oder *Wissensakquisition* für die Entwicklung von Methoden werden hier nur anhand anderer Forschungsarbeiten untersucht. Auch die Entwicklung von sogenannten *Meta-Case-Tools*, die die Anpassung und Entwicklung von Werkzeugen zur Generierung von CASE-Tools umfaßt, wird anhand einiger wesentlicher Ansätze diskutiert. Ebenso wie *rechnergestützte Lern-* oder *Trainingssysteme* für Methoden bilden diese Aspekte des Methoden-Engineering nicht den Schwerpunkt dieser Arbeit, werden jedoch im Rahmen des dritten Kapitels näher beleuchtet.

Mit einem Werkzeug zur Entwicklung und Beschreibung von Methoden sowie mit der Integration verschiedener Methoden wendet sich das Buch an alle Unternehmen mit einem großen Eigenentwicklungsbedarf für Informationssysteme. Die vorgestellten Konzepte sollen die Grundlage für eine unternehmensweite und integrierte Entwicklungsmethode bilden und den Aufbau einer Wissen- und Erfahrungsbank für die unternehmensspezifische Entwicklungssituation ermöglichen.

Ferner wendet sich das Buch an Methoden- und Beratungshäuser sowie CASE-Tool-Hersteller, die das Referenzmodell zur einheitlichen Methodenbeschreibung und das *Methoden-Engineering-Tool* MEET als rechnergestütztes Entwicklungswerkzeug verwenden können. Der Prototyp MEET kann darüber hinaus als rechnergestütztes Methodenhandbuch für die schnellere und effizientere Distribution des methodischen Wissens eingesetzt werden.

In der Lehre und Forschung wendet sich das Buch an Studenten und Forscher im Bereich des Software-Engineering als ein Referenzmodell für die Beschreibung von Entwick lungsmethoden und -prozessen mit dem Ziel des besseren Verständnisses und der Harmonisierung in der Software-Entwicklung [vgl. Heym/Österle 1992a]. Adressaten sind insbesondere internationale Standardisierungsgremien und Projekte, die die Harmonisierung und Standardisierung der Informationssystem-Entwicklung als Schwerpunkt behandeln, z.B. das Software-Engineering Subcommittee SC7 der ISO oder das europäische Projekt zur "*Euromethode*" (vgl. Abschnitt 3.4.2).

1.3 Entstehung und Aufbau des Buches

Das Buch entstand im Rahmen des Kompetenzzentrums "*Rechnergestütztes Informationsmanagement*" (CC RIM) des Forschungsprogramms "*Informationsmanagement 2000*" an der Hochschule St. Gallen mit aktiver Teilnahme von acht schweizerischen Produktions- und Dienstleistungsunternehmen. Ziel des CC RIM war die Analyse und der Vergleich unterschiedlicher Methoden zur Entwicklung kommerzieller, transaktions-orientierter Informationssysteme. Dabei wurden verschiedene Methoden mittels eines einheitlichen Beschreibungsmodells verglichen und eine *Referenzmethode* entwickelt, die als Harmonisierung und Synthese der untersuchten ISE-Methoden zu verstehen ist [vgl. Österle/Gutzwiller 1992; Gutzwiller 1994].

Zugrundeliegende Zielsetzung der Arbeiten war die Entwicklung eines sogenannten *Know-how-Pools* für die Speicherung und Verwaltung von Wissen. Wesentlicher Schwerpunkt war die Festlegung einer einheitlichen und verbindlichen Terminologie im Bereich Informationssystem-Management (ISM) und CASE, um eine Kommunikationsbasis und einen einheitlichen Wissensstand innerhalb der Forschungsgruppe des Instituts für Wirtschaftinformatik (IWI) aufzubauen.

Die Abbildung 1.3 zeigt das Vorgehen und die Gliederung des Buches, insbesondere die Entwicklung und die Validierung des Referenz-Beschreibungsmodells innerhalb des Kompetenzzentrums CC RIM.

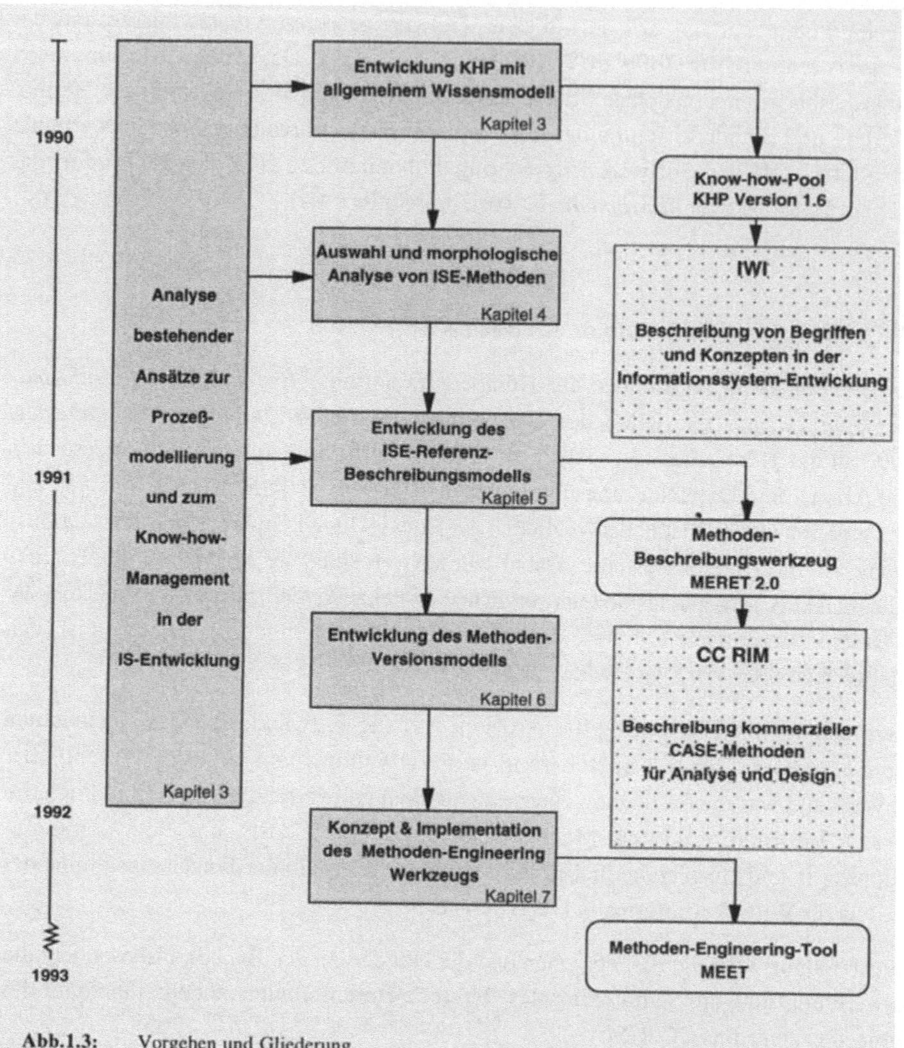

Abb.1.3: Vorgehen und Gliederung

Auf der Basis eines allgemeinen Wissensmodells, in dem Begriffe in Form von Objekten und Beziehungen sowie durch Regeln für Objekttypen beschrieben wurden, entstanden mehrere Versionen eines Hypertextsystems mit zugrundeliegender Datenbank. Deren Einsatz am IWI zeigte, daß die Spezifikation des Wissens in der allgemeinen Form des Wissenmodells zwar immer möglich war, aber häufig zu aufwendigen und von den Benutzern nicht akzeptierten Wissensstrukturen führte. Eine weitere Erkenntnis war, daß Konzepte zum Informationsmanagement nur in problemorientierten, kontextabhängigen Sichten von den Benutzern verstanden und beschrieben werden können.

Nach diesen ersten Prototypen wurde der Anwendungsbereich für einen *Know-how-Pool* auf Methoden zur Informationssystem-Entwicklung verlagert. Es folgte eine Auswahl und Analyse von ISE-Methoden, um deren Inhalte und die verwendeten Beschreibungsstrukturen zu untersuchen. Kapitel 4 faßt die morphologischen Analysen sechs verschiedener kommerzieller Entwicklungs- und Projektmanagementmethoden zusammen. Anhand der einzelnen Handbücher wurden die verwendeten Beschreibungsstrukturen in Form von semantischen Datenmodellen beschrieben. Diese Beschreibungsmodelle bildeten die Basis zur Ableitung eines *Referenz-Beschreibungsmodells* für die Informationssystem-Entwicklung.

Gleichzeitig wurden verschiedene Ansätze zur Modellierung von Software-Entwicklungsprozessen und -methoden sowohl in der Literatur als auch in internationalen Forschungsprojekten hinsichtlich ihrer Repräsentationsformalismen untersucht. Das dritte Kapitel diskutiert vierzig der untersuchten Ansätze zum *Informationssystem-Know-how-Management* aus unterschiedlichen Forschungsrichtungen wie der Künstlichen Intelligenz, zu *elektronischen Handbüchern*, zur *Software-Prozeßmodellierung* und zum *Methoden-Engineering*.

Das in Kapitel 5 beschriebene Referenzmodell für ISE-Methoden wurde in mehreren Workshops von den Methodenexperten der Partnerunternehmen des CC RIM überprüft und überarbeitet. Für das Referenz-Beschreibungsmodell wurde ein datenorientierter Ansatz gewählt und ein entsprechendes Methoden-Beschreibungswerkzeug MERET (*Methodology Representation Tool*) entwickelt [vgl. Heym 1991c]. Als wesentlicher Schritt der Validierung diente dieses Werkzeug 1991 den Partnerunternehmen des CC RIM zur Beschreibung der in ihrem Unternehmen verwendeten Entwicklungsmethode.

Es entstanden einheitliche, rechnergestützte Beschreibungen von fünf kommerziellen Entwicklungsmethoden für die Phasen Analyse und Design [vgl. Heym 1991a, 1991b]. Dabei zeigte sich, daß das Beschreibungsmodell geeignet ist, alle Aspekte der untersuchten Methoden, wie z.B. Ergebnisstrukturen, Aktivitäten, Akteure und Rollen oder verschiedene Vorgehensmodelle abzubilden. Während der Arbeiten wurden hauptsächlich Anforderungen an das Tool in Richtung der Darstellung und der graphischen Unterstützung zur Beschreibung des methodischen Wissens gestellt.

Während der anfänglichen Arbeiten zur Repräsentation von Methoden wurde eine Entity-Relationship-Notation mit Beschreibung durch Objekttypen, Beziehungen und Attribute verwendet. Die unzureichende semantische Ausdrucksfähigkeit führte uns zu der am Institut für Wirtschaftsinformatik entwickelten ASDM-Notation [vgl. Lindtner 1992]. Die Erfahrungen aus den umfangreichen Beschreibungen des CC RIM wurden bei der Überarbeitung des Modells in die ASDM-Notation aufgenommen. Neben der eigentlichen Methodenbeschreibung enthält dieses in Kapitel 5 ausführlich beschriebene

Referenz-Beschreibungsmodell die Integration von Erfahrungswissen in die Methodenbeschreibung.

Als vordringliches Problem bei dem Einsatz einer Entwicklungsmethode wurde seitens der Unternehmen die Forderung nach Anpassung der Methode auf organisatorische, personelle oder technische Gegebenheiten des Projektes oder des Unternehmens gestellt. Kapitel 6 kommt dieser Forderung mit einem Methoden-Versionsmodell zur Modifikation und Anpassung von Methoden (*Customizing*) auf Basis des ISE-Referenz-Beschreibungsmodells nach.

Kapitel 7 beschreibt die Umsetzung der Konzepte in das *Methoden-Engineering-Tool* MEET [vgl. Heym/Österle 1992b]. Dieses Werkzeug wurde unter Verwendung des Meta-Case-Tools *Virtual Software Factory* [vgl. VSF 1992a] entwickelt und unterstützt die ingenieurmäßige Entwicklung und Anpassung von ISE-Methoden durch graphische Editoren und die redundanzfreie Speicherung in einer Methodenbank. MEET wurde als Prototyp am Institut für Wirtschaftsinformatik der Hochschule St. Gallen entwickelt und als *Know-how-Pool* für verschiedene Informationssystem-Methoden eingesetzt.

Zur besseren Lesbarkeit des Buches wurden die folgenden Notationen verwendet:

— Begriffe innerhalb eines Textes, wie feststehende Bezeichnungen oder Eigennamen aus referenzierten Quellen, werden durch *kursive Schrift* hervorgehoben.
— Das erste definitorische Auftreten eines Begriffes, insbesondere in einem der Beschreibungsmodelle, wird durch KAPITÄLCHEN gekennzeichnet.
— Zitate stehen in "Anführungszeichen", und Quellenangaben erfolgen innerhalb des Textes in [eckigen Klammern].

2. Grundlagen

2.1 Software-Engineering

Das *IEEE Standard Glossary of Terminology* definiert SOFTWARE-ENGINEERING als "*The application of a systematic, disciplined, quantifiable approach to the development, operation, and maintenance of software; that is, the application of engineering to software*" [vgl. IEEE Std. 610.12-1990, S. 67]. Das primäre Ziel ist es, die Qualität der Softwareprodukte und die Produktivität der Entwickler zu erhöhen.

Software-Engineering ist keine rein technische, sondern eine pragmatisch-technologische Disziplin, die sowohl auf der Informatik als auch auf der Management- und der Kommunikationslehre und den Ingenieurwissenschaften basiert [vgl. Fairley 1985, S. 2]. Der Begriff wurde Ende der sechziger Jahre als Antwort auf die damals beginnende sogenannte *Software-Krise* geprägt. Durch die Entwicklung einer neuen Generation von Rechnern wurde es möglich, sehr viel größere und komplexere Applikationen zu erstellen. Die bestehende Praxis der Software-Entwicklung war den Anforderungen nicht länger gewachsen. Infolgedessen überschritten viele Entwicklungsprojekte ihren zeitlichen und finanziellen Rahmen erheblich [vgl. Sommerville 1989, S. 3].

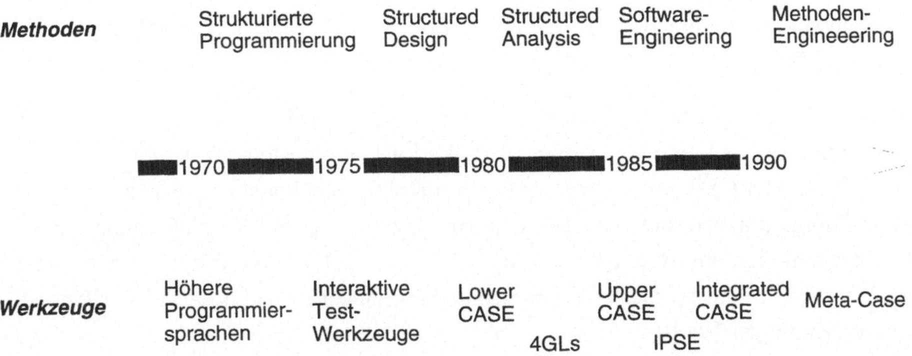

Abb.2.1: Entwicklungen im Software-Engineering

Betrachtet man die Software-Entwicklung aus Sicht der Methoden und Werkzeuge, so läßt sich die Entwicklung der letzten 20 Jahre im Überblick wie in Abb.2.1 darstellen. Anfang der siebziger Jahre wurde mit der Entstehung von höheren Programmiersprachen (z.B. ALGOL, FORTRAN oder COBOL) die bis dahin als künstlerische Disziplin betrachtete Software-Entwicklung durch die *Strukturierte Programmierung* abgelöst. Das zu Anfang der siebziger Jahre von Royce eingeführte und später von

Boehm weiterentwickelte Wasserfallmodell war der Beginn, die Software-Entwicklung als strukturierten und ingenieurmäßigen Prozeß zu verstehen [vgl. Boehm 1983, S. 11]. Methodisch wurde mit den Arbeiten von Dijkstra, Dahl [vgl. Dahl/Dijkstra/Hoare 1972], Wirth [Wirth 1971] und Hoare [Hoare 1969] die *Strukturierte Programmierung* zur Spezifikation des Kontrollflusses in Algorithmen und zur Spezifikation der Datenstrukturen begründet. Mit der Ablösung der batchorientierten Systeme und der Entwicklung von *Multitasking* und *Time-Sharing* wurde in den siebziger Jahren die Software-Entwicklung durch interaktive Test- und Entwicklungswerkzeuge für die Programmierung, wie z.B. Compiler, Debugger, Linker oder Bibliotheksverwaltungssysteme, unterstützt.

Die Entwicklung und der Einsatz sogenannter *Lower-CASE-Werkzeug*e hat erhebliche Produktivitätssteigerungen in der Software-Entwicklung durch die Generierung von Programmcode bewirkt. *Lower-Case* bezeichnet gemäß dem Phasenmodell die späteren Phasen der Software-Entwicklung, wie die Konstruktion, die Implementierung und den Test, wobei keine klare Abgrenzung existiert [vgl. Ludewig 1991, S. 113]. Mit den Arbeiten von DeMarco und Yourdon zum *Strukturierten Design* und später zur *Strukturierten Analyse* verlagerte sich der Schwerpunkt von der Programmierung auf die Anforderungsdefinition und das logische Design von Programmen [vgl. DeMarco 1978; Yourdon/Constantine 1979]. Diese *datenflußorientierten* Techniken wurden vielfach um Techniken zur Datenmodellierung erweitert und sind noch heute die verbreitesten Entwicklungsmethoden in der betrieblichen Praxis [vgl. MacMenamin/Palmer 1988; Yourdon 1989].

In den achtziger Jahren wurden als Alternative zu CASE-Werkzeugen sogenannte 4.-Generationsprachen (4GL) oder Applikationsgeneratoren entwickelt, wie z.B. NATURAL oder CSP. Diese geschlossenen Entwicklungsumgebungen bieten spezielle Entwicklungssprachen und erreichen eine Beschleunigung und Vereinfachung der Anwendungsentwicklung durch die Standardisierung der Ein- und Ausgabeoperationen, z.B. beim Zugriff auf Bildschirme, Dateien und Datenbanken [vgl. Leinweber 1988; Althammer/Zgraggen 1988].

Die letzten Jahre brachten eine Vielzahl von verschiedenen Entwicklungstechniken und -methoden für die Analyse, das logische Design und die Implementierung von Informationssystemen hervor. Thematik des *Software-Engineering* ist seit einigen Jahren die Integration verschiedener Techniken von der ersten Anforderungsdefinition bis hin zur Einführung des entwickelten Systems in den betrieblichen Ablauf, wie z.B. der *Information-Engineering*-Ansatz [vgl. Martin/Finkelstein 1981]. Zur Unterstützung dieser Methoden entstanden sogenannte *Upper-CASE-Werkzeuge*. Diese ersten graphischen Editoren mit zugrundeliegender Entwicklungsdatenbank für z.B. die Entwicklung von Datenfluß- oder ER-Diagrammen sind in der Regel PC- oder

Workstation-basierte Werkzeuge. Weit verbreitete Beispiele sind z.B. die *Application Development Workbench* (ADW/IEW) [vgl. KnowledgeWare 1990] oder *Excelerator* [vgl. Index Technology 1989].

Hat sich das Software-Engineering in den letzten zehn Jahren vorwiegend mit den Entwicklungsergebnissen und -techniken beschäftigt, so konzentriert sich die Forschung derzeit auf ein besseres Verstehen und Beschreiben der Entwicklungsprozesse. Dabei stehen die formale Definition und Anpassung von Prozeßmodellen im Vordergrund. Das amerikanische *Software Engineering Institute* (SEI) hat ein *Software-Process-Maturity*-Modell entwickelt, das zur Charakterisierung der Entwicklungspraxis eines Unternehmens fünf Reifegrade unterscheidet [vgl. Humphrey 1988]. Studien des SEI haben gezeigt, daß sich die Mehrheit aller Unternehmen auf Level 1 des Reifemodells "Initial" befinden. Die im SEI entwickelte Methode zum Erreichen eines definierten und optimierten Prozeßmodells sowie die Institutionalisierung durch eine *Software-Engineering-Prozeßabteilung* im Unternehmen führte in den letzten zwei Jahren in einigen amerikanischen Unternehmen zu erheblichen Kostenreduktionen in der IS-Entwicklung [vgl. Humphrey/Kitson/Gale 1991, S. 43].

In den letzten Jahren ist an der Integration von verschiedenen Werkzeugen in sogenannten integrierten Projekt-Entwicklungsumgebungen (IPSEs) und an integrierten CASE-Tools gearbeitet worden. Eine IPSE ist eine Sammlung von verschiedenen Werkzeugen in einer Entwicklungsplattform, die z.B. Compiler, Test-, Versions- und Konfigurationswerkzeuge oder Mailing- und Konferenzsysteme enthält. Es wurde vorwiegend eine Integration auf syntaktischer Ebene angestrebt. So werden Protokolle zwischen verschiedenen Werkzeugen in PCTE oder einheitliche Datenschnittstellen in CDIF entwickelt [vgl. EIA 1991]. Dieses hat aber nicht zu der gewünschten qualitativen Verbesserung des Entwicklungsprozesses und des entstehenden Informationssystems geführt [vgl. Brown/McDermid 1992, S. 27]. Erst eine methodische und semantische Integration auf der Basis eines einheitlichen methodischen Verständnisses gilt in integrierten Entwicklungsumgebungen als erfolgversprechend [vgl. Brown/McDermid 1992, S. 25; Thomas/Nejmeh 1992, S. 31]. Voraussetzung dafür ist die Integration verschiedener Methoden auf einem semantischen Level. Dies wird innerhalb der jungen Disziplin des *Methoden-Engineering* untersucht.

Die ingenieurmäßige Entwicklung und Integration verschiedener Methoden wird technologisch durch sogenannte *Meta-CASE-Tools* (*CASE-Shells*) unterstützt. Diese Werkzeuge erlauben es, beliebige graphische Editoren und Reports zu definieren und die zugrundeliegende Entwicklungsdatenbank des CASE-Tools zu modifizieren [vgl. Sorenson/Tremblay/McAllister 1988; Smolander et al. 1991].

2.2 Methoden und Informationssysteme

Im Rahmen dieses Buches wird schwerpunktmäßig die Entwicklung von transaktionsorientierten Informationssystemen untersucht. Ein INFORMATIONSSYSTEM (IS) legt eine Menge von Informationen, Vorschriften zur Verarbeitung (Algorithmen, Methoden) und die Verarbeiter der Informationen (Prozessoren) sowie die Beziehungen zwischen diesen fest [vgl. Österle 1981, S. 13]. Unter diese Definition fallen nicht nur rechnergestützte Applikationen, auch das Unternehmen oder der Straßenverkehr mit Schildern und Ampeln werden als Informationssystem bezeichnet.

Ein TRANSAKTIONSORIENTIERTES INFORMATIONSSYSTEM ist ein rechnergestütztes Speicher- und Retrievalsystem mit einem transaktionsorientierten Datenbanksystem im Mittelpunkt der gesamten Applikation. Dazu gehören vor allem große betriebliche Informationssysteme, wie z.B. ein Materialwirtschafts- oder ein Finanzbuchhaltungssystem, typische Bankapplikationen oder die verschiedenen Reservationssysteme einer Fluggesellschaft oder eines Reiseveranstalters.

Unter einer ENTWICKLUNGSMETHODE für transaktionsorientierte Informationssysteme (ISE-METHODE) wird die systematische Anleitung des gesamten Entwicklungsprozesses von den ersten Anforderungen und Bedürfnissen bis hin zum implementierten und in das betriebliche Umfeld eingeführten IS verstanden. Dabei bietet eine Methode Unterstützung bei der

- Strukturierung der vorliegenden Informationen durch geeignete Begriffs- und Modellbildung,
- Planung der Arbeits- und Denkschritte durch sogenannte Vorgehensmodelle,
- Bewertung und Auswahl von Entwicklungsalternativen,
- Bewertung und Entscheidung hinsichtlich des situativen Ressourceneinsatzes (Kosten, Zeit und Personal),
- Festlegung der Zwischen- und Endergebnisse sowie deren Darstellung,
- Erstellung der Ergebnisse durch entsprechende Werkzeuge.

Beispiele für ISE-Methoden sind *Structured Analysis/Structured Design* [MacMenamin/ Palmer 1988; Yourdon 1989], *ISOTEC* [Ploenzke 1989], *Information Engineering Methodology* [James Martin 1989], *CASE*Method* [Oracle 1988] oder *Navigator* [Ernst & Young 1990].

Eine TECHNIK beschreibt die Art und Weise, wie spezielle Entwicklungsergebnisse in den einzelnen Entwicklungsaktivitäten zu erstellen sind [vgl. Brinkkemper 1990, S. 19]. Diese Beschreibungen umfassen die Konzepte und die Darstellung (*Notation*) der entsprechenden Entwicklungsergebnisse sowie die Vorgehensweise und Erfahrungen bei der Erstellung. Beispiele für Techniken sind die Datenmodellierung, die Prozeßdekomposition, die Datenflußmodellierung oder die verschiedenen Interviewtechniken.

Im englischen Sprachgebrauch wird eine Methode häufig im obigen Sinn als *Methodology* und eine Technik als *Method* bezeichnet [vgl. Coleman 1989, S. 10]. Da sich diese Arbeit mit einer Studie von verschiedenen Methoden befaßt, wird der Ausdruck METHODOLOGY im ursprünglichen Sinne als die Lehre von Methoden verstanden.

Die Herleitung einer semantisch präzisen Definition einer ISE-Methode und -Technik ist Gegenstand dieses Buches und wird in Kapitel 5 in Form eines Referenz-Beschreibungsmodells für ISE-Methoden hergeleitet. Dieses Referenzmodell geht über eine textuelle Definition hinaus und beschreibt eine ISE-Methode mit ihren Komponenten und Beziehungen in Form eines semantischen Datenmodells.

2.3 Das semantische Datenmodell ASDM

Semantische Datenmodelle bieten reichhaltige Modellierungskonzepte für strukturelle Aspekte eines Realitätsausschnittes. Im Vergleich zu der weit verbreiteten *Entity-Relationship*-Modellierung [vgl. Chen 1976] werden in semantischen Datenmodellen verschiedene Typen von Objekten und Beziehungen unterschieden, um eine stärkere semantische Ausdruckskraft der Modelle zu erzielen [vgl. Abiteboul/Hull 1987; Ferstl/Sinz 1990].

Im Rahmen dieses Buches werden alle Modelle mit der am Institut für Wirtschaftsinformatik der Hochschule St. Gallen entwickelten "*A Semantic Data Model*"-Notation (ASDM) hergeleitet. ASDM unterscheidet sich von anderen semantischen Datenmodellen durch Modellierung mehrfacher disjunkter und nicht disjunkter Klassenbildung, der schrittweisen Verfeinerung von Aggregations- und horizontalen Beziehungen sowie durch die Modellierung von Instanzen. Im folgenden soll ein kurzer Überblick über die Modellierungskonzepte gegeben werden, die in diesem Buch verwendet werden. Eine ausführliche Beschreibung findet man in [Lindtner 1992, S. 7ff.].

ASDM bietet eine graphische Notation für die Modellierung von Objekttypen, Instanzen und verschiedenen Beziehungstypen. INSTANZEN sind Beschreibungen konkreter, individueller Objekte des realen Modellierungsbereichs. OBJEKTTYPEN abstrahieren eine Menge von Instanzen, die gleiche Eigenschaften besitzen, zu einer Klassenbeschreibung mit gemeinsamen Attributen und Beziehungen. Z.B. weist die Menge aller Fahrzeuge gemeinsame Eigenschaften auf und kann in einem Objekttyp *Fahrzeug* abstrahiert werden. Objekttypen werden in ASDM durch Rechtecke dargestellt (vgl.

Abb.2.2). Die Modellierung von Instanzen wird im Rahmen dieses Buches nicht weiter verwendet.

Beziehungstypen werden in ASDM als binäre und gerichtete Beziehungen zwischen zwei Objekttypen modelliert. Sie werden weiter unterschieden in Vererbungs-, Aggregations- und horizontale Beziehungen.

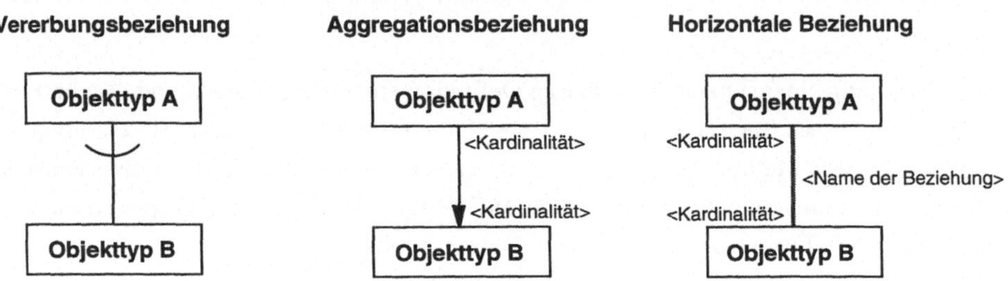

Abb.2.2: Beziehungen zwischen Objekttypen in ASDM

Eine VERERBUNGSBEZIEHUNG zwischen zwei Objekttypen drückt eine klassenbildende Abstraktion aus. Eine Anzahl von verschiedenen Objekttypen kann in einen gemeinsamen Supertyp generalisiert werden. Dabei erben alle Subtypen die Eigenschaften (Attribute und Beziehungen) des Supertyps. So kann die Menge der *Straßenfahrzeuge* und die Menge der *Schienenfahrzeuge* in den Supertyp *Fahrzeug* generalisiert werden. Vererbungsbeziehungen werden in ASDM als Kanten dargestellt, die auf der Seite des Supertyps durch einen Kreisbogen markiert sind (vgl. Abb.2.2).

Eine AGGREGATIONSBEZIEHUNG drückt eine andere Form der Abstraktion aus und wird zum Bilden von komplexen Objekten verwendet. Ein Objekttyp kann aus weiteren Objekttypen zusammengesetzt sein, z.B. besteht ein *Straßenfahrzeug* aus einem Motor, einer Karosserie und einem Fahrwerk, dieses wiederum aus einer Anzahl von Rädern. Dieser Beziehungstyp wird als Pfeil von dem übergeordneten Objekttyp zu den Komponenten graphisch repräsentiert (vgl. Abb.2.2). Auf beiden Seiten der Aggregationsbeziehung kann die Anzahl der Instanzen für diese Beziehung definiert werden. Ein Straßenfahrzeug besteht z.B. aus genau einer Karosserie und aus einer Anzahl von Rädern. Es werden folgende *Kardinalitäten* unterschieden:

— **1** für genau ein Objekttyp
— **c** für kein oder genau ein Objekttyp (*conditional*)
— **n** für kein, ein oder mehrere Objekttypen (hier kann auch eine genaue Anzahl angegeben werden).

Während Vererbungs- und Aggregationsbeziehungen zwei verschiedene Abstraktionskonzepte ausdrücken, beschreibt eine HORIZONTALE BEZIEHUNG eine funktionale

Abhängigkeit zwischen zwei Objekttypen. Bei dem Fahrzeugbeispiel mag es sich um die Modellierung eines öffentlichen Transportunternehmens handeln, die der optimalen Besetzung der verschiedenen Fahrzeuge dient. Eine horizontale Beziehung besteht z.B. zwischen dem *Fahrzeug* und dem Objekttyp *Mitarbeiter*, die die Besetzung des Fahrzeuges mit dem Mitarbeiter als Fahrer ausdrückt. In ASDM sind horizontale Beziehungen vom aktiven zum passiven Objekttyp gerichtet. In diesem Buch werden horizontale Beziehungen immer mit Verben für beide Richtungen beschriftet, die die Beziehung näher beschreiben. Dabei gilt die Konvention, daß die zuerst genannte Beziehung von dem weiter oben oder weiter links stehenden Objekttyp aus zu lesen ist. Ferner müssen wie bei der Aggregationsbeziehung die Kardinalitäten für beide Objekttypen angegeben werden.

Die Abbildung 2.3 zeigt die beiden Spezialfälle der rekursiven horizontalen und der rekursiven Aggregations-Beziehung. Die Organisationseinheit eines Unternehmens besteht z.B. aus weiteren Organisationseinheiten (Haupt-, Unterabteilungen), oder die eine zentrale Organisationseinheit kann die fachliche Führung anderer Organisationseinheiten übernehmen.

Rekursive Aggregationsbeziehung

n
Organisations-einheit
c

Rekursive horizontale Beziehung

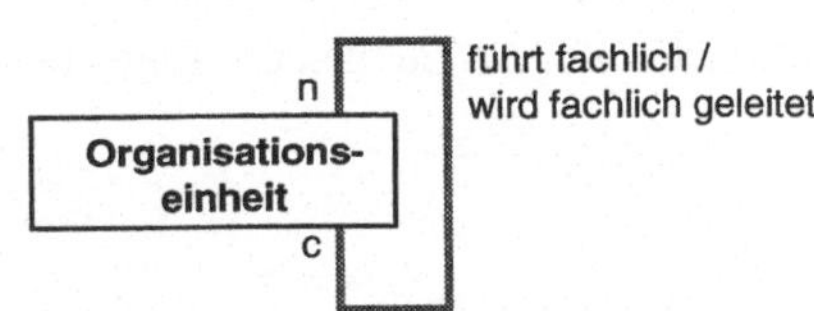

Abb.2.3: Rekursive Beziehungstypen in ASDM

Interessant in ASDM ist die Klassifizierung eines Objekttyps nach unterschiedlichen Perspektiven. Im Fahrzeugbeispiel ist es notwendig, die Fahrzeuge einerseits nach dem Untersatz in *Straßen-* und in *Schienenfahrzeuge* zu klassifizieren. Andererseits muß bei der steuerlichen Abschreibung nach dem Verwendungsbereich in *private* und *öffentliche* Fahrzeuge unterschieden werden. Es können sogenannte Klassifizierungssichten *Untersatz* und *Verwendungsbereich* definiert werden, nach denen die Menge der Objekte des Supertyps vollständig nach den Subtypen jeder Klassifizierungssicht eingeteilt werden können. Kann jedes Objekt genau einem Subtyp bzgl. dieser Sicht zugeordnet werden, handelt es sich um eine DISJUNKTE KLASSIFIZIERUNGSSICHT. Kann eine Instanz des Supertyps mehreren Subtypen zugeordnet werden, wird die Klassifizierungssicht NICHT DISJUNKT genannt (vgl. Abb.2.4).

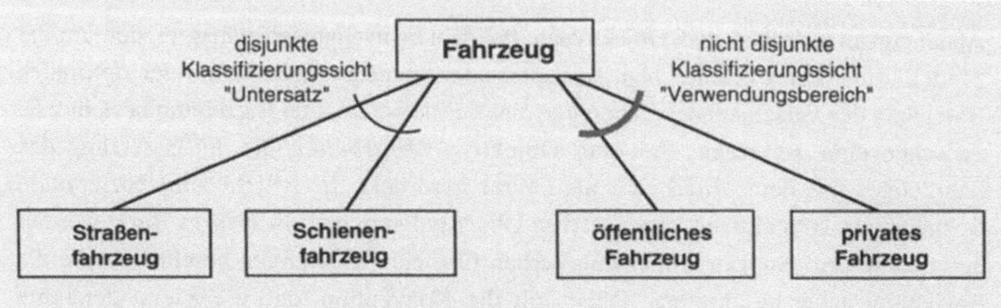

Abb.2.4: Klassifizierungssichten in ASDM

Durch das Bilden unterschiedlicher Klassifizierungsichten eines Objekttyps entstehen weitere Subtypen mit *multipler* Vererbung. Da ein Fahrzeug sowohl nach dem Untersatz als auch nach der Verwendungsart klassifiziert werden kann, ergeben sich Objekttypen für die entsprechenden Kombinationen. Abbildung 2.5 zeigt die entstehenden Objekttypen *öffentliche* und *private Straßenfahrzeuge* und *öffentliche* und *private Schienenfahrzeuge* und das *private/öffentliche Fahrzeug*, das durch die nicht disjunkte Klassifikationssicht des Verwendungsbereichs entsteht (z.B. ein Taxi). Dabei erbt jedes dieser Subtypen mehrfach von den übergeordneten Typen. Es entsteht eine verbandsähnliche Vererbungsstruktur, die automatisch erzeugt werden kann. Aus Gründen der Übersichtlichkeit wird für den Fall, daß alle Objektypen der Vererbungsstruktur sinnvoll und alle Eigenschaften von den Supertypen regulär erben, nur die erste Ebene einer Klassifikationssicht in den Modellen der folgenden Kapitel wiedergegeben.

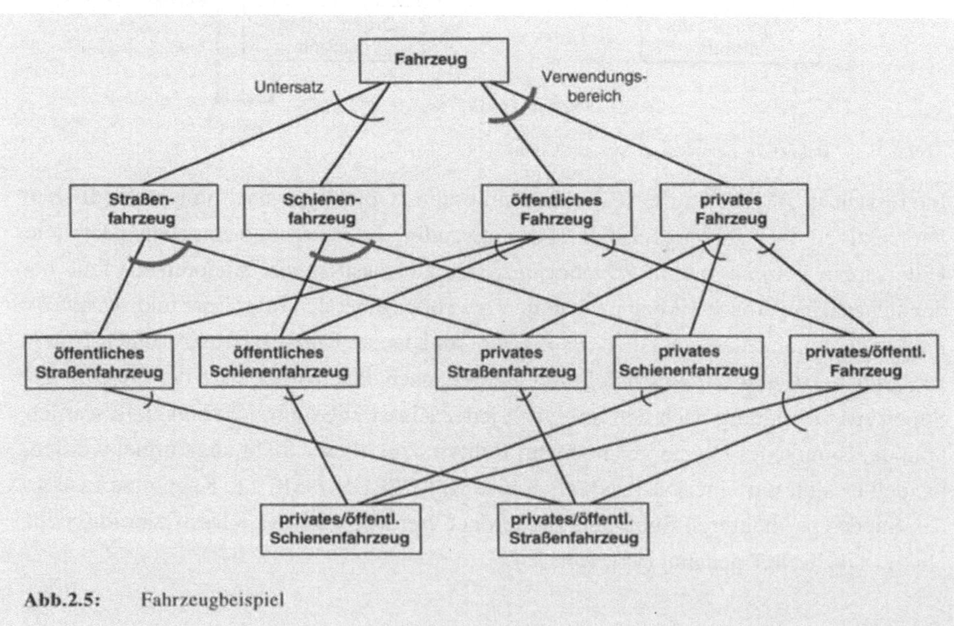

Abb.2.5: Fahrzeugbeispiel

3. Know-how-Management in der IS-Entwicklung

3.1 Einleitung

Unsere Gesellschaft entwickelt sich zunehmend mehr in Richtung einer Informationsgesellschaft. In allen Bereichen wird Know-how immer mehr zur wichtigen Ressource [vgl. Nefiodow 1990, S. 49ff.]. Insbesondere die Informationstechnologie gilt als eine sich immer schneller entwickelnde Technologie. Damit steigen sowohl die Anforderungen an entstehende Informationssysteme als auch deren Komplexität. Um diesen Anforderungen zu genügen, werden während des Entwicklungsprozesses verschiedene Entwicklungsmethoden und -techniken eingesetzt. Diese Methoden beschreiben Software-Entwicklungsprozesse und -dokumente sowie Entwicklungserfahrungen in strukturierter Form.

Dieses Kapitel untersucht die rechnergestützte Repräsentation, Konservierung und Weiterentwicklung von Wissen über die Entwicklung von Informationssystemen als Aspekt des *Know-how-Managements*. Ziel ist es, unterschiedliche Ansätze zur Modellierung der Informationssystem-Entwicklung vor dem Hintergrund einer umfassenden Methoden-Repräsentation zu diskutieren. Die in diesem Kapitel näher diskutierten vierzig verschiedenen Ansätze werden in sieben Abschnitten beschrieben. Jeder dieser Abschnitte umfaßt ein zusammenhängendes Forschungsgebiet. Die Modellierung der Informationssystem-Entwicklung wird dabei in sieben Aspekte unterteilt. Die Abbildung 3.1 gibt eine Übersicht darüber, welche der sieben Aspekte in den einzelnen Ansätzen behandelt werden.

Ansatz	Prozeß-abläufe	Tool-Aufrufe	Akteure, Rollen	Produkte, Konzepte	Technik, Notation	Design-entscheid.	Wissen, Erfahrung
Expertensyssteme und Intelligente Datenbanken (3.2.1)							
CYC							√
IMKA							√
KADIS	√		√	√			√
TELOS	√	√	√	√		√	√
KAPTUR				√	√	√	√
Hypertext und elektronische Handbücher (3.2.2)							
KMS	√	√		√			√
IE/Expert	√		√	√	√		√
METKIT				√			√
KHP/IWI			√	√	√		√

Ansatz	Prozeß-abläufe	Tool-Aufrufe	Akteure, Rollen	Produkte, Konzepte	Technik, Notation	Design-entscheid.	Wissen, Erfahrung
Software-Prozeßmodellierung und IPSEs (3.3.1)							
APPL/A	√	√		√			
HFSP	√			√			
CFG/PDL	√	√					
MARVEL	√	√					
MERLIN	√	√	√	√			
GRS	√			√		√	
CAPRES	√	√	√	√			
VPL	√	√		√			
MELMAC	√	√	√	√			
VOSE	√	√		√	√		
SEI	√		√	√			
IPSE-2.5	√	√	√	√			
ASPECT	√	√	√	√			
ESF	√	√	√	√			
ALF	√	√		√			
Atmosphere	√	√		√			
ADPS	√	√		√			
Meta-CASE (3.3.2)							
Ramatic				√	√		
MetaEdit			√	√	√		
VSF				√	√		
Methoden-Engineering (3.3.3)							
Brinkkemper	√			√		√	
Socrates	√	√		√		√	√
LOTUS	√		√	√			
PRISM	√	√	√	√			
CIM-Standardisierungen (3.4.1)							
CIM-OSA			√	√	√		
STEP				√	√	√	
Standardisierungen im Software-Engineering (3.4.2)							
CC RIM	√		√	√	√		
CRIS/IFIP	√			√	√		
Amadeus				√	√	√	
ISO/SC7	√			√			
Euromethod	√		√	√	√		

Abb.3.1: Überblick über die untersuchten Modellierungsansätze

Die nächsten beiden Abschnitte 3.2.1 und 3.2.2 beschreiben Wissensrepräsentationsansätze für die Informationssystem-Entwicklung in *Expertensystemen und Intelligenten Datenbanken* sowie in *Hypertextsystemen und elektronischen Handbüchern*. Während die Expertensystemansätze versuchen, den Entwicklungsprozeß aktiv durch Inferieren der nächsten Handlungen zu modellieren, bieten die Hypertextansätze eine passive, textuelle Beschreibung von Methoden. In zwei Ansätzen (TELOS, KAPTUR) wird die explizite Modellierung und Konservierung von Designentscheidungen innerhalb des Entwicklungsprozesses unterstützt, z.B. durch die Dokumentation einer gewählten Realisierungsalternative. Übliche CASE-Tools können zwar verschiedene Alternativen dokumentieren, die Entscheidungen jedoch, warum eine Variante einer anderen vorgezogen wurde, gehen verloren. Um ein Informationsystem umfassend zu verstehen und weiterzuentwickeln, ist der gesamte Entwicklungsprozesses zusammen mit den Entscheidungen zu beschreiben.

In Abschnitt 3.3.1 werden Ansätze zur *Software-Prozeßmodellierung* und anschliessend deren Unterstützung in sogenannten *Integrated Project Support Environments* (IPSE) diskutiert. Schwerpunkt dieser Ansätze ist die Modellierung der Entwicklungsprozesse und deren Ablauf. Dabei beschreiben die meisten Ansätzen die Entwicklungsprodukte und die Modellierungskonzepte in der IS-Entwicklung sowie die Werkzeuge und die notwendigen Bedingungen für den automatischen Aufruf und die Ausführung dieser Tools. Einige der Forschungsarbeiten modellieren die Projektorganisation über die beteiligten Akteure und ein Rollenkonzept.

Die *Meta-CASE*-Werkzeuge in Abschnitt 3.3.2 umfassen Systeme zur flexiblen Anpassung und Generierung von CASE-Tools. Diese Ansätze modellieren hauptsächlich die Entwicklungsprodukte und die konzeptionellen Objekttypen einerseits und andererseits die Notationen der verschiedenen Techniken.

Ähnlich wie bei der Prozeßmodellierung beschreiben die sogenannten *Methoden-Engineering*-Ansätze die Prozeßabläufe, Entwicklungsprodukte und die Rollen der Beteiligten. Der Unterschied liegt darin, daß hier nicht die Ausführung des Prozeßmodells oder die Generierung von Entwicklungswerkzeugen, sondern der Entwicklungsprozeß zum Erstellen eines spezifischen Prozeßmodells und die formale Beschreibung der Entwicklungskonzepte im Vordergrund steht.

Die letzten beiden Abschnitte untersuchen Arbeiten internationaler Komitees und europäischer Gemeinschaftsprojekte, die sich mit einer Standardisierung und Harmonisierung von Entwicklungsmethoden befassen. Aufgrund der starken Analogie werden zunächst internationale *Standardisierungsprojekte* zum *Computer Integrated Manufacturing* (CIM) und anschließend im Bereich des *Software-Engineering* vorgestellt.

3.2 Wissensrepräsentation

Die Vision der Repräsentation und Speicherung von generellem Wissen (*Human Common Sense*) in einem Computer hat die gesamte Forschung der *Künstlichen Intelligenz* (KI) seit Anfang der fünfziger Jahre begründet. Ein historischer Abriß der amerikanischen und japanischen Forschungsprojekte im Bereich der Wissensmodellierung und -repräsentation in Rechnersystemen ist in [Feigenbaum/McCorduck 1984] nachzulesen. Im folgenden sollen neuere Projekte zur Repräsentation von Wissen, insbesondere über die Entwicklung von Informationssystemen, hinsichtlich ihrer Zielsetzung und der verwendeten Repräsentations- und Modellierungsmechanismen untersucht werden.

3.2.1 Expertensysteme und Wissensbanken

Seit einigen Jahren gelten internationale Forschungsanstrengungen der Entwicklung von sogenannten *Knowledge Base Management Systems* (KBMS), die durch eine Integration von Expertensystem- und Datenbanktechnologien auf die Verwaltung von großen Wissensbanken zielen [vgl. z.B. Brodie/Mylopoulos 1986; Meersmann/Sernadas 1988; Davis 1989; Meersman/Shi/Kung 1988; Kerschberg 1989; Deen/Thomas 1990]. Klassische Expertensystem-Werkzeuge (*Shells*) wie KL-ONE, KEE, Babylon oder ART-IM [vgl. Brachman/Schmolze 1985; IntelliCorp 1988; Christaller/Di Primio/Voss 1989] bieten komplexe Inferenzmechanismen für vielfältige (*hybride*) Repräsentationsformalismen, wie z.B. für Frames, Prolog, Regeln und Lisp in Babylon.

Zielsetzung dieser Systeme ist die Lösung der vom Benutzer gestellten Probleme in einem klar abgegrenzten Wissensbereich [vgl. Hayes-Roth/Waterman/Lenat 1983]. Das führt dazu, daß Expertensysteme im Vergleich zu Datenbanken mit nur einer geringen Anzahl von Daten (Instanzen) eines Typs operieren und dieses Wissen häufig fest in den Programmen verdrahtet ist. Traditionelle Datenbanksysteme operieren vorwiegend mit einer Vielzahl von Instanzen eines Typs. Ein weiterer Unterschied zu Datenbanksystemen besteht darin, daß Expertensysteme Strukturmodifikationen in den Objekttypen und Beziehungen unterliegen. Diese Unterschiede erschweren trotz einiger Gemeinsamkeiten die Integration der Datenmodellierung in Datenbanksystemen und der Wissensmodellierung in Expertensystemen [vgl. Brägger 1987; Potter/Kerschberg 1988].

Zunächst werden zwei Projekte beschrieben, die das Ziel haben, allgemeines Wissen des täglichen Lebens bzw. Wissen in Unternehmen in einem Rechnersystem zu repräsentieren. Die darauffolgenden beiden Ansätze zielen auf die Repräsentation von Entwicklungswissen in zwei speziell entwickelten KI-Sprachen und entsprechenden Wissensbasen. Einen neuen Ansatz aus der Domänenanalyse zur Wissenskonservierung in der IS-Entwicklung in Verbindung mit CASE-Werkzeugen beschreibt das KAPTUR-System.

- **CYC-Projekt, Microelectronics and Computer Technology Corp., Austin**

Im CYC-Projekt in Austin, Texas, wird versucht, eine *Common-Sense-* Wissensbasis für Dinge des täglichen Lebens zu erstellen, um z.B. den Zeit- und Raumbegriff, Hypothesen und Kausalität abzubilden [vgl. Lenat et al. 1990]. Parallel dazu werden adäquate Beschreibungs- und Inferenzformalismen entwickelt, die in der Lage sind, eine Anzahl von Axiomen in der Größenordnung von 10^8 zu verarbeiten. Zielsetzung dieser Wissensbasis ist es, die Grundlage aller domänenspezifischen Wissensbasen zu bilden. Damit können domänenspezifische Wissensbasen auf allgemeines Wissen, das kontinuierlich erweitert wird, zurückgreifen und brauchen dieses nicht zum wiederholten Mal zu formalisieren. Der Erfolg dieser Idee erscheint eher zweifelhaft, nicht nur aus technologischer Sicht. Es gibt keine Übereinstimmung, was *common sense knowledge* bedeutet, ob dieses Wissen überhaupt existiert oder ob es nicht nur auf der Sichtweise des jeweiligen *Knowledge Designers* beruht. Repräsentation von alltäglichem Wissen auf der Basis wohldefinierter Axiome ist somit eher zweifelhaft und ein noch nicht gelöstes Unterfangen [vgl. Locke 1990; Agre 1988].

- **Initiative for Managing Knowledge Assets, Carnegie Group, Pittsburgh**

Die *Initiative for Managing Knowledge Assets* (IMKA) ist ein Projekt, an dem sich amerikanische Firmen (TI, DEC, US West, Ford) unter Leitung der Carnegie Group beteiligen. Ziel ist die Repräsentation von Unternehmenswissen. Dazu werden standardisierte Wissensrepräsentations-Technologien unter dem Namen ROCK (*Representation of Corporate Knowledge*) entwickelt [vgl. IMKA 1991]. Das Projekt befindet sich noch im Entwicklungsstadium, und publizierte Anwendungsberichte und Erfahrungen konnten nicht gefunden werden.

- **Knowledge Assistant for the Design of Information Systems, U.S.A.**

Ein vergleichbarer Ansatz ist der *Knowledge Assistant for the Design of Information Systems* (KADIS) in [Ip/Holden 1989]. Dort wird das *Information Representation Triangle* (IRT) als zugrundeliegendes Wissensmodell zur Informationssystemmodellierung verwendet, bestehend aus *Akteuren*, die *Prozesse* auf einer *Objektmenge* ausführen. Die Informationen (Instanzen mit Attributen) über die genannten drei Konzepte und deren Beziehungen werden in der sogenannten Information Base (IB) gesammelt. Diese IB wiederum kann die Objektmenge eines weiteren IRT-Modells sein. Damit erhält man mehrere Meta-Ebenen in der Informationssystem-Modellierung [vgl. Ip/Holden 1989, S. 227f.]. Wissen über die Informationssystem-Modellierung besteht aus Meta-Informationen und betrifft vier Meta-Ebenen von IRT-Modellen [vgl. Ip/Holden 1989, S. 232]. Informationen über den betrieblichen Anwendungsbereich liegen in der sogenannten *Enterprise DB*, die durch das darüberliegende *IS-Modell* beschrieben wird (vgl. auch Abschnitt 5.3). Die verschiedenen Dimensionen und Notationen der IS-Modelle werden in der *IS Design Knowledge Base* beschrieben. Der Entwicklungsprozeß mit allen Kontroll-, Planungs- und Koordinationsprozessen ist Bestandteil der sogenannten *IS Methodology Knowledge Base*.

Basierend auf diesen Konzepten soll ein Prototyp KADIS mit interaktivem Diagramm-Editor, einem *Knowledge Browser* und einem Konsistenzmechanismus unter Verwendung einer Expertensystem-Shell entwickelt werden.

- **TELOS im DAIDA-Projekt, Esprit**

In dem gemeinsamen Projekt der Universität Toronto, dem Institut für Computer Science in Iraklion, Griechenland und der Kommission der europäischen Gemeinschaft (Esprit-Projekte DAIDA und LOKI) wurde das TELOS-System zur Repräsentation von Wissen über Informationssysteme entwickelt [Mylopoulos et al. 1990]. Dabei wird das Wissen über die Entwicklung von Informationssystemen in einer objektorientierten Sprache mit Objekten, Attributen, Klassen und Metaklassen beschrieben. Schwerpunkte bilden dabei die Beschreibung von temporalem Wissen, Regeln und Bedingungen (Constraints). Mylopoulos et al. unterscheiden dabei das zu repräsentierende IS-Wissen in sogenannte *Subworlds*, die aus der *Subject World*, der *Usage World* und der *Development World* bestehen [Mylopoulos et al. 1990, S. 340f.].

Die *Subject World* beschreibt dabei die Domäne des Informationssystems, z.B. ein Materiallager und dessen organisatorisches Umfeld. Sie enthält die Spezifikationen des IS auf den verschiedenen Detaillierungsebenen und Phasen der Entwicklung von der frühen Anforderungsbeschreibung des Materiallagers bis hin zum entwickelten Programmcode. Die *Usage World* beschreibt den Gebrauch des IS in seiner Umgebung. Dazu zählen Benutzermodellierungen und Schnittstellen jeglicher Art zwischen IS und seiner Umwelt. In der *Development World* wird der Entwicklungsprozeß selbst beschrieben. Darunter werden die Beschreibung der Entwicklungsteams, deren Verantwortlichkeit, Entwicklungsaktivitäten und -entscheidungen, die zu entwickelnde Dokumentation und die verwendeten Werkzeuge verstanden. Diese Ebene beschreibt die Entwicklungsmethode und das methodische Wissen in der IS-Entwicklung, nicht jedoch das Informationssystem selbst.

TELOS wird als Repräsentationsformalismus im Esprit-Projekt DAIDA (Development Assistance for Integrated Database Aplications) zur Integration des Software-Prozeßmodells in eine CASE-Umgebung verwendet. In der zugrundeliegenden Datenbank (*ConceptBase*) werden sowohl Prozeß- als auch Produktinformationen für ein

Entwicklungsprojekt gehalten [vgl. Jarke/Jeusfeld/Rose 1990; Jarke 1992, S. 59]. Ziel des Projektes war es, die Designprozesse und -entscheidungen zu dokumentieren, um so das entstehende IS besser verstehen und schneller und kostengünstiger warten zu können. DAIDA unterstützt nicht deterministische Prozeßmodelle in TELOS und ein *Knowledge Based Management System* (KBMS) zur Speicherung aller Designentscheidungen und Dokumente innerhalb eines Software-Entwicklungsprozesses.

- **KAPTUR, CTA/NASA, Rockville**

KAPTUR (*Knowledge Aquisition for Preservation of Tradeoffs and Underlying Rationales*) entstand aus einem 1986 begonnenen NASA-Projekt des *Goddard Space Flight Center*. Das erstes Release 1.0 ist seit 1992 erhältlich [vgl. CTA 1992]. KAPTUR zielt darauf ab, den Bereich der *Domänenanalyse* und Entwicklungsmethoden in einem Software-Reuse-Entwicklungssystem zu integrieren [vgl. Arango 1989; Pietro-Diaz 1990; Lindtner 1992].

Ziel ist es, bei der Entwicklung eines neuen Softwaresystems bereits in den frühen Phasen Komponenten früher entwickelter Systeme zu finden und wiederzuverwenden. KAPTUR ist domänenspezifisch gegliedert und enthält einheitliche Wissensrepräsentationen über Komponenten für diese Systeme. Die Komponenten selbst sind nicht Bestandteil des Systems, sondern nur deren Beschreibungen und Verweise, wo diese Komponenten zu finden sind.

Das Wissen in KAPTUR wird in Form von Architekturen beschrieben, auf die verschiedene Teilsichten angeboten werden. Diese Teilsichten entsprechen Spezifikationsdokumenten herkömmlicher Entwicklungsmethoden (ER-Diagramm, Datenflußdiagramme, Klassifikationshierarchie, Kompositionsdiagramm etc.). Neben diesem Spezifikationswissen wird auch das Wissen über den Entwicklungsprozeß, Designentscheidungen und Begründungen festgehalten. Dieses Wissen wird für die Wiederverwendbarkeit von Spezifikationen als absolut notwendig betrachtet, da nur dann die Komponenten später verstanden werden können. Optionen der Kopplung von KAPTUR mit CASE-Tools über Import/Export-Schnittstellen via *CASE Data Interchange Formats* (CDIF) sind geplant [vgl. EIA 1991].

KAPTUR verfügt über zwei Modi, den *Browsingmodus* zum Suchen von geeigneten Komponenten und den *Modellierungsmodus* zum Hinzufügen von Wissen, was nur dem Domänenmodellierer gestattet ist. Er ist verantwortlich für die Entwicklung einer *generischen Architektur*, die die allgemeine und empfohlende Beschreibung von Anwendungssystemen (Referenz-Beschreibungsmodell) in dieser Domäne festlegt. Es können beliebige Domänen und Architekturen, z.B. für nur einen Entwickler, erzeugt werden. KAPTUR kann als Ergänzung zu einer etablierten CASE-Umgebung zur Bildung von Domänenmodellen eingesetzt werden.

3.2.2 Hypertext und elektronische Handbücher

Hypertextsysteme werden immer häufiger verwendet für die Speicherung von schwach strukturiertem Wissen in verschiedenen Anwendungsgebieten. Eine Untersuchung über die Abbildung des *Oxford English Dictionary* in einem Hypertextsystem findet man in [Raymond/Tompa 1988] oder die Beschreibung eines Medizin-Handbuches in [Frisse 1988]. Eine intelligente Gesetzesdatenbank für Arbeitsrecht, in der Hypertext und Prolog miteinander verbunden wurden, wird in [Hamfelt/Barklund 1989] vorgestellt.

In diesem Abschnitt wird zunächst ein genereller Ansatz für die Modellierung und Konservierung von Wissen in Unternehmen mit dem *Knowledge Management System* vorgestellt. Die Verwendung eines Hypertextsystems als elektronisches Handbuch wird anhand der Methode *Information Engineering* und des *IE/Expert* diskutiert. Anschließend wird exemplarisch für eine *inhaltsbasierte* Wissensstrukturierung eines Hypertextsystems das Esprit-Projekt METKIT beschrieben. Zum Abschluß wird über die eigenen Erfahrungen mit einem *Know-how-Pool* am Institut für Wirtschaftsinformatik der Hochschule St. Gallen berichtet.

- **Knowledge Management System, Knowledge Systems Inc., Murrysville**

Das aus dem ZOG-Projekt der Carnegie-Mellon Universität, Pittsburgh entstandene *Knowledge Management System* (KMS) ist ein verteiltes Hypertextsystem für die Wissensspeicherung und das Management in Organisationen [vgl. Akscyn/McCracken/ Yoder 1988]. KMS bildet eine Umgebung für verschiedene Werkzeuge und Applikationen z.B. aus dem Bereich von *Electronic Publishing, On-line Manuals, Project Management* oder *Software-Engineering*. Diese Umgebung soll Organisationen helfen, ihr Wissen zu verwalten.

Den Kern des KMS-Systems bildet ein konzeptionelles Datenmodell und eine verteilte Datenbank in einer Client-Server-Architektur. Die KMS-Datenbank besteht aus einer Menge von zusammenhängenden *Frames*, die Kombinationen von Text, Graphik und Annotationen enthalten und andere Applikationen aufrufen können. Die *Frames* bilden die Basiswissenseinheiten innerhalb von KMS und bestehen aus einem Kopf und einem Rumpf, der Text, Kommandos, Verweise auf andere Frames (*Links*) und Annotationen enthält.

Die Repräsentation verschiedener Konzepte in der Informationsverarbeitung, wie Benutzerfunktionen, Verzeichnisse, Dateien, *pull-down*-Menüs oder Daten in einem einzigen Konzept, dem Frame, vereinfacht die Benutzermodellierung und die entsprechenden Kommandos erheblich. Umfassende Wissensdokumente werden aus einer Menge von verknüpften Frames entsprechend dem Hypertextkonzept modelliert. Hierarchische Baumstrukturen können zu einer Version eines Dokumentes eingefroren werden und die Modifikation eines eingefrorenen Frames führt zu einer neuen Kopie in der Versionsliste dieses Frames.

KMS basiert auf dem Network File System von Sun Microsystem für Unix-basierte Workstations und weist bezüglich der Konzepte von *Nodes, Links* und der Manipulationssprache Parallelen zum Hypertextsystem *HyperCard* auf [vgl. Goodman 1987]. Die KMS-Benutzerschnittstelle besteht aus einem Navigationssystem, das es dem Benutzer erlaubt, durch die verschiedenen verbundenen Frames zu *browsen* und diese gleichzeitig zu editieren oder neue Frames zu erzeugen und mit bestehenden zu verbinden.

KMS wird ferner als Kommunikationsmedium z.B. für Bulletin Boards, Mailboxen oder für ad-hoc-Diskussionen über entsprechende Frames an definierten Orten benutzt. Ferner können zu allen Wissensstrukturen sogenannte *non-disruptive* Kommentare und Anregungen angehängt werden, die nicht Bestandteil der offiziellen Dokumentstruktur werden. Damit kann neben der flexiblen Speicherung von Wissensdokumenten ein informeller Gedankenaustausch innerhalb einer Gruppe von Mitarbeitern erreicht werden.

- **IE/Expert, James Martin & Company**

Methodisches Wissen in der Informationssystem-Entwicklung wird derzeit von vielen Methodenhäusern in Form von elektronischen Handbüchern angeboten. Der Vorteil gegenüber den klassischen Handbüchern liegt insbesondere in der nicht linearen Form des Lesens und Verstehens der Methode. Weiterhin bietet ein elektronisches Handbuch jederzeit eine konsistente Beschreibung und vielfältige Such- und Filtermechanismen [vgl. Kuhlen 1991, S. 242ff.]. IE/Expert ist die konsequente Umsetzung eines elektronischen Handbuchs der *Information Engineering Methodology* von James Martin.

Die Struktur dieses mittels des Hypertextsystems *Sumit* erstellten Handbuches entspricht stark der Gliederung der Handbücher in Papierform (vgl. 4.2.1). Inhaltlich allerdings wurden neueste Erfahrungen in die Methode aufgenommen. James Martin bietet in Zukunft keine Papierform der Methode mehr an. Es werden nur Updates in IE/Expert angeboten. Das Hypertextsystem besteht aus einem Glossary von Begriffen, wie Techniken, Rollen, Tasks, Stages und Deliverables, auf die von allen Beschreibungen der Methode aus durch sogenannte *Links* referenziert werden kann [vgl. James Martin 1991, S. 2-5].

Im Werkzeug stehen bereits primitive Möglichkeiten zur Anpassung der Methode auf die unternehmensspezifischen Bedürfnisse und zur Ablage von Notizen zu eigenen Erfahrungen und Standards zur Verfügung. Es sind an fest vordefinierten Stellen die *Procedures* und *Standards* vorgesehen, die über *Links* in die Methode integriert werden können. Bei neueren Versionen bleiben diese *Links* in den Methodenbeschreibungen von

James Martin erhalten. Damit gehen die Erfahrungen und Ergänzungen der Methode nicht verloren. Auch stellt James Martin das zugrundeliegende Hypertextsystem *Sumit* zur Verfügung, womit die Methode vollständig angepaßt werden kann. Dieses unter dem Namen *IE/Customizer* verkaufte Werkzeug hat den Nachteil, daß weitere Versionen der Methode nur die Modifikationen in den vorher beschriebenen Teilen der Guidelines und Standards berücksichtigen. Beim sogenannten *Customizing* handelt es sich aber um eine Modifikationsmöglichkeit des gesamten Hypertextes, d.h. das Werkzeug stellt keine Konsistenzüberprüfungen zur Verfügung, sondern es müssen alle *Links* von Hand verfolgt und angepaßt werden.

James Martin bietet ein weiteres Werkzeug zum *Computer-Aided Learning* an, das Schnittstellen zum IE/Expert aufweist. Die Methodenbeschreibungen werden in beiden Werkzeugen getrennt voneinander in zwei verschiedenen Methodenbanken geführt. Beispiele für weitere elektronische Handbücher sind das Hypertextsystem zum *NAVIGATOR* von Ernst & Young Inc., *Stradis for the PC* von McDonnell Douglas [vgl. McDonnell Douglas 1990], oder das on-line-Methodenhandbuch des *Project Engineer* von Learmonth and Burchett Management Systems [vgl. LBMS 1991, S. 59ff.].

- **METKIT-Lernsystem, GMD/Esprit, St. Augustin**

Eine eher statische Art der Wissensrepräsentation findet man in rechnergestützten Lernsystemen (*Computer Aided/Assisted Learning/Instruction*), welche häufig auf Konzepten von Hypertext basieren [vgl. Tomek 1992; Lusti 1992; Self 1988; Wenger 1987; Wood/Holt 1990; Bierman/Breuker/Sandberg 1989].

Ziel des 1992 beendeten Esprit-Projektes METKIT ist die Verbreitung von Softwaremeßmethoden (*Measurement in Software-Engineering*) in Europa sowohl in der Industrie als auch in der Lehre der Universitäten. Die deutsche *Gesellschaft für Mathematik und Datenverarbeitung* (GMD) hat mit diesem Ziel ein rechnergestütztes Lernprogramm METKIT-CAI zu Meßmethoden in der Software-Entwicklung erstellt [vgl. Müllerburg/Meyerhoff/Flacke 1991]. Dieses System repräsentiert das Wissen über Meßmethoden auf Basis des sogenannten "Set Structured Hypertext"-Konzeptes (SSH) [vgl. Meyerhoff/Müllerburg 1992].

Üblicherweise werden Hypertextdokumente in einer inhaltsunabhängigen Struktur mit Übersichtsknoten entsprechend den Kapiteln bei textuellen Dokumenten repräsentiert. Dies erschwert es dem Leser, sich ein mentales Modell von dem Gegenstandsbereich zu bilden, und führt häufig zu Navigations- und Lokalisationsproblemen, z.B. beim Einfügen neuer Informationen [vgl. Halasz 1988, S. 841f.]. Der in Metkit-CAI verfolgte Ansatz des SSH-Konzeptes löst dieses Problem durch eine inhaltsbasierte Strukturierung des Hypertextdokumentes auf der Basis eines konzeptionellen Datenmodells.

Für den Anwendungsbereich der Meßmethoden zur Software-Entwicklung wurde ein ER-ähnliches Modell von sechs Konzepttypen und Beziehungen entwickelt. Dieses Modell besteht aus *Meßzahlen*, die in *Modellen* vorkommen und durch entsprechende *Werkzeuge* unterstützt werden. Ferner modelliert das System *Meßgrößen* und deren *qualitative* und *quantitative* Ausprägungen [vgl. Meyerhoff/Müllerburg 1992]. Jeder dieser Konzepttypen wird als eine Menge von *Knoten* und die Beziehungen als *Links* im Hypertextsystem modelliert.

Der in Smalltalk-80 implementierte Prototyp besteht aus einem alphabetischen *Dictionary*-Zugriff, einem *Editor* zum Beschreiben der verschiedenen Meßmethoden und einem *Netzwerk-Browser*, der dem Benutzer eine flexible Betrachtung und Navigation der Meßmethoden aus Sicht der sechs Merkmale ermöglicht. Aufbauend auf dem Hypertextsystem wurden verschiedene Lernmodule für die Industrie und die Lehre an Hochschulen entwickelt.

- **Know-how-Pool, Institut für Wirtschaftsinformatik, Hochschule St. Gallen**

Die Modellierung, Speicherung und Verwaltung von Begriffen und Konzepten in der Informationssystem-Entwicklung bildete die Grundlage für die Idee eines sogenannten *Know-how-Pools* (KHP) am Institut für Wirtschaftsinformatik (IWI) der Hochschule St. Gallen. Zielsetzung ist es, eine konsistente und aktuelle Wissensbank mit der in den verschiedenen Kompetenzzentren[1] des IWI erarbeiteten Terminologie, den Konzepten und den Methoden aufzubauen (vgl. hierzu auch die Arbeiten in [Czap/Nedobity 1990]).

Regel- oder *framebasierte* Wissensrepräsentationen in Expertensystemen haben vorwiegend die Interpretation und Inferenz des Wissens zum Ziel. Eine konzeptionelle Modellierung und Persistenz des Wissens in einer sogenannten Methodenbank [vgl. Österle 1988b, S. 22; Mertens/Griese 1991, S. 32ff.] ist nicht die Stärke von solchen KI-Systemen, wenngleich die vorher diskutierte Integration von KI und Datenbanksystemen in den *Knowledge Base Management Systems* in diese Richtung zielt.

Eine erste Version des *Know-how-Pools* am IWI basierte auf einem allgemeinen Wissensmodell, das die Beschreibung von *Objekten*, *Attributen* und *Beziehungen* in einem hypertextorientierten System erlaubte. Ferner konnten zu den einzelnen Objekten Notizen und Erfahrungen in Form von *Regeln* formuliert werden. Die an zwei verschiedenen Implementationen (*HyperCard* und *4th Dimension* auf Macintosh) gewonnenen Erfahrungen bei der Ablage von methodischem Wissen zur Informations-

---

1 Den Schwerpunkt bildeten die beiden Kompetenzzentren "Rechnergestütztes Informationsmanagement" (CC RIM) und "Umsetzung von Informationssystem-Architekturen" (UISA) des Forschungsprogrammes IM2000 am Institut für Wirtschaftsinformatik an der Hochschule St. Gallen [vgl. Österle 1991].

system-Entwicklung zeigten, daß ein reines Hypertextsystem in einer kooperativen Umgebung zu Konsistenz- und Redundanzproblemen führt. Wird das Wissen über einen Anwendungsbereich in einem Hypertextsystem von mehreren Benutzern erweitert und modifiziert, entsteht ein komplexes und nach kurzer Zeit unübersichtliches System mit vielfachen Überschneidungen von Begriffen und Informationen.

Ferner zeigte sich, daß das generelle Wissens- oder Datenmodell in Form von Objekten und Beziehungen mehrdeutige Interpretationen erlaubt und keine ausreichende Semantik für eine Wissensmodellierung der Informationssystem-Entwicklung festgelegt wird. Dies führte zu Unsicherheiten und Akzeptanzproblemen bei der Modellierung des Wissens.

Diese Erfahrungen führten zu der Erkenntnis, daß nur eine inhaltsbasierte und zielorientierte Beschreibungsstruktur die Basis für eine adäquate Modellierung und Repräsentation von Wissen bilden kann. Als Folge stand die Modellierung von Methoden zur IS-Entwicklung im Vordergrund der Entwicklung eines Know-how-Pools und führte zu zwei Prototypen, dem *Methodology Representation Tool MERET* [vgl. Heym 1991c] und dem weiterentwickelten *Methodology Engineering Tool MEET* (vgl. Kapitel 7).

3.2.3 Zusammenfassende Bewertung

Die vorgestellten Ansätze zur Wissensrepräsentation zielen auf die Speicherung von Wissen in sogenannten Wissensbanken. Diese Wissensbanken basieren auf den Strukturen der verwendeten Repräsentationssprachen, welche von objektorientierten Sprachen bis hin zu der Repräsentation des Wissens in CASE-Diagrammen reichen. Keiner der untersuchten Ansätze entwickelt ein Wissensmodell für die IS-Entwicklung, in dem alle die in Abschnitt 3.1 genannten Aspekte berücksichtigt werden. TELOS beschreibt methodisches Wissen zur Entwicklung des Informationssystems als einen Wissensbereich über Informationssysteme sehr umfassend. Allerdings verknüpft dieser Ansatz die Prozeßmodellierung mit Designentscheidungen und Dokumenten eines konkreten Entwicklungsprojektes, mit der Zielsetzung, das entwickelte System besser zu verstehen und zu warten. Im Vordergrund dieses Buches steht die Verbesserung des methodischen Vorgehens bei der IS-Entwicklung. Hierzu ist ein verständliches Modell der IS-Entwicklung gefordert, in dem verschiedene Vorgehensweisen oder Prozeßmodelle verglichen und integriert werden können.

Auch die Ansätze der elektronischen Handbücher unter Verwendung von Hypertextsystemen können diesem Anspruch nicht gerecht werden. Nachteil dieser Ansätze ist die zu generelle Wissensstruktur in Form von Nodes und Links. Dies führt dazu, daß keine ausreichende Semantik für die Modellierung vorgegeben ist und Redundanzen und Inkonsistenzen entstehen. Gegenüber den Wissensrepräsentationsansätzen zielen die Hypertextsysteme auf die breite Distribution des methodischen Wissens in einer flexibleren Form zum besseren Erlernen und Verstehen der Methode. Bei vielen Systemen wurde die Strukturierung des Wissens herkömmlichen Handbüchern nachgebildet. Keines der betrachteten Systeme ist auf die Weiterentwicklung der Methode oder die Integration mehrerer Methoden ausgelegt. Ferner ist die unternehmensspezifische Anpassung der Methode nur bedingt möglich. Der Rest dieses Kapitels beschäftigt sich mit speziellen Ansätzen zur Modellierung des Entwicklungsprozesses für Informationssysteme, insbesondere mit Arbeiten zur Software-Prozeßmodellierung.

3.3 Metamodellierung in der Informationssystem-Entwicklung

In den folgenden Abschnitten werden verschiedene Forschungsansätze zur formalen Beschreibung der Informationssystem-Entwicklung untersucht. Da der Gegenstand der Modellierung nicht das Informationssystem ist, sondern die Methoden zur Entwicklung von Informationssystemen, wird häufig der Begriff der *Metamodellierung* verwendet [vgl. Brinkkemper 1990, S. 29ff.; Wijers 1991, S. 31ff.]. Die untersuchten Ansätze verfolgen unterschiedliche Zielsetzungen hinsichtlich einer stärkeren Werkzeug- oder einer Methoden-Unterstützung und fokussieren dementsprechend verschiedene Aspekte methodischen Wissens in der Informationssystem-Entwicklung.

Abbildung 3.2 gibt einen Überblick über die in den folgenden Abschnitten näher untersuchten Ansätze sowie deren Schwerpunkt hinsichtlich des Beschreibungsrasters aus der Einleitung (vgl. auch Abb.3.1).

In den siebziger und achtziger Jahren bestand die Unterstützung bei der Entwicklung von Softwaresystemen nur aus Softwarewerkzeugen, die die Erstellung technologisch unterstützten. Dies waren zunächst Compiler für höhere Programmiersprachen, Linker oder interaktive Debugger und später die sogenannten CASE-Tools mit Analyse- und Design-Werkzeugen. Mit der Zunahme der Werkzeuge nahm aber auch die Komplexität und das notwendige Know-how zur Anwendung der verschiedenen Werkzeuge zu. Dadurch entstand in den letzten Jahren ein stärkeres Bedürfnis nach methodischer Unterstützung in der IS-Entwicklung.

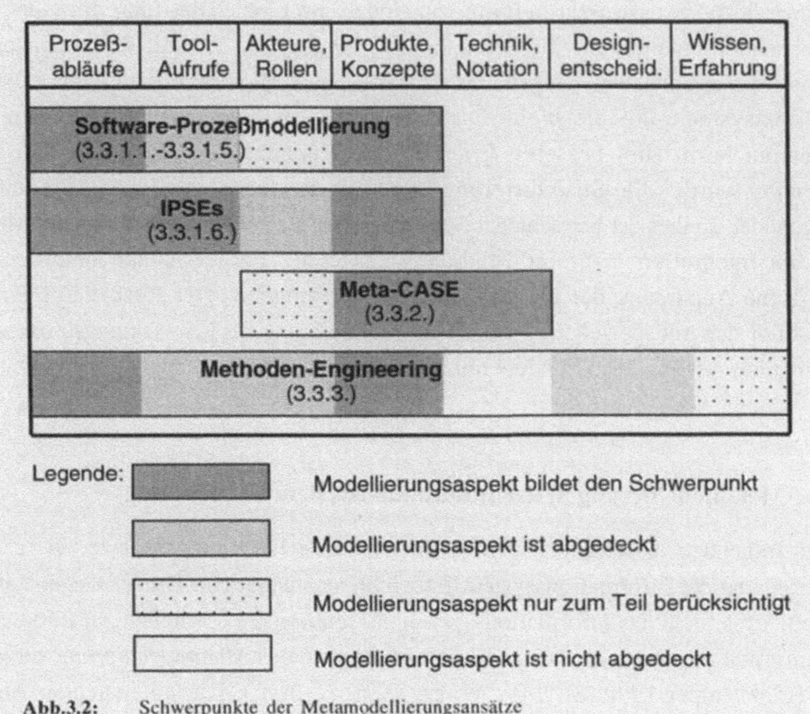

Abb.3.2: Schwerpunkte der Metamodellierungsansätze

Seit Mitte der achtziger Jahre erfährt die rechnergestützte *Software-Prozeßmodellierung* starkes Interesse in der Software-Engineering-Forschung und in zahlreichen internationalen und europäischen Forschungsprojekten zu integrierten Entwicklungsumgebungen (DoD, Esprit, Eureka, Alvey). Der folgende Abschnitt 3.3.1 wird zunächst verschiedene Formalismen zur Beschreibung von Softwareprozessen diskutieren und anschließend einige integrierte Entwicklungsumgebungen (IPSE) hinsichtlich implementierter Prozeßmodellierungsmechanismen beschreiben. Bei den in Abschnitt 3.3.2 untersuchten *Meta-CASE*-Werkzeugen steht die Werkzeugunterstützung beim Anpassen und Generieren von CASE-Werkzeugen im Vordergrund.

Im letzten Abschnitt werden formale Ansätze zur Methodenmodellierung und -weiterentwicklung untersucht. Dabei bieten die unter dem *Methoden-Engineering* zusammengefassten Ansätze einerseits sogenannte Meta-Methoden zur Entwicklung von Prozeßmodellen oder zur Akquisition von Methodenwissen und andererseits Ansätze zur formalen Spezifikation von ISE-Methoden.

3.3.1 Software-Prozeßmodellierung

Dieser Abschnitt soll den Zusammenhang und die Unterschiede zwischen der vielfach in der Literatur diskutierten Software-Prozeßmodellierung [vgl. Tully 1989; Perry 1990; Dowson 1991] und dem in diesem Buch verfolgten Ansatz zum Methoden-Engineering aufzeigen. Unter SOFTWARE-PROZESSMODELLIERUNG (*Software Process Modeling)* wird die formale Beschreibung aller Prozesse oder Aktivitäten der ingenieurmäßigen Software-Entwicklung verstanden, die notwendig sind, um Benutzeranforderungen in ein Software System zu transformieren [vgl. Humphrey 1989, S. 83].

Seit Mitte der achtziger Jahre besteht in der Forschung ein starkes Interesse an den Prozessen und Aktivitäten, vor allem an verschiedenen Vorgehensmodellen zur Entwicklung von Informationssystemen. Wo CASE bis heute vor allem die Erstellung der Entwicklungsprodukte mit Techniken und Werkzeugen unterstützt, konzentriert sich die Software-Prozeßmodellierung auf die verschiedenen Aktivitäten und das Vorgehen, die Akteure und Rollen (Aufgaben) in der Systementwicklung.

Eine wesentliche Zielsetzung ist es dabei, eine höhere Qualität des entstehenden Softwareproduktes über die Wiederverwendbarkeit von Aktivitäten oder Prozessen der Software-Entwicklung zu erreichen. Dazu ist u.a. die Beschreibung und der Vergleich unterschiedlicher Vorgehensmodelle erforderlich [vgl. Tully 1989, S. 3]. Aufbauend auf der Beschreibung und dem Verstehen verschiedener Softwareprozesse steht die Verbesserung und Anpassung der Methoden an spezielle Anforderungen sowie die Unterstützung des Projektmanagements im Vordergrund. Kellner sieht vier wesentliche Ziele der Prozeßmodellierung [vgl. Kellner 1989a, S. 93; Kellner 1991, S. 9]:

1. Kommunikation und besseres Verständnis der Software-Entwicklungsprozesse
2. Wiederverwendbarkeit von bestehenden Prozeßmodellen
3. Weiterentwicklung, Verbesserung und Anpassung von Prozeßmodellen
4. Unterstützung eines effektiven Prozeß-/Projektmanagements

Software-Prozeßmodelle können als formale Beschreibung von Methoden zur Software-Entwicklung betrachtet werden [vgl. Benali et al. 1990, S. 78]. Insofern decken sich die ersten drei Zielsetzungen der Prozeßmodellierung mit denen der ingenieurmäßigen Entwicklung von ISE-Methoden in dieser Arbeit. In vielen Arbeiten zur Prozeßmodellierung liegt der Schwerpunkt aber auf dem *Enactment*, d.h. der rechnergestützten Ausführbarkeit des Prozeßmodells als Unterstützung eines effektiven Prozeß-/Projektmanagements in einem konkreten Projekt.

Zugrundeliegendes Paradigma der Prozeßmodellierung ist die Annahme, daß Software-Prozeßmodellierung starke Ähnlichkeiten mit der Software selbst hat [vgl. Osterweil

1987]. Software beschreibt in formalen Sprachen Handlungsanweisungen oder Algorithmen, die von Übersetzern in eine maschinenausführbare Form gebracht werden. Ansätze zur Prozeßmodellierung sind ebenfalls sprachorientiert, so daß sie durch Interpretation dieser Sprachen von verschiedenen Akteuren (Werkzeugen, Menschen) ausgeführt werden können. Häufig steht in vielen Ansätzen zur Prozeßbeschreibung die Abbildung eines speziellen Prozeßmodells im Vordergrund. Keine der Arbeiten basiert auf einer Analyse bestehender Softwareprozeßbeschreibungen, z.B. in klassischen Methodenhandbüchern, aus der ein formales und generelles Modell der Prozeßmodellierung abgeleitet wurde. Vielmehr steht der Nachweis der Anwendbarkeit verschiedener Sprachen (funktional, objektorientiert, regelbasiert, graphisch) im Vordergrund. Zu diesem Zweck wurde ein einheitliches Softwareprozeßbeispiel entwickelt, das als eine Art *Benchmark* für die verschiedenen Formalismen verwendet werden kann [vgl. Kellner et al. 1991].

In den folgenden Abschnitten werden einige der wesentlichen Forschungsprojekte zur Software-Prozeßmodellierung bezüglich der verwendeten Beschreibungsformalismen kurz diskutiert [vgl. auch Curtis/Kellner/Over 1992, S. 79]. Zur Vertiefung wird auf weiterführende Quellen verwiesen.

3.3.1.1 Prozeßprogrammiersprachen

Alle Ansätze zur Beschreibung von Software-Prozeßmodellen durch sogenannte Prozeßprogrammiersprachen basieren auf der Annahme, daß Softwareprozesse mit Software selbst vergleichbar sind [vgl. Osterweil 1987]. So wurden und werden immer noch die verschiedensten von Programmiersprachen abgeleiteten Derivate zur Beschreibung von Softwareprozessen entwickelt [vgl. u.a. ACM 1989; Tully 1989; Perry 1990; Dowson 1991; Madhavji/Schäfer/Weber 1990; Forte/Madhavji/Müller 1992].

- **APPL/A, University of Boulder/University of Irvine**

Eine der ersten *Process Programming Languages* (PPL) ist die von der Universität Boulder, Colorado, und der Universität Irvine, California, entwickelte *prozedurale* Sprache APPL/A [vgl. Osterweil 1989]. Es handelt sich dabei um eine Erweiterung der Programmiersprache Ada, die um einige Konstrukte, wie persistente Beziehungen zwischen Produkten und Ressourcen und sogenannte *Triggers*, erweitert wurde [vgl. Sutton et al. 1991, S. 209ff.; Taylor et al. 1988]. Nachteil dieser Prozeßmodellbeschreibungen ist die Tatsache, daß das entstehende Programm weder die Struktur des Prozeßmodells offenlegt noch in seinem Verhalten leicht zu verstehen ist [vgl. Sutton et al. 1991].

- **Hierarchical and Functional Software Process Description, Institute of Technology, Tokyo**

Das Institut für Technologie in Tokyo hat eine *Hierarchical and Functional Software Process Description* (HFSP) mit mathematischen Funktionen als formale Prozeßbeschreibungssprache entwickelt [vgl. Katayama 1989]. Softwareprozesse werden in HFSP durch hierarchische Dekomposition in Aktivitäten mit Definition der Inputs und Outputs beschrieben. Es ist möglich, Mehrläufigkeit, Iterationen und Nicht-Determiniertheit von Aktivitätenabläufen zu spezifizieren. Erfahrungen mit dieser Prozeßsprache findet man in [Katayama/Suzuki 1990] und in [Suzuki/Katayama 1991, S. 202].

Die Anwendung einer weiteren *funktionalen,* auf dem Lambda-Kalkül basierenden Sprache mit Schwerpunkt von nebenläufigen Prozessen findet man in [MacLean 1989, S. 113ff.]. Diese Sprache bietet formale Korrektheit, Mehrläufigkeit und Nicht-Determiniertheit, die oben genannte Zielsetzung der Kommunikation von Prozeßmodellen erfüllt dieser Ansatz jedoch nicht.

- **Context Free Grammer Approach (CFG/PDL), University of Osaka**

Zur Unterstützung des Entwicklungsprozesses wurde von der japanischen Universität Osaka ein Navigationssystem entwickelt, das die Entwicklungsbeteiligten mit Hilfe eines kontextsensitiven Menüs zur Auswahl der Aktivitäten führt. Die formale Spezifikation des Prozeßmodells erfolgt über *kontextfreie Grammatiken* (CFG) [vgl. Iida et al. 1991]. Die Sequenz der zugelassenen Aktivitäten wird über einen regulären Ausdruck mit entsprechender Grammatik definiert und anschließend für das Generieren des menüorientierten Navigationssystems in eine funktionale *Process Description Language* (PDL) transformiert. Der Vorteil dieses Ansatzes liegt in der mathematisch exakten Spezifikation von nicht-deterministischen Aktivitätenabläufen. Allerdings können parallel durchgeführte Aktivitäten innerhalb eines Entwicklungsteams nicht durch reguläre Ausdrücke spezifiziert werden. Ferner konzentriert sich der Ansatz nur auf Aktivitätenabläufe und nicht auf die Beschreibung der Techniken, der Prozeßbeteiligten oder der sonstigen Ressourcen eines Projektes.

3.3.1.2 Regelbasierte Ansätze

Die Idee von regelbasierten Ansätzen ist es, die Software-Entwickler über die flexible Anwendung von Regeln während des Entwicklungsprozesses zu steuern und sie immer mit den geeigneten Informationen und Werkzeugen für die einzelnen Arbeitsschritte zu versorgen. Vorteil dieser logikorientierten oder regelbasierten Formalismen ist der *deklarative* Beschreibungscharakter zur Formulierung des komplexen Prozeßmodells. So können einzelne Regeln, z.B. zur Aktivitätenablauffolge, ohne Betrachtung des gesamten Prozeßmodells formuliert werden. Erst die Ausführung dieser Regeln durch die Inferenzmaschine liefert die Semantik des Prozeßmodells. Häufig verwendete Sprachen sind Prolog [vgl. Clocksin/Mellish 1984] mit seinen *Backtracking*-Mechanismen zur Ausführung des Prozeßmodells [vgl. Ohki/Ochimizu 1989; Ambriola/Ciancarini/Montangero 1990] oder regelbasierte Expertensysteme wie das folgende MARVEL- oder das MERLIN-System.

- **MARVEL, Columbia University, New York/ Software Engineering Institute, Pittsburgh**

MARVEL war eines der ersten Systeme, die eine intelligente Unterstützung des Software-Entwicklungsprozesses boten [vgl. Kaiser/Feiler/Popovich 1988]. Dabei besteht MARVEL im wesentlichen aus zwei Komponenten. Die erste Komponente ist eine objektorientierte Datenbank, die alle Fakten und Informationen während des Entwicklungsprozesses bereithält und mit automatischen Triggermechanismen versehen ist. Beispiele für gespeicherte Informationen sind Spezifikationsdokumente und Informationen über die Historie und den Status des Projektes [vgl. Kaiser/Feiler/Schwanke 1988]. Die Datenbank bietet sowohl eine *Browsing*-Möglichkeit als auch eine Anfragesprache zum Suchen spezieller Entwicklungsobjekte.

Zum zweiten besteht MARVEL aus einem Prozeßmodell, das aus einer Menge von Regeln aufgebaut ist. Diese bestimmen die Ausführungsreihenfolge von Aktivitäten und das automatische Bearbeiten von Objekten durch bestimmte Werkzeuge. Regeln bestehen in Anlehnung an die Hoare´schen Zuweisungen aus einer Vorbedingung, einer Aktion und einer Nachbedingung [vgl. Kaiser 1989, S. 85]. *Vorbedingungen* werden als logische Ausdrücke von Entwicklungsobjekten der Datenbank formuliert. *Aktivitäten* beschreiben einzelne Entwicklungsschritte und sind in der Datenbank mit einem Werkzeug assoziiert. Dabei wird unterschieden zwischen autonomen Aktivitäten, die ohne Beteiligung eines Entwicklers ausgeführt werden können, z.B. das Kompilieren, und Aktivitäten, die eine menschliche Interaktion erfordern, z.B. das Editieren, unterschieden. *Nachbedingungen* beschreiben den Zustand nach der erfolgreichen Ausführung der Regel und sind im Gegensatz zu den häufig verwendeten Produktionsregeln deshalb notwendig, um die Ergebnisse, die ein Werkzeug im Rahmen einer Aktivität produziert, in die Datenbank zu übernehmen. Dies gewährleistet, daß die einzelnen Entwicklungswerkzeuge unabhängig von der Entwicklungsumgebung MARVEL sind und flexibel über die Regeln eingebunden werden können.

Regeln können sowohl vorwärts- als auch rückwärtsverkettet ausgeführt werden, was als *opportunistic processing* bezeichnet wird, da MARVEL bei einer Vorwärtsverkettung automatisch die Werkzeuge aufruft, für die alle Vorbedingungen erfüllt sind. Setzt ein

Benutzer ein explizites Kommando ab, z.B. den Aufruf des Linkers, so versucht MARVEL, die Vorbedingungen dieser Aktivität über die Ausführung weiterer Regeln (Rückwärtsverkettung) zu erfüllen, z.B. das vorherige Kompilieren der verschiedenen Module. MARVEL zielt auf die Unterstützung und Beschreibung des Vorgehens und die Verwendung der verschiedenen Werkzeuge in den späten Phasen der Entwicklung. Dabei werden durch entsprechende Regeln die Programmieraktivitäten aktiv unterstützt und die Beziehungen der einzelnen Entwicklungschritte zueinander modelliert. Nachteile bei der Beschreibung eines methodischen Vorgehens durch Regeln sind Seiteneffekte in der Ausführung der einzelnen Werkzeuge und die schlechte Stukturierungsmöglichkeit der Regelpakete, was ein übergeordnetes Verständnis des Prozeßmodells erschwert.

- **MERLIN-Projekt, Universität Dortmund**

Das MERLIN-Projekt an der Universität Dortmund [vgl. Deiters/Gruhn/Schäfer 1990] beschäftigt sich mit der Entwicklung eines formalen Prozeßmodells und eines Prototypen zur rechnergestützten Aufgabensteuerung während der Software-Entwicklung. Dabei wurde der Schwerpunkt bisher auf das Projektmanagement und auf den Einsatz von Design-Werkzeugen in den späten Phasen (Konstruktions-Design, Implementierung und Test) gelegt. Darunter fallen z.B. Programmeditoren für einzelne Module, entsprechende Testwerkzeuge, Compiler oder Linker. In MERLIN wird ein regelbasierter Ansatz zur wissensbasierten Steuerung der Aufgaben verschiedener Projektmitarbeiter in einem Projekt verwendet. Dabei wurde eine Prolog-verwandte Notation mit Vorwärts- und Rückwärtsauswertung der Regeln entwickelt.

Wesentliche Entitätstypen, die innerhalb des Prozeßmodells in MERLIN [vgl. Hünnekens et al. 1990, S. 50] definiert werden können, sind *Rollen*, *Aktivitäten*, *Ergebnisse* und *Ressourcen*. *Rollen* gruppieren logisch zusammenhängende Aktivitäten auf einer hohen Stufe; z.B. gibt es die Rollen eines Projektmanagers, eines Technik-verantwortlichen oder eines Programmierers. Während der Ausführung der *Aktivitäten*, z.B. des Spezifizierens, Editierens, Kompilierens oder Testens, werden die verschiedenen Rollen von speziellen Personen oder Werkzeugen besetzt. Ergebnisse (*Deliverables*) sind alle Objekte, die während des Entwicklungsprozesses entstehen, z.B. Source Code, Dokumentationen, Berichte oder Testinformationen. *Ressourcen* sind entweder Personen, die für die Entwicklung benötigt werden, oder technische Werkzeuge wie Editoren, Debugger oder Compiler.

Wesentliche Eigenschaft von MERLIN ist die persistente Speicherung der Regeln und Fakten gemeinsam mit den Zwischen- und Endergebnissen in einer gemeinsamen Datenbank GRAS (*Graph Storage*). Damit kann der aktuelle Projektstatus jederzeit abgerufen, zurückverfolgt oder modifiziert werden.

Nachteil der regelbasierten Ansätze zur Software-Prozeßbeschreibung ist die nicht gelöste Strukturierung der Wissensbasen. So ist z.B. die Reihenfolge der unabhängig voneinander formulierten Regeln wesentlich für die Ausführung und damit wesentlich bei der Modellierung des Prozeßmodells. Große und komplexe Prozeßmodelle, die von mehreren Personen erstellt und modifiziert werden, sind nur schwer zu überblicken und schlecht zu warten. Eine Verifikation beim Hinzufügen von nur einer Regel kann nur durch die Ausführung (*Inferenz*) für alle möglichen Zustände des Regelspeichers geschehen. Die Menge der Zustände steigt aber überproportional mit der Anzahl der Regeln, so daß automatische Mechanismen zur Überprüfung des Prozeßmodells notwendig werden.

3.3.1.3 Daten- und objektorientierte Ansätze

Objektorientierte Sprachen bieten wie regelbasierte Sprachen den Vorteil der leichten Erweiterbarkeit und Modularität, so daß Softwareprozesse leicht an die speziellen Bedürfnisse angepaßt werden können. Im Gegensatz zu den regelbasierten Systemen bieten sie aber eine bessere Struktur der Prozeßmodelle durch Klassifikation, Aggregation und Instantiierung. Damit ist ein besserer Überblick über die Modelle und die Möglichkeit ihrer Weiterentwicklung gegeben. Allerdings fehlen den meisten objektorientierten Sprachen explizite Konzepte zur Nebenläufigkeit, die in der Software-Entwicklung ein wichtiges Modellierungskonzept darstellen. Die Verwendung einer objektorientierten Sprache wie PML wird in Abschnitt 3.3.1.5 unter dem IPSE-2.5-Projekt ausführlich diskutiert. Die beiden folgenden Ansätze beschreiben zwei Datenmodelle zur Repräsentation von Softwareprozessen.

- **Generic Representation Scheme, MCC Software Technology Progr., Austin**

In [Potts 1989, S. 218] wird ein *Generic Representation Scheme* (GRS) in Form eines Entity-Relationship-Diagramms vorgestellt. Dieses elementare Schema dient zur Bildung von Methodenbeschreibungen und Prozeßmodellen, die dann für ein spezielles Projekt instantiiert werden können. Das von Potts vorgeschlagene generelle Schema enthält fünf Entitätstypen und acht binäre Beziehungen. Die Entitätstypen sind *Artifacts*, die methodenspezifische Dokumente umfassen, und *Steps*, die Modellierungsschritte des Entwicklungsprozesses definieren und Artifacts erzeugen oder modifizieren. Die drei weiteren Entitätstypen dienen der Repräsentation von Designanforderungen (*Issue*), entsprechenden Lösungsalternativen (*Position*) und deren Bewertung (*Argument*).

Auf der Basis dieses generellen Schemas werden mittels Generalisierung und Spezialisierung rudimentäre Methodenmodelle, z.B. für *Jackson System Development* (JSD) [vgl. Cameron 1986], abgeleitet. Es werden keine Aggregationsbeziehungen z.B.

bei den Entwicklungsdokumenten zugelassen und auch keine Akteure, Techniken oder Werkzeuge zur Erstellung der *Artifacts* beschrieben. Schwerpunkt bilden die Ableitung von angepaßten (*customized*) Methodenmodellen aus dem generellen Schema.

- **CAPRES Projekt, Swedish Institute for Systems Development/ Tokyo Institute of Technology**

In dem gemeinsamen Projekt CAPRES (*Capturing and Representation of Software Process Knowledge*) des schwedischen Instituts für Systementwicklung (SISU) und dem Institut für Technologie in Tokyo wurde ein Datenmodell zur Software-Prozeßmodellierung entwickelt [vgl. Kinnula et al. 1992]. Dieses Datenmodell beschreibt Konzepte und deren Beziehungen, die einerseits für die abstrakte Beschreibung eines methodischen Vorgehens (*Static Concept Types*) und andererseits für die Ausführung des Prozeßmodells (*Dynamic Concept Types*) notwendig sind. Diese saubere Trennung der abstrakten von der instantiierten Beschreibung verdeutlicht die unterschiedlichen Objekttypen, die notwendig sind für eine Methodenbeschreibung (Metamodellierung) im Vergleich zur Projektunterstützung (Prozeßmodellierung).

Zu den statischen Objekttypen zählt die *Task*, die eine abstrakte Beschreibung einer Aufgabe innerhalb des Entwicklungsprozesses beschreibt, und der *Agent*, der die Projektorganisation mit Individuen und Organisationseinheiten beschreibt, die eine Task ausführen. Zur Beschreibung der personellen Anforderungen innerhalb einer Task werden sogenannte *Agenten-Rollen* beschrieben, die im Entwicklungsprozeß von konkreten Agenten wahrgenommen werden. Ergebnisse werden durch sogenannte *Produkttypen* beschrieben, die von einer Task konsumiert, erzeugt oder modifiziert werden können. Ferner werden Tasks durch *Tools*, z.B. einen Texteditor oder ein CASE-Tool, und durch *Methoden* unterstützt. Methoden beschreiben Entwicklungstechniken wie die Datenmodellierung oder die Modellierung der Benutzerschnittstelle im Detail.

Zu den dynamischen Objekttypen zählen im wesentlichen die Instantiierung sowohl der Tasks in sogenannte *Performances* als auch entsprechender Produkttypen in *Produktinstanzen*, die den Status eines konkreten Entwicklungsprozesses beschreiben. Ferner gehört zu einer Performance, die die Ausführung einer Task darstellt, die Ressourcenallokation in Form von Tools und Agenten (*Tool and Agent Assignment*) entsprechend der abstrakten Beschreibung in der Task.

Strukturelle Beziehungen wie Dekompositionsbeziehungen von Tasks oder Produkttypen werden im Datenmodell nicht dargestellt. Außerdem fehlt eine Modellierung der kausalen oder temporalen Beziehungen der Tasks untereinander, die eine sequentielle oder parallele Ausführung der Tasks festlegt. Derzeit wird an einer Formalisierung der Konzepte in Richtung einer Algebra gearbeitet, um eine automatische Prozeßunterstützung in CAPRES zur Verfügung zu stellen.

3.3.1.4 Graphisch formale Sprachen

- **Visual Process Language, Royal Military College, Kingston**

Visual Process Language (VPL) ist eine Sprache zur Visualisierung und zur detaillierten und formalen Spezifikation von Software-Entwicklungsprozessen. VPL-Modelle können ausgeführt werden und sollen die Entwickler im Entwicklungsprozeß leiten sowie die automatische Ausführung von Werkzeugen in einer IPSE (Integrated Project Support Environment) bewirken.

Ein VPL-Prozeßmodell ist ein gerichteter Graph mit Aktionen als Knoten und Input/Output von Ergebnissen als Kanten. Zusätzlich gehören eine Liste von Ergebnissen (*Artifact, Object*) und eine Liste von Rollen zu einem vollständig ausführbaren Prozeßmodell. Ein VPL-Modell beschreibt in graphischer Notation die Prozeßabläufe und Kontrollbeziehungen zwischen den verschiedenen Aktivitäten. Es werden neun verschiedene Knotentypen zur Prozeßablaufspezifikation innerhalb des Prozeßgraphen verwendet [vgl. Shephard/Sibbald/Wortley 1992, S. 39].

Neben speziellen *Start-* und *Endknoten* wird in eine parallele Bearbeitung eines Ergebnisses (*Split*) und in eine selektive Verzweigung (*Branch*), bei der nur ein Aktionspfad weiterverfolgt wird, unterschieden. *Task*-Knoten repräsentieren eine atomare Aktion an einem Entwicklungsergebnis, die entweder von einem Werkzeug oder von einem Benutzer ausgeführt werden muß. Über *Prozedur*-Knoten, die einen weiteren vollständigen Prozeßgraphen mit Start- und Endknoten repräsentieren, können mehrere Ebenen der Verfeinerung beschrieben werden. Ferner können in VPL Ergebnisse über sogenannten *Decompose*-Knoten in Teilobjekte aufgeteilt, in verschiedenen Bearbeitungsketten parallel bearbeitet und über entsprechende *Recompose*-Knoten wieder zusammengefügt werden.

Zielsetzung eines VPL-Prozeßmodells ist die Ausführung und damit das automatische Aufrufen von Entwicklungswerkzeugen ohne weitere Interaktion der Entwickler [vgl. Sibbald/Shepard/Wortley 1992]. Jede Task ist mit einem Entwicklungsergebnis (*Artifact*) als Input verbunden und wird von einem assoziierten Benutzer oder einem Tool bearbeitet. Die Ausführung eines VPL-Modells bedeutet den Fluß der Anfangsergebnisse vom Startknoten zum Endknoten eines Prozeßgraphen. Dabei ändern die Ergebnisse ihren Zustand, und neue Ergebnisse entstehen an den *Split-* oder *Decomposition*-Knoten.

- **MELMAC-Prozeßarchitektur, Universität Dortmund**

An der Universität Dortmund wurden innerhalb der MELMAC-Architektur zur Spezifikation und Ausführung von Software-Prozeßmodellen *Prädikat-/Transitions-Petrinetze* an die Bedürfnisse von Softwareprozessen angepaßt [vgl. Deiters/Gruhn 1990]. Vorteile der entstandenen FUNSOFT-Netze sind einerseits die höheren und visuellen Spracheigenschaften und andererseits die formale Semantik und Analysetechniken für Prädikat-/Transitions-Petrinetze. Eine genauere Beschreibung der FUNSOFT-Netze findet man in [Emmerich/Gruhn 1991] und [Gruhn 1991b, S. 49-124].

In FUNSOFT wird ein Software-Prozeßmodell als eine Menge von in Beziehung stehenden Entitäten, wie Aktivitäten, Objekttypen oder Rollen, verstanden und durch fünf individuelle Sichten beschrieben [vgl. Deiters/Gruhn 1990, S. 194ff.]. Die *Objekt-/Aktivitäten-Sicht* stellt den Kern des Prozeßmodells dar. Objekte werden in einer C-ähnlichen Typnotation und Aktivitäten entweder als kleinere Programme oder als Referenzen auf entsprechende Werkzeuge (Editoren, Debugger, Compiler etc.) beschrieben. Eine Aktivität besteht dabei aus einer Input/Output-Parameterliste, einer Vorbedingung, die erfüllt sein muß vor Ausführung der Aktivität, einem Aktionsteil und einer Nachbedingung. Aktivitäten der Entwickler, die auf menschliches Urteilsvermögen oder Erfahrungen beruhen, werden nur durch das Input/Output-Verhalten beschrieben.

Die *Prozeßsicht* beschreibt das Ablaufverhalten der Entwicklungsaktivitäten durch Datenflußrestriktionen der Entwicklungsobjekte und bildet das Grundgerüst der FUNSOFT-Netze. Die *Projektmanagementsicht* spezifiziert die Rollen und zeitlichen Restriktionen der Aktivitäten. Ferner existiert eine *Verteilungssicht*, die den Ort der Aktivitäten beschreibt, sowie eine *Simulationssicht*, die sämtliche Informationen zur Simulation der Prozeßmodelle enthält.

Die verschiedenen Sichten des Prozeßmodells lassen sich in der einheitlichen Beschreibungssprache der FUNSOFT-Petrinetze integriert beschreiben. Der Petrinetz-Formalismus bietet den Vorteil, daß die formal spezifizierten Prozeßmodelle einerseits ausgeführt und andererseits durch verschiedene Analyse- und Konsistenzüberprüfungen validiert werden können. Nachteil dieses Beschreibungsformalismus ist die hohe Komplexität und Größe bei schon sehr kleinen Ausschnitten eines realen Prozeßmodells.

Die MELMAC-Entwicklungsumgebung bietet Unterstützung über alle Phasen der Software-Prozeßmodellierung. Zur Entwicklung des Modells werden syntaxgesteuerte und graphische Editoren und Archivierungsmechanismen für die verschiedenen Sichten eines Prozeßmodells zur Verfügung gestellt. Für die Validierung und Überprüfung der Modelle wird ein Simulationswerkzeug für die FUNSOFT-Netze eingesetzt. Die statische und dynamische Verifikation der Petrinetze erfolgt in einer eigens entwickelten Analyse-Komponente ANAMEL [vgl. Gruhn 1991a, S. 283; Gruhn 1991b, S. 165-244]. Schließlich können die Prozeßmodelle ausgeführt werden und bieten damit eine Unterstützung und Anleitung zum Entwicklungsvorgehen. Neben einer einheitlichen Benutzerschnittstelle werden alle Objekte in einem Objektmanagementsystem zur Speicherung von Graphen (GRAS) abgelegt (vgl. MERLIN-Projekt in 3.3.1.2).

- **ViewPoint-Oriented Systems Engineering, Imperial College of Science and Technology, London**

Das am *Imperial College of Science and Technology*, London entwickelte *ViewPoint-Oriented Systems Engineering* (VOSE) bietet eine dialogorientierte Entwicklungsumgebung. In diesem Ansatz steht nicht die strikte Definition und Ausführung von Aktivitätenabläufen im Vordergrund, sondern die aktive Methodenunterstützung auf Basis eines Dialogmodells [vgl. Finkelstein et al. 1989]. Dieser Ansatz geht in Richtung einer *verhaltensorientierten* Prozeßmodellierung, bei der nicht die Entwicklungsaktivitäten und Produkte im Vordergrund stehen, sondern das kognitive, soziale und organisatorische Verhalten der Entwickler innerhalb des Projekts und des Unternehmens [vgl. Curtis 1989].

In der VOSE-Entwicklungsumgebung wird der Entwicklungsprozeß nicht durchgängig beschrieben, sondern eine integrierte Sammlung von sogenannten *ViewPoints* angeboten. Ein *ViewPoint* beschreibt dabei die Erstellung eines lokalen Entwicklungsergebnisses und umfaßt Wissen über die Darstellung der Ergebnisse, den Entwicklungsprozeß und den Anwendungsbereich [vgl. Nuseibeh/Finkelstein 1992, S. 50]. Jeweils ein Entwickler ist verantwortlich für eine ViewPoint-Spezifikation. Dabei können mehrere ViewPoints dieselbe Notation und die gleichen Arbeitsschritte anwenden, um verschiedene Spezifikationen z.B. in verschiedenen Domänen zu entwickeln. Daher kann ein ViewPoint als Instanz eines sogenannten *ViewPoint-Templates* betrachtet werden, das die Darstellung (*Style*) und die einzelnen Entwicklungsschritte (*Work Plan*) einer Entwicklungstechnik, z.B. Datenmodellierung oder Datenflußmodellierung, zur Erstellung eines speziellen Spezifikationsergebnisses beschreibt.

Eine Entwicklungsmethode besteht aus einer Anzahl lose verbundener *ViewPoint-Templates*, die die verschiedenen Entwicklungstechniken beschreiben und unterstützen. Damit betrifft das Design und die Anpassung (*Customization*) einer Entwicklungsmethode das Zusammenstellen relevanter Templates. Innerhalb der *Work Plans* wird sowohl das lokale Prozeßmodell eines ViewPoints als auch das globale Prozeßmodell zwischen den verschiedenen ViewPoints definiert. Dabei bietet ein sogenannter Prozeßmodellierer auf Basis von Zustandsübergängen von ViewPoints eine kontextsensitive Entwicklungsunterstützung. Die Integration und die Konsistenz zwischen den einzelnen ViewPoints wird durch Integritätsbedingungen (*Inter-ViewPoint Relation*) innerhalb von VOSE gewährleistet.

Die VOSE-Entwicklungsumgebung unterstützt sowohl die Methoden- und Technikdefintion durch die Template-Spezifikation als auch die Methodenanwendung durch Instantiierung der ViewPoint-Templates innerhalb einer Smalltalk-Umgebung.

- **Software Engineering Institute, Carnegie-Mellon University, Pittsburgh**

Das *Software Engineering Institute* (SEI) der Carnegie-Mellon-Universität, Pittsburgh wurde vom amerikanischen Verteidigungsministerium (*Department of Defense, DoD*) gegründet, um als führendes Institut im Bereich des Software-Engineering neuere Technologien in die Praxis umzusetzen.

Das SEI sieht als eine der erfolgversprechenden neuen Bereiche des Software-Engineering die Software-Prozeßmodellierung und verfolgt dabei die bereits in diesem Abschnitt genannten Zielsetzungen des Verstehens und der Verbesserung von Software-Prozeßmodellen in konkreten Projekten [vgl. Kellner 1989a, S. 93; Kellner 1991, S. 9].

Der Ansatz des SEI überträgt das Software-Analyse- und Design-Paradigma auf die Prozeßmodellierung und verwendet ein kommerzielles CASE-Tool zur Spezifikation und Simulation von Prozeßmodellen. Das von i-Logix, Inc. entwickelte CASE-Tool STATEMATE ist für die Entwicklung von komplexen Echtzeitsystemen (*real-time and embedded system*) entwickelt worden [vgl. Harel et al. 1990]. Der Einsatz in zahlreichen Projekten des DoD hat die erfolgreiche und adäquate Verwendung eines CASE-Tools für die Prozeßmodellierung gezeigt [vgl. Kellner 1990a, S. 85].

Dabei werden im wesentlichen drei unterschiedliche Perspektiven und entsprechende Diagrammeditoren von STATEMATE zur graphischen Spezifikation der Prozeßmodelle verwendet. Das Referenzbeispiel zur Software-Prozeßmodellierung [vgl. Kellner et al. 1991] zeigt die wesentlichen Eigenschaften von STATEMATE und die Diagramme der *funktionalen*, der *verhaltensorientierten* und der *organisatorischen* Perspektive [vgl. Kellner 1991].

Die *funktionale* Perspektive wird von einem sogenannten *Activity Chart* unterstützt. Dabei handelt es sich im wesentlichen um ein Datenflußdiagramm, das eine übergeordnete Aktivität oder Phase beschreibt. Es werden mehrere Ebenen der Verfeinerung in allen Diagrammen zugelassen. Dabei repräsentieren Prozeßsymbole im *Activity Chart* die Entwicklungsaktivitäten, und externe Agenten werden als externe Aktivitäten interpretiert. Datenspeicher werden zur Repräsentation von Ergebnissen und Dokumenten verwendet. Zwei verschiedene Datenflußtypen repräsentieren einerseits die Manipulation der Informationsobjekte und andererseits die Kontrollinformationsflüsse der entsprechenden Aktivität. Zusätzlich existieren als Verbindungselement zur verhaltensorientierten Perspektive Kontrollboxen mit Informationsflüssen zu den Aktivitäten.

Die *verhaltensorientierte* Perspektive beschreibt den Ablauf und den Zustand der Entwicklungsprozesse und stützt sich auf ein erweitertes Zustandsübergangsdiagramm (*State Transition Diagram*). Es werden Zustände von Entwicklungsprozessen und deren Übergänge durch Ereignisse modelliert. Diese werden in [Humphrey/Kellner 1989] dazu verwendet, sogenannte *Entity*-Prozeßmodelle zu definieren. Diese Prozeßmodelle spezifizieren nicht einen Ablauf von Prozessen wie in den meisten üblichen Ansätzen der Prozeßmodellierung, sondern es werden Abhängigkeiten und Zustände von den zu erzeugenden Entwicklungsprodukten und Objekten betrachtet [vgl. auch Nakagawa/ Futatsugi 1990]. Die Zustandsübergänge zwischen den verschiedenen Entwicklungsprodukten definieren ein nicht-deterministisches Prozeßmodell, das stabil und gleichzeitig flexibel gegenüber konkreten Vorgehensweisen ist.

In der *organisatorischen* Perspektive werden die Beteiligten, wie organisatorische Einheiten, Projektteams oder einzelne Personen des Entwicklungsprozesses, und deren Kommunikation durch sogenannte *Module Charts* in STATEMATE beschrieben. Es können sowohl der Aufbau der organisatorischen Einheiten für das Entwicklungsprojekt als auch externe Organisationseinheiten modelliert werden. Pfeile zwischen den verschiedenen Organisationseinheiten werden als physische Kommunikationskanäle interpretiert und z.B. mit *mündlich* oder *electronic mail* markiert.

Zusätzlich bietet das Modell die Integration der drei verschiedenen Perspektiven, z.B. die Verbindung zwischen den Aktivitäten der funktionalen Perspektive und den Organisationseinheiten zur Beschreibung der Ausführungsverantwortung. Ferner bietet das Werkzeug Möglichkeiten, die entstehenden Prozeßmodelle auf Konsistenz zu überprüfen, Anfragen zu starten, Reports zu erstellen und interaktive Simulationen durchzuführen, um *deadlocks* oder *race conditions* im Prozeßmodell zu erkennen.

Der Ansatz des SEI setzt das Paradigma konsequent um, die Techniken der Software-Entwicklung auch für die Prozeßmodellierung zu übernehmen. Allerdings wurden die Spezifikationstechniken und die zugrundeliegende Entwicklungsdatenbank von STATEMATE für den Entwurf von Echtzeitsystemen entwickelt. Der Ansatz verwendet die graphischen Diagramme unverändert, ohne die Anforderungen an eine umfassende Prozeßmodellierung auf der Basis eines konzeptionellen Objektmodells zur Prozeßmodellierung genauer zu untersuchen. Erfahrungen haben gezeigt, daß durch eine geeignete Interpretation der Diagrammobjekte Analogien zwischen der Entwicklung von Echtzeitsystemen und von Software-Prozeßmodellen gezogen werden können. Ein umfassendes Modell zur graphischen Spezifikation von Softwareprozessen mit explizitem Metamodell wurde nicht entwickelt.

Eine Zielsetzung des SEI ist das bessere Verstehen des methodischen Vorgehens sowie die Unterstützung im Projekt (*Guidance*). Über Simulationsmöglichkeiten von STATEMATE können die spezifizierten Modelle simuliert und getestet werden. Derzeitiger Schwerpunkt der Arbeiten sind deskriptive Prozeßmodelle aus der Praxis, die aufgrund quantitativer Messungen verbessert werden. In den nächsten Jahren wird versucht, ein normatives Referenz-Prozeßmodell zu entwickeln [vgl. Kellner 1989b].

3.3.1.5 Prozeßunterstützung in IPSEs

In diesem Abschnitt werden einige der neueren integrierten Entwicklungsumgebungen (IPSE - *Integrated Project Support Environment*) [vgl. Brown 1989, S. 15ff.; Österle 1988b, S. 14] beschrieben, die entweder in Form von europäischen Esprit-Forschungsprojekten entstanden oder als Produkte bereits auf dem Markt eingeführt sind. Weitere Software-Entwicklungsumgebungen werden ausführlich in [Sommerville 1986; Brereton 1988; Madhavji/Schäfer/Weber 1990; Endres/Weber 1991] diskutiert.

Innerhalb dieses Abschnittes wird das Augenmerk dabei auf die Konzepte zur rechnergestützten Modellierung von Softwareprozessen und auf die zugrundeliegenden Beschreibungsmodelle gelegt. Im Unterschied zu traditionellen CASE-Tools, wie z.B. IEW/ADW, Excelerator, IEF, Promod oder Stradis, legen die folgenden integrierten Entwicklungsumgebungen (IPSE) den Schwerpunkt auf die Definition, die Ausführung und die Überwachung von Aktivitäten des Software-Entwicklungsprozesses. Dabei bildet das Prozeßmodell die Grundlage für die Integration der verschiedenen Werkzeuge. Zur weiteren Diskussion von Gemeinsamkeiten und Unterschieden zwischen CASE und IPSEs vgl. [Brown/McDermid 1992].

- **IPSE-2.5, ALVEY**

Ein bereits 1985 unter dem britischen ALVEY-Regierungsprogramm gegründetes Gemeinschaftsprojekt IPSE-2.5 unterstützt die Prozeßbeschreibung und Ausführung in einer Entwicklungsumgebung als Integrationsmechanismus für die verschiedenen Werkzeuge. Das zugrundeliegende Paradigma von ISPE-2.5 ist die Tatsache, daß Personen, die die verschiedenen Aktivitäten innerhalb des Entwicklungsprozesses ausführen und dabei verschiedene Werkzeuge verwenden, den entscheidenden Erfolgsfaktor in der Systementwicklung darstellen.

IPSE-2.5 stellt daher eine *Prozeßmodellierungssprache* (PML) und eine entsprechende *Prozeßkontrollmaschine* (PCE) zur Verfügung, die die in PML definierten Prozeßmodelle für ein Projekt instantiiert und ausführt [vgl. Warboys 1990, S. 63ff.].

Die Prozeßmodellierungssprache PML bietet *Rollen, Aktivitäten*, *Interaktionen, Bedingungen (Assertions)* und *Objekte* in Form von generischen Klassen in einer objektorientierten Sprache mit Instantiierung, Spezialisierung und Aggregation. Aus diesen fundamentalen Konzepten können spezifische Prozeßmodelle abgeleitet werden [vgl. Roberts 1989, S. 138ff.]. *Rollen* können eine Anzahl verschiedener *Aktivitäten* ausführen und werden in sogenannte *on-line-* und *off-line*-Rollen unterschieden. *On-line* sind alle im IPSE integrierten Werkzeuge (Editoren, Compiler, Linker etc.), die automatisch von der PCE kontrolliert und ausgeführt werden können. Alle Interaktionen von Personen und externen Werkzeugen, die nicht Bestandteil von IPSE-2.5 sind, werden mit Hilfe der *off-line*-Rollen modelliert. Aktivitäten einer Rolle, die mit einer Aktivität einer anderen Rolle verbunden sind, werden über sogenannte *Interaktionen* in PML modelliert.

Zur Kontrolle des Prozeßmodells in PCE dienen *Zustände* von Rollen, basierend auf den Aktivitäten, Interaktionen und den Objekten, die bearbeitet werden. Ferner werden Boolsche Ausdrücke (*Assertions)* für Start- und Endbedingungen von Aktivitäten als Ausführungsmechanismus verwendet. Auf der Basis dieses fundamentalen Prozeßmodells können durch Spezialisierung der oben genannten Klassen spezielle Prozeßmodelle für das methodische Vorgehen innerhalb eines Projektes gebildet werden. In [Warboys 1990, S. 65ff.] wird z.B. ein auf der Organisationstheorie basierendes *Management-Support-Modell* entwickelt.

- **ASPECT, ALVEY**

Ein weiteres britisches ALVEY-Projekt zur Entwicklung einer integrierten Projektentwicklungsumgebung ASPECT wurde 1984 mit einer Laufzeit von insgesamt 4 Jahren gegründet. Die Architektur von ASPECT ist als *public tool interface* für verschiedene Werkzeuganbieter entwickelt worden und besteht aus den drei Komponenten *Informationsbank*, *Benutzerschnittstelle* und *Zielumgebungsschnittstelle* [vgl. Hitchcock 1989, S. 76]. Der Schwerpunkt von ASPECT liegt dabei auf einer integrierten und prozeßunterstützenden Programmierumgebung, die auf der Basis eines Versionsmodells eine kooperative und iterative Software-Entwicklung unterstützt.

ASPECT bietet Mechanismen zum Monitoring und zur Kontrolle von Entwicklungsaktivitäten. Die Integration der verschiedenen Werkzeuge in ASPECT erfolgt über das zugrundeliegende Datenbankschema, das in Codd´s erweitertem relationalen Modell RM/T in [Hitchcock 1989, S. 77] dargestellt ist. Dabei unterstützt die sogenannte *Superstructure* (Datenmodell des IPSE) im wesentlichen zwei Ebenen, die Modelldefinitionsebene (Typebene) und die Ausführungsebene (Instanzebene).

Auf der Definitionsebene werden Entwicklungsprozesse über Dekomposition von Aktivitäten, im allgemeinen die Zerlegung von Phasen in Aktivitäten und Teilschritte, definiert. Elementare Aktivitäten werden entweder von Benutzern ausgeführt oder von in ASPECT definierten Werkzeugen. Jede Aktivität besitzt eine Signatur, die die erforderlichen Inputobjekte und die zu modifizierenden/erzeugenden Objekte der Aktivität beschreibt. Ferner gehören zu jeder Aktivität zwei Regelmengen, die Vor- und Nachbedingungen in Form von prädikatenlogischen Ausdrücken für die Ausführung der Aktivität definieren. Wie vorher bereits erwähnt, hat eine Aktivität einen Besitzer, der die Aktivität erzeugt hat, und assoziierte Benutzer, die innerhalb der Aktivität bestimmte Rollen einnehmen.

Zur Unterstützung der Ausführung des Prozeßmodells bietet ASPECT die mehrfache Instantiierung der definierten Aktivitäten und Objekte in verschiedenen Kontexten. Dabei werden die Objektinstanzen von benutzerspezifischen Domänen über einen Publikationsmechanismus den Aktivitäten und anderen Domänen zugänglich gemacht. Basierend auf dem obigen Prozeßdatenmodell können verschiedene *Perspektiven* und Benutzersichten auf die Versionen von Objektinstanzen und Aktivitäten gebildet werden [vgl. Jackson 1990]. Damit unterstützt ASPECT kooperatives Arbeiten mit Versions- und Konfigurationskontrolle in einer integrierten Entwicklungsumgebung, wie das am Norwegischen Institut für Technologie entwickelte EPOS (*Expert System for Program and System Development*) [vgl. Conradi/Malm 1991; Liu 1991].

- **Eureka Software Factory, EUREKA**

Das ESF-Projekt wurde 1986 mit einer Gesamtlaufzeit von 10 Jahren im Rahmen des europäischen EUREKA-Programms mit Beteiligung von 13 Partnerfirmen, vorwiegend aus der Informationstechnologie, gegründet. Ziel des Projektes ist es, einen homogenen Markt für Entwicklungskomponenten in einer intergrierten Software-Entwicklungsumgebung zu schaffen. Diese sogenannte *Software-Fabrik* soll dabei sowohl an spezifische Anwendungsbereiche angepaßt werden als auch sich aufgrund des technologischen Fortschrittes weiterentwickeln können.

Wie auch in den vorher beschriebenen Projekten sieht das ESF-Projekt bei Entwicklung der *Software-Fabrik* den Schwerpunkt in der expliziten Unterstützung des Entwicklungsprozesses, insbesondere in der Schnittstelle zwischen den Personen und den Werkzeugen in einer integrierten Entwicklungsumgebung [vgl. Fernström/Ohlsson 1990, S. 93]. Technologisch basiert die Integration der verschiedenen Werkzeugkomponenten auf dem Konzept eines Software-Busses [vgl. Verrall/Morgan 1992] im Gegensatz zu den Dictionary-basierten IPSEs wie im *Portable Common Tool Environment* (PCTE) [vgl. Boudier et al. 1988].

Diese Schnittstelle wird maßgeblich durch ein Prozeßmodell definiert, d.h. durch eine Beschreibung aller Prozesse und Aktivitätenabläufe innerhalb des Entwicklungsprojektes. Aktivitäten werden dabei als elementare Einheiten des Prozeßmodelles betrachtet, die die Interaktionen zwischen Personen und Werkzeugen beschreiben und so die verschiedenen Informationsobjekte bearbeiten. Dabei ist eines der wesentlichen Prozeßmodellelemente die Rolle, die eine Person in einer Aktivität einnehmen kann, z.B. der Programmierer, der Manager oder ein technischer Entwickler. Rollen werden in konkreten Projekten instantiiert und z.B. mit einem konkreten Projektmanager besetzt. ESF wird eine sogenannte hybride *Process Programming Language* (PPL) entwickeln, die sowohl Mehrläufigkeit als auch Subtypenbildung unterstützt. Dabei werden verschiedene graphische Notationen zur Kommunikation des Prozeßmodells verwendet, z.B. Petrinetze für dynamische und ER-Diagramme für statische Eigenschaften (Ergebnisstrukturen) [vgl. Schäfer et al. 1990].

Die Prozeßmodellbeschreibung entspricht in ESF der Beschreibung einer Entwicklungsmethode, die Instantiierung des Modells oder das Prozeßprogramm unterstützt die Integration des IPSEs, der Organisation und den verschiedenen am Markt erhältlichen Werkzeugkomponenten in der Software-Fabrik [vgl. Fernström/Ohlsson 1990, S. 93f.]. Einer der wesentlichen Schwerpunkte liegt in der Anpassungsfähigkeit der Referenzarchitektur ESF an die speziellen Bedürfnisse eines Entwicklers. Dies betrifft die Bildung von instantiierten und angepaßten Prozeßmodellen, die dann in einer realen Entwicklungsumgebung implementiert werden [vgl. Hallmann 1991, S. 163].

- **ALF, ESPRIT**

Das Esprit-Projekt ALF (*Accueil de Logiciel Future*) wurde 1987 mit insgesamt zehn Partnern aus Forschung und Industrie gegründet. Ziel des Projektes ist die Entwicklung einer sogenannten IPSE der dritten Generation. Darunter wird eine integrierte Entwicklungsumgebung mit einer zentralen Wissenbasis verstanden, die Informationen und Pläne über laufende Software-Entwicklungen wie auch über bereits beendete Projekte enthält [vgl. Benali et al. 1990].

Das ALF-Konzept besteht aus einem Framework für sogenannte ALF-basierte IPSEs, das mit einen speziellen Software-Prozeßmodell verbunden wird und dann eine ALF-basierte integrierte Entwicklungsumgebung ergibt. Eine der Grundideen in ALF ist es, auf dem *Portable Common Tool Environment* (PCTE) aufzubauen und dieses um eine Software-Prozeßmodell-Komponente zu erweitern. PCTE war ein Esprit-Projekt mit dem Ziel, nicht eine IPSE selbst, sondern eine öffentliche Werkzeugschnittstelle zwischen verschiedenen Tools zu entwickeln [vgl. Boudier et al. 1988; Brown 1989, S. 130ff.].

Als Kernelement in ALF wurde zur Unterstützung existierender, kommerzieller Software-Entwicklungsmethoden eine Sprache zur Software-Prozeßmodellierung, MASP (*Model for Assisted Software Process*), entwickelt. Diese Sprache bildet die Grundlage für die Funktionalität innerhalb der ALF-basierten IPSEs, die aus automatischen Aktionen (Aufruf gewisser Werkzeuge), Überwachung und Kontrolle des Entwicklungsprozesses sowie Anleitung und Erklärung zum Projektfortschritt besteht. Die Spezifikation eines Prozeßmodells soll über einen syntaxgesteuerten Texteditor innerhalb von ALF erfolgen.

MASP bietet verschiedene alternative Formalismen zur Beschreibung von Prozeßmodellen an. Wesentliche Komponenten des Modells sind *Objektmodell*, *Operations-*

typen, Regeln, logische Ausdrücke, Operationsabläufe (*Orderings*) und sogenannte *Charakteristika* [vgl. Derniame et al. 1992].

Als *Objektmodell* wird das PCTE-Objektmodell zur Beschreibung der Objektstrukturen, Beziehungen und Attribute verwendet. *Operationstypen* beschreiben Klassen von Aktionen mit deren Input und Output sowie mit Vor- und Nachbedingungen in Form von *logischen Ausdrücken*, z.B. das Editieren eines Quellcodes, das Kompilieren oder das anschließende Anzeigen eines Fehlers. *Regeln* beschreiben, unter welchen Bedingungen die Operatoren ausgeführt werden können. Operationsabläufe (*Orderings*) werden zur Kontrolle des Ablaufes der Operatoren verwendet. Durch sie werden allgemeine Bedingungen oder gültige Zyklen von Operatoren definiert, z.B. wird nach dem Editieren automatisch der Compiler und bei Fehlern wieder der Editor aufgerufen. Dabei können Operatoren als *concurrently*, *sequentially*, *optionally*, *simultaneously* or *repeatedly* zueinander definiert werden. *Charakteristika* sind logische Ausdrücke, die in jedem Status des Prozeßmodells nach Möglichkeit erfüllt werden. Sie können somit das Ziel eines gesamten Prozeßmodells definieren; die Ausführung bricht erst dann ab, wenn dieses Ziel erfüllt ist. Grundidee in MASP ist die Auffassung, daß der Ablauf eines Prozeßmodells über verschiedene Formalismen beschrieben werden kann, z.B. die Abarbeitung von Operationsabläufen im Kontrast zur Auswertung der Regeln. Ein Beispiel eines Prozeßmodells in MASP zur Entwicklung eines C-Programmes findet man im Anhang in [Derniame et al. 1992, S. 188ff.].

MASP-Beschreibungen bilden abstrakte Prozeßmodelle, die in einer konkreten ALF-basierten IPSE instantiiert (IMASP) und ausgeführt werden. Dabei ist es möglich, noch zur Ausführungszeit neue MASP an Operationstypen der instantiierten IMASP zu binden (*lazy instantiation*). Damit können über das Prozeßmodell verschiedene Werkzeuge noch zur Laufzeit integriert und so z.B. nach dem Editieren eines Moduls der Compiler und Linker automatisch aufgerufen werden. Dieses Paradigma der Kopplung von verschiedenen Werkzeugen des Lebenszyklus über ein formal definiertes Prozeßmodell entspricht dem von ESF und [Notkin 1989, S.117].

- **ATMOSPHERE, ESPRIT**

Nach einer Definitionsphase im Jahr 1989 begann im Juni 1990 ein weiteres Esprit-Projekt, ATMOSPHERE (*Advanced Tools and Methods for System Production in Heterogenous, Extensible, Real Environments*), zur Entwicklung von Systementwicklungsumgebungen. Die Vorstudie ergab, daß mehr Nutzen für Methoden und Werkzeuge in speziellen Anwendungsbereichen liegt als in einer domänenunabhängigen, integrierten Systemumgebung [vgl. Boarder et al. 1990].

Einerseits sollen einheitliche Methoden für spezielle Anwendungsgebiete und andererseits Integrationsmechanismen für verschiedene Werkzeuge innerhalb des

Entwicklungszyklus erarbeitet werden. Das Projekt ist dabei in zwei Phasen eingeteilt. Zunächst wird in der sogenannten *Toolset*-Phase versucht, die Integration innerhalb der verschiedenen Werkzeuge des Projektmanagements, des Qualitätsmanagements und der Spezifikationswerkzeuge über eine Prozeßmodellierung zu erreichen (*intra process integration*). Dabei wird ATMOSPHERE stark von den Erfahrungen der beiden Eureka-Projekte ESF und EAST in der Prozeßmodellierung geprägt. Es ist geplant, mit einigen anwendungsspezifischen Modellen abzuschließen [vgl. Obbink 1991].

In der anschließenden zweiten, sogenannten *Environment*-Phase wird versucht, durch Verbindung der verschiedenen Werkzeuge miteinander eine heterogene Entwicklungsumgebung zu erzielen (*inter process integration*). Dabei soll die Kombination verschiedener Methoden und Werkzeuge über eine Prozeßintegration erfolgen. Für die Werkzeugintegration soll das von der *European Computer Manufacturers Association* (ECMA) entwickelte Architektur-Modell für Entwicklungsumgebungen erweitert werden [vgl. Earl 1991; ECMA 1991]. Es handelt sich um das sogenannte *Toaster*-Modell, in dem verschiedene Werkzeuge in sogenannte *Slots* gesteckt werden und über eine Kontroll-, eine Daten- und eine Repräsentationsschnittstelle miteinander kommunizieren können.

- **Application Development Project Support, IBM**

Application Development Project Support (ADPS) von der IBM ist eines der ersten Werkzeuge zur Unterstützung von Prozeßmodellen in der Software-Entwicklung [vgl. Chroust 1989]. ADPS ist hauptsächlich zur besseren Unterstützung und Kontrolle des Projektmanagements entwickelt worden und unterstützt mit ADPS/M die Definition eines Prozeßmodells auf der Modellebene und mit ADPS/P die Ausführung des Prozeßmodells auf der Projektebene.

Das *AD/Process Model* ist auf der Modellebene (ADPS/M) in das *AD/Information Model* (konzeptionelles Objektmodell der Ergebnistypen) und in die *Work-flow Structure* (Vorgehensmodell) aufgeteilt. Das *AD/Information Model* definiert die konzeptionellen Objekttypen der Entwicklungsergebnisse und deren Beziehungen in der Entwicklungsdatenbank (*Repository*). Die *Work-flow Structure* besteht im wesentlichen aus der Definition von Aktivitäts- und Ergebnistypen (*Work Items*) sowie deren Beziehungen untereinander. Aktivitätstypen werden weiter in Projektmanagement-, Qualitätssicherungs- und Entwicklungsaktivitäten unterschieden. Die Modellebene behandelt nicht die konkreten Aktivitäten und Resultate in einem Software-Entwicklungsprojekt, sondern Typen, die in einem konkreten Projekt durchaus mehrere Ausprägungen oder Instanzen besitzen. Ferner werden in ADPS/M die in den Aktivitäten verwendeten Werkzeuge (*Tools*) spezifiziert.

Unter einem minimalen Vorgehensmodell versteht Chroust die Definition der zu erstellenden Ergebnisse (Arbeitsdokumente) sowie die Aktivitäten, die diese Ergebnisse produzieren [vgl. Chroust 1992, S. 55ff.]. Dabei werden Zwischen- und Endergebnisse im Repository unterschieden. Das Vorgehensmodell besteht somit aus einem Netzwerk von Aktivitäten, die durch den Fluss von Dokumenten zueinander in Beziehung stehen [vgl. Chroust/Goldmann/Gschwandtner 1990, S. 196]. Trotz des gleichen zugrundeliegenden *Information Model* kann es verschiedene Vorgehensmodelle geben, z.B. bei einem funktionsorientierten vs. einem datenflußorientierten Vorgehen.

Die kleinste Einheit eines Arbeitsschrittes auf dem Level des Vorgehensmodells ist die Aktivität. Sie definiert alle Dokumente, an denen in elementaren Schritten gearbeitet wird. Aktivitäten sollten mit der Granularität des zugrundeliegenden *Information Model* konsistent sein, d.h. eine Aktivität erzeugt nur eines oder wenige Dokumente [vgl. Chroust/Goldmann/Gschwandtner 1990, S. 194]. Aktivitäten werden mit Vor- und Nachbedingungen im *Hoare'schen* Sinne verknüpft, die im wesentlichen gewisse Attribute von Dokumenten oder den entsprechenden Status eines Dokumentes überprüfen. Der Ablauf der Aktivitäten wird über vorgelagerte, nachgelagerte und parallele (*before*, *after*, *together*) Aktivitäten beschrieben.

Die *Projektebene* bietet mit dem Produkt ADPS/P einen werkzeugunterstützten Projektsupport durch die Definition und Verwaltung von konkreten Aktivitäten und Dokumenten (Instanzen) sowie deren Beziehungen. ADPS liefert ein generelles Prozeßmodell, das für das jeweilige Entwicklungsprojekt an die eigenen Bedürfnisse angepaßt werden muß. Durch die Instantiierung dieser Aktivitäts- und Resultatstypen können reale Projekte werkzeugunterstützt geführt und überwacht werden.

3.3.1.6 Zusammenfassende Bewertung

Zusammenfassend läßt sich festhalten, daß jeder der beschriebenen Ansätze der Software-Prozeßmodellierung andere Stärken bei der formalen Spezifikation und dem *Enactment* des entstehenden Entwicklungsprozesses aufweist. Regelbasierte Ansätze erlauben die partielle und deklarative Beschreibung des Prozeßmodells, haben aber gegenüber den speziell entwickelten funktionalen Sprachen den Nachteil der mangelnden Struktur und der steigenden Komplexität. Graphische Spezifikationen wie Petrinetze, VPL oder STATEMATE bieten eine bessere Kommunikation und leichteres Verstehen des Entwicklungsprozesses seitens der Entwickler. In neueren Forschungsarbeiten scheint sich übereinstimmend abzuzeichnen, daß nur *hybride* Beschreibungsansätze alle Aspekte in der Software-Prozeßmodellierung unterstützen können. So werden z.B. im Dortmunder MERLIN-Projekt deklarative und objektorientierte Programmiertechniken mit konventionellen Techniken wie der Modularisierung und der schrittweisen Verfeinerung eingesetzt [vgl. Deiters/Gruhn/Schäfer 1990]. Im ARCADIA-Projekt [vgl. Taylor et al. 1988; ARCADIA Cons. 1990] wurde die Notwendigkeit gesehen, prozedurale mit regelbasierten Sprachen zu kombinieren, und in [Krogstie et al. 1991] wird die Kombination von regelbasierten und prozeduralen Formalismen vorgeschlagen.

Integrierte Entwicklungsumgebungen setzen formale Prozeßbeschreibungen für das automatische Aufrufen von Entwicklungswerkzeugen und zur Interaktion mit den Entwicklern ein. Grenzen der Prozeßmodellierung lassen sich allerdings darin erkennen, daß der Software-Entwicklungsprozeß nicht nur aus einer Ablauffolge von verschiedenen Aktivitäten oder Aktionen von Werkzeugen besteht, sondern vielmehr als ein sozialer Prozeß zu verstehen ist [vgl. Gruhn 1992].

Neuere Forschungsaktivitäten in der Software-Prozeßmodellierung gehen in Richtung einer umfassenden Methode zur Entwicklung und vor allem zur Verbesserung von Prozeßmodellen (*Software Process Measurement and Assessment*). Damit wird die Software-Analogie, ursprünglich auf die Beschreibungsformalismen für Software-Entwicklungsprozesse bezogen [vgl. Osterweil 1987], auf die gesamte Entwicklung und Anpassung von Prozeßmodellen für spezifische Entwicklungsprojekte übertragen. In vielen neueren Forschungsarbeiten werden Meßmethoden zur Bewertung von Software-Prozeßmodellen entwickelt, um die Prozeßmodelle so anzupassen, daß die betrieblichen Ressourcen besser eingesetzt und die Geschäftsziele besser unterstützt werden [vgl. Humphrey 1988; Bruynooghe/Parker/Rowles 1991, S. 129f.; Madhavji/Schäfer 1991; Saeki/Kaneko/Sakamoto 1991].

Diese Zielsetzung geht über das reine *Enactment* des Prozeßmodells hinaus. Die bisher diskutierten Arbeiten sind nicht für die Entwicklung situativer und effizienterer Entwicklungsmethoden geeignet, da sie sich auf die Bereitstellung von adäquaten Beschreibungsformalismen und weniger auf den Anpassungs- bzw. Weiterentwicklungsprozeß konzentrieren. Ferner bilden Entwicklungstechniken wie Daten-, Funktions- oder Organisationsmodellierung den Kern aller Entwicklungsaktivitäten. In keinem der bisherigen Ansätze wird die Modellierung detaillierter Techniken zur Erstellung bestimmter Ergebnisse beschrieben. Zum anderen ist die Modellierung von Designentscheidungen und die Archivierung von Erfahrungswissen bei der Entwicklung für die Verbesserung des Prozeßmodells notwendig. Des weiteren behandelt keiner der bisherigen Ansätze die formale Beschreibung der graphischen und textuellen Darstellung der Entwicklungsergebnisse, um z.B. Diagramme und Reports in der Entwicklungsmethode zu modifizieren und die entsprechenden CASE-Werkzeuge anzupassen. Diese Aspekte werden in den nächsten beiden Abschnitten näher untersucht.

3.3.2 Meta-CASE

Meta-CASE befaßt sich mit der *Entwicklung von Werkzeugen zur Generierung von CASE-Werkzeugen* (*CASE-Shells*) und ist mit Compilergeneratoren in der Meta-Programmierung, wie z.B. YACC, zu vergleichen [vgl. Sorenson/Tremblay/McAllister 1988; Neumann 1988]. Ausgangspunkt des Meta-CASE-Gedankens ist es, den ständig neuen methodischen Anforderungen an entsprechende CASE-Tools in den verschiedenen Anwendungsgebieten schneller durch Werkzeuge zum Erstellen oder zum Generieren der CASE-Tools nachzukommen. Dies erscheint insbesondere deswegen attraktiv, weil die grundlegenden Komponenten, wie Entwicklungsdatenbank, Diagrammeditoren oder Reportgeneratoren identisch sind und lediglich ein geringer methodischer Teil dieser Komponenten angepaßt oder parametrisiert werden muß [vgl. Lyytinen/Smolander/Tahvanainen 1989].

Es werden zwei minimale Anforderungen an ein Meta-CASE-Tool gestellt. Erstens wird eine offene Entwicklungsdatenbank mit einer Schemaspezifikationssprache zur Modifikation des dem CASE-Tool zugrundeliegenden *Data Dictionary* benötigt. Die zweite Anforderung betrifft die Anpassung von Darstellungen und die Erstellung von neuen Diagrammen für ein CASE-Tool. Weitere zusätzliche Erfordernisse betreffen die Verfügbarkeit der zugrundeliegende Methode, die Unterstützung des Evolutionsprozesses sowohl in der Entwicklungsdatenbank als auch in der Prozeßunterstützung, Konsistenzbedingungen, Konfigurations- und Versionsmanagement sowie Multi-User-Fähigkeit, Fenstertechnik und eine offene Architektur (Workshop-Ergebnis der "*First International Summer School on Metamodelling and Methodology Engineering*", June 23-26, Jyväskylä, Finland, 1992).

Im Unterschied zu den im vorausgehenden Abschnitt diskutierten Ansätzen zur Software-Prozeßmodellierung, die die Beschreibung von Prozeßabläufen und deren Ausführung durch Akteure und Werkzeuge fokussieren, konzentrieren sich die Meta-CASE-Ansätze auf die Beschreibung der Spezifikationsdokumente und deren graphische Darstellung (DFD, ERD etc.) [vgl. Protsko et al. 1991]. So wird z.B. in [Sommerville/ Welland/Beer 1987] eine *Graphic Definition Language* (GDL) beschrieben, die die Spezifikation von verschiedenen graphischen Notationen in der Software-Entwicklung ermöglicht.

Da die hier vorliegenden Konzepte zum *Methoden-Engineering* unter Verwendung eines Meta-CASE-Werkzeuges implementiert wurden, sollen drei näher untersuchte Ansätze im folgenden beschrieben werden. Weitere Meta-CASE-Werkzeuge sind z.B. *MetaView* [vgl. Sorenson/Tremblay/McAllister 1988; Sorenson/Tremblay/McAllister 1991], *SuitCASE* [vgl. Goldstein 1990, S. 239] *ToolBuilder* [vgl. Alderson 1991] oder *Excelerator/Customizer* von Index Technology Corporation.

- **RAMATIC, Swedish Institute for Systems Development, Göteborg**

Das schwedische *Institut für Systementwicklung* (SISU) begann 1985 mit der Entwicklung der RAMATIC-CASE-Shell [vgl. Bergsten et al. 1989]. Motivation für die Entwicklung eines methodisch unabhängigen CASE-Tools war die Erfahrung, daß eine effektive Computerunterstützung in der Systementwicklung nicht deduktiv *a priori*, sondern kontinuierlich durch eine Reihe von Entwicklungsprojekten ermittelt und verbessert werden kann. RAMATIC bietet eine flexible Entwicklungsumgebung, die den verschiedenen methodischen Bedürfnissen der von der SISU zu betreuenden Organisationen angepaßt werden kann.

Kern der RAMATIC-CASE-Shell ist die Design-Objektdatenbank, die aus der Konzeptdatenbank (CDB) und der Symboldatenbank (SDB) besteht. Zur Anpassung an eine spezifische Entwicklungsmethode hat der sogenannte Methoden-Ingenieur die Entwicklungsobjekttypen, deren Attribute und Beziehungen, deren Syntax (graphisch und textuell) und die Konsistenz und Integritätsbedingungen zwischen den verschiedenen Darstellungen zu definieren.

Als erstes ist das methodenspezifische *Datenbankschema* für die Entwicklungsdatenbank über eine textuelle Schemasprache in Form eines ER-Modells zu spezifizieren. Komplexe semantische Integritätsbedingungen oder Analyseroutinen müssen über externe C- oder Prolog-Programme implementiert werden. Der nächste Schritt betrifft die Definition der graphischen Symbole der Methode in einer textbasierten Definitionssprache, die in einer Symbolbibliothek verwaltet werden. Die Operationen an den einzelnen Symbolen und Objekttypen werden in den Diagrammen oder Texteditoren über die Definition von *Menüs* realisiert. In einer Assembler-ähnlichen Notation werden in den Menüs die zu selektierenden Optionen, Symbole oder Untermenüs definiert.

Für die textuelle Ein- und Ausgabe stellt RAMATIC eine flexible *Bildschirm-* und *Reportdefinitionssprache* zur Verfügung. Ferner können Hilfetexte und methodische Anleitungen für den Benutzer definiert werden. Schnittstellen zu anderen Entwicklungswerkzeugen können über externe C-Routinen gebildet werden, die freien Zugriff auf die Entwicklungsdatenbank haben. Insgesamt erlaubt RAMATIC die Spezifikation von Entwicklungskonzepten und deren Darstellung in einer Assembler-ähnlichen Sprache mit nur geringem semantischem Gehalt.

RAMATIC wurde seither bei einigen Industrieanwendern in Schweden eingesetzt und für die Esprit-Projekte RUBRIC (*A Rule Based Representation of Information Systems Constructs*) und TEMPORA als Entwicklungsumgebung für die entstehenden Methoden verwendet.

- **MetaEdit, University of Jyväskylä**

Das finnische MetaPHOR-Projekt (*Metamodeling, Principles, Hypertext, Objects and Repositories*) als Nachfolger des 1991 ausgelaufenen SYTI-Projekts beschäftigt sich mit der Modellierung von ISE-Methoden und der Entwicklung einer flexiblen CASE-Shell [vgl. Lyytinen/Smolander/Tahvanainen 1989].

Der unter dem Namen *MetaEdit* entwickelte Prototyp einer CASE-Shell erlaubt sowohl die Entwicklung und Spezifikation methodenspezifischer CASE-Tools als auch deren Verwendung in einem Entwicklungsprojekt. Dabei werden die Spezifikationen eines Zielsystems in der sogenannten *Methodology Specifikation Base* und die Beschreibungen der verwendeten Methode in der *Meta Model Base* und der *Symbol Base* gespeichert [vgl. Smolander et al. 1991].

Zur Spezifikation von Methoden werden in MetaEdit das konzeptionelle Datenmodell der Methode und die Darstellung der Konzepte unterschieden. Da MetaEdit sowohl als CASE-Tool als auch als Methoden-Engineering-Werkzeug verwendet wird, existieren zwei Modellierungsebenen. Auf der Typebene werden die beiden oben erwähnten Aspekte einer Methode definiert, und auf der Instanzebene wird das zu entwickelnde Informationssystem in der entsprechenden Methode spezifiziert. Als zugrundeliegendes Repräsentationsmodell verwendet MetaEdit für alle Aspekte das OPRR-Datenmodell (*Object-Property-Role-Relationship*) [vgl. Welke 1988].

OPRR eignet sich zur Modellierung der statischen, datenorientierten Eigenschaften von Methoden (Meta-Datenmodellierung) und deren graphischer Repräsentation. Dabei werden die Modellierungskonzepte einer Methode z.B. in einem Datenflußdiagramm durch die Objekte (*Objects*), deren Eigenschaften (*Properties*) und deren Beziehungen (*Relationships*) zueinander beschrieben, ähnlich wie in einem Entity-Relationship-Diagramm. Zusätzlich werden Rollen im OPRR-Modell als eigenständige Objekte mit Eigenschaften betrachtet. Eine Rolle beschreibt durch den Namen die Funktion eines Objektes in einer Beziehung. So wurde MetaEdit u.a. dazu verwendet, das Spezifikationsmodell von RAMATIC zu implementieren. Damit können in MetaEdit spezielle CASE-Tools definiert und anschließend in RAMATIC generiert werden können.

OPRR ist ein einfaches Datenmodell. Es besteht aus vier Objekttypen zur Beschreibung der Modellierungskonzepte einer Methode. Einschränkungen bestehen hinsichtlich der Repräsentation von komplexen Strukturen, wie z.B. die Dekomposition von DFD-Prozessen in weitere Datenflußdiagramme, und hinsichtlich der graphischen Repräsentation von konditionalen Eigenschaften [vgl. Smolander 1991, S. 97]. Neben diesen Problemen richten sich derzeitige Forschungsarbeiten auf die Integration der Modellierung von Prozeßmodellen in einem erweiterten GOPRR-Modell, um in

MetaEdit eine gleichzeitige *Guidance* für die Entwicklungstätigkeiten und die verschiedenen Rollen der Beteiligten zur Verfügung zu stellen [vgl. Marttiin et al. 1992].

- **Virtual Software Factory, VSF Ltd., Bournemouth**

Das von der britischen *Virtual Software Factory* seit 1989 vertriebene gleichnamige Meta-CASE-Tool VSF unterstützt die formale Definition einer Methode in der sogenannten *Methods Workbench* und bietet mit der *Analysis Workbench*, die die Spezifikation aus der *Method Workbench* interpretiert, ein methodenspezifisches CASE-Tool [vgl. VSF 1992a].

Die Methodendefinition umfaßt im wesentlichen zwei Teile. Der grundlegende Teil ist ein *semantisches Modell* der Methode, das die Entwicklungsobjekte (*Concepts*), deren Beziehungen und deren semantischen Integritätsbedingungen formal definiert. Zur Definition dieses Modells stellt VSF eine logik- und mengenorientierte Sprache CANTOR zur Verfügung [vgl. Pocock 1991, S. 54]. Basierend auf den mathematischen Mengendefinitionen können Invarianten, automatische Konsequenzen und sehr mächtige Integritätsbedingungen formuliert werden, die innerhalb des Designprozesses erfüllt sein müssen.

Der zweite Teil der Methodendefinition betrifft die syntaktische Definition der textuellen und graphischen Repräsentation der Entwicklungsobjekte. Hierfür stellt VSF eine Sprache zur Definition der verschiedenen graphischen Editoren in der Systementwicklung zur Verfügung. Diese *Graphic Definition Language* (GDL) erlaubt die mehrfache Referenzierung und das Editieren der Objekte aus dem CANTOR Modell [vgl. VSF 1992a, S. 5-1ff.]. Ferner stellt VSF eine *Text Definition Language* (TDL) zur Verfügung, in der alle textuellen Spezifikationen und Reports erstellt werden können [vgl. VSF 1992a, S. 4-1ff.].

VSF Ltd. bezeichnet ihren Ansatz der Spezifikation eines methodenspezifischen CASE-Tools als Methoden-Engineering. Software-Prozeßunterstützung oder Anleitungen zur Erstellung der verschiedenen Spezifikationen gibt es in VSF jedoch nicht. Unterstützung bietet VSF bei der Erstellung einer VSF-Methodenspezifikation in CANTOR, GDL und TDL durch eine sogenannte *Methods Factory*. Die *Methods Factory* ist ein in VSF selbst implementiertes CASE-Tool zur Spezifikation von CANTOR-Diagrammen und zur Generierung rudimentärer GDL- und TDL-Templates [vgl. VSF 1992b]. Für die Definition der semantischen Integritätsbedingungen und Konsequenzen steht ein syntaxgesteuerter Editor zur Verfügung. Dieses sogenannte Methoden-Engineering-Werkzeug ist als hausinternes Entwicklungswerkzeug für VSF-CASE-Tools entstanden und zur Zeit als Prototyp ohne weitere Unterstützung für VSF-Kunden erhältlich.

In VSF wurden bereits einige industrielle Methoden wie SSADM [vgl. CCTA 1990a], *Hierarchical Object Oriented Design* (HOOD) oder OOD nach Booch [vgl. Booch 1991] sowie unternehmensspezifische Methoden implementiert. Insbesondere die Offenheit der Methodenspezifikation und die mächtige semantische Ausdrucksfähigkeit von CANTOR führte dazu, daß VSF als Werkzeug zur Implementation der hier vorgestellten Konzepte zum Methoden-Engineering für einen ersten Prototypen verwendet wurde (vgl. Kapitel 7).

3.3.3 Methoden-Engineering

Dieser Abschnitt wird Ansätze zur formalen Beschreibung und Entwicklung von Software-Entwicklungsmethoden und Prozeßmodellen untersuchen. Dabei unterscheiden sich die folgenden Ansätze von der in Abschnitt 3.3.1 vorgestellten Software-Prozeßmodellierung dadurch, daß nicht nur Entwicklungsprozesse, sondern auch die Modellierungskonzepte und ein methodisches Vorgehen (Meta-Methode) zur Entwicklung und Verbesserung der formalen Methoden-/Prozeßmodelle beschrieben werden.

Unter METHODEN-ENGINEERING wird der *systematische und strukturierte Prozeß der Entwicklung, Modifikation und Anpassung von Methoden durch die Beschreibung der Methodenkomponenten und ihrer Beziehungen* verstanden. Die entstehenden Methoden bieten *effektive* Lösungen für spezifische Entwicklungssituationen (vgl. 1.2).

Arbeiten zur Software-Prozeßmodellierung befassen sich mit der Erstellung einer maschineninterpretierbaren Spezifikation eines methodischen Vorgehens in der Software-Entwicklung. Damit bilden Prozeßmodelle einen Teil des Methoden-Engineering. Während die Prozeßmodellierung hauptsächlich die Aktivitäten, die Prozeßbeteiligten und die Werkzeuge beschreibt [vgl. *Way of Working, Controlling and Supporting* in Wijers 1991, S. 14], gehen integrierte Entwicklungsmethoden wie IEM/JMA, SSADM, ISOTEC oder NAVIGATOR (vgl. Kapitel 4) auf soziale, kommunikative und organisatorische Aspekte ein. Ferner werden durch Technikbeschreibungen die Modellierungskonzepte und die Art der Systemmodellierung [vgl. *Way of Modelling* und *Way of Thinking* in Wijers 1991, S. 14] dargestellt. Diese Aspekte werden in der Software-Prozeßmodellierung nicht formalisiert; sie bilden den Anspruch eines integrierten Beschreibungsmodells im Methoden-Engineering.

Eine weitere Kritik an der Software-Prozeßmodellierung liefern Parnas und Clements, indem sie einen rationalen Design- und Entwicklungsprozeß *per se* ausschließen. Gründe sehen sie darin, daß menschliche Fehler niemals auszuschließen sind, die Benutzer in der Regel nicht wissen, was sie wollen oder nicht in der Lage sind, dies auszudrücken. Wichtige Details werden erst viel später nach der Anforderungsanalyse erkannt, und die

Anforderungen selbst ändern sich kontinuierlich [vgl. Parnas/Clements 1986]. Insgesamt führt dies dazu, daß die Entwickler von einem vorgegebenen Entwicklungspfad abweichen, um den situativen Anforderungen gerecht zu werden. Damit kann kein Prozeßmodell existieren, wie gut es auch immer sein mag, das alle Bedingungen, Fehler und Bedürfnisse eines Projektes *ex ante* berücksichtigt [vgl. Koomen 1989, S. 98].

Die *Methoden-Modellierung* zielt daher nicht auf die maschinelle Prozeßführung eines Entwicklungsprojektes, z.B. durch ein Expertensystem, sondern auf das Vortäuschen eines idealen rationalen Entwicklungsprozesses, so daß sich die Entwickler daran orientieren und den Prozeß verstehen lernen können [vgl. *Methodology Guidance* bei Lehman 1989, S. 111; *Method Companionship* bei Brinkkemper et al. 1990; *Knowledge Assistant* bei Ip/Holden 1989; *implicit vs. explicit encoding of knowledge* in Wenger 1987, S. 4ff.]. Dazu ist es notwendig, alle Aspekte von Entwicklungsmethoden und das methodische Erfahrungswissen in einem rechnergestützten System zur Verfügung zu stellen. Dies wird auch als *Meta-Modellierung* [vgl. Brinkkemper 1990, S. 29ff.; Wijers 1991, S. 31ff.] bezeichnet und bildet die Grundlage des vorliegenden Buches zum *Methoden-Engineering*.

Zunächst werden zwei Arbeiten zur Meta-Modellierung in der Informationsystem-Entwicklung in den Niederlanden vorgestellt und anschließend zwei erste Ansätze einer Methode zur Entwicklung von Software-Prozeßmodellen vorgestellt.

- **Brinkkempers Meta-Modellierungsansatz, University of Nijmegen**

Der Meta-Modellierungsansatz der holländischen Universität von Nijmegen befaßt sich mit der Formalisierung der Modellierung in der Informationssystem-Entwicklung [vgl. Brinkkemper 1990]. Dazu werden verschiedene Techniken zur Daten-, Ereignis- und Funktionsmodellierung untersucht und formal beschrieben. Brinkkemper sieht prinzipiell keine Unterschiede zwischen der Modellierung von Informationssystemen und der Modellierung und Formalisierung von Entwicklungstechniken für Informationssysteme. Daher wird letztere auch als *Meta-Modellierung* bezeichnet und entsprechend der IS-Modellierung in *Meta-Daten-* und in *Meta-Aktivitäten-Modellierung* unterschieden. Brinkkemper zeigt verschiedene Nutzenpotentiale in der Anwendung von Meta-Modellierung auf, u.a. den Vergleich von Methoden, die Entwicklung von an spezielle Methoden angepaßten Werkzeugen (Meta-CASE), die Diskussion von Software-Prozeßmodellen oder die Methodenbegleitung in CASE-Umgebungen [vgl. Brinkkemper et al. 1990].

Die *Meta-Daten-Modellierung* umfaßt die statischen Aspekte einer Entwicklungsmethode. Es werden alle Daten und Ergebnisse des Entwicklungsprozesses in Form von Konzepten, Beziehungen und Integritätsbedingungen beschrieben. Als Beschreibungstechnik können traditionelle Datenmodellierungstechniken, wie ER-Modellierung oder

NIAM, verwendet werden. Als formale Technik zur Beschreibung der Integritätsbedingungen wird die Prädikatenlogik erster Ordnung in den Meta-Datenmodellen verwendet [vgl. Brinkkemper 1990, S. 36].

Meta-Aktivitäten-Modelle umfassen den dynamischen Aspekt von Entwicklungstechniken durch Beschreibung der Entwicklungsaktivitäten und deren Informationsflüsse und Designentscheidungen. Dabei werden wiederum Techniken zur Prozeßmodellierung von Informationssystemen, wie *Prozeßdekompositionsdiagramme* und *Datenflußdiagramme* mit Agenten und Datenspeichern als Ergebnisse einer Aktivität verwendet [vgl. Brinkkemper 1990, S. 63ff.]. Zur Verfeinerung der Datenfluß-Aktivitätenmodelle in sogenannte *Task Models* schlägt Brinkkemper das auf *Prädikat-/Transitions-Petrinetzen* aufbauende *Conceptual Task Modelling* (CTM) vor [vgl. Brinkkemper 1990, S. 117ff.].

Brinkkemper umreißt ferner ein grobes Vorgehen für die Modellierung von Entwicklungstechniken, das von der Auswahl der Meta-Modellierungsformalismen über die Festlegung eines groben Meta-Vorgehens, dem Bilden des Meta-Daten-Modells bis zum abschließenden Meta-Aktivitäten-Modell reicht [vgl. Brinkkemper 1990, S. 45f., S. 112]. Im Ansatz von Brinkkemper werden im Vergleich zu der Prozeßmodellierung neben den Entwicklungsaktivitäten hier die Konzepte oder Daten einer Entwicklungstechnik explizit modelliert. Da vorwiegend Entwicklungstechniken und nicht integrierte Methoden Gegenstand der Betrachtung sind, fehlen einerseits Projektmanagementaspekte, wie die Modellierung von Rollen und der Werkzeugunterstützung, andererseits fehlt eine Integration der beiden isolierten Modelle (Meta-Daten, Meta-Aktivitäten) in ein zusammenhängendes Beschreibungsmodell für Methoden.

- **SOCRATES, Software Engineering Research Centre, Utrecht**

Das SOCRATES-Projekt des *Software Engineering Research Centre* (SERC), Utrecht beschäftigt sich einerseits mit der Akquisition und dem Design von methodischem Wissen zur Entwicklung von ISE-Methoden (*Methodology Knowledge Engineering*), andererseits wird an einer Architektur methodenunabhängiger CASE-Tools gearbeitet. Dabei sollen diese sogenannten *CASE-Shells* sowohl die Prozesse als auch die Ergebnisse der Entwicklung unterstützen. Das SERC versucht, die Software-Prozeßmodellierung, die aus den Integrationsbemühungen von IPSEs entstanden ist, in integrierte CASE-Tools zu übernehmen. Ein solches CASE-Werkzeug muß flexibel und anpaßbar an die verschiedenen Bedürfnisse sein. Es kann als prozeßunterstützendes Meta-CASE-Tool bezeichnet werden.

Kritisch für die Entwicklung eines solchen Werkzeuges ist die adäquate Beschreibung von Informationssystem-Modellierungswissen. Dieses Wissen umfaßt im Modell zur Informationssystem-Entwicklung nach Wijers sowohl die Konzepte der Modellierung

(*Way of Modelling*) als auch die Vorgehensweise (*Way of Working*) [vgl. Wijers 1991, S. 14ff.]. Es bestehen starke Analogien zu dem Ansatz von Brinkkemper in der Meta-Modellierung von Daten und Aktivitäten.

Die Modellierungskonzepte (*Way of Modelling*) für die Entwicklung von Informationssystemen bilden ein Beziehungsnetz und können durch sogenannte *Konzeptstrukturen* repräsentiert werden. Zur Darstellung wird die Datenmodellierungsmethode NIAM mit Objekten, Spezialisierung und Mehrfachbeziehungen verwendet [vgl. Verhoef/Hofstede/Wijers 1991, S. 506; Wijers 1991, S. 32].

Die Vorgehensweise oder das Prozeßmodell (*Way of Working*) wird durch Aufgaben (*Tasks*) und Entscheidungen (*Decisions*) modelliert. Entscheidungen kontrollieren dabei den Ablauf der Aufgaben und werden in sogenannten *Task Structures* beschrieben. Für jede übergeordnete Aufgabe wird ein *Task-Strukture-Diagramm* erstellt, das einerseits die Zerlegung in die *Subtasks* und andererseits die Entscheidungspunkte und den Ablauf der Subtasks enthält [vgl. Verhoef/Hofstede/Wijers 1991, S. 508; Wijers 1991, S. 39]. Zur formalen Definition und operationellen Semantik von Task-Structure-Diagrammen wurden*Prädikat-/Transitions-Petrinetze*, vergleichbar den FUNSOFT-Netzen im MELMAC-Projekt (vgl. 3.3.1.4), verwendet [vgl. Wijers/Hofstede/Oosterom 1991, S. 178ff.].

Im Unterschied zu Brinkkemper bietet der Ansatz von Wijers die Integration der Konzept- und Aktivitäten-Strukturen durch den sogenannte *Task View*. Dieser umfaßt den Ausschnitt aus der Konzeptstruktur, den eine Task erzeugt, bearbeitet oder löscht. Innerhalb der Task-Dekomposition muß über Integritätsbedingungen sichergestellt werden, daß der Task View einer Subtask eine Teilmenge des übergeordneten Task View ist. Für die Informationsflüsse zwischen den Tasks werden sogenannte *Information Places* verwendet, die grob das Input/Output-Verhalten einer Task beschreiben [vgl. Wijers/Hofstede/Oosterom 1991, S. 192ff.].

Für die Ausführung oder Instantiierung einer Task werden sogenannte *a-priori-* und *a-posteriori*-Regeln definiert. Bevor eine Task beendet werden kann, müssen alle a-posteriori-Regeln erfüllt sein [vgl. *Verification Rules* in Wijers 1991, S. 47; Verhoef/Hofstede/Wijers 1991, S. 509]. A-priori-Regeln werden als Invarianten einer Task betrachtet, die zu jedem Zeitpunkt der Ausführung erfüllt sein müssen. Regeln werden in Prädikatenlogik erster Ordnung über der Menge der Konzepte und Beziehungen in den Konzeptstrukturen definiert. Damit können beliebige Integritätsbedingungen innerhalb des Entwicklungsprozesses spezifiziert werden.

Ziel der formalen Methodenmodellierung ist das Entwickeln eines Meta-CASE-Tools (*CASE-Shell*), das durch Laden einer maschineninterpretierbaren Methodenspezifikation in ein konkretes, instantiiertes und methodenabhängiges CASE-Tool überführt wird [vgl. Wijers/Brinkkemper 1991; Hofstede et al. 1992].

In [Wijers 1991, S. 66] wird zusätzlich eine Wissensakquisitionsmethode zum Entwickeln der obigen Konzept- und Task-Strukturdiagramme auf der Basis empirischer Beobachtung von Experten in der Informationssystem-Entwicklung vorgestellt. Dieses Modell umfaßt im wesentlichen vier Schritte von der Vorbereitung und Auswahl der Experten (*Preparation*), der Durchführung eines Experiments (*Elicitation*), der Auswertung der verschiedenen Dokumente (*Interpretation*) und dem anschließenden Bilden der Konzept- und Task-Strukturen sowie der Integritätsbedingungen und der Task Views (*Conceptualization*).

- **Methode zur Software-Prozeßmodellierung in LOTOS, Institute for Technology, Tokyo**

Das Institut für Technologie, Tokyo, hat eine Methode zur Entwicklung von Prozeßmodellen in Anlehnung an die Entwicklung von Softwaresystemen entwickelt [vgl. Saeki/Kaneko/Sakamoto 1991, S. 93ff.]. Dabei sollen die Entwicklungsbedürfnisse (genauer: die Bedürfnisse der Beteiligten im Entwicklungsprozeß) bei der Entwicklung eines konkreten Vorgehensmodells besonders berücksichtigt werden.

Die Methode besteht aus drei Teilen, dem *Aktivitätenteil,* dem *Ressourcenteil* sowie der anschließenden *formalen Spezifikation* des Modells. Im Aktivitäten-Teil werden die Aktivitäten und die Entwicklungsprodukte festgelegt sowie die Produktflüsse zwischen den Aktivitäten in einem sogenannten *Produktfluß-Diagramm* dargestellt. Danach werden sogenannte *Time Charts* für übergeordnete Aktivitäten (Phasen) erstellt. Diese spezifizieren die sequentielle, parallele oder alternative Ausführung der Aktivitäten.

Im Ressourcen-Teil der Methode werden zunächst alle beteiligten Personen (*Participants*) und deren Beziehungen in einem ER-Diagramm (*Participant Relationship Diagram*) dargestellt. Danach werden die Aktivitäten den Beteiligten zugeordnet und die Interaktionen zwischen den Beteiligten in einem Diagramm oder einer Tabelle beschrieben.

Der dritte Teil der Methode geht darauf ein, wie die entwickelten Dokumente zur Spezifikation des Prozeßmodells in die Prozeßsprache LOTOS (*Language of Temporal Ordering Specification*) transformiert werden können. LOTOS ist eine Sprache zur formalen Spezifikation von Kommunikationssystemen mit Mehrläufigkeit, synchronen und asynchronen Interaktionen und mit nicht deterministischen Beschreibungsformalismen. In [Saeki/Kaneko/Sakamoto 1991] findet man die detaillierte Spezifikation des *ISPW-6 Software Process Examples* [vgl. Kellner et al. 1991] in LOTOS.

- **PRISM-Methode und -Architektur, McGill University, Montréal**

Madhavji und Schäfer stellen in [Madhavji/Schäfer 1991] eine Methode PRISM zur ingenieurmäßigen Entwicklung und Anpassung von Software-Prozeßmodellen vor. Diese Methode besteht aus einem hybriden Beschreibungsformalismus, einem sogenannten Meta-Prozeßmodell (PRISM-Methode) und einer PRISM-Architektur.

PRISM verwendet für die Beschreibung einer Methode zur Entwicklung von Software-Prozeßmodellen die Beschreibungsformalismen für Softwareprozesse. Daher wird die PRISM-Methode auch als Meta-Prozeßmodell bezeichnet.

Die PRISM-Architektur besteht aus einer Benutzerschnittstelle und einer Werkzeugschnittstelle, die über UNIX-Shellscripts die verschiedenen Werkzeuge des Prozeßmodells aufruft. Fragmente des Prozeßmodells, werkzeugspezifische Daten sowie Softwarekomponenten und Dokumentationen werden in der Objektdatenbank GRAS gespeichert. GRAS ist eine nicht-standard-Datenbank zur Verwaltung von komplexen und attributierten Graphen, die innerhalb des IPSEN-Projektes [vgl. Nagl 1990] entwickelt wurde und für die Verwaltung von Software-Prozeßmodellen erweitert wurde. Kern der Architektur sind die drei Komponenten zur Unterstützung der entsprechenden *Metazyklen* der PRISM-Methode, die Simulation (*Simulation*), die Initialisierung (*Initialization*) und die Ausführung (*Operation*) des Meta-Prozeßmodells.

Der *Simulationszyklus* der Methode definiert die Phase der Entwicklung, der Anpassung und des Testens der Software-Prozeßmodelle. Dabei wird zunächst in fünf Schritten von der Anforderungsdefinition, der Validierung über die Spezifikation bis hin zur Simulation mit Testdaten ein *generisches* Prozeßmodell entwickelt (*Process-building Methodology*). Die anschließenden vier Schritte in PRISM betreffen die projektspezifische Anpassung (*process tailoring methodology*) des generischen Prozeßmodells.

Bei der projektspezifischen Anpassung wird von einem in PRISM beschriebenen Prozeßmodell ausgegangen und zunächst die unternehmensspezifischen Anforderungen und Ressourcen bzgl. der Anpassung ermittelt. Insbesondere werden hier Informationen über die in den Entwicklungsprozeß involvierten Personen und deren Erfahrungen gesammelt sowie die zur Verfügung stehenden Entwicklungswerkzeuge und erste Meilensteine ermittelt. In den anschließenden Schritten werden die Unterschiede des generischen Prozeßmodells hinsichtlich der projektspezifischen Anforderungen an die Aktivitäten, Werkzeuge, Rollen oder Objekttypen festgestellt und das generische Modell auf Typebene in ein *customized* Modell verfeinert. Dieses *customized* Modell befindet sich immer noch auf Typebene. Im letzten Schritt des Simulationszyklus werden für das entstandene Prozeßmodell erste Ressourcen reserviert, da die Anpassung eines Prozeßmodells abhängig ist von den zur Verfügung stehenden Personen und Werkzeugen.

In der *Initialisierung* werden die bereits reservierten Ressourcen, Aktivitäten, Objekte, Bedingungen und Beziehungen des angepaßten Prozeßmodells instantiiert, um in den anschließenden Ausführungszyklus übernommen zu werden. Die Initialisierung geschieht dabei nicht für das gesamte Prozeßmodell, sondern in der Regel nur für kleinere Fragmente, da alle aktuellen Ressourcen des Projektes bei diesem Zyklus gebunden werden. Ferner handelt es sich um einen rein mechanistischen Vorgang, da alle Details des Prozeßmodells bereits in den vorherigen Schritten auf Typebene festgelegt wurden.

Der *Ausführungszyklus* betrifft das Management und die Entwicklung des Softwareproduktes auf der Basis des definierten Prozeßmodells. Dabei sind Verbesserungen des Prozeßmodells durch Rücksprünge zu Schritten des Simulationszyklus jederzeit möglich. Die PRISM-Software-Entwicklungsarchitektur richtet sich in starkem Maße an das Änderungsmanagement innerhalb der Software-Entwicklung und basiert auf einem komplexen Modell zur Evolution [vgl. Madhavji 1991].

Neu in der PRISM-Architektur ist die formale Spezifikation und Ausführung eines sogenannten *Meta-Prozeßmodells* zum methodischen Entwickeln, Anpassen, Instantiieren und Ausführen von Software-Prozeßmodellen.

3.4 Methodenharmonisierung und Standardisierung

Standardisierungen im Entwurf von Systemen, seien es Informations- oder Produktionssysteme, betreffen die Integration und Beschreibung von Methoden. Damit Neuerungen und Erweiterungen stets möglich sind, müssen Standardisierungen offen und modular aufgebaut sein. Daher bedarf es eines allgemeinen Klassifikationsschemas zur Einordnung eines Standards (*Reference Model, Structural Model, Framework*), das im Rahmen dieses Buches zur ingenieurmäßigen Methodenbeschreibung und -anpassung von besonderem Interesse ist. Da starke Parallelitäten zwischen dem Entwurf von *Computer-Integrated-Manufacturing*-Systemen und Informationssystemen bestehen, gehen wir in den folgenden beiden Abschnitten auf Referenzmodelle und -methoden in diesen beiden Bereichen ein.

3.4.1 Computer Integrated Manufacturing

- **Open System Architecture for CIM, ESPRIT**

Das unter ESPRIT I im Jahre 1984 gegründete und unter ESPRIT II fortgesetzte Konsortium AMICE hat die Zielsetzung, eine Referenzarchitektur zum *Computer*

Integrated Manufacturing (CIM) zu entwickeln. Unter Beteiligung von ca. 21 europäischen Firmen wurde 1989 die erste *Open System Architecture for CIM* (CIM-OSA) publiziert [vgl. Esprit 1989]. Wesentliches Merkmal dieser Architektur ist die Integration bestehender Methoden zur Entwicklung von CIM-Systemen mit dem Schwerpunkt der Informationsverarbeitung. Derzeit wird an einer Verfeinerung und Umsetzung des Modells in zwei Pilotprojekten gearbeitet [vgl. Kosanke 1991].

Das in [Esprit 1989, S. 46] vorgestellte CIM-Architekturmodell (*CIM-OSA Framework*) in Form eines Würfels besteht aus den drei Dimensionen *Instantiation, Derivation* und *Generation.*

In der Instantiierungs-Dimension werden drei Ebenen der schrittweisen Verfeinerung unterschieden, die *generelle* CIM-Referenzarchitektur, ein *partielles* und ein *spezielles* CIM-Modell einer Branche oder eines Unternehmens. Jedes dieser Modelle wird durch vier Modelle der *Generation*-Dimension spezifiziert. Diese Modelle sind ein Funktionsmodell, ein Informationsmodell, ein Ressourcenmodell und ein Organisationsmodell. Die dritte Dimension der *Derivation* unterscheidet ein Anforderungsmodell, ein Designmodell und ein Implementationsmodell.

Die Beschreibung der CIM-OSA-Konstrukte in [Esprit 1989, S. 98] betrifft nur die generelle CIM-Referenzarchitektur, aus der partielle oder spezifische Branchenmodelle abgeleitet werden können. Diese Referenzarchitektur beschreibt eine Methode zur Entwicklung von speziellen CIM-Architekturen. Es werden u.a. Spezifikationstechniken zur Beschreibung und Dekomposition von *Business Functions*, Informationsklassen oder konzeptuelle und interne Schemata im Datenmodell beschrieben. Für alle vier Modelle (Funktion, Information, Ressourcen, Organisation) werden in den drei Entwicklungsphasen (Anforderung, Design und Implementation) verschiedene Spezifikationstechniken vorgestellt. Deren Anwendung führt zu speziellen CIM-Modellen in verschiedenen Branchen.

Insgesamt lassen sich starke Parallelitäten der CIM-OSA-Konstrukte zu üblichen Techniken und Methoden der Informationssystem-Entwicklung erkennen. Auch der sogenannte System-Lebenszyklus über Anforderung, Design, Konstruktion, Einführung und Betrieb ist mit den Phasenmodellen in der Software-Entwicklung vergleichbar. Präskriptive Komponenten einer CIM-Architektur weist die OSA nicht auf. Auch sind keinerlei Schnittstellen zur Einbindung neuer Konstrukte erkennbar. Dies würde einen Formalismus zur Spezifikation und Integration von neuen Konstrukten auf der generellen Ebene, ähnlich der Methodenspezifikation, erfordern.

- **Standard for the Exchange of Product Model Data, ISO**

Im Bereich des *Computer Integrated Manufacturing* (CIM) wurde von der *International Organization for Standardization* (ISO) ein Standard zum Austausch von Produktinformationen im Bereich der Mechanik, der Elektrotechnik/Elektronik, des Bauwesens und des Schiffbaus entwickelt. Produktmodelle enthalten alle produktrelevanten Daten des gesamten Produktlebenszyklus, der von der Entwicklung, der Konstruktion, der Fertigung und Montage über den Vertrieb und die Wartung reicht [vgl. Grabowski/Anderl/Schmitt 1989].

Die Entwicklung von STEP (*Standard for Exchange of Product Model Data*) in der ISO TC184/SC4/WG1 dient dazu, diese Produktdaten über eine einheitliche Schnittstelle, das sogenannte *Integrated Product Information Model* (IPIM), zwischen verschiedenen Werkzeugen innerhalb einer CIM-Architektur auszutauschen. Das IPIM ist als integriertes Modell zur Wissensspeicherung über die Produktentwicklung zu verstehen. Eine Analogie sind die Entwicklungsinformationen eines Informationssystems in einem CASE-Tool. Daher ist STEP mit dem *CASE Data Interchange Format* (CDIF) [vgl. EIA 1991] oder mit den Bemühungen hinsichtlich des *AD/Information Models* zu vergleichen [vgl. IBM 1991]. Im CASE-Bereich allerdings betreffen diese Informationen nur die Anforderung, Entwicklung und Konstruktion von Informationssystemen.

Der Nutzen von STEP und IPIM liegt in der Integration und Koppelung verschiedener Werzeuge im Bereich des Computer Integrated Manufacturing, z.B. der Kopplung von CAD- und NC-Systemen [vgl. Mertens 1991].

Die Spezifikation der Schnittstelle STEP für die Informationsmodellierung erfolgte in der objektorientierten Beschreibungssprache EXPRESS. Das gesamte Produktdatenmodell ist in Basismodelle und Anwendungsmodelle aufgeteilt, die jeweils einen Teilaspekt des Produktes definieren. Die Basismodelle beschreiben das Produkt anwendungsunabhängig durch ein Darstellungsmodell, ein Materialmodell und verschiedene Produktgestaltungsmodelle. Die Produktgestalt wird durch die Makrogeometrie (Geometrie-, Topologie- und Shape-Representation-Modell) und die Mikrogeometrie (Toleranzmodell und Oberflächenmodell) bestimmt. Um zusätzliche anwendungsspezifische Produktinformationen in STEP zur Verfügung zu stellen, werden zusätzlich zu den Basismodellen die Anwendungsmodelle definiert. Weitere Partialmodelle wie ein *Process Planning* oder ein *Quality Assurance Model* beschreiben den Lebenszyklus eines Produktes.

3.4.2 Software-Engineering

Standardisierungsbemühungen in der Software-Entwicklung müssen stets bei den in den verschiedenen Domänen und Methoden verwendeten unterschiedlichen Begriffen und Terminologien beginnen. So entstand das Standard-Glossar zu Begriffen im Software-Engineering des *Institute of Electrical and Electronics Engineering* Anfang der achtziger Jahre und wird seitdem periodisch erweitert [vgl. IEEE Std. 610.12-1990, S. 7-83].

Ein Arbeitskreis der Gesellschaft für Informatik (GI) arbeitet seit 1986 an einer einheitlichen, begrifflichen Grundlage für die frühen Phasen der Software-Entwicklung [vgl. Barkow et al. 1989]. Aufgrund der Probleme bei der Erarbeitung eines einheitlichen und homogenen Begriffsgerüstes wurden zunächst Grundsätze und begriffliche Grundlagen in einem Modell des Zusammenhanges zwischen Wissen, Information und Daten erarbeitet. Da Begriffe in der Software-Entwicklung immer mit der Art des Denkens und des Handelns in der Systemmodellierung verbunden und damit nur aus einem methodisch geprägten Hintergrund zu verstehen sind, kann eine einheitliche Terminologie nur in sehr *generelle* und *methodenabstrahierende* (neutrale) Begriffe münden.

Im folgenden sollen daher einige internationale und europäische Gemeinschaftsprojekte untersucht werden, die das Ziel eines normativen Referenzmodells für die Systementwicklung haben und über begriffliche Grundlagen hinausgehen.

- **Kompetenzzentrum Rechnergestütztes Informationsmanagement (CC RIM), Hochschule St. Gallen**

Innerhalb des Forschungsprogrammes "Informationsmanagement 2000" an der Hochschule St. Gallen hat sich die Arbeitsgruppe CC RIM, bestehend aus Vertretern von acht schweizerischen Industrie- und Dienstleistungsfirmen sowie dem Institut für Wirtschaftsinformatik, über einen Zeitraum von drei Jahren mit der Erarbeitung eines Referenzmodells zur Entwicklung von kommerziellen, transaktionsorientierten Informationssystemen beschäftigt. Ziel dieses Referenzmodells war es, Konzepte verschiedener ISE-Methoden zu verstehen, zu vergleichen und in einem Modell zu harmonisieren [vgl. Färberböck/Gutzwiller/Heym 1991]. Dabei wurden zunächst verschiedene kommerzielle ISE-Methoden und CASE-Tools detailliert untersucht und anschließend versucht, die verschiedenen Konzepte in ein Referenzmodell zu integrieren.

Nachdem in der ersten Phase die Integration der Konzepte auf der Basis der Metamodelle der Methoden gelungen ist [vgl. Österle/Gutzwiller 1992], wurden anschließend das Vorgehen und die Techniken der verschiedenen Methoden untersucht. Dabei wurde als einheitliches Beschreibungsmodell eine frühere Version des in Kapitel 5 näher erläuterten Referenzbeschreibungsmodells sowie ein entsprechendes Werkzeug MERET verwendet [vgl. Heym/Österle 1992a, 1992b; Heym 1991c]. Die Arbeiten wurden erfolgreich mit der Beschreibung fünf verschiedener ISE-Methoden [vgl. Heym 1991a, 1991b] und dem Referenzmodell abgeschlossen [vgl. Gutzwiller 1994]. Derzeit konzentrieren sich die Arbeiten im CC RIM auf die Einbindung von ISE-Methoden in das organisatorische Umfeld eines Unternehmens. Ziel ist es, ein integriertes Idealmodell zur Informationssystem-Entwicklung auf Basis des abgeleiteten methodischen Referenzmodells zu erarbeiten.

- **CRIS, IFIP Working Group 8.1**

Die Arbeitsgruppe 8.1 "*Comparative Review of Information Systems Design Methodologies*" (CRIS) der *International Federation for Information Processing* (IFIP) begann im Jahre 1982 mit den Arbeiten zu einem Vergleich von Methoden in der Informationssystem-Entwicklung [vgl. Olle/Sol/Verrijn-Stuart 1986, S. V-IX]. Die Arbeiten mündeten im Jahre 1988 in die Publikation eines Referenzmodells, das die verschiedenen Ansätze in der IS-Entwicklung konsolidiert. Das Referenzmodell ist nach den Phasen des Lebenszyklus aufgeteilt und vereint alle konzeptionellen Objekttypen und Beziehungen der Entwicklungsprodukte (*Metamodell*) [vgl. Österle/Gutzwiller 1992; Rock-Evans/Engelien 1989]. Das Referenzmodell ist in die drei problemorientierten Sichten der Informationssystem-Entwicklung *Daten-*, *Funktions-* und *Ereignis*-Perspektive unterteilt.

Grundlage der gesamten Arbeiten bildete ein sogenanntes *Key Concept Model*, das alle Konzepte in der Informationssystem-Entwicklung und deren Beziehungen beschreibt [vgl. Olle et al. 1991, S. 20]. Dabei handelt es sich um eine Art ER-Diagramm, das unter anderem Methodenkomponenten wie *Design Process, Product*, *Stage*, *Step*, *Step Category, Perspective*, *Technique* und *Graphical Representation* enthält und diese zueinander in Beziehung setzt. Diese *Key Concepts* bilden die Beschreibungsstruktur des Referenzmodells (Metabeschreibung).

- **AMADEUS, ESPRIT**

Im Rahmen eines europäischen Gemeinschaftprojektes ist das von 1984 bis 1987 durchgeführte Esprit-Projekt AMADEUS der erste Versuch gewesen, die Verschiedenheit der Methoden in der Informationsystementwicklung zu untersuchen und zu vereinheitlichen [vgl. Esprit 1987a]. Dem Projekt lag die Hypothese zugrunde, daß methodenspezifische Modellierungskonzepte einen hohen Grad an Gemeinsamkeit besitzen. Ziel von AMADEUS war die Entwicklung eines einheitlichen Referenzmodells (*Unified Model)* zur IS-Entwicklung, in das jede Methode mittels klar formulierter Regeln transformiert werden kann.

Das Vorgehen wurde dabei in drei Phasen aufgeteilt. Zunächst wurden Ergebnisse vergleichbarer Studien untersucht und ein Klassifikationsschema (*Foundation*,

Underlying Model, *Approach*, *Life Cycle Coverage*, *Deliverables* und *Documentation*) entwickelt, nach dem sechzehn verschiedene ISE-Methoden charakterisiert wurden [vgl. Esprit 1986].

Danach wurden einige Methoden ausgewählt und deren Systemcharakteristika genauer untersucht, um das sogenannte *Unified Model* zu entwickeln. Dieses *Unified Model* ist ein Metamodell der zugrundeliegenden konzeptionellen Objekttypen und deren Beziehungen in der IS-Entwicklung, wie z.B. *Event, State, Process, Entity, Data Flow* und *Data Store*. Ausgehend von den Anforderungen des *Unified Model* und dem Ziel, Transformationsregeln zu entwickeln, um eine spezielle Methode in das *Unified Model* abzubilden, wurde eine Frame-basierte Sprache, aufbauend auf FRL und KEE [vgl. IntelliCorp 1988], zur Beschreibung des *Unified Model* entwickelt. Diese *Unified Model Representation Language* (UMRL) wurde dazu verwendet, das Referenzmodell zu beschreiben sowie die Transformation zwischen verschiedenen Methoden durchzuführen.

In der dritten Phase des Projektes wurden Regeln entwickelt, um einige der untersuchten Methoden in das *Unified Model* zu überführen. Dabei bildet die UMRL die Beschreibungssprache, in der die Methodenspezifikationen, z.B. ein NIAM- oder ein Datenfluß-Diagramm, einheitlich repräsentiert werden. Über diese einheitliche Repräsentation in der UMRL konnte z.B. eine Transformation von Ergebnissen zwischen Information Engineering und Merise, von JSD nach SA/SD oder von NIAM nach Information Engineering gezeigt werden [vgl. Esprit 1987b].

Ein vergleichbares universelles Repräsentationsmodell wurde an der Wirtschaftsuniversität Wien zur Transformation von Entwicklungsergebnissen zwischen verschiedenen Entwicklungstechniken, z.B. zwischen NIAM-, ER- und DFD-Modellen, basierend auf konzeptuellen Graphen in Prolog entwickelt [vgl. Mühlbacher 1990; Mühlbacher 1991].

- **Software-Engineering-Referenzmodell und -Framework, ISO**

Innerhalb einer Arbeitsgruppe (WG5) des *Subcommittee* SC7 (Software-Engineering) der ISO wurde seit Mitte der achtziger Jahre an einem Referenzmodell für Methoden zur Informationssystem-Entwicklung auf internationaler Ebene gearbeitet. Zielsetzung war es, die unterschiedlichen Standardisierungsarbeiten innerhalb des SC7 im Bereich des Software-Engineering (*Life Cycle Management, Documentation, Symbols and Diagrams, Quality Assurance* etc.) in ein gemeinsames Modell zu integrieren.

Dieses Referenzmodell sollte alle Teilbereiche innerhalb des Software-Engineering durch seine Elemente und deren Beziehungen zueinander beschreiben und als Werkzeug zur Einordnung bestehender Standards und zum Erkennen notwendiger, neuer Standardisierungsarbeiten innerhalb des SC7 eingesetzt werden. Bis heute laufen alle Standardisierungsarbeiten ohne eine ganzheitliche Sicht des Software-Engineering. Dadurch ergeben sich zwangsläufig starke Überschneidungen der entstehenden Standards. Es existiert weder ein Modell, das die notwendigen Bereiche der Standardisierung innerhalb der Software-Entwicklung aufzeigt (man beschränkte sich innerhalb der Arbeitsgruppe 5 auf Informationssysteme), noch wie die verschiedenen Standards, z.B. Systemdokumentation und Diagrammkonventionen, zusammenhängen. Das in Kapitel 5 beschriebene Referenzbeschreibungsmodell zur Informationssystem-Entwicklung ging in einer früheren Version als Beitrag in die Arbeiten der Arbeitsgruppe ein [vgl. Heym/Österle 1992a].

Die Arbeitsgruppe beendete ihre Arbeit im Jahre 1992 mit der Veröffentlichung eines technischen Reports zu einem Standardisierungs-Framework [vgl. ISO/IEC 1992]. Auf einen *normativen* Standard zu einem Referenzmodell zum Software-Engineering konnte man sich aufgrund der unterschiedlichen Zielsetzungen und der internationalen Unterschiede in den Entwicklungsparadigmen nicht einigen.

- **EUROMETHOD, Eurogroup**

Das Euromethod-Projekt ist ein europäisches Projekt unter der Schirmherrschaft der Europäischen Kommission. Auftraggeber ist die sogenannte *Eurogroup*, unter der sich elf europäische Firmen der Informationstechnologie zusammengefunden haben. Globales Ziel des Projektes ist die bessere Vergleichbarkeit von Angeboten zur IS-Entwicklung, vor allem im öffentlichen Bereich der Europäischen Gemeinschaft. Ferner geht es um die Harmonisierung, eine einheitliche Terminologie und ein gemeinsames Verständnis im Bereich der IS-Entwicklung [vgl. Eurogroup 1991].

Die erste Phase des Euromethod-Projektes startete im November 1989. In einer viermonatigen Vorstudie wurden Bedarf, kritische Erfolgsfaktoren und Risiken einer *Euromethode* als Standard für die Entwicklung von Informationssystemen innerhalb der Europäischen Gemeinschaft untersucht und ein grober Projektplan mit insgesamt vier Phasen erstellt.

Innerhalb der Phase 2 (Mai 1990 bis Februar 1991) wurden verschiedene ISE-Methoden in Europa untersucht und deren Bedeutung für die Entwicklung einer europäischen Methode beurteilt. Es wurden Schwächen im Bereich der strategischen Planung, der Qualitätssicherung und der Angebotserstellung festgestellt [vgl. Eurogroup 1990a].

Die dritte Phase hat im Mai 1992 begonnen und konzentriert sich in den ersten eineinhalb Jahren (Phase 3a) auf die Entwicklung eines *Structural Model* und eines *Procurement Framework* [vgl. Eurogroup 1991]. Als notwendige Voraussetzung wird der Aufbau eines einheitlichen Vokabulars in einem *Dictionary* gesehen. Dieses *EM-Dictionary* soll erstens ein standardisiertes Glossar und zweitens Regeln zum Abbilden einer speziellen Notation einer Methode auf das Referenzglossar enthalten.

Das *Procurement Framework* soll es ermöglichen, mehrere europäische Angebote für unterschiedliche Phasen innerhalb des Entwicklungsprozesses eines Informationssystems in eine einheitliche Angebotsstruktur zu bringen und somit vergleichbar zu machen. Dabei konzentriert sich die Vergleichbarkeit ausschließlich auf technische Kriterien des Vorgehensmodells, der Qualitätskontrolle und der einzelnen Ergebnisse in den Angeboten. Außerhalb des Betrachtungsbereiches der Euromethode liegen sonstigen Faktoren, wie Preise, Ort, Größe oder Marktmacht des Anbieters.

Der eigentliche Kern der Euromethod ist das *Structural Model*. Das derzeitige Paradigma scheint in Richtung eines Meta-Meta-Modells zur Beschreibung verschiedener europäischen Methoden zu gehen (vergleichbar dem ISE-Referenz-Beschreibungsmodell in Kapitel 5). Das in der zweiten Phase entwickelte Kernmodell besteht aus fundamentalen *Aktivitäten* und aus *Modulen*, die die Aggregation fundamentaler Aktivitäten bedeuten (Phasen), aus *Entwicklungsprodukten*, die Input und Output fundamentaler Aktivitäten sind, und aus der Beschreibung von *Vorgehensmodellen* wie des Wasserfallmodells, des Spiralmodells oder eines evolutionären Vorgehens [vgl. Eurogroup 1990b, S.17]. Dieses *Structural Model* soll in Phase 3 verfeinert werden und als Grundlage der Entwicklung generischer Elemente eines Referenzmodells dienen.

Auf Basis dieses Referenzmodells und sogenannter *Contingency Parameter*, die Charakteristika eines IS-Entwicklungsprojektes beschreiben, sollen spezifische Prozeßmodelle für konkrete Entwicklungsprojekte abgeleitet werden. Hierzu sollen innerhalb der Euromethod sogenannte *Guidelines*, also Prinzipien und Regeln für die Bildung der spezifischen Vorgehensmodelle und die Anpassung der untersuchten europäischen ISE-Methoden entwickelt werden.

Augrund der ähnlichen Fragestellung besteht eine Kooperationen zu einer Ende 1992 neu gegründeten Arbeitsgruppe (WG10) innerhalb des SC7 (Software-Engineering) der ISO. Gegenstand dieser Arbeitsgruppe mit dem Namen SPICE (*Software Process Improvement and Capability Evaluation*) ist die Evaluierung und Bewertung von Softwareprozessen. In SPICE werden Metriken gesucht, die helfen, den Softwareprozeß zu messen und zu verbessern (*Process Benchmarking*). Ziel ist es, Methoden in Abhängigkeit von speziellen Projekt-Charakteristika wie Personen, Größe, Infrastruktur, Zeitdauer etc. auszuwählen und anzupassen, um die Projektressourcen optimal einzusetzen.

4. Eine Analyse von Software-Entwicklungsmethoden

4.1 Festlegen des Untersuchungsbereichs

Um verschiedene Entwicklungsmethoden einheitlich zu beschreiben, müssen zunächst Anforderungen und gemeinsame Beschreibungskomponenten für ein Referenz-Beschreibungsmodell abgeleitet werden. Dieses Kapitel stellt eine Analyse von sechs kommerziell verbreiteten Methoden zur Entwicklung von Informationssystemen dar. Dabei wird insbesondere auf die Beschreibungsstruktur dieser Methoden eingegangen, um bei der Entwicklung eines Referenz-Beschreibungsmodells die langjährigen Erfahrungen der Methodenhäuser bei deren Methodenbeschreibung zu berücksichtigen. Eine derartige Analyse fehlt bei allen im vorherigen Kapitel diskutierten Ansätzen zur Software-Prozeßmodellierung. Ziel ist es, das in Kapitel 5 folgende Beschreibungsmodell aus den betrachteten Methoden heraus zu verstehen und abzuleiten.

Die gesamte Untersuchung fand im Rahmen des Forschungsprogramms "Informationsmanagement 2000" (IM2000) am Institut für Wirtschaftsinformatik an der Hochschule St. Gallen statt. Die Arbeiten liefen über drei Jahre in dem Kompetenzzentrum "Rechnergestütztes Informationsmanagement" (CC RIM) unter Beteiligung schweizerischer Großunternehmen, die jeweils mit "ihrer" Entwicklungsmethode vertreten waren. Neben dem Verstehen und dem Vergleich verschiedener Methoden und CASE-Tools wurde eine Referenzmethode für die Informationssystem-Entwicklung erarbeitet [vgl. Gutzwiller 1994]. Basis für den Vergleich war eine morphologische Analyse der Methoden, d.h. die Untersuchung ihrer Beschreibungsstrukturen und Beziehungen, und eine Beschreibung in einer einheitlichen Sprache, um begriffliche Unterschiede zu überwinden. Damit konnte ein Vergleich der untersuchten Methoden auf semantischer Ebene erreicht werden.

Die Auswahl der betrachteten Methoden konzentrierte sich auf integrierte Methoden mit Werkzeugunterstützung zur Entwicklung von *kommerziellen, transaktionsorientierten Informationssystemen* und richtete sich insbesondere nach folgenden Kriterien:

- Verfügbarkeit und Einsatz der Methode in mindestens einem Pilotprojekt in einem der beteiligten Großunternehmen im Forschungsprogramm "IM2000"
- Methodische Unterstützung eines möglichst großen Ausschnittes des gesamten Lebenszyklus von der strategischen Planung bis zur Einführung
- Bedeutung der Methode in Europa

Ferner sollte neben den integrierten Informationssystem-Entwicklungsmethoden mindestens eine der in den Unternehmen im Einsatz befindlichen Projektmanagementmethoden untersucht werden. Aufgrund der vorher genannten Kriterien wurden folgende Methoden detailliert untersucht:

- *Information Engineering Methodology* von TI Information Engineering, USA.
- *CASE*Method* von der Oracle Corp., UK.
- *Structured Systems Analysis and Design Method* (SSADM) von der Central Computer and Telecommunication Agengy CCTA, UK.
- *Integrierte Software-Technologie* (ISOTEC) von der Ploenzke Informatik AG, Deutschland.
- *Navigator* und *Information Engineering Method* nach Ernst & Young, USA.
- *IFA PASS* als Projektmanagement Methode des Instituts für Automation AG, Schweiz.

Die folgenden Abschnitte beschreiben je eine dieser Methoden im Überblick und gehen intensiv auf die Struktur der Beschreibung in den entsprechenden Handbüchern ein. Als groben Überblick über die Methode wird jeweils das Phasenmodell in der methodeneigenen Notation vorgestellt. Für jede Methode wird dann ein semantisches Datenmodell der Beschreibung in der ASDM-Notation entwickelt, in dem alle wesentlichen Beschreibungsobjekte sowie deren Beziehungen aufgeführt werden (vgl. Abschnitt 2.3). Dabei werden die methodeneigenen Begriffe für die Beschreibungsobjekte der Methode verwendet, um in diesem Kapitel noch die semantischen Unterschiede in den verwendeten Begriffen zu zeigen. Eine einheitliche Terminologie wird erst mit dem Referenzmodell in Kapitel 5 eingeführt.

Jedes Beschreibungsmodell einer Methode wird in die drei Teilmodelle *Vorgehen*, *Ergebnisse* und *Techniken* unterteilt. Das *Vorgehen* besteht aus Beschreibungsobjekten für Aktivitäten auf unterschiedlichen Detaillierungsstufen und aus der Projektorganisationsbeschreibung. Dazu zählen u.a. Phasen, Aktivitäten und Teilschritte sowie Personen- und Rollenbeschreibungen. Das *Ergebnismodell* beschreibt mit seinen Komponenten die Produkte und Dokumente des Entwicklungsprozesses, z.B. Anträge, Berichte oder Entscheidungen sowie deren Darstellung und Notation. Darunter fällt auch die Beschreibung des konzeptionellen Datenmodells (Metamodell) der Methode. Das *Technikmodell* erklärt detailliert, *wie* die Ergebnisse zu erstellen sind. Was gibt es bei der Erstellung eines Datenflußdiagrammes zu beachten? Wie bekommt man bei einem Interview die geeigneten Informationen? Und welche Hilfsmittel und Werkzeuge werden benötigt?

Zur Technikbeschreibung zählen Darstellungskonventionen, Entwurfsgrundsätze, Ressourcen und Formulare oder die Anwendung von CASE-Tools. Bei der Einteilung in die drei Teilmodelle handelt es sich nicht um eine disjunkte Einteilung der Beschreibungsobjekte, sondern um die Bildung von Kernbereichen, zwischen denen es durchaus Überschneidungen gibt (z.B. können Regeln sowohl beim Vorgehen als auch bei den Technikbeschreibungen verwendet werden).

Die Beschreibungsmodelle sind ein in ASDM formuliertes exaktes Modell der Beschreibungssprache der Methode. Im Rahmen dieser Arbeit kann nicht auf jede Kardinalität einer Beziehung eingegangen werden. Jedes Beschreibungsobjekt wird im Sinne der Methode definiert (obwohl keine der betrachteten Methoden eine explizite Erläuterung der verwendeten Beschreibungsnotation enthält). Diese Definitionen werden durch GROSSBUCHSTABEN innerhalb des Textes hervorgehoben. Verständliche und ähnliche Beispiele aus der jeweiligen Methode sollen das Beschreibungsmodell samt seiner Beziehungen weiter verdeutlichen. Vor jedem Teilabschnitt werden die Objekttypen des Beschreibungsmodells genannt, die in diesem Abschnitt erklärt werden. Dadurch wird versucht, dem Leser das gesamte Modell in Teilschritten zu erläutern und die Textreferenzen auf das Beschreibungsmodell zu erleichtern.

4.2 Morphologische Analyse

4.2.1 Information Engineering Methodology (TI Information Eng.)

Information Engineering Methodology (IEM) ist eine von TI Information Engineering (ehemals James Martin Associates) seit 1982 weiterentwickelte Methode zur strukturierten, ingenieursmäßigen Entwicklung betrieblicher Informationssysteme. Die gesamte Methode wird von dem Werkzeug IEF (*Information Engineering Facility*) durch ein zentrales Repository und durch integrierte Endwicklungswerkzeuge in allen Phasen unterstützt. Insbesondere wird die Generierung von Programmen, Oberflächen und Datenbanken sowohl für klassische 3270-Host- als auch für Client-Server-Anwendungen in verschiedenen Hard- und Betriebssystemumgebungen unterstützt. IEM ist eine Methode für die gesamte Entwicklung von der strategischen Informationssystemplanung bis zur Konstruktion und Einführung des Informationssystems. Jedes der Handbücher beschreibt eine STAGE und ist in einen *Technique*- und in einen *Task*-Teil unterteilt. Im folgenden wird das IEM-Beschreibungsmodell in Abb.4.1 anhand der Beschreibungsobjekte und Beziehungen detailliert erläutert.

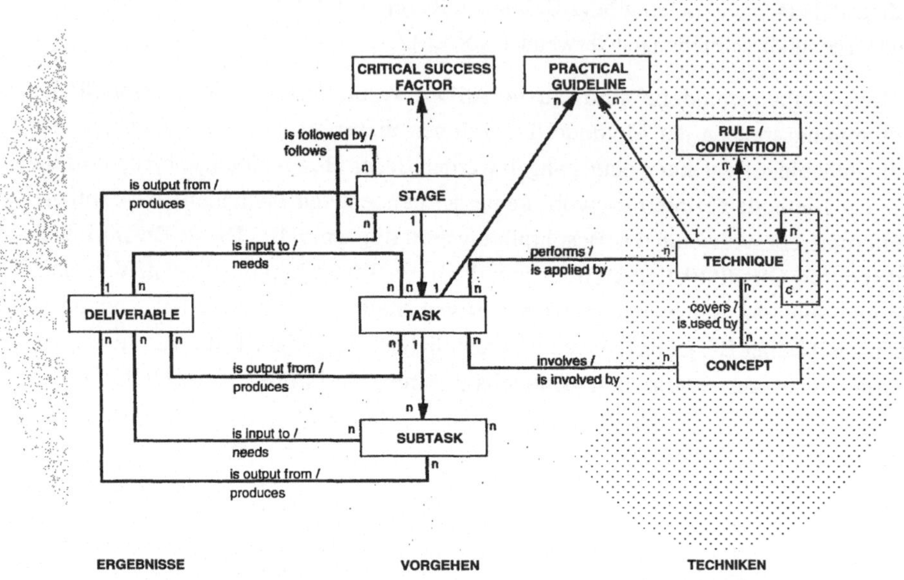

Abb.4.1: Beschreibungsmodell für IEM

STAGE — TASK — SUBTASK

Das Vorgehen der Methode wird phasenorientiert in sogenannten STAGES beschrieben. IEM ist in die in Abb.4.2 dargestellten sechs Stages und deren wichtigste Deliverables unterteilt [vgl. James Martin 1989, BAA Handbook, S. 16]. Als Input für die Methode geht der Unternehmensplan aus der Unternehmensplanung in das *Information Strategy Planning* ein. Als Ergebnis von IEM steht am Ende der *Transition* das produktionsreife und von den Anwendern akzeptierte System.

Jede STAGE wird hierarchisch in sogenannte TASKS aufgeteilt und mit Hilfe eines *Decomposition Diagrams* dargestellt. Das *Decomposition Diagram* ist eine Technik zur baumartigen Darstellung von Dekompositionsbeziehungen, die für die Funktions- und Prozeßzerlegung in IEM verwendet wird.

Ferner werden die logischen Abhängigkeiten der TASKS in einem TASK *Dependency Diagram* dargestellt. Die *Dependency-Diagram*-Technik dient dazu, Prozeßabhängigkeiten und deren Informationsflüsse untereinander graphisch darzustellen (ähnlich einem Datenflußdiagramm). Dabei wird nicht eine logisch strikte Ablauffolge der Tasks festgelegt, sondern die Abhängigkeiten der Tasks über die Verwendung (Input/Output) der Entwicklungsergebnisse dargestellt.

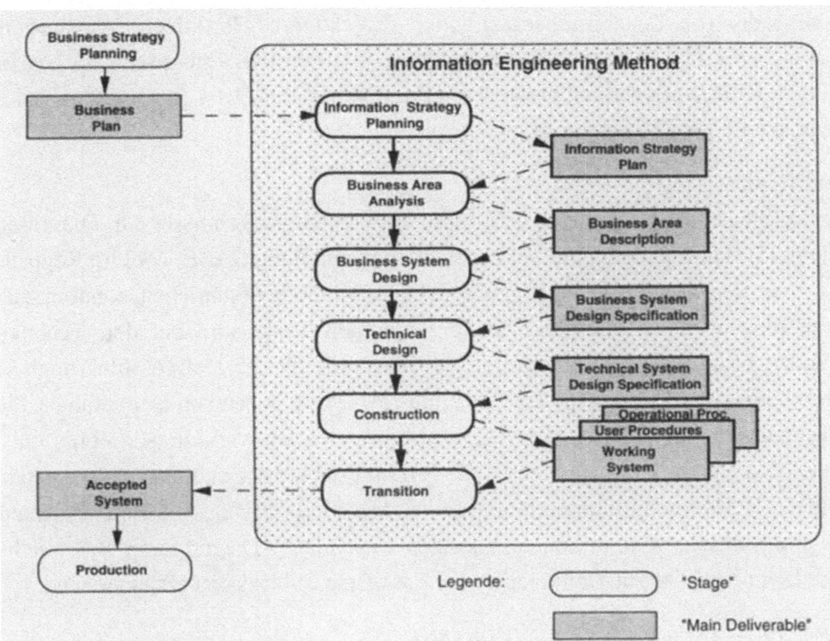

Abb.4.2: IEM Life Cycle Model

Jede TASK wird am Anfang durch eine Beschreibung und die Zielsetzung textuell beschrieben. Ferner werden die während der TASK zu produzierenden Deliverables genau beschrieben sowie auf die zu verwendenden Techniques aus dem ersten Teil verwiesen. Die TASK *Produce Detailed Process Model* in der *Business Area Analysis* produziert z.B. ein *Process Hierarchy Diagram* und ein *Process Dependency Diagram* als wesentliche DELIVERABLES und verwendet dabei u.a. die Techniques *Function Decomposition* und *Process Dependency Analysis*. Jede Task wird in weitere SUBTASKS zerlegt. Deren Abhängigkeiten werden wiederum durch ein *Dependency Diagram* dargestellt. In einem weiteren Teilabschnitt werden alle Inputs der TASK in Form von DELIVERABLES aufgelistet. Deliverables werden nur durch die Namen und einen Verweis auf die anzuwendende Technique genauer beschrieben. Es gibt kein Deliverable-Handbuch, in dem alle Entwicklungsergebnisse näher erläutert werden.

CRITICAL SUCCESS FACTOR — PRACTICAL GUIDELINE

Die Methode geht intensiv auf die CRITICAL SUCCESS FACTORS für jede STAGE ein. Darunter werden die Bedingungen beschrieben, die für einen erfolgreichen Abschluß der Stage unbedingt berücksichtigt werden sollten [vgl. Rockart 1979]. So sind kritische Erfolgsfaktoren in der *Business Area Analysis* (BAA) z.B. die Unterstützung und Verpflichtung des Top-Managements, die aktive Beteiligung des Fachbereichs oder die Zusammensetzung des Projektteams. Praktische Anwendungserfahrungen werden in Form von PRACTICAL GUIDELINES zu jeder Task beschrieben. Diese Guidelines werden entweder in Form von *Wenn-Dann-Regeln* oder als kurze Notizen unter einem Topic formuliert.

DELIVERABLE

Unter DELIVERABLES versteht IEM reine Entwicklungsergebnisse, d.h. Diagramme, Listen und Beschreibungen, die bei Unterstützung durch ein CASE-Tool im Repository abgelegt werden. Es wird keine Ergebnissicht der Methode beschrieben, sondern auf die Deliverables wird lediglich bei den erzeugenden Tasks und bei den Techniques verwiesen. Es gibt weder eine getrennte Beschreibung der Deliverables noch eine Beschreibung deren Zerlegung. Eine Trennung zwischen Typen von Deliverables, die in den Techniques beschrieben werden, und konkreten Entwicklungsergebnissen, die während des Entwicklungsprozesses als Produkt der Tasks und Subtasks entstehen, wird in der IEM-Beschreibung nur angedeutet. Der Fluß der Deliverables zwischen den Tasks und Subtasks wird in den zugehörigen *Dependency*-Diagrammen ersichtlich, so daß die Input- und Output-Deliverables der Tasks und Subtasks zu erkennen sind.

TECHNIQUE — CONCEPT — RULE/CONVENTION

Der erste Teil jedes Phasenhandbuches beschreibt zunächst sehr ausführlich die Techniken (*Techniques*), mit denen die Entwicklungsergebnisse der im zweiten Teil dargestellten TASKS erstellt werden. Unter einer TECHNIQUE versteht JMA die Beschreibung der grundlegenden Konzepte der Methode, die die Modellierung des erforderlichen Informationssystems, die Komponenten der Entwicklungsergebnisse und deren Darstellung oder Prinzipien des Abstraktionsprozesses beschreiben. Techniques in IEM sind z.B. *Entity Relationship Modelling* als Datenanalysetechnik oder *Function Decomposition* und *Process Dependency Analysis* zur Funktionsanalyse, aber auch Interviewtechniken und Qualitätssicherungstechniken werden ausführlich erläutert.

Pro STAGE werden zwischen 5 und 13 Techniques erläutert, deren Anwendung durchaus auch in späteren Stages noch erfolgt. Dabei wird jede Technique durch Offenlegung der Zielsetzung, der sogenannten Concepts, Rules/Conventions sowie Practical Guidelines strukturiert beschrieben. Innerhalb dieser Struktur wird textuell beschrieben, gut gewählte Beispiele sind zur Verdeutlichung angeführt. Diese Technik-Kapitel umfassen ca. die Hälfte der Methode und machen den qualitativen und im Vergleich zum Vorgehen den *weichen* Teil der Methode aus.

Die CONCEPTS beschreiben die Elemente oder Bestandteile, mit denen die Technique operiert. Zur Interviewtechnik gehören z.B. die Elemente *Strukturiertes Interview*, *Interviewpartner*, *Interviewteam*, *Protokollführer* und *Interviewführer*, für die die Aufgaben und Rollen genau beschrieben werden. Im Falle von Techniques, die die Erstellung von Diagrammen und Dokumenten beschreiben, bilden die Concepts die elementaren Bestandteile dieser Ergebnisse und entsprechen den Entitätstypen des Metamodells der Methode (vgl. Abschnitt 5.4.5).

Ferner werden hier die Deliverables genauer beschrieben und deren Notation und graphische Darstellung in den RULE/CONVENTIONs erläutert. Rule/Conventions definieren auch gewisse Regeln und Integritätsbedingungen, die für die korrekte Anwendung dieser Technique eingehalten werden müssen. Zusätzlich zu diesen eher formalen Kriterien der Korrektheit eines Diagramms oder eines Dokuments werden in den PRACTICAL GUIDELINES Erfahrungen und Anregungen in Form von teilweise weiter strukturierten Notizen weitergegeben. Diese können sich auf die Erstellung der Deliverables, auf die Präsentation z.B. gegenüber den Benutzern oder auf die Anwendung von Hilfsmitteln und CASE-Tools beziehen.

4.2.2 CASE*Method (Oracle Corp.)

CASE*Method ist ein phasenorientierter Ansatz zur ingenieursmäßigen Entwicklung von Informationssystemen, mit dem Ziel, die Geschäftsanforderungen bestmöglich mit dem Informationssystem zu erfüllen. CASE*Method ist eine integrierte Methode der Oracle Corporation U.K. und zielt auf den Einsatz der entsprechenden 4. Generationensprache SQL*Utilities und des relationalen Oracle-Datenbanksystems in der Konstruktion und Implementierung hin. Die Methode ist daher bottom-up von der Konstruktion bis in die Analyse und die strategische Planung erweitert worden. Die folgende Abbildung 4.3 stellt die wichtigsten Beschreibungskomponenten sowie deren Zusammenhänge im Handbuch [vgl. Oracle 1988] dar.

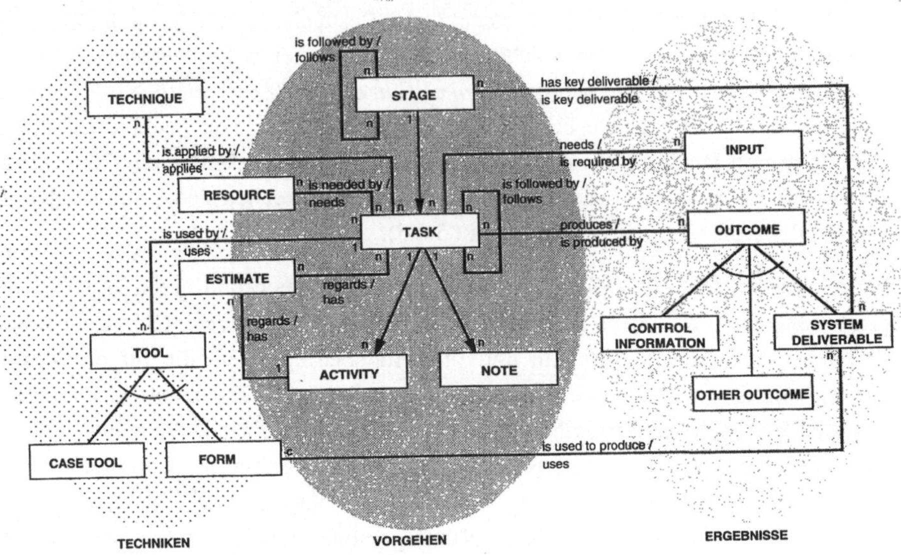

Abb.4.3: Beschreibungsmodell für CASE*Method

STAGE — TASK — ACTIVITY — ESTIMATE

CASE*Method unterteilt die Aktivitäten bei der Informationssystem-Entwicklung in die in Abb.4.4 dargestellten 7 STAGES [vgl. Oracle 1988, S. 1-5]. Dabei empfiehlt die Methode den durch die Pfeile dargestellten groben Ablauf, bei dem die Stages *Build* und *User Documentation* parallel durchgeführt werden können.

Jede der STAGES wird in einem eigenen Kapitel durch einen groben Überblick, die Zielsetzung und kritische Erfolgsfaktoren textuell beschrieben. Diese Beschreibungen haben keine Beziehungen zu anderen Beschreibungsobjekten und werden als Attribute einer Stage verstanden, so daß sie nicht im Beschreibungsmodell von CASE*Method auftauchen. Ferner werden die sogenannten *Key-Deliverables* angegeben, die bei jedem Projekt am Ende der STAGE mindestens zu produzieren sind. Alle weiter beschriebenen Deliverables sind optional und werden von der Art des Projektes und situativen Erfordernissen abhängig gemacht.

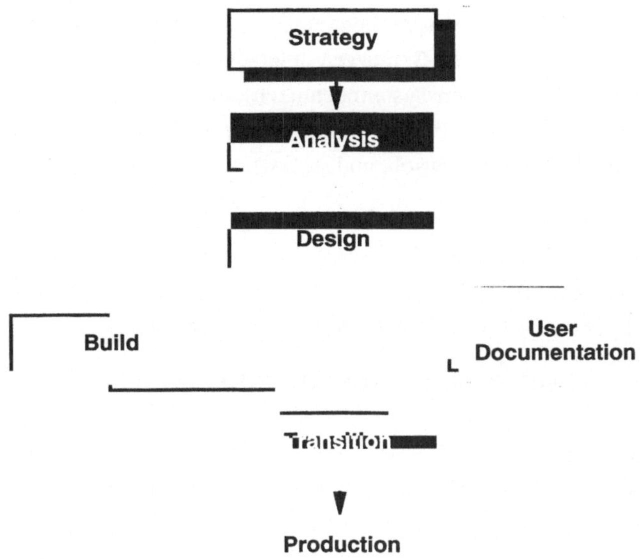

Abb.4.4: CASE*Method Business Life Cycle

Anschließend wird jede STAGE in sogenannte TASKS zerlegt, deren Beschreibung den Hauptteil des Methodenhandbuches umfaßt. Jede Task wiederum besteht aus ACTIVITIES, die nur noch kurz beschrieben werden. Eine Ablaufreihenfolge der Activities wird nicht explizit definiert, aber durch eine fortlaufende Numerierung suggeriert. Ferner wird jede Task durch eine Kurzbeschreibung, Qualitätssicherungshinweise und einige Notes ergänzt, die Erfahrungshinweise oder Anregungen zu der TASK dokumentieren. Für jede Stage empfiehlt CASE*Method, eine projektspezifische Ablauffolge der Tasks in Form eines Netzwerk-Diagramms zu erstellen, das logische Abhängigkeiten und parallel laufende Tasks zeigt und mit den Beteiligten des Projektes am Anfang der Stage diskutiert und angepaßt werden kann. Sogenannte ESTIMATES versuchen, den zeitlichen und personellen Aufwand einer Task oder deren Activities abzuschätzen.

TECHNIQUE — RESOURCE — TOOL — FORM

Ferner wird jede TASK durch Verweise auf die zu verwendenden TECHNIQUES und RESOURCES beschrieben. TECHNIQUES, z.B. Prototyping, Interviewtechniken, Datenmodellierung oder Normalisierung, werden im Handbuch nicht weiter beschrieben, sondern in Schulungskursen vermittelt. Unter den RESOURCES versteht CASE*Method ausschließlich Rollen, die von Personen entsprechender Stellen eines Unternehmens innerhalb der Task wahrgenommen werden. Diese Rollen und mögliche Stellen werden am Anfang genau beschrieben und sollen helfen, die geeigneten

Personen in einem realen Projekt für die entsprechenden Tasks zu bestimmen [vgl. Oracle 1988, S. 2-2ff.]. So wird z.B. bei den Benutzern unterschieden zwischen dem *user* (der Person, die letztlich das Informationssystem benutzen), dem *sponsoring user* (dem Benutzer-Verantwortlichen) und dem *user management* (einem optionalen Benutzergremium, das den Projektablauf überwacht und steuert).

Ebenfalls zu jeder TASK-Beschreibung gehört die Verwendung sogenannter TOOLS, die einerseits in rechnergestützte Werkzeuge, wie z.B. CASE*Tool Features, Programmiersprachen oder Projekt-Management-Werkzeuge, und andererseits in FORMS, manuelle Hilfsmittel, wie z.B. Formulare oder Checklisten, unterschieden werden.

INPUT — OUTCOME — SYSTEM DELIVERABLE — CONTROL INFORMATION — OTHER OUTCOME

Zu jeder Task werden die notwendigen INPUTS und OUTCOMES definiert, die in die TASK einfließen resp. von der TASK produziert werden. Die OUTCOMES, die die von der Task zu produzierenden Ergebnisse darstellen, werden in SYSTEM DELIVERABLES, CONTROL INFORMATION und OTHER OUTCOMES unterteilt. Die Inputs werden nicht weiter klassifiziert, sondern können sich sowohl auf System Deliverables beziehen wie auch sonstige Angaben und Hinweise zu weiteren Informationsquellen sein.

Ein SYSTEM DELIVERABLE ist ein Produkt einer TASK, das zur Spezifikation des Informationssystems inhaltlich beiträgt. Darunter fallen alle Dokumente über das Ist-System, die Organisation, die Beschreibung des Soll-Systems oder Programme. CONTROL INFORMATION sind alle Dokumente und Entscheidungen zur Projektkontrolle und -planung, wie z.B. Entwicklungspläne, Qualitätssicherungsdokumente, Problemlisten, Statusberichte oder Akzeptanzberichte. Alle nicht weiter in der Methode beschriebenen Ergebnisse einer Task werden unter OTHER OUTCOMES subsummiert.

Da in dem uns vorliegenden Handbuch die Outcomes nur im Zusammenhang mit einer TASK beschrieben werden, ist deren Beschreibung im wesentlichen auf den Namen beschränkt. Auch System Deliverables werden, wie in anderen Methoden üblich, nicht weiter beschrieben oder strukturiert.

CASE*Method bietet eine sinnvolle, etwas kurze und prozeßorientierte Methodenbeschreibung, die eine intelligente Anpassung an konkrete Projekte erfordert. Besonders fehlt eine genauere Beschreibung der Ergebnisse, ihrer Struktur sowie der Techniken, mit denen diese Ergebnisse zu erzeugen sind. Mit dem Konzept der Notes und Estimates wird versucht, Erfahrungen mit in die Methodenbeschreibung zu integrieren. Die Beschreibung der verschiedenen Rollen in der Systementwicklung und deren Involvierung über die Resources ist ein hilfreiches Mittel, um die geeigneten Personen während des Entwicklungsprozesses zu involvieren.

4.2.3 Structured Systems Analysis and Design Method (CCTA)

Structured Systems Analysis and Design Method (SSADM) ist eine Methode zur Entwicklung von Informationssystemen mit dem Schwerpunkt auf der Analyse des Geschäftssystems und anschließendem logischen und physischen Design. SSADM wurde von der englischen Regierungsstelle CCTA (*Central Computer and Telecommunication Agency*) als ein offener Standard für die Abwicklung von Regierungsprojekten entwickelt. Seit Juli 1990 ist SSADM in der generell überarbeiteten Version 4 erhältlich, mit der ein modularer Aufbau der Methode mit Schnittstellen zum Projekt- und Qualitätsmanagement geschaffen wurde [vgl. CCTA 1990a].

SSADM ist ein sehr strukturiert und konsistent beschriebener Ansatz zur Entwicklung von Informationssystemen. Das Vorgehensmodell der Methode bilden die *Structural Models* in den vier Handbüchern, die alle Aktivitäten und ihre Zerlegung in den einzelnen Phasen beschreiben. Der Rest der Handbücher umfaßt das *Dictionary*, das alle Entwicklungsergebnisse in ihrer Struktur beschreibt, und die *Procedural Chapters*, die die Techniken zur Erzeugung der Entwicklungsergebnisse detaillieren.

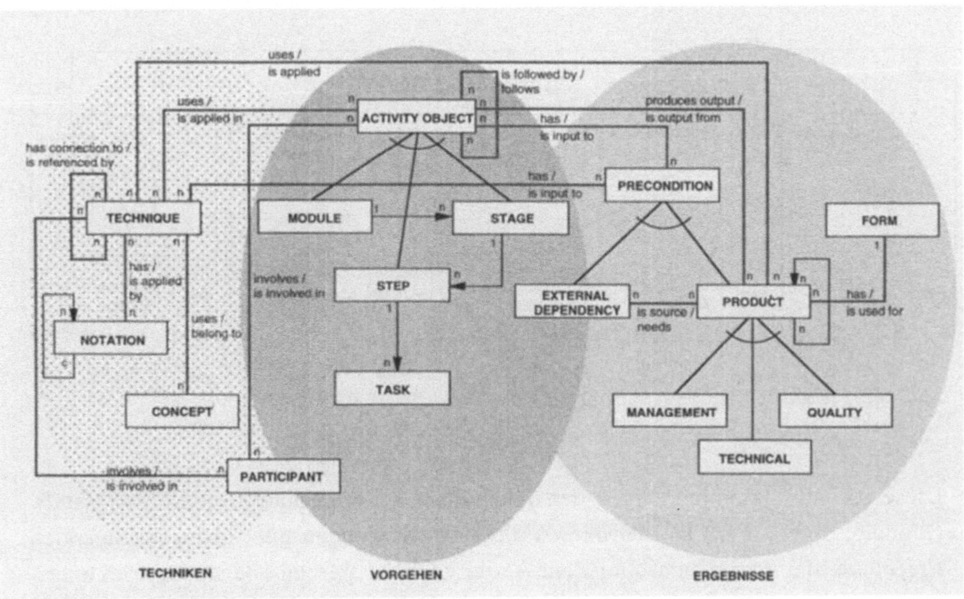

Abb.4.5: Beschreibungsmodell für SSADM

ACTIVITY OBJECT — MODULE — STAGE — STEP — TASK — PARTICIPANT
In den *Structural Models* wird das phasenorientierte Vorgehensmodell der Methode in sogenannte MODULES gebündelt. Diese bestehen aus mehreren STAGES, die in STEPS unterteilt werden. Die Steps bilden den Kern der Beschreibung des Vorgehensmodells und werden durch weitere TASKS beschrieben. SSADM unterscheidet die in Abb.4.6 dargestellten fünf MODULES, die von dem übergeordneten Projektmanagement über alle Phasen begleitet werden [vgl. CCTA 1990a, Vol. 1, S. F-OVE-17].

Da Modules, Stages und Steps die gleichen Beschreibungen und Beziehungen zu anderen Beschreibungsobjekten aufweisen, wurden diese zu einem ACTIVITY OBJECT im Beschreibungsmodell generalisiert. Alle Activity Objects werden durch eine zusammenfassende Beschreibung und die Zielsetzung weiter beschrieben. Ferner werden die zu erzeugenden PRODUCTS und die PRECONDITIONS als Voraussetzung für die Durchführung dieser Aktivitäten spezifiziert. Der logische Ablauf wird für alle Activity Objects durch eine Art Datenflußdiagramm beschrieben (in Abb.4.6 für Modules dargestellt).

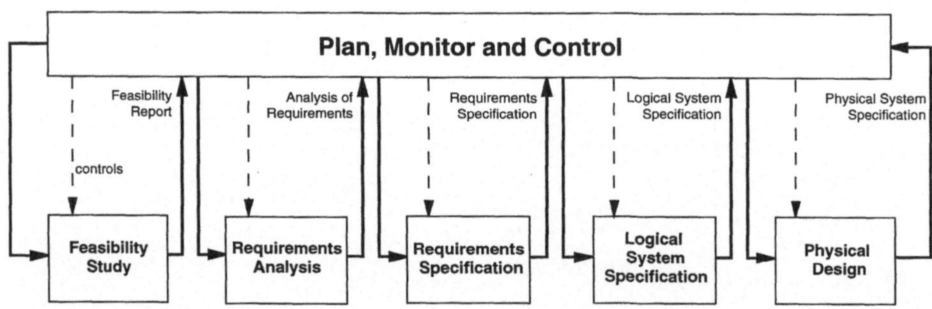

Abb.4.6: SSADM Global Structural Model

Diese Ablaufdiagramme zeigen den Ablauf auf der jeweiligen Detaillierungsstufe (Module, Stage, Step) und definieren die Vorbedingungen und die zu erzeugenden Ergebnisse der Aktivitäten. Zu jedem Activity Object werden alle am Entwicklungsprozeß beteiligten Personen als Participants aufgeführt und die anzuwendenden Techniques genannt. PARTICIPANTS werden in SSADM in Form von am Entwicklungsprozeß beteiligten Stellen oder Projektorganisationseinheiten beschrieben, z.B. der

Projektleiter, das Entwicklungsteam, Analytiker, Funktions- oder Datenmodellierer oder die Benutzer.

PRECONDITION — EXTERNAL DEPENDENCY — PRODUCT — FORM

SSADM definiert zu jedem Activity Object sogenannte PRECONDITIONS, die in External Dependencies und in Products unterschieden werden. Unter Preconditions werden alle Voraussetzungen verstanden, die notwendig sind für die Dürchführung einer entsprechenden Aktivität.

PRODUCTS sind in der Methode beschriebene Ergebnisse, die als Input für die Erstellung weiterer Products notwendig sind. Products können somit Ergebnis (Output) oder aber Input einer Aktivität sein. EXTERNAL DEPENDENCIES stellen Vorbedingungen für die Ausführung einer Aktivität oder Phase dar und sind z.B. externe Informationsquellen wie bestimmte Benutzer, das Top-Management oder Dokumente aus dem Umfeld der Software-Entwicklung, die nicht genauer in der Methode beschrieben werden. Als notwendige Vorbedingungen für die *Feasibility Study* werden z.B. als Input Product der näher in der Methode beschriebene Projektauftrag und als External Dependencies die Geschäftsziele, das Informationssystem-Konzept des Unternehmens, Organigramme, das Projektportfolio und die technischen Strategien des Unternehmens genannt.

Alle Products werden im sogenannten *Dictionary* durch die Attribute Titel oder Name, ausführliche Beschreibung, Beispiele, Qualitätskriterien und Erfolgsfaktoren für die adäquate Erstellung näher erläutert. Für eine große Menge von Products werden Formulare (FORMS) zur Erstellung und Beschreibung der Entwicklungsergebnisse in der Methode zur Verfügung gestellt. Diese Formulare sollen die Entwickler bei der manuellen Anwendung der Methode unterstützen.

Das Product *Data Flow Model* besteht aus mehreren *Data Flow Diagrams (Level 1, Lower Levels)*, aus den *Elementary Process Descriptions*, *External Entity Descriptions* und den *I/O Descriptions*. Products können somit aus weiteren Products zusammengesetzt sein. Auf dem untersten Level der Dekomposition werden die einzelnen Komponenten der Dokumente bis auf die Ebene des Metamodells der Methode beschrieben. Das gesamte Metamodell der Methode findet man u.a. in dem *Appraisal Scheme* für CASE-Tools [vgl. CCTA 1989], das die Bewertung von Werkzeugen hinsichtlich einer SSADM Unterstützung durchführt.

In der *Derivation* wird zu jedem Product die konkrete Ausprägung während des Entwicklungszyklus beschrieben. Das *Data Flow Model* wird z.B. in den unterschiedlichen Stages zur Darstellung unterschiedlicher Datenflüsse im Kontextdiagramm, im physischen und logischen Istsystem und für das Sollsystem verwendet. SSADM unterscheidet als einzige Methode zwischen Ergebnistypen in den Dictionary- und

Technique-Beschreibungen und unterschiedlichen Instanzen dieser Products im Vorgehensmodell.

MANAGEMENT — QUALITY — TECHNICAL
Ergebnisse oder sogenannte Products sind in der *Product Breakdown Structure* in eine drei- bis vierstufige detaillierte Typenhierarchie unterschieden, ausgehend von MANAGEMENT, TECHNICAL und QUALITY PRODUCTS. TECHNICAL Products beschreiben die Entwicklungsergebnisse und werden weiter in Applikations-, Betriebs-, Benutzer-, Sicherheits- oder Ausbildungsergebnisse klassifiziert. Sowohl die Management Products (Pläne, verschiedene Statusberichte oder die Entwicklungsstandards) als auch die Quality Products, die die Qualitätskriterien für alle Entwicklungsprodukte, die Ergebnisse der Qualitätskontrollen und die Einladungen für die Qualitätssitzungen mit den Benutzern umfassen, werden weiter klassifiziert.

TECHNIQUE — CONCEPT — NOTATION
SSADM definiert 13 verschiedene TECHNIQUES, z.B. Requirements Definition, Data Flow Modelling, Logical Data Modelling, Event-Entity Modelling oder Relational Data Analysis. Jede Technique wird in einem Überblick erläutert und ihre Zielsetzung verdeutlicht. Die Anwendung der Techniques bei den unterschiedlichen Activity Objects, vor allem bei den einzelnen Steps wird differenziert beschrieben. Die für die Anwendung der Technique notwendigen Personen (Benutzer, Analytiker, IT-Spezialist etc.) werden als Participants in den Handbüchern beschrieben.

Analog zu einem Activity Object besitzt auch jede Technique entsprechende Preconditions in Form von Input Products oder External Dependencies, deren Verwendung kurz erläutert wird. Ebenso werden alle verschiedenen Products, die mit Hilfe der Technique erzeugt werden, aufgezählt und detailliert erläutert, falls es sich um wichtige Entwicklungsergebnisse der Methode handelt.

SSADM zerlegt die Techniques in zugrundeliegende CONCEPTS, die Konzepte und Objekte für die Modellierung darstellen. Falls die Technique spezielle Diagramme oder sonstige Konventionen hinsichtlich der Darstellung der durch sie entstehenden Products verwendet, werden sie in der NOTATION erklärt und beispielhaft gezeigt. Dabei besteht eine Notation in der Regel aus weiteren Komponenten, z.B. besteht die *Entity-Life-History*-Notation aus der *Sequenz*-, der *Selection*-, der *Iteration*- und der *Parallel-Structure*-Darstellung.

SSADM stellt genauere Beziehungen und Schnittstellen zwischen einzelnen Techniques her. In [CCTA 1990a, Vol. 1, S. F-CON-18ff.] ist eine Art Beziehungsnetz zwischen den einzelnen Techniken über den gesamten Lebenszyklus abgebildet, anschließend werden die Schnittstellen und Anknüpfungspunkte zwischen den einzelnen Techniken erläutert. Projektplanung, -organisation und -kontrolle sowie Qualitäts- und Risk-

Management werden in einem eigenen Abschnitt erläutert [vgl. CCTA 1990a, Vol.1, S. F-PP-1ff.]. Am Ende jeder Technikbeschreibung werden Beispiel-Formulare zur Veranschaulichung präsentiert.

4.2.4 ISOTEC (Ploenzke Informatik AG)

ISOTEC ist ein von der Ploenzke Informatik AG entwickeltes Konzept für eine **I**ntegrierte **So**ftware-**Tec**hnologie. Die Beschreibung in den beiden Handbüchern [vgl. Ploenzke 1989] besteht im wesentlichen aus dem Vorgehens-, dem Administrations- und dem Projektmanagementkonzept sowie den Entwurfsmethoden.

Das folgende Beschreibungsmodell in Abb.4.7 gibt die wichtigsten Beschreibungsstrukturen der Handbücher wieder. Zunächst gehen wir auf das Vorgehensmodell und seine Zerlegung und anschließend auf die Ergebnis- und Technikbeschreibung der Methode ein.

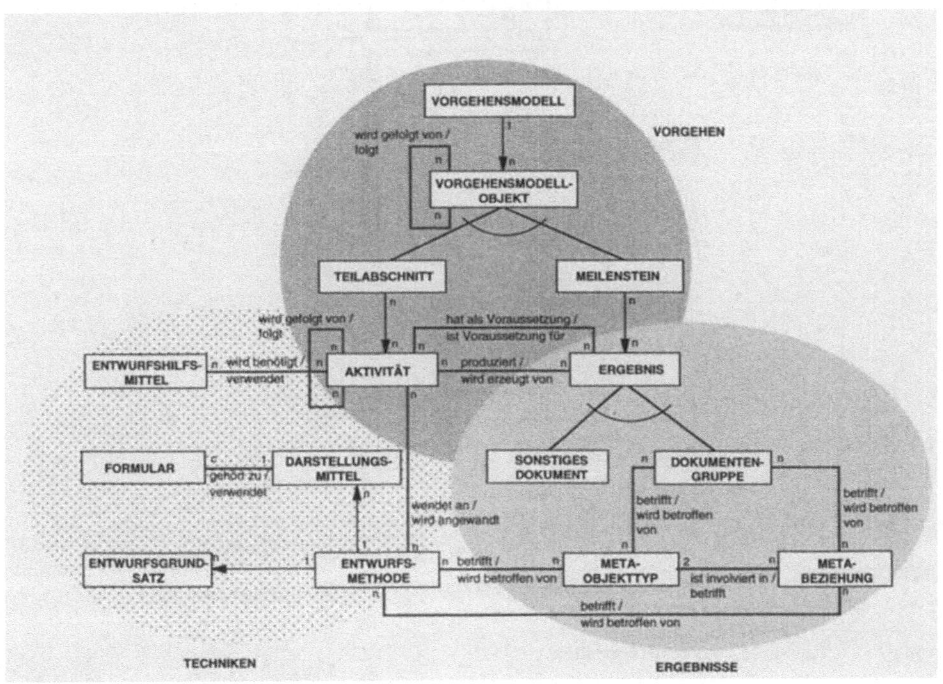

Abb.4.7: Beschreibungsmodell für ISOTEC

VORGEHENSMODELL — VORGEHENSMODELLOBJEKT — TEILABSCHNITT

Das ISOTEC-Vorgehenskonzept beschreibt Gliederungsmöglichkeiten der Software-Entwicklung in Form von verschiedenen VORGEHENSMODELLEN, die aus mehreren TEILABSCHNITTEN und MEILENSTEINEN bestehen. So werden z.B. das *klassische* Vorgehensmodell für durchschnittliche Projektsituationen (vgl. Abb.4.8) und das *evolutionäre* Vorgehensmodell unterschieden, in dem iterativ durch Prototypen neue Anforderungen berücksichtigt und kontrollierte Anpassungen des Informationssystems vorgenommen werden.

ISOTEC kennt ein spezielles Vorgehensmodell für den Einsatz von Standardsoftware. Die Berücksichtigung des Projektmanagements geschieht über die Einbettung jedes Teilabschnittes in eine Reihe von Standard- oder Rahmenaktivitäten [vgl. Ploenzke 1989, Vorgehenskonzept S. 29]. So kennt ISOTEC Überwachungsaktivitäten parallel zu jedem Teilabschnitt oder wiederkehrende Abschlußaktivitäten (Information und Entscheidung) am Ende jedes Teilabschnittes.

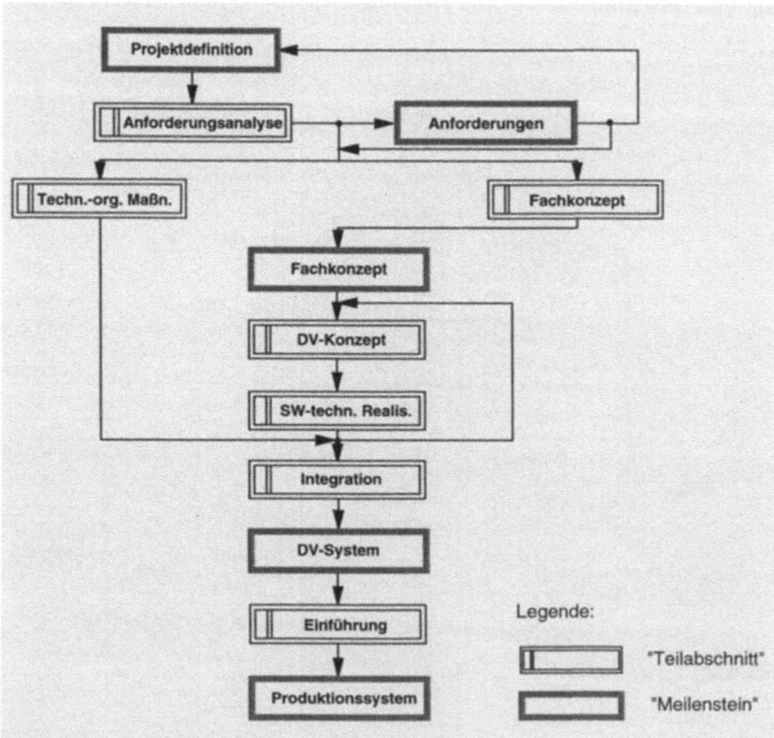

Abb.4.8: Klassisches Vorgehensmodell in ISOTEC

In der obigen Abb.4.8 sind für das *klassische Vorgehensmodell* Teilabschnitte durch Doppelkästen und MEILENSTEINE durch einfache Umrandung dargestellt [vgl.

Ploenzke 1989, Vorgehenskonzept S. 32]. Pfeile geben die mögliche Abfolge der Teilabschnitte oder die Erzeugung von Meilensteinen durch einen Teilabschnitt wieder. Bei der Darstellung sind Wiederholungen (Iterationen) von Aktivitäten durchaus erlaubt, und sinnvolle Rücksprünge werden durch Pfeile auf vorherige Teilabschnitte angezeigt. Die *Anforderungsanalyse* kann z.B. eine neue *Projektdefinition* erforderlich machen oder die *softwaretechnische Realisierung* Mängel im *DV-Konzept* aufzeigen.

Da das Abhängigkeitsnetz sowohl Teilabschnitte als auch Meilensteine umfaßt, wurden diese beiden Beschreibungsobjekte zu einem Objekttyp VORGEHENSMODELLOBJEKT generalisiert (vgl. Abb.4.7), für den eine Ablauffolge definiert werden kann. Sowohl Teilabschnitte als auch Meilensteine gehören nur genau zu einem Vorgehensmodell. Jeder Teilabschnitt besteht aus weiteren AKTIVITÄTEN, die mehrfach von verschiedenen Teilabschnitten verwendet werden können. Für jeden Teilabschnitt wird ähnlich wie in Abb.4.8 ein Aktivitätenablaufnetz angegeben, in dem Ablauf und Rücksprünge von AKTIVITÄTEN graphisch dargestellt sind.

AKTIVITÄT — ENTWURFSHILFSMITTEL

Jede AKTIVITÄT in einem der Teilabschnitte besitzt eine eindeutige Numerierung und wird in einer Art Lexikon sequentiell beschrieben. Zunächst wird jede Aktivität durch eine Kurzbeschreibung, ihre Zielsetzung und die ihre Voraussetzungen in Form einer Aufzählung der notwendigen Input-Ergebnisse. Die von der Aktivität zu erzeugenden Ergebnisse werden genannt und deren Dokumentation und Ablage dargestellt. Ferner werden sogenannte ENTWURFSHILFSMITTEL aufgezählt, worunter ISOTEC die Werkzeuge zur Erstellung der Entwicklungsergebnisse versteht, wie z.B. Flipcharts, Metapläne, Whiteboards oder verschiedene Checklisten. Eine Aktivität kann eine ENTWURFSMETHODE anwenden, die in einem separaten Abschnitt beschrieben wird.

ENTWURFSMETHODE — META-OBJEKTTYP — META-BEZIEHUNG

Unter einer ENTWURFSMETHODE [vgl. Ploenzke 1989, Vorgehenskonzept S. 262] versteht ISOTEC eine Anleitung zur Unterstützung

- der systematischen Ordnung und Strukturierung des Materials durch geeignete Begriffsbildung,
- der Planung der Arbeits- bzw. Denkschritte,
- bei der Auswahl und Entscheidung von Alternativen und
- bei der Festlegung einer geeigneten Darstellung von Zwischen- und Endergebnissen.

Die wichtigsten Entwurfsmethoden sind die Informationsstrukturanalyse (ISA), die Funktionsstrukturanalyse (FSA), die Strukturierung und Spezifikation von Systemfunktionen (SSF) und der Dialogentwurf (DIA). Für jede dieser Methoden werden die wesentlichen Strukturelemente des zugrundeliegenden *Metamodells*, d.h. die entsprechenden Objekttypen und deren Beziehungen festgelegt und beschrieben. Unter dem *Metamodell* (vgl. auch Abschnitt 5.4.5) wird das konzeptionelle Datenmodell der Entwurfsergebnisse verstanden. Es wird in ER-Notation [vgl. Chen 1976] mit Beschreibung der Meta-Objekttypen und -Beziehungen dargestellt.

Unter einem META-OBJEKTTYP wird ein "Sammelbehälter für ähnliche oder gleichartige Beschreibungen im Zuge der Software-Entwicklung" verstanden [vgl. Ploenzke 1989, Vorgehenskonzept S. 3]. Für die META-BEZIEHUNGEN werden nur binäre Beziehungen, d.h. Beziehungen zwischen genau zwei, nicht notwendigerweise verschiedenen Objekttypen zugelassen. Die ISA-Entwurfsmethode, die zur Entwicklung eines Datenmodells des zukünftigen Informationssystems dient, besteht z.B. im wesentlichen aus den Meta-Objekttypen *Informationsobjekt, Zustand, Beziehung, Datenelement* und *Datenelementtyp*. Ferner gehören zur ISA die entsprechenden Meta-Beziehungen zwischen diesen Objekttypen, z.B. kann ein *Informationsobjekt* einen *Zustand* haben, oder ein *Datenelement* kann als identifizierende Eigenschaft eines *Informationsobjektes* auftreten (Schlüssel) [vgl. Ploenzke 1989, ISA S. 31ff.].

ENTWURFSGRUNDSATZ — DARSTELLUNGSMITTEL — FORMULAR

Jede Entwurfsmethode besteht aus ENTWURFSGRUNDSÄTZEN, die ausführlich beschreiben, wie die Teilschritte bei der Methodenanwendung aussehen und konkret in einem Projekt umgesetzt werden. Darunter fallen auch Regeln und Integritätsbedingungen innerhalb der zu erstellenden Dokumente. In der ISA werden z.B. Regeln für die Spezialisierung oder Generalisierung von Informationsobjekten (Entitätstypen im ER-Diagramm) spezifiziert.

Weiterhin gehören zu einer Entwurfsmethode die DARSTELLUNGSMITTEL, die die verschiedenen Darstellungen von Ergebnissen oder Katalogen festlegen. Es werden hier die verschiedenen Typen von Katalogen und Diagrammen, wie Informationsstrukturdiagramm, Beziehungs- oder Verwendungsmatrix, durch *syntaktische* Regeln beschrieben. Einen direkten Bezug dieser Darstellungsmittel zu den Dokumentengruppen, die sie verwenden, wird in ISOTEC nicht beschrieben. Dieser Bezug ist nur über den Namen herzustellen.

Zur manuellen Ausführung der Methode stellt ISOTEC eine Reihe von FORMULAREN für die Erfassung und Beschreibung von Meta-Objekttypen und Dokumentengruppen zur Verfügung. Diese Blanko-Kataloge beziehen sich auf die Ergebnistypen, die in den Darstellungsmitteln beschrieben werden. In der ISA gibt es z.B. für die Erhebung von *Informationsobjekten, Beziehungen, Datenelementen, Funktionen* oder *Externen Partnern* solche Formulare.

MEILENSTEIN — ERGEBNIS — DOKUMENTENGRUPPE — SONSTIGES DOKUMENT

MEILENSTEINE dienen der besseren Kontrolle und Steuerung des Projektes und bestehen in ISOTEC aus einer Zusammenstellung von ERGEBNISSEN. Dabei kann ein Ergebnis durchaus mehreren Meilensteinen unterschiedlicher Teilabschnitte und Vorgehensmodelle angehören. Jedes Ergebnis wird in ISOTEC entweder als DOKUMENTENGRUPPE oder als SONSTIGES DOKUMENT eingeführt. Nur DOKUMENTENGRUPPEN werden detailliert beschrieben und an anderen Stellen der Methode referenziert; die Bedeutung SONSTIGER DOKUMENTE muß aus dem Namen abgeleitet werden.

Unter einer DOKUMENTENGRUPPE wird ein Ausschnitt des zugrundeliegenden Metamodells der Methode verstanden. Dokumentengruppen werden lediglich durch die Identifikation von Meta-Objekttypen und Meta-Beziehungen sowie als Bestandteil von Meilensteinen im Vorgehenskonzept beschrieben. Dabei überlappen sich diese Teilsichten auf das Metamodell, und es können Meta-Objekttypen und -Beziehungen in mehreren Dokumentengruppen auftreten. Die detaillierte Beschreibung der Meta-Objekttypen und -Beziehungen erfolgt bei den Entwurfsmethoden, wo z.B. in der *ISA* das *Betriebliche Datenmodell* oder das *Anwendungsdatenmodell* als Ausschnitt beschrieben werden.

Unter SONSTIGEN DOKUMENTEN beschreibt ISOTEC alle nicht als Dokumentengruppe definierten Ergebnisse, insbesondere Projektmanagement und Qualitätssicherungsdokumente sowie Berichte und Entscheidungen, die nicht Kernpunkt der Methode sind.

Der Schwerpunkt der Beschreibung von ISOTEC liegt auf den DOKUMENTEN-GRUPPEN. Diese werden maßgeblich durch Sichtenbildung auf das zugrundeliegende Metamodell beschrieben. Da es aber verschiedene Ergebnisse zu demselben Ausschnitt des Metamodells geben kann, fehlt in ISOTEC eine Beschreibung spezifischer Ergebnistypen. So weisen z.B. ein *unternehmensweites Datenmodell* und ein *Projektdatenmodell* für die Auftragsabwicklung dieselben META-OBJEKTTYPEN und -BEZIEHUNGEN auf; ihre Bedeutung und Darstellung sowie die methodische Erarbeitung und Verwendung ist jedoch völlig unterschiedlich. Dies kann in ISOTEC nur aufwendig beschrieben werden. Als Konsequenz hängt die Beschreibung der DARSTELLUNGSMITTEL und FORMULARE bestimmter Ergebnisse etwas in der Luft. Gut ist die Beschreibung unterschiedlicher Vorgehensmodelle und die Integration von Meilensteinen als Schnittstelle zum Projektmanagement.

4.2.5 Navigator (Ernst & Young Inc.)

Die von Ernst & Young Inc., U.S.A., 1990 veröffentlichte *Navigator Systems Series* ist eine Information-Engineering-orientierte Methode zur Entwicklung von Informationssystemen. Als CASE-Tools unterstützen die von *Knowledge Ware* vertriebene *Application Development Workbench* (ADW) und die unter MS-DOS laufende *Information Engineering Workstation* (IEW) die Methode.

Navigator stellt die neuste und umfangreichste Dokumentation der hier betrachteten Methoden zur Verfügung. Die Abbildung 4.9 gibt einen Überblick über das zugrundeliegende Beschreibungsmodell der Methode, das im folgenden erläutert wird.

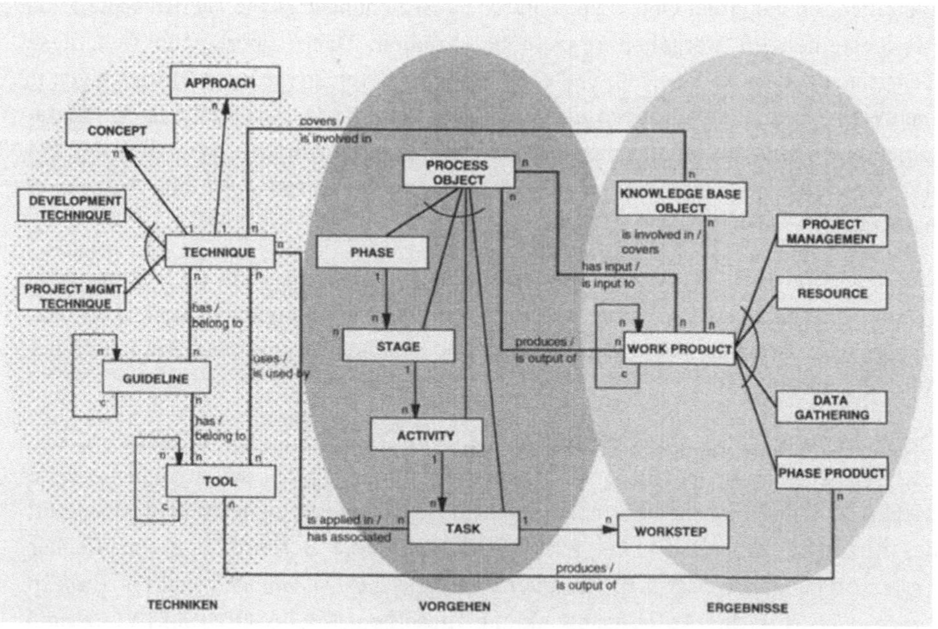

Abb.4.9: Beschreibungsmodell für Navigator

Neben den fünf PHASE-Handbüchern gibt es ein Technique-Handbuch für Projektmanagement- und Entwicklungstechniken, ein Phase Reference Manual, das alle Entwicklungsprodukte im Detail beschreibt, und ein Projektmanagement-Handbuch sowie Tool Guidelines.

PROCESS OBJECT — PHASE — STAGE — ACTIVITY — TASK — WORKSTEP
Navigators *Work Breakdown Structure* zerlegt das Vorgehen der Methode durchgängig in 4 Detaillierungsstufen von den PHASES bis zu den TASKS. Die vier PHASES werden in STAGES eingeteilt, wobei jede Phase am Anfang und am Ende durch Planungs- und Kontroll-STAGES in das Projektmanagement eingebettet ist. Einen Überblick über die Methode gibt Abb.4.10, in dem alle Phases und das zugrundeliegende Projektmanagement dargestellt werden [vgl. Ernst & Young 1990, Overview Monograph, S. 12].

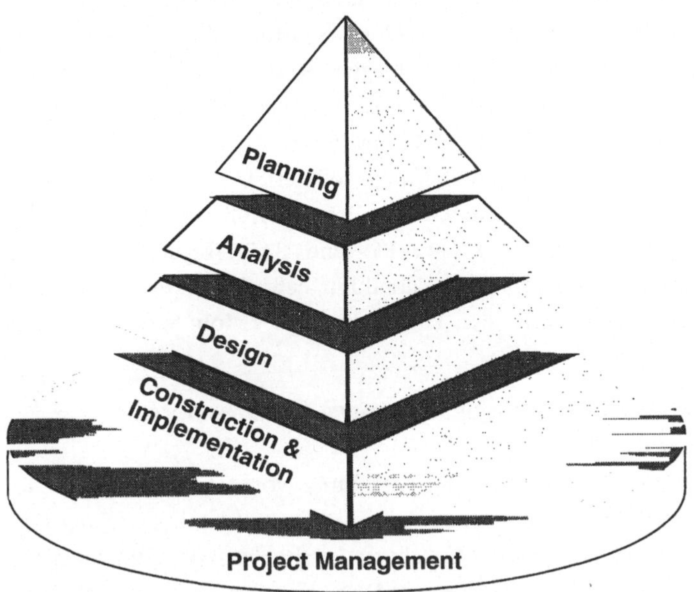

Abb.4.10: Navigator Application Life Cycle Overview

Jede der obigen Phases besteht aus Stages, die *Analyse* u.a. aus der *Business Area Requirements Analysis*, der *Package Selection* oder der *Phase Review & Assessment*, die teilweise alternativ durchlaufen werden. Zunächst wird jede TASK, wie auch jede ACTIVITY, STAGE oder PHASE, durch die Zielsetzung, die Erfolgsfaktoren (*key issues*) und die Inputs und Outputs in Form von WORK PRODUCTS beschrieben. Aufgrund dieser gleichartigen Beschreibungen (Attribute) und Beziehungen zu anderen Objekttypen wurden diese im Beschreibungsmodell zum PROCESS OBJECT generalisiert.

Eine ausführliche Beschreibung des Vorgehens befindet sich auf der TASK-Ebene, die durch eine sequentielle Beschreibung lokaler WORKSTEPS nochmals verfeinert wird. Ferner werden zu jeder TASK die zu verwendenden TECHNIQUES genannt und

Qualitätssicherungsmöglichkeiten angegeben. Bei den Projektmanagement-TASKS wird zusätzlich noch als Attribut die Ausführungshäufigkeit (*frequency*) innerhalb des Lebenszyklus angegeben; z.B. wird die TASK *Plan the Project* immer in Stage 1 eines Projektes ausgeführt sowie zu jedem Zeitpunkt, an dem die TASK *Control the Project* erforderliche Änderungen des Projektplans festgestellt hat [vgl. Ernst & Young, Project Management Guide, S. 2-22].

Insgesamt wird Navigators Life Cycle ähnlich wie ISOTEC nur als Rahmen verstanden, der an jedes Projekt angepaßt werden muß. Neben den Erfahrungen des Projektmanagers sind dabei sogenannte *Route Maps* behilflich, die für verschiedene Projekttypen geeignete Vorgehensweisen vorschlagen. So gibt es z.B. *Small Project, Facilitated Package Integration, Rapid System Development* oder *Redevelopment Route Maps*. Daher wird zu den PROCESS OBJECTS im Vergleich zu anderen Methoden kein explizites Vorgehen im Sinne einer Ablauffolge definiert. Das Vorgehen innerhalb der STAGES und ACTIVITIES wird durch den Ergebnisfluß der entsprechenden WORK PRODUCTS, d.h. durch die ACTIVITY- und TASK-Input-/Output-Beziehungen, dargestellt. Ferner weist die Methode darauf hin, daß, obwohl Iterationen nicht dargestellt werden, diese einen zentralen Faktor für den Erfolg eines Projektes darstellen.

TECHNIQUE — DEVELOPMENT TECHNIQUE — PROJECT MANAGEMENT TECHNIQUE — APPROACH — CONCEPT

TECHNIQUES beschreiben Prinzipien zur Erstellung von Ergebnistypen. Dies beinhaltet die Darstellung der Ergebnistypen, Regeln, die bei der Darstellung oder Erstellung gelten, sowie eine Anleitung zur Erstellung der Ergebnistypen. Im Navigator besteht eine Technique aus CONCEPTS, die eine Definition der wichtigsten Begriffe und fundamentalen Komponenten der Technique umfassen, und aus dem APPROACH, in dem das interne Vorgehen innerhalb der Technique Schritt für Schritt definiert wird.

Navigator kennt mehr als hundert Techniques, die in Development Techniques und in Project Management Techniques unterschieden werden. PROJECT MANAGE-MENT TECHNIQUES unterstützen Aktivitäten, die die Planung und die Kontrolle des Projektes betreffen. Darunter fallen z.B. die Festlegung der Projektorganisation, Aufwandschätzungen, Risikobewertungstechniken oder die Projektkontrolle. Die DEVELOPMENT TECHNIQUES geben Prinzipien zur Erstellung der PHASE PRODUCTS und DATA GATHERING WORK PRODUCTS an. Darunter sind z.B. die Datenflußmodellierung, Datenmodellierungstechniken, Workshop-Techniken zu nennen mit denen eine hohe Beteiligung der Anwender und deren Identifikation mit den Ergebnissen (*joint session*) erreicht werden soll.

TOOL — GUIDELINE

In dem Tool-Guidelines-Handbuch werden den Development Techniques die zu verwendenden TOOLS zugeordnet und deren Anwendung beschrieben. Darunter fallen nur rechnergestützte Werkzeuge, wie z.B. Textverarbeitungsprogramme oder Dekompositions-, Datenfluß- und Entity-Diagramme aus der IEW Analysis Workstation. Ferner werden für alle PHASE PRODUCTS die verwendeten TOOLS angegeben, d.h. die verschiedenen Werkzeuge (*Windows*) in den einzelnen IEW Workstations (Planning, Analysis, Design).

Tools können aus weiteren Tools bestehen, z.B. die IEW Planning Workstation besteht aus den einzelnen *Windows* oder Werkzeugen zur Erstellung von Assoziationsmatrizen oder Dekompositionsdiagrammen. Zusätzlich werden zu jeder Technique sogenannte GUIDELINES gegeben, die die Anwendung der Techniques und der Tools in den einzelnen Stages und Tasks erläutern. Dabei sind die Guidelines unter einer Überschrift in Form von textuellen Notizen abgelegt.

WORK PRODUCT — PHASE PRODUCT — DATA GATHERING — RESOURCE — PROJECT MANAGEMENT

Navigator unterscheidet 4 Typen von Ergebnissen. Unter den PHASE PRODUCTS versteht die Methode die Entwicklungsergebnisse, die während des Entwicklungszyklus in den einzelnen Phasen entstehen. Im wesentlichen sind darunter die Phasenberichte und Entwicklungsmodelle zu verstehen, z.B. das *Enterprise Model*, das die Strategie, die Prozesse, die Daten und die Organisation des Unternehmens in der strategischen Planung beschreibt, oder das *Business Area Information Model* aus der Analyse.

DATA GATHERING Work Products sind Dokumente, die Informationen aus entsprechenden Interviews und Workshops vorwiegend aus der Planung und Analyse enthalten. Darunter fallen u.a. Notizen und Dokumentationen über das Ist-System, eine Beschreibung der beteiligten und verantwortlichen Personen oder der bestehenden Organisation des Unternehmens.

RESOURCE Work Products umfassen jede Art von Software aus der Implementierungs- und Testphase sowie die Beschreibung aller bei der Einführung des Informationssystems benötigten Ressourcen. Darunter fallen z.B. die Programme des Anwendungssystems, Test-, Trainings- und die Produktionsdatenbank, die Technologie und die benötigte Infrastruktur, die Benutzer- und die IS-Organisationsbeschreibung sowie die verschiedenen Benutzer- und Betriebshandbücher.

Ferner werden in Navigator die Project-Management-Ergebnisse klar von den Entwicklungsergebnissen (*Phase Products*) unterschieden. Zu den PROJECT MANAGEMENT Work Products zählen u.a. der Projektplan, die Projekt-Organisation, Projektstandards und Richtlinien sowie verschiedene Projektstatusberichte.

Navigator besitzt nur eine eindimensionale Strukturierung der Methode. Die Zerlegung der WORK PRODUCTS entspricht der Zerlegung der PROCESS OBJECTS, d.h., daß z.B. jede der ACTIVITIES oder TASKS genau ein entsprechendes WORK PRODUCT hat, das es produziert. Es gibt auch keine Typisierungen von Work Products, wie sie in SSADM ausführlich beschrieben sind.

KNOWLEDGE BASE OBJECT

Als Schlüsselkomponente und Basis der Methode bezeichnet *Navigator* die KNOWLEDGE BASE OBJECTS, die alle Informationen während der Entwicklungsphasen beschreiben und die in der Regel in maschineller Form in einem Repository abgelegt werden. Daher beinhaltet die sogenannte *Knowledge Base* das der Methode zugrundeliegende Metamodell (vgl. Abschnitt 5.4.5; *Component* in [Olle et al. 1991, S. 9f.]) und versteht sich als konzeptionelles Datenmodell der Entwicklungsergebnisse und des Repositories. Dabei beschreibt Navigator sowohl für alle Work Products als auch für alle Techniques die betroffenen Knowledge Base Objects, da die Techniques Typen von Work Products erzeugen.

4.2.6 IFA PASS (Institut für Automation)

IFA PASS ist eine geschlossene Projektmanagement-Methode für die Planung, Steuerung, Kontrolle und Dokumentation von EDV- und Organisationsprojekten. IFA PASS wurde seit den siebziger Jahren vom Institut für Automation, Zürich, weiterentwickelt und ist branchen-, anwendungs- und hardwareunabhängig einsetzbar. Ferner ist IFA PASS bezüglich des Einsatzes einer Softwaremethode unabhängig und konzentriert sich auf die einheitliche Abwicklung und Dokumentation der Projekte hinsichtlich Kosten- und Terminkontrolle, Kapazitätsplanung und Risikomanagement. IFA PASS besteht aus den Elementen Vorgehen, Dokumentation und Berichtswesen sowie Projektorganisation. Die Abbildung 4.11 zeigt die Beschreibungskomponenten und deren Beziehungen zueinander, wie sie in [IFA 1991] verwendet werden.

PHASE — ABSCHNITT — AKTIVITÄT — PROJEKTTYP

Zur besseren Planung und Kontrolle verwendet IFA PASS einen phasenorientierten Ansatz mit einer Unterscheidung der PHASEN *Vorstudie, Konzept, Systemspezifikation, Programmentwicklung, Benutzerorganisation* und *Einführung*. Der Ablauf der Phasen sowie die entsprechenden Anträge sind in Abb.4.12 dargestellt [vgl. IFA 1991, Blatt 0/8]. Bei größeren Vorhaben empfiehlt die Methode, die einzelnen Phasen in weitere ABSCHNITTE zu unterteilen. Diese Unterteilung wird dem Projektverantwortlichen überlassen; sie wird über die Festlegung der zu produzierenden Ergebnisse in dem entsprechenden Abschnitt definiert.

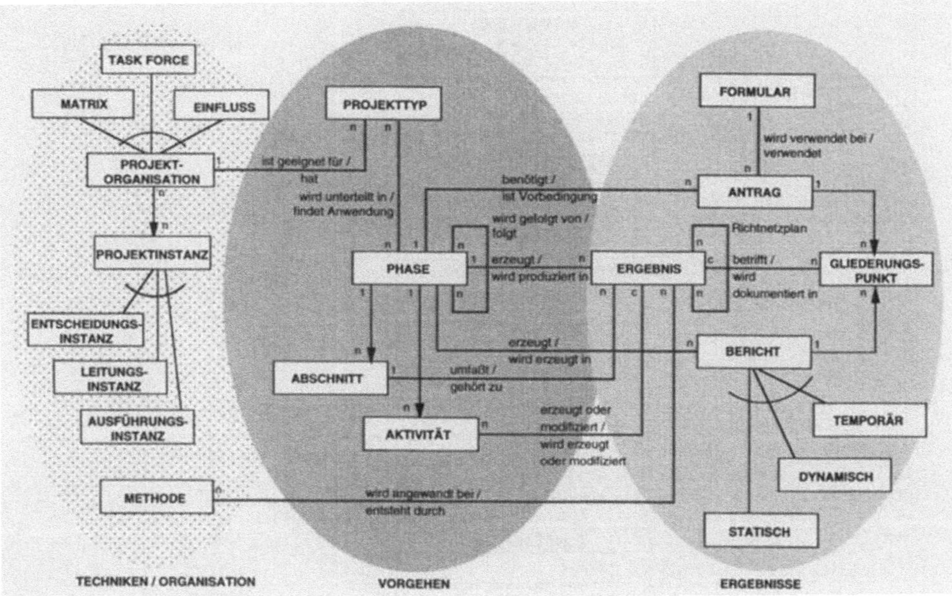

Abb.4.11: Beschreibungsmodell IFA PASS

Eine Phase besteht aus AKTIVITÄTEN, die in chronologischer Reihenfolge und mit dem Verweis auf das zu produzierende Ergebnis beschrieben werden. Dabei werden Aktivitäten detaillierter als das zu erzeugende Ergebnis beschrieben, so daß mehrere Teilschritte zu einem Ergebnis führen. Diese Aktivitätslisten dienen als Checklisten für die Erstellung der entsprechenden Ergebnisse. Eine Aktivitätenablauffolge gibt es nicht; das Vorgehen wird über Ergebnisabhängigkeiten bestimmt.

Ein ganzes Kapitel [vgl. IFA 1991, Kapitel 7] umfaßt generelle Hinweise zur Anpassung der Methode auf spezifische PROJEKTTYPEN. Dabei werden Projekte nach der *Größe* in Klein-, Mittel- und Groß-Projekte, nach *Vorhabenstypen* (z.B. die Integration von Fremdsoftware oder eine Funktionserweiterung bei bestehenden Systemen) und nach *Applikationstypen* (z.B. CAD oder Real-Time-Systeme) eingeteilt. Für jeden Projekttyp werden die zu erstellenden Ergebnisse und damit die entsprechenden Aktivitäten in den Phasen festgelegt.

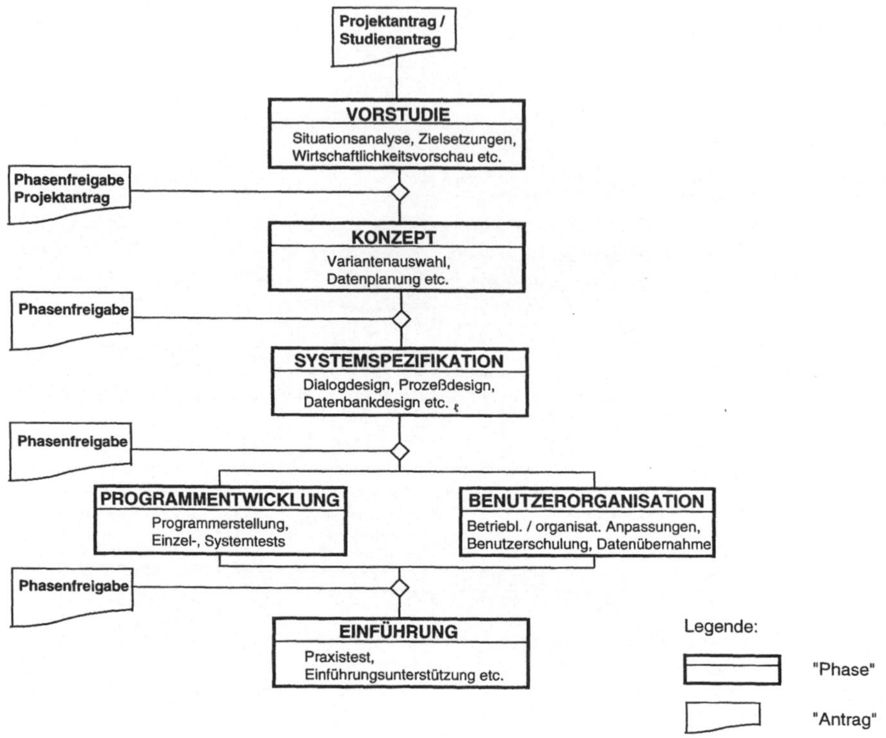

Abb.4.12: IFA-PASS-Vorgehensübersicht

ERGEBNIS — METHODE

Der Schwerpunkt der Methode liegt auf den Ergebnisdefinitionen in den einzelnen Phasen des Entwicklungsprozesses. Die Beschreibung eines ERGEBNIS enthält eine kurze Erläuterung und Referenzen auf die entsprechenden Aktivitäten. Für jede Phase werden die in ihr zu erzeugenden Ergebnisse in einen *Richtnetzplan* gebracht. Dieser Netzplan zeigt die Verwendungsabhängigkeiten der Ergebnisse und spiegelt den Fluß der Ergebnisse und somit die Menge aller möglichen Vorgehensweisen wieder.

IFA PASS stellt für einen Teil der Entwicklungsergebnisse eine Reihe von alternativen METHODEN zur Verfügung. Darunter werden Anleitungen und Darstellungskonventionen verstanden, die anderen Methoden der Software-Entwicklung entnommen sind. So werden z.B. *N-Square-Charts* von R.J. Lano, *Structure Charts* nach Jackson oder *SADT*-Funktionsdiagramme kurz erläutert. Die Verweise, welche Methoden bei welchen Entwicklungsergebnissen angewandt werden können, befinden sich in einer tabellarischen Übersicht. Damit erhebt IFA PASS den Anspruch, von den einzusetzenden Entwicklungsmethoden unabhängig zu sein.

BERICHT — STATISCH — TEMPORÄR — DYNAMISCH — GLIEDERUNGSPUNKT
Für jede Phase wird die Entwicklung in Form von BERICHTEN beschrieben. Ein Bericht dient der Dokumentation von in Entwicklung befindlichen bzw. eingeführten Informationssystemen und wird im Vergleich zu den anderen hier betrachteten Methoden von den eigentlichen Entwicklungsergebnissen getrennt. Berichte werden nach ihrem Status in drei Gruppen eingeteilt.

STATISCHE Berichte umfassen die Entwicklungs- und Entscheidungsunterlagen während des Projektes, die nach Phasenabschluß nicht mehr zu überarbeiten sind. TEMPORÄRE Berichte betreffen z.B. die Programmspezifikationen, die nach Fertigstellung der Programme in die Programmdokumentation übergehen und damit nur eine zeitlich beschränkte Existenz haben. Die DYNAMISCHEN Berichte betreffen die Anwendungsunterlagen, die auch nach der Einführung des IS laufend auf dem neuesten Stand zu halten sind. Darunter fallen z.B. Programm-, System-, Betriebs- und Benutzerdokumentationen.

Jeder Bericht und jeder Antrag besteht aus verschiedenen GLIEDERUNGS-PUNKTEN, die genauer beschrieben werden. Ein Gliederungspunkt kann die Dokumentation eines Ergebnisses enthalten, wobei ein Ergebnis mehrfach in verschiedenen Gliederungspunkten von Berichten und Anträgen vorkommen kann.

ANTRAG — FORMULAR
Das Hauptgewicht bei der Projektführung liegt auf den ANTRÄGEN, die als Projektauftrag und zur Projektkontrolle eingesetzt werden und u.a. die Terminplanung, Regelungen der Finanzierung und die zu erwartenden Wirkungen auf bestehende Systeme oder laufende Projekte zeigen. IFA PASS unterscheidet den *Projektantrag* zur Initialisierung des Projektes, den *Studienantrag,* z.B. für die Vorstudie, und den *Wartungsantrag*, der Fehlerbehebungen oder Anpassungen bestehender Systeme betrifft. Ferner ist vor jeder neuen Projektphase eine *Phasenfreigabe* bei der entsprechenden Entscheidungsinstanz zu beantragen. Zu all diesen vier Anträgen werden Beispiel- und Blanko-FORMULARE von der Methode angeboten, die teilweise mehrfach für verschiedene Anträge verwendet werden.

PROJEKTORGANISATION — MATRIX — TASK FORCE — EINFLUSS — PROJEKTINSTANZ — ENTSCHEIDUNGSINSTANZ — LEITUNGSINSTANZ — AUSFÜHRUNGSINSTANZ
IFA PASS beschreibt PROJEKTORGANISATIONEN, die in MATRIX-, EINFLUSS- und in TASK-FORCE-Projektorganisationsformen eingeteilt werden. Darüber hinaus wird für verschiedene Projekttypen die geeignete Organisationsform empfohlen. Die Projektorganisation besteht ferner aus PROJEKTINSTANZEN, die spezielle Funktionen,

z.B. die Qualitätssicherung oder die Fortschrittskontrolle, innerhalb des Entwicklungsprozesses übernehmen.

Diese Projektinstanzen sind temporäre Gremien oder Ausschüsse, z.B. *Oberster Auftraggeber, Projektleitung, Projektteam, Projektausschüsse* oder *Benutzerverantwortlicher* [vgl. IFA 1991, Blatt 8/5]. IFA PASS klassifiziert jede Projektinstanz nach der Funktion in ENTSCHEIDUNGS-, LEITUNGS- und AUSFÜHRUNGSINSTANZ. Dabei ist diese Zuordnung nicht unbedingt eindeutig, eine *Projektleitung* kann z.B. sowohl Entscheidungs- als auch Leitungsfunktionen übernehmen.

4.3 Zusammenfassung und Bewertung

Ziel dieser Zusammenfassung ist nicht die Bewertung einer einzelnen Methode hinsichtlich der Qualität ihrer Beschreibung. Dazu wäre sicherlich mehr als die bloße Betrachtung der Beschreibungsstrukturen und Notationen notwendig. Eine große Anzahl unterschiedlicher Beschreibungsobjekte, die auch noch stark vernetzt sind, sagt nichts darüber aus, wie umfassend und verständlich die Beschreibung der Methode ist. Vielmehr werden in diesem Kapitel Anforderungen und gemeinsame Konzepte für die Beschreibung von Methoden in der Informationssystem-Entwicklung herausgearbeitet.

Als *gemeinsamen Nenner* in allen Methoden, wenn auch mehr oder weniger ausgeprägt und formalisiert, findet man die folgenden Konzepte zur Methodenbeschreibung:

- **Phasenorientierte Top-Down-Zerlegung des Vorgehens**

Alle untersuchten Methoden beschreiben ein phasenorientiertes Vorgehen. Dabei wird das Vorgehen top-down in zwei (ISOTEC) bis vier Ebenen (SSADM, Navigator) zerlegt. Die Aktivitäten auf den verschiedenen Detaillierungsebenen werden in gleicher Form beschrieben, was zu Generalisierungen bei den Aktivitätenobjekten führte (Activity Object in SSADM, Process Object in Navigator).

- **Verschiedene Vorgehensmodelle**

IEM, ISOTEC, CASE*Method und Navigator verstehen die klassische phasenorientierte Zerlegung nur als Rahmen zum Verstehen der Methode und zur Bildung eines projektspezifischen, eigenen Vorgehens. So werden in diesen Methoden bereits verschiedene phasenorientierte Vorgehensmodelle für vorgegebene Projekttypen angeboten. Eventuelle Rücksprünge und Iterationen von Aktivitäten werden verbal empfohlen, z.B. in ISOTEC, aber nicht durch einen Formalismus in den Beschreibungen unterstützt.

- **Beschreibung der Ergebnisse und Formulare**

Alle betrachteten Methoden beschreiben die notwendigen Zwischen- und Endprodukte, Entscheidungen, Dokumentationen und Berichte in Form von Ergebnissen, die von zugeordneten Aktivitäten erzeugt werden. Die Beschreibung der Ergebnisstrukturen ist in den untersuchten Methoden unterschiedlich detailliert. Während IEM und CASE*Method die Zwischen- und Endergebnisse nur aus Sicht der Aktivitäten informell beschreiben, existiert in den anderen Methoden ein eigenständiges Handbuch zur Produktbeschreibung und -zerlegung. Fünf der sechs Methoden führen eine Klassifikation der Ergebnisse ein, z.B. in Projektmanagement, Dokumentation und Entwicklungsergebnisse, die in SSADM bis auf vier Typisierungsebenen verfeinert wird.

In der Mehrzahl der Methoden werden Formulare als Hilfestellung für die Erstellung der Ergebnisse angeboten und entweder als manuelle Werkzeuge den Aktivitäten oder direkt gewissen Entwicklungsergebnissen zugeordnet.

- **Techniken und Darstellungskonventionen für Ergebnistypen**

In allen Methoden existieren Technikbeschreibungen; in ISOTEC heißen sie Entwurfsmethoden. Sie dienen in allen Methoden zur Beschreibung des genaueren Vorgehens (informell beschriebene Aktivitäten) zur Erstellung gewisser Typen von Ergebnissen (z.B. verschiedener Datenflußmodelle). In allen Methoden kommen Techniken mehrfach während des Entwicklungsprozesses zur Anwendung. Die Beschreibung der Techniken ist bei den einzelnen Methoden recht verschieden.

In IEM bestehen Techniken aus weiteren Techniken, und in SSADM wird versucht, Beziehungen zwischen verschiedenen Techniken aufzuzeigen oder genauer gesagt, zwischen den von diesen Techniken erzeugten Ergebnissen. Insgesamt jedoch gehören zu den Technikbeschreibungen Notationen oder Darstellungsformen, in denen die Entwicklungsergebnisse dargestellt werden, und gewisse Konzepte, auf die sich die Technik stützt. Ferner beschreiben einige der Methoden die verwendeten manuellen Werkzeuge, z.B. Formulare oder benötigte Infrastruktur, und den Einsatz von CASE-Tools.

- **Erfahrungsregeln und Notizen**

Alle Methoden geben Hinweise zur Anwendung der beschriebenen Techniken oder Erfahrungen zur Durchführung gewisser Aktivitäten (Practical Guideline/IEM, Note/CASE*Method, Entwurfsgrundsatz/ISOTEC oder Guideline/Navigator). Dabei reichen diese Hinweise im Formalisierungsgrad von unstrukturierten Notizen bis hin zu numerierten *Wenn-Dann-Regeln*, die z.B. bei der Erstellung von Ergebnissen zu beachten sind.

- **Ergebnisverwendungen**

Ohne Ausnahme werden in allen Methoden die notwendigen Inputs und die zu produzierenden Outputs der Aktivitäten beschrieben. Sofern mehrere Detaillierungsebenen des Vorgehens in der Methode beschrieben werden, spiegelt sich dieses auch in entsprechenden Detaillierungsstufen und Verwendungen der Ergebnisse wieder. In mehreren Methoden werden bei den Aktivitäten die erforderlichen Ergebnisse vorhergehender Aktivitäten von sonstigen Voraussetzungen getrennt.

Neben diesen in den untersuchten Methoden mehr oder weniger vorhandenden Beschreibungsstrukturen wurden sowohl aus den Erfahrungen der Arbeiten im CC RIM als auch aus der Literatur zur Prozeßmodellierung und verwandten Ansätzen (vgl. Kapitel 3) weitere vier Konzepte für eine integrierte Methodenbeschreibung als notwendig erkannt:

- **Konzeptionelles Datenmodell der Entwicklungsergebnisse**

Wie bereits in zwei der sechs untersuchten Methoden angedeutet - in ISOTEC und in Navigator -, ermöglicht die Beschreibung des konzeptionellen Datenmodells ein besseres Verständnis der verschiedenen Techniken und der Zusammenhänge zwischen den Entwicklungsergebnissen. In ISOTEC bietet die Sicht auf das Metamodell (vgl. Abb.4.7) einerseits von den Entwicklungsergebnissen (Dokumentengruppe) und andererseits von den Techniken (Entwicklungsmethode) her ein geeignetes Konzept, den Zusammenhang einzelner Ergebnisse bzw. Techniken als auch den zwischen Techniken und Entwicklungsergebnissen offenzulegen. Das Metamodell liefert ein datenorientiertes Verständnis der Methode.

- **Integrierte Akteur- und Rollenbeschreibung**

Die Beschreibung der in eine Aktivität involvierten Personentypen (Akteure) sowie ihrer speziellen Rolle in dieser Aktivität ist eine hilfreiche Unterstützung innerhalb eines Projektes. Das Produkt des Entwicklungsprozesses kann nur so gut wie die beteiligten Personen sein. Damit ist die Auswahl und die Beteiligung der *richtigen* Personen in den verschiedenen Phasen des Projektes ein kritischer Erfolgsfaktor und in den Methodenbeschreibungen als notwendiger Bestandteil zu integrieren. Verschiedene Rollenkonzepte scheinen ein geeignetes Mittel zur Anforderungs- und Aufgabenbeschreibung zu sein.

- **Integration des Projektmanagements**

Bei allen betrachteten Methoden ist die Integration von Projektmanagement und Qualitätssicherung nur teilweise gelungen. IFA PASS stellt sogar einen methodisch unabhängigen Rahmen für die Projektorganisation und -abwicklung zur Verfügung. Ein integriertes Referenz-Beschreibungsmodell für Methoden muß geeignete Komponenten zur Beschreibung und Integration des Projektmanagements und der Projektorganisation in die Entwicklungsmethode anbieten. So sind z.B. die Definition von Meilensteinen zur Überwachung des Projektes, die Festlegung der Projektorganisation sowie die Beschreibung von Berichten und Anträgen eine Anforderung an das zu entwickelnde Beschreibungsmodell.

- **Abbildung nicht phasenorientierter Vorgehensmodelle**

Die untersuchten Methoden im Bereich der Entwicklung von kommerziellen, transaktionsorientierten Methoden empfehlen alle ein an das Wasserfallmodell angelehntes *phasenorientiertes* Vorgehen mit Top-Down-Zerlegung von Aktivitäten. Einige der Methoden bieten zwar phasenorientierte Vorgehensmodelle für verschiedene Projekttypen, ein Referenz-Beschreibungsmodell muß jedoch offen sein gegenüber der Definition unterschiedlicher Typen von Vorgehen. Dabei sollen insbesondere folgende Vorgehensbeschreibungen berücksichtigt werden:

- *Kontrollkonstrukte des Vorgehens:*
  Der Aussage von Osterweil in [Osterweil 1987] folgend, daß der Software-Entwicklungsprozeß nichts anderes ist als Software selbst, können für das Vorgehen in Entwicklungsmethoden Kontrollkonstrukte der Software-Entwicklung verwendet werden. Entsprechend den Kontrollkonstrukten des Kontrollbaums eines Informationssystems müssen Vorgehenskontrollkonstrukte wie *Sequenz, Selektion, Iteration, Nebenläufigkeit* und *Synchronisation* im Referenz-Beschreibungsmodell abbildbar sein [vgl. Chroust 1992, S. 74].

- *Ergebnis-orientiertes Vorgehen:*
  Das Vorgehen innerhalb eines Entwicklungsprozesses wird nicht über Abläufe von Aktivitäten unterschiedlicher Detaillierungsstufen definiert, sondern allein die Modellierung von Ergebnisflüssen bestimmt das Vorgehen in einer Methode [vgl. Humphrey/Kellner 1989]. D.h. zu jedem Entwicklungsergebnis existiert implizit eine erzeugende Aktivität, die ausgeführt werden kann, sofern alle notwendigen Inputs dafür vorliegen. Die Definition von Phasen oder Aktivitäten dient lediglich zur groben Orientierung und zum Verständnis der Methode.

- *Iteratives und Prototyping-orientiertes Vorgehen:*
  Unter iterativem oder Prototyping-orientiertem Vorgehen [vgl. Pomberger et al. 1987, S. 6ff.] verstehen wir die mehrfache Ausführung von Aktivitäten, bis bestimmte Qualitätsmerkmale bei den zu produzierenden Ergebnissen erreicht sind. Das Spiralmodell in [vgl. Boehm 1988] ist ein Beispiel für dieses Vorgehen. Es wird somit über Zustände von Entwicklungsergebnissen gesteuert.

5. Referenz-Beschreibungsmodell für die IS-Entwicklung

5.1 Zielsetzung

Zunächst soll hier die Zielsetzung eines Referenz-Beschreibungsmodell für Methoden zur Informationssystem-Entwicklung (ISE) formuliert, um den später gewählten datenorientierten Ansatz für das Beschreibungsmodell zu erläutern.

- **Überwindung terminologischer Probleme**

Die Analyse der in Kapitel 4 dargestellten Beschreibungsmodelle verschiedener IS-Entwicklungsmethoden hat eine Vielzahl von Begriffen zur strukturierten Beschreibung aufgeworfen, z.B. für die Prozeßbeschreibung *Modul, Abschnitt, Phase, Stage, Step, Activity* oder *Task*. In der Zusammenfassung wurde bereits angedeutet, daß die Konzepte zur Methodenbeschreibung durchaus verschiedene Facetten und Detaillierungsniveaus besitzen, insgesamt aber konzeptionelle Gemeinsamkeiten aufweisen. Die verschiedenartigen Terminologien erschweren das Verständnis und den Vergleich der Methodenkonzepte.

Eine einheitliche Struktur und Terminologie in der Methodenbeschreibung zur Informationssystem-Entwicklung würde helfen, diese Barrieren zu überwinden. Das Ziel ist ein für alle Methoden einheitliches Modell, das darstellt, was in der IS-Entwicklung zu berücksichtigen und methodisch zu beschreiben ist. Diese Zielsetzung wird u.a. seit 1988 von einer Arbeitsgruppe zum Software-Engineering (SC7) der *International Organization for Standardization* (ISO) mit der Entwicklung eines Referenzmodells verfolgt [vgl. ISO/IEC 1992].

- **Basis für den Vergleich**

Bei der Frage nach der geeigneten Entwicklungsmethode für ein Unternehmen stößt man zwangsläufig auf das Problem des Vergleichs verschiedener Methoden zur Informationssystem-Entwicklung. Wie erkennt man ähnliche oder gleiche Techniken in den Methoden? Wie sind sie zu bewerten? Wie auch in anderen Bereichen ist hier eine einheitliche Sprache die Basis für die Kommunikation und für die Bewertung verschiedener Ansätze.

Anders ausgedrückt setzt ein Vergleich verschiedener ISE-Methoden eine einheitliche, semantisch eindeutige Sprache der Methodenbeschreibung voraus. Ziel ist es, ein Referenz-Beschreibungsmodell zu entwickeln, durch das alle Methoden gleichermaßen wie durch eine Brille betrachtet werden können. Auf der Basis dieses integrierten Modells können dann Bereiche erkannt werden, in denen die Methoden starke oder eher schwache Unterstützung bieten. Ein detaillierter semantischer Vergleich von Methoden kann durch den Vergleich der Beschreibungskomponenten auf Basis des Referenz-Beschreibungsmodells erreicht werden [vgl. Färberböck/Gutzwiller/Heym 1991; Davis/Bersoff/Comer 1990; Hong/Goor/Brinkkemper 1992].

- **Harmonisierung und Integration**

Untersucht man die zur Zeit in Europa verbreiteten ISE-Methoden [vgl. Eurogroup 1990a], so erscheint die Vielzahl der Methoden weniger aus methodischer Sicht als durch die kommerziellen Interessen der Methodenhäuser und CASE-Tool-Hersteller begründet. Die Harmonisierung und Integration von Methoden mit verschiedenen Konzepten und Schwerpunkten in Richtung einiger weniger, substantiell verschiedener ISE-Methoden stellt einen erkennbaren Trend dar.

Zwar erfordert jede neue Entwicklungssituation und jedes neue Projekt eine Anpassung der Methode an die spezifischen Anforderungen, einige Gründe sprechen jedoch für eine Standardisierung. Vor allem die Verfügbarkeit von gut ausgebildeten und qualifizierten Mitarbeitern in der Software-Entwicklung könnte, insbesondere in einem freizügigen Markt von Dienstleistungen in Europa, durch eine einheitliche Entwicklungsmethode stark verbessert werden. Ferner ist die Vielzahl der Methoden für die potentiellen Entwickler eher verwirrend und macht eine Entscheidung für eine Entwicklungsmethode und ein Werkzeug, z.B. als konzernweiten Standard, zu einem schwierigen und aufwendigen Unterfangen.

Die Harmonisierung und Standardisierung der IS-Entwicklung innerhalb des *Europäischen Wirtschaftsraumes* ist nicht nur ein dringender Wunsch seitens der Softwareentwickler, sondern wird vor allem durch die öffentlichen Verwaltungen vorangetrieben. Große Entwicklungsvorhaben könnten besser in einzelne Unterprojekte aufgeteilt, unabhängig voneinander ausgeschrieben und auch an kleinere Softwarehäuser vergeben werden. Durch einen einheitlichen Entwicklungsstandard der beteiligten Auftragnehmer kann eine Integration der einzelnen Komponenten zu einem konsistenten Gesamtsystem erreicht werden.

Eine Standardisierung von ISE-Methoden setzt ein einheitliches Verständnis und eine Definition dessen voraus, was unter einer Methode zu verstehen ist und welche Belange in einem Standard zu berücksichtigen sind. Ein Referenz-Beschreibungsmodell definiert den Begriff einer ISE-Methode am umfassendsten durch ein integriertes Modell aller wesentlichen Beschreibungskonzepte (Komponenten) sowie ihrer Beziehungen zueinander.

- **Rechnergestützte Methodenwissensbank**

Bisher werden Methoden in Handbüchern beschrieben. Dabei entstehen Probleme aufgrund der fest vorgegebenen Struktur der Handbücher beim Suchen von speziellem Detailwissen sowie bei der konsistenten Modifikation und Erweiterung der Methode. Eine rechnergestützte Methodenbank könnte diese Probleme beseitigen und darüber hinaus die Möglichkeit schaffen, Dokumentationen jederzeit zu generieren. Interaktive Benutzerschnittstellen ermöglichen es, das methodische Wissen dynamisch und aus unterschiedlichen Perspektiven zu betrachten.

Den Projektleiter interessieren im wesentlichen Aktivitäten der Projektsteuerung und -kontrolle, wie das Erreichen von Meilensteinen. Analytiker oder Programmierer sind an technischen Entwicklungsaktivitäten interessiert, die die Systemspezifikation beschreiben. Eine rechnergestützte Methodenwissensbank ermöglicht den verschiedenen Beteiligten des Entwicklungsprozesses, auf relevante Teile der Methodenbeschreibung gezielt und aktualisiert zuzugreifen.

Im Gegensatz zu einem Methodenhandbuch in Papierform bietet ein zugrundeliegendes strukturiertes, semantisches Beschreibungsmodell die Möglichkeit, das elektronisch abgelegte Methodenwissen nicht linear und ausschnittsweise zu betrachten. Der Zugriff auf spezielles Detailwissen ist durch intelligente Suchverfahren wesentlich schneller und einfacher möglich. Das Referenz-Beschreibungsmodell bildet das zugrundeliegende Datenmodell eines rechnergestützten *Know-how-Pools* für ISE-Methoden. Es sieht vor, daß verschiedene Methoden in einem Werkzeug spezifiziert und in der Methodenbank abgelegt werden [vgl. Mertens/Griese 1991, S. 32ff.]. Diese Methodenwissensbank kann sowohl als Basis für den Vergleich von Entwicklungsmethoden als auch in der Ausbildung und Lehre zur Entwicklung von Schulungswerkzeugen verwendet werden.

- **Rechnergestützte Methodenberatung**

Derzeitige CASE-Tools unterstützen die Erzeugung, Darstellung und Speicherung von Entwicklungsergebnissen. Im wesentlichen bieten die verschiedenen Werkzeuge Editoren und Dokumentationsmöglichkeiten für die Ergebnisse der verschiedenen Phasen der Entwicklung sowie eine zentrale Entwicklungsdatenbank (*Repository*) für ihre Ablage und Wiederverwendung. Jedes CASE-Tool stützt sich aber sowohl auf ein methodisches Vorgehen beim Einsatz der verschiedenen Techniken als auch auf Erfahrungen beim Einsatz der Werkzeuge in verschiedenen Projekten.

Bisher ist das methodische Vorgehen (*Process Model*) häufig nur in Papierform neben den CASE-Werkzeugen vorhanden. Erst das richtige Zusammenspiel von Methode und Werkzeug zur Erstellung der Entwicklungsergebnisse in der Form, daß das Entwicklungsteam von einer Art Beratungssystem innerhalb eines Projektes methodisch geführt oder zumindest unterstützt wird, ermöglicht die Wiederverwendbarkeit von Entwicklungsprozessen und somit eine höhere Qualität des entstehenden Softwareproduktes [vgl. Dowson 1991, *Panel Position Statements*, S. 2ff.].

Ein solches Beratungssystem sollte allerdings nicht die strikte Ausführung von Prozeßmodellen beinhalten, sondern eine Methodenbegleitung bieten, die genügend Flexibilität läßt, um in kritischen Situationen adäquat zu reagieren [vgl. *Methodology Guidance* bei Lehman 1989, S. 111; *Method Companionship* bei Brinkkemper et al. 1990; *Knowledge Assistant* bei Ip/Holden 1989]. Dies erfordert neben der Beschreibung des reinen Methodenwissens das Zurückgreifen auf Erfahrungswissen anderer Projekte und Mitarbeiter.

Im Referenz-Beschreibungsmodell müssen Konzepte zum Ablegen und zum Wiederverwenden von Erfahrungs- und Anwendungswissen zur Verfügung gestellt werden. Dazu gehören neben dem Anpassen des Vorgehensmodells z.B. Regeln für die Anwendung von Techniken und die Auswahl der beteiligten Personen oder Anleitungen zur Erstellung der Entwicklungsergebnisse.

- **Ingenieurmäßige Methoden-Entwicklung**

Die Qualität und die Verwendbarkeit einer ISE-Methode beruht auf langjährigen Entwicklungserfahrungen sowie kontinuierlicher Weiterentwicklung und Anpassung der Methode im Unternehmen [vgl. Humphrey 1990, S. 17ff.]. Die stetige Weiterentwicklung der Methoden bei ihrem praktischen Einsatz bereitet jedoch sowohl bei den herkömmlichen Handbüchern als auch bei hypertextbasierten Systemen grundlegende Probleme. Eine konsistente Änderung z.B. von bestimmten Techniken, Aktivitäten oder Entwicklungsergebnissen ist sehr aufwendig, da alle Referenzen in den Handbüchern oder in dem Hypertext-Dokument per Hand nachzutragen sind.

Das ISE-Referenz-Beschreibungsmodell ist der Eckpfeiler für die integrierte Beschreibung von Methoden sowie für die kontinuierliche und konsistente Modifikation der Methode in einer Methodenbank. Kapitel 6 stellt auf der Basis des Beschreibungsmodells ein Versionskonzept für Methoden vor, das die Weiterentwicklung und Anpassung (*Customizing*) von Methoden systematisch unterstützt. Dieses ermöglicht auf der einen Seite dem Methodenhaus eine ingenieurmäßige Weiterentwicklung der Methode durch die Integration neuer Aspekte und Techniken. Auf der anderen Seite können Anwender die Methode an ihre organisatorischen, personellen oder technischen Bedürfnisse für konkrete Projekte anpassen.

Insgesamt bietet das folgende Beschreibungsmodell für ISE-Methoden, analog zu dem Metamodell eines CASE-Tools, die Grundlage für eine strukturierte und konsistente

Entwicklung und Anpassung von Methoden. Dahinter steckt die Idee, die Konzepte des *Computer-Aided Software-Engineering* (CASE) zur Entwicklung von Informationssystemen auf die Entwicklung von ISE-Methoden zu übertragen. Dazu werden in Kapitel 7 verschiedene Techniken und Editoren zur Spezifikation bzw. Weiterentwicklung der Methode in einem Werkzeug beschrieben.

5.2 Anforderungen an ein Beschreibungsmodell

Neben den bereits aus der Analyse der verschiedenen Methoden im vierten Kapitel abgeleiteten Anforderungen an eine universelle Beschreibung werden nun einige Modellanforderungen an eine Methodenrepräsentation formuliert [vgl. Brinkkemper 1990, S. 42f.; Kellner 1989a, S. 93].

- **Vollständigkeit des Modells**

Vollständigkeit eines Modells bedeutet, daß alle relevanten Konzepte einer Domäne berücksichtigt werden und daß das Modell den gesamten Domänenbereich abbildet [vgl. Sathi/Fox/Greenberg 1985, S. 531]. Das Referenz-Beschreibungsmodell muß alle erkennbaren Aspekte der in Kapitel 4 betrachteten Methoden zur Entwicklung von kommerziellen, transaktionsorientierten Informationssystemen (die Domäne) repräsentieren. Insbesondere sind die in der Zusammenfassung in Kapitel 4.3 genannten Konzepte im Modell zu berücksichtigen.

Die Beschreibung verschiedener Methoden im Referenz-Beschreibungsmodell und im entsprechenden Werkzeug MERET (*Methodology Representation Tool*) hat im Rahmen des CC RIM die Anwendbarkeit und Vollständigkeit des Modells gezeigt. Dort wurden die in Kapitel 4 untersuchten Methoden von den Partnerunternehmen des Kompetenzzentrums für die Phase Analyse und logisches Design vollständig in der Notation des Referenzmodells beschrieben [vgl. Heym 1991a, Heym 1991b].

Die Anwendbarkeit des Modells auf andere Methoden, wie z.B. Informationssystem-Management oder Organisations-Entwicklungsmethoden, wurde nur exemplarisch untersucht. Andere Software-Entwicklungsmethoden, z.B. zur Entwicklung von Echtzeitsystemen oder technischen Applikationen, wurden nicht betrachtet. Es ist nicht auszuschließen, daß das Modell für die Abbildung solcher Methoden angepaßt werden muß.

- **Semantische Eindeutigkeit**

Die herkömmliche, natürlichsprachliche Beschreibung von ISE-Methoden birgt immer eine Mehrdeutigkeit der Interpretation. Ein Referenz-Beschreibungsmodell muß die semantische Eindeutigkeit der in ihm beschriebenen Methoden gewährleisten, so daß Beschreibungen eindeutig auf reale Situationen übertragen werden können. Dies kann durch eine festgelegte Semantik der Beschreibungsstrukturen und deren Beziehungen untereinander erreicht werden.

- **Deskriptive vs. präskriptive Vorgehensbeschreibung**

In [Humphrey 1990, S. 254] werden *deskriptive* und *präskriptive* Prozeßmodelle unterschieden. Im Gegensatz zu einem deskriptiven Modell der IS-Entwicklung, in dem Techniken und Ergebnisse einer Methode beschrieben werden, beinhaltet ein präskriptives Modell detaillierte Vorschriften zur IS-Entwicklung. Ein Referenz-Beschreibungsmodell sollte beide Arten von Beschreibungen zulassen. So müssen neben den üblichen Phasenmodellen iterative Vorgehensmodelle (*Prototyping*) oder aber *Entity-Prozeßmodelle* abbildbar sein [vgl. Humphrey/Kellner 1989].

- **Verschiedene Detaillierungsebenen**

Das Referenz-Beschreibungsmodell soll einerseits das grobe Verstehen der Methode ermöglichen und andererseits die Aktivitäten durch eine rechnergestützte Methodenberatung unterstützen. Dafür ist es notwendig, mehrere Detaillierungsebenen im Modell zu berücksichtigen.

Humphrey unterscheidet drei Detaillierungsebenen für Prozeßmodelle in der Software-Entwicklung [vgl. Humphrey 1990, S. 249ff.]. Die *Universum-Ebene* gibt einen groben Überblick über das methodische Vorgehen, z.B. das klassische Phasenmodell oder das Spiralmodell [vgl. Boehm 1988]. Die *Welt-Ebene* beschreibt die Arbeit aller beteiligten Personen, und die *Atom-Ebene* definiert das Prozeßmodell auf einer Verfeinerungsstufe, so daß eine Automatisierung des Prozeßmodells ermöglicht wird. In [Sathi/Fox/Greenberg 1985, S. 531ff.] wird diese Anforderung an eine syntaktische und semantische Prozeßrepräsentation als *Precision* bezeichnet und durch fünf Ebenen der Wissensrepräsentation unterstützt.

In Abschnitt 5.3 erfolgt eine genauere Trennung der verschiedenen Beschreibungsebenen in der IS-Entwicklung sowie deren Unterstützung durch das ISE-Referenz-Beschreibungsmodell. Im Sinne von Humphrey soll das Referenz-Beschreibungsmodell die Universums- und die Welt-Ebene unterstützen.

- **Komplexitätsbewältigung durch Sichtenbildung**

Neben den verschiedenen Detaillierungsebenen des Modells liegt der Vorteil einer strukturierten Beschreibung von Methoden in der Bildung von dynamischen Sichten auf eine gesamte Methodenbeschreibung. Das Referenz-Beschreibungsmodell muß Konzepte zur Verfügung stellen, die es erlauben, individuelle Standpunkte einzunehmen, z.B. den eines Projektmanagers oder eines Benutzerverantwortlichen, um nur die für diese Perspektive relevanten Informationen zu betrachten. Damit kann die Komplexität der gesamten Entwicklungsmethode für die Projektbeteiligten auf kleine, relevante Ausschnitte reduziert werden.

Aufgrund der Komplexität der Beschreibung, die durch die Vielzahl der Dokumente und Zwischenergebnisse und die Vielzahl der Mitarbeiter in einem Projekt bedingt ist, ist die methodische Unterstützung und Schulung aller Projektbeteiligten nur mithilfe eines elektronischen Systems mit einer interaktiven Benutzerschnittstelle möglich [vgl. Chroust/Goldmann/Gschwandtner 1990, S. 191]. Nur so können partielle Informationen gefunden werden und Änderungen konsistent verwaltet werden. Da die Sichten stark von der individuellen Zielsetzung und von der Art der Methode abhängen, sollte dieses Sichtenkonzept flexibel anpaßbar und vom Methodentyp abhängig sein. Unter anderem sollte eine Sichtenbildung nach verschiedenen Lebensphasen (Voruntersuchung, Analyse, Design, Konstruktion) oder aufgrund von speziellen Ergebnis- oder Prozeßtypen (Spezifikation, Projektmanagement, Qualitätssicherung) erfolgen.

5.3 Beschreibungsebenen in der Software-Entwicklung

Dieser Abschnitt stellt ein Modell (*Framework*) vor, in das die verschiedenen Beschreibungsebenen der IS-Entwicklung eingeordnet werden können. Ferner ist in diesem Modell die Bedeutung und die Zielsetzung des zu entwickelnden Referenz-Beschreibungsmodells zu erkennen.

Das Modell in Abb.5.1 verdeutlicht drei verschiedene konzeptionelle Modellierungsebenen in der IS-Entwicklung. Die untere *Projektebene* enthält die Spezifikation eines konkreten IS-Entwicklungsprojekts. Sie umfaßt die Beschreibung und den Zustand eines Projektes zur Entwicklung eines Informationssystems, z.B. eines betrieblichen Auftragssystems, eines Produktionsplanungssystems (PPS) oder eines Reservationssystems einer Fluggesellschaft. Auf dieser Ebene befinden sich die Projekt- oder Anwendungsmodelle eines Informationssystems. Darunter fallen sowohl Spezifikationen des zu entwickelnden Informationssystems (DFD, Datenmodelle etc.) als auch Informationen des Projektmanagements, wie Projektberichte, Beschreibungen von abgeschlossenen Tätigkeiten sowie von in Arbeit befindlichen und noch zu erledigende Aktivitäten.

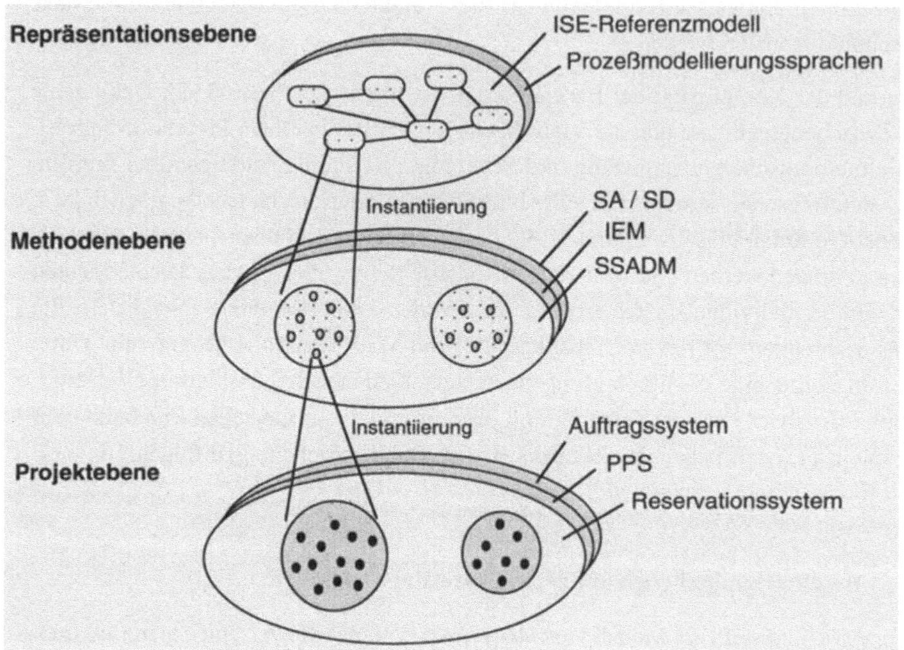

Abb.5.1: Beschreibungsebenen in der Systementwicklung

Die Spezifikation eines Informationssystems auf der Projektebene wird durch eine IS-Entwicklungsmethode bestimmt. Die gewählte Notation oder der Beschreibungsformalismus der Projektebene wird auf der darüberliegenden *Methodenebene* definiert. Auf dieser Ebene befinden sich die verschiedenen Modelle und Beschreibungen der IS-Entwicklungsmethoden, z.B. *Structured Analysis/Structured Design* (SA/SD), SSADM, Merise oder Information *Engineering Methodology* (IEM). Typische Beschreibungen auf dieser Ebene betreffen Entwicklungsaktivitäten, Akteure in der Software-Entwicklung, Dokumente zur Spezifikation des Informationssystems sowie zur Projektorganisation und -management.

Der für diese Methoden verwendete Beschreibungsformalismus wird auf der darüberliegenden *Repräsentationsebene* beschrieben. Auf dieser Ebene befinden sich das folgende ISE-Referenz-Beschreibungsmodell wie auch die in Kapitel 4 erläuterten Beschreibungsmodelle der verschiedenen Methoden und alle diskutierten Modelle und

Sprachen des dritten Kapitels zur Software-Prozeßmodellierung und zum Methoden-Engineering.

Es handelt sich bei jeder Ebene um eine Metabeschreibung der darunterliegenden Ebene, da der verwendete Beschreibungsformalismus der darunterliegenden Ebene hier definiert ist. Dabei kommt man jeweils durch Instantiierung eines Objekttyps der höheren Ebene auf entsprechende Ausprägungen in der darunterliegenden Ebene. Der Objekttyp "Aktivität" auf der Repräsentationsebene besitzt auf der Methodenebene viele Ausprägungen [vgl. *Prototyp-Aktivitäten* in Sathi/Fox/Greenberg 1985, S. 541ff.] in den Methodenbeschreibungen, z.B. "Erstelle konzeptionelles Soll-Datenmodell" oder “Erstelle Ist-Datenflußdiagramm Level 1”. Auf der Projektebene werden diese Methodenaktivitäten weiter instantiiert als konkrete Aktivitäten mit konkreten Ressourcen und verschiedenen Zuständen im Projektablauf.

Eine vergleichbare Unterteilung der Beschreibungsebenen findet man in [Potts 1989, S. 218; Ip/Holden 1989, S. 232; Verhoef/Hofstede/Wijers 1991, S. 504], wo ein generelles Beschreibungsmodell, seine Anpassung an eine spezielle Methode und die Instantiierung des spezifischen Methodenmodells für ein konkretes Projekt unterschieden werden. In [Lyytinen/Smolander/Tahvanainen 1989, S. 1f.] wird das konzeptionelle Schema analog dazu in (1) die reale Welt, (2) die Abbildung der realen Welt in Konzepte und (3) die Beschreibung der Konzepte unterschieden. Keiner der Ansätze jedoch bezieht sich auf die Ebene der Methodenbeschreibung und Spezifikation. Den Schwerpunkt legen sie auf die Beschreibungssprachen und Konzepte der Systemmodellierung, also auf die Methoden selbst. Wijers unterscheidet drei Abstraktionsebenen in der Modellierung von Wissen zur Informationssystem-Entwicklung [vgl. Wijers 1991, S. 31]. Die Methodenebene wird dort als *Meta-Modellierung* und die Repräsentationsebene als die *axiomatische* Ebene bezeichnet.

Ein wesentlicher Unterschied zu den vorher diskutierten Ansätzen der Software-Prozeßmodellierung ist die unzureichende Trennung der Beschreibungsebenen bei der Prozeßmodellierung (vgl. Kapitel 3.3.1). In fast allen Arbeiten werden Software-Prozeßsprachen für nur eine konkrete Methode entwickelt und mit der Methodenbeschreibung selbst vermischt. Eine Abstraktion oder eine getrennte Betrachtung der Beschreibungsebene als Meta-Meta-Ebene fehlt daher in diesen Arbeiten [vgl. auch Wijers 1991, S. 5]. Damit entfällt bei diesen Ansätzen aber auch der Anspruch, ein generelles Beschreibungsmodell für ISE-Methoden zu bieten.

Das vorliegende Buch betrachtet ausschließlich die beiden oberen Beschreibungsebenen. Damit ist ein weiterer Unterschied zu den Ansätzen zur Software-Prozeßmodellierung deutlich. Diese Arbeiten zielen im wesentlichen auf die beiden unteren Ebenen (vgl. Abb.5.1), die Beschreibung und Ausführung von Software-Entwicklungsprozessen.

Wir folgen hier nicht der Auffassung Osterweils, daß eine *Prozeßprogrammierung* mit geeigneten, wahrscheinlich hybriden Sprachen zur Prozeßmodellierung und -ausführung einen wesentlichen Schritt in Richtung eines qualitativ höheren Informationssystems darstellt [vgl. Osterweil 1987].

Vielmehr greifen wir die Auffassung von Lehman auf, nach der der Software-Entwicklungsprozeß nicht *a priori* vollständig verstanden werden kann und daher die strikte Prozeßprogrammierung nicht sinnvoll ist [vgl. Lehman 1989]. Eine Beurteilung, Planung und erfolgreiche Durchführung weiterer Entwicklungsschritte beruht stark auf der Kreativität der beteiligten Personen und auf der Analyse und Bewertung des bisherigen Projektablaufes. Daher ist eine Prozeß- oder Methodenbegleitung, die die beteiligten Personen während des Software-Entwicklungsprozesses berät und auf gewisse Probleme hinweist, sinnvoller als eine strikte Prozeßausführung, die keine Kreativität fördert.

Das folgende Referenz-Beschreibungsmodell und das in Kapitel 7 näher beschriebene Werkzeug verfolgen den Ansatz des *Interactive Computing*, bei dem MacFarlane *objektive* und *subjektive Wissensstrukturen* unterscheidet [vgl. MacFarlane 1990]. Objektive Wissensstrukturen können durch entsprechende Wissensrepräsentationsformalismen oder Programmiersprachen repräsentiert werden [vgl. u.a. Reimer 1991]. Komplementär dazu sind die subjektiven Wissensstrukturen, die die Interpretation der objektiven Wissensstrukturen durch den Menschen und somit einen Teil der Semantik festlegen. Für diese Interpretation bedarf es zusätzlicher Werkzeuge des *Interactive Computing* wie graphische Visualisierung, Hypermediasysteme oder intelligente Abfragemechanismen. Das folgende ISE-Referenz-Beschreibungsmodell liefert die objektiven Wissensstrukturen für den in Kapitel 7 beschriebenen Prototyp zur interaktiven Modellierung von Methoden.

5.4 ISE-Referenz-Beschreibungsmodell

Der Rest dieses Kapitels beschreibt die verschiedenen Sichten des ISE-Referenz-Beschreibungsmodells. Abkürzend werden wir auch den Begriff MERET-Modell verwenden, der für *Methodology Representation Tool* steht und während der Entwicklung des entsprechenden rechnergestützten Werkzeuges entstanden ist. Das MERET-Modell ist als *ontologischer* Ansatz zu verstehen, bei dem nach der Natur und dem gesamten Umfeld der Informationssystem-Entwicklung gefragt wird [vgl. Kuutti 1991, S. 529]. Insofern dient es zum Verstehen der Komponenten und Zusammenhänge der IS-Entwicklungsprozesse [vgl. Heym/Österle 1992a].

Die in Abschnitt 5.1 genannten Ziele, insbesondere die Harmonisierung und der Vergleich von verschiedenen Methoden und der Aufbau einer rechnergestützten Methodenwissensbank, führen von den vorwiegend sprachenorientierten Beschreibungen in der Software Prozeßmodellierung (vgl. Abschnitt 3.3.1) zu einem datenorientierten Ansatz. Die Analyse verschiedener Entwicklungsmethoden in Kapitel 4 hat verschiedene Modelle gezeigt, die die wesentlichen Komponenten in der bisherigen Beschreibung von IS-Entwicklungsmethoden umfassen. Das MERET-Modell soll die Forderung von Humphrey [vgl. Humphrey 1990, S. 254] nach einem *architektonischen Gesamtmodell* erfüllen, das alle Basiselemente, ihre Zerlegung und ihre Beziehungen in der Informationssystem-Modellierung beschreibt.

Methoden zur Entwicklung von Informationssystemen, wie sie in Kapitel 4 erläutert wurden, stellen die bisher üblichste und umfassendste Beschreibung von Software-Entwicklungsprozessen dar und können als Basis für die Entwicklung eines integrierten Beschreibungsmodells zur Informationssystem-Modellierung herangezogen werden. Da unser Ziel nicht auf die Ausführbarkeit (*Enactment*) eines beschriebenen Prozeßmodells ist, sondern die strukturierte Speicherung von methodischem Wissen und die ingenieurmäßige Entwicklung von Methoden, wählen wir einen datenorientierten Ansatz in Form eines *semantischen Datenmodells*. Wie bereits erläutert, werden wir das Modell in der ASDM-Notation eines semantischen Datenmodells beschreiben (vgl. Abschnitt 2.3). Eine frühere Modellierung in einer Entity-Relationship-Notation hat gezeigt, daß die ER-Modellierung semantisch nicht ausdruckskräftig genug war [vgl. Heym 1991c].

Zunächst wird ein Überblick mittels einer Klassifikationshierarchie aller wesentlichen Beschreibungsobjekte des MERET-Modells gegeben. Die anschließenden Abschnitte behandeln jeweils eine Teilsicht des Modell. In Analogie zum vierten Kapitel werden alle Objekttypen des Referenz-Beschreibungsmodells danach klassifiziert, ob sie der Beschreibung des *Vorgehens*, der *Techniken* oder der *Ergebnisse* einer Methode dienen. Die einzelnen Objekttypen werden im Modell durch dieselbe Schraffierung wie in Kapitel 4 gekennzeichnet. Objekttypen, die nicht eindeutig einer der drei Perspektiven zugeordnet werden können (z.B. die Deskriptoren), werden weiß hinterlegt.

Zur besseren Lesbarkeit und für die Zuordnung des Textes zu den Abbildungen sind jedem Abschnitt die entsprechenden Objekte des MERET-Modells als Überschrift vorangestellt.

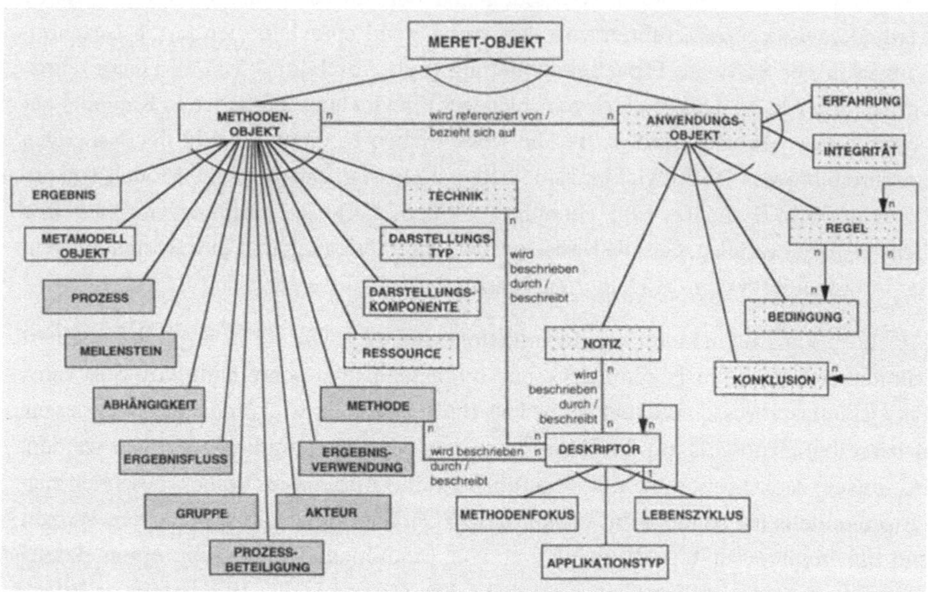

Abb.5.2: MERET-Struktur- und -Anwendungsobjekte

MERET-OBJEKT — STRUKTUROBJEKT — ANWENDUNGSOBJEKT

Die Wurzel innerhalb der Klassifikations- oder Vererbungshierarchie ist das sogenannte MERET-OBJEKT (vgl. Abb.5.2). Es beinhaltet Eigenschaften wie eine eindeutige Identifizierung, ein Namensattribut und eine textuelle Beschreibung, die allen Beschreibungsobjekten des Referenzmodells gemeinsam ist. Die Trennung auf der nächsten Stufe in sogenannte STRUKTUROBJEKTE und ANWENDUNGSOBJEKTE entspricht der Trennung von Wissen über Konzepte nach [MacFarlane 1990, S. 11]. Danach ist zwischen dem Wissen über die Struktur eines Konzeptes, in diesem Fall über eine ISE-Methode, und dem Wissen zu trennen, daß bei der Interpretation oder Anwendung des Konzeptes gewonnen wird.

Die Strukturobjekte dienen der Beschreibung einer Methode zur Informationssystem-Entwicklung. Darunter fallen z.B. die Definition von Ergebnissen, Entwicklungsaktivitäten oder die Beschreibung von Akteuren, die verschiedene Rollen in einer Aktivität im Laufe des Entwicklungsprozesses einnehmen. Diese Strukturobjekte werden detailliert in den letzten fünf Sichten des Referenzmodells erläutert. Der nächste Abschnitt erläutert zunächst die Anwendungsobjekte im MERET-Modell.

5.4.1 Anwendungs- und Erfahrungswissen

Neben den Objekttypen zur Methodenstruktur befinden sich im Referenzmodell sogenannte ANWENDUNGSOBJEKTE, die persönliche Erfahrungen bei der Anwendung der Methode beschreiben. Ein Anwendungsobjekt kann beliebige Strukturobjekte der Methodenbeschreibung betreffen und Erfahrungen mit diesen Objekten dokumentieren. Wird bei den Strukturobjekten z.B. eine gewisse Analyseaktivität "Erstellen eines Geschäftsdatenmodells" beschrieben, so kann ein assoziiertes Anwendungsobjekt zu dieser Aktivität spezifiziert werden, mit dem persönliche Erfahrungen bei der Erstellung dieses Geschäftsdatenmodells in einem konkreten Projekt beschrieben und für weitere Projekte festgehalten werden sollen. Dies ermöglicht die Konservierung von Know-how über Methoden und liefert die Basis für Anpassungen der Methodenbeschreibung in den Strukturobjekten. Das MERET-Modell stellt dabei zwei Formalismen zur Verfügung.

NOTIZ

Zunächst können Erfahrungen in Form von textuellen NOTIZEN angegeben werden, die sich auf beliebige Strukturobjekte der Methodenbeschreibung beziehen. Während der Analyse-Aktivität "Erstellen eines Entity-Relationship-Modells" für das Soll-Geschäftssystem unter Beteiligung des Fachbereichs wurde folgende Erfahrung vom Projektteam gemacht: "Das ER-Modell läßt noch sehr viel Spielraum für Interpretationen. Ein klares Verständnis der Entitätstypen kann letztlich erst über die Zuordnung wesentlicher Attribute erzielt werden. Es sollte in einem frühen Stadium eine Zuordnung der Attribute als Basis zur Konsensbildung in der Gruppe erfolgen. In jedem Fall sollte eine Zuordnung vor einer aufwendigen Beschreibung der Entitätstypen stattfinden, da sich in aller Regel das ER-Modell nochmals substantiell verändert. Der Aufwand kann dabei in Grenzen gehalten werden, falls man sich auf die wesentlichen Attribute des Geschäftes beschränkt" [vgl. Matter 1991].

Diese und ähnliche Erfahrungen können als Notiz mit Referenz auf die Aktivität "Erstellen eines Entity-Relationship-Modells" oder gleichzeitig auch bei dem Ergebnis "ER-Modell" im MERET-Modell abgelegt werden. Somit können nachfolgende Projekte alle assoziierten Notizen zu dieser Aktivität durchsehen und auf die Erfahrungen anderer Projekte zurückgreifen.

REGEL — BEDINGUNG — KONKLUSION

Der zweite Formalismus sind REGELN in Form von Bedingungen und Konklusionen im Sinne von Horn-Klauseln [vgl. u.a. Levi 1986, S. 397ff.]. Diese stellen eine spezielle Teilmenge der Prädikatenlogik erster Ordnung dar und besitzen die Eigenschaft der Entscheidbarkeit. D.h., daß unter Verwendung der sogenannten SLD-Resolution, die eine Art prozedurale Semantik festlegt, für jede Horn-Klausel entschieden werden kann, ob die Klausel wahr ist oder nicht [vgl. Apt/Van Emden 1982]. Als Konsequenz können Horn-Klauseln von sogenannten Regelinterpretern ausgewertet werden und bilden den Kern der meisten logischen Programmiersprachen, z.B. von PROLOG [vgl. Clocksin/Mellish 1984]. Damit kann die maschinelle Vorwärts- oder Rückwärtsverkettung dieser im Referenzmodell abgelegten Regeln durch entsprechende Werkzeuge prinzipiell erfolgen [vgl. Christaller/Primio/Voss 1989, S. 371ff.] .

Die Bündelung von Regeln wird dadurch unterstützt, daß Regeln aggregiert werden können. Dabei besteht eine Regel entweder aus weiteren Regeln oder aus mindestens einer Bedingung und einer Konklusion. Die Regel besitzt einen Namen, unter dem man die Information wiederfindet, und den Verweis auf das Strukturobjekt, auf das sich die Regel bezieht. Die Bedingungen einer Regel sind logische Ausdrücke über der Menge der Strukturobjekte, und die Konklusionen sind Zustände und Aktionen, die eintreten, falls alle Bedingungen einer Regel erfüllt sind. Sowohl Bedingungen als auch Konklusionen beziehen sich auf Strukturobjekte des Modells.

INTEGRITÄT — ERFAHRUNG

Außer daß ein Anwendungsobjekt die ERFAHRUNG bei der Anwendung der in den Strukturobjekten beschriebenen Methode festhält, kann der Formalismus auch zur Beschreibung von Integritätsbedingungen verwendet werden [vgl. Ullman 1982, S. 350ff.].

Daher unterscheiden wir bei jedem Anwendungsobjekt (Regel, Notiz), ob es sich um eine Erfahrung oder um eine Integritätsbedingung handelt. Um ein INTEGRITÄTS-ANWENDUNGSOBJEKT handelt es sich genau dann, wenn eine semantische Einschränkung des Referenz-Beschreibungsmodells selbst (Modellintegrität) oder der im Modell spezifizierten Methode (Methodenintegrität) vorliegt. Eine Modellintegrität gilt für alle Strukturobjekte innerhalb des Modells, unabhängig von der Methode. So ist z.B. die Bedingung, daß jede Regel entweder aus weiteren Regeln oder aus mindestens einer Bedingung und einer Konklusion besteht, eine Modellintegritätsbedingung und kann im Modell selbst abgelegt werden.

5.4.2 Deskriptorensicht

Neben Struktur- und Anwendungsobjekten werden im Referenz-Beschreibungsmodell Deskriptoren zur Beschreibung von Objekttypen verwendet. Ziel der DESKRIPTOREN ist die Klassifikation verschiedener Methoden und Techniken nach unterschiedlichen Gesichtspunkten. Dabei können mehrere Klassen von Deskriptoren gebildet werden, d.h. im Modell bestehen Deskriptoren aus weiteren Deskriptoren [vgl. Brenner 1985, S. 96ff.]. Die Deskriptoren stellen ein offenes Konzept zur Bildung von einheitlichen Sichten auf verschiedene Methodenbeschreibungen und damit zu ihrem Vergleich dar. Je nach Anforderung können verschiedene Sichten auf das Strukturwissen gebildet werden. In diesem Buch liegt der Schwerpunkt auf der Beschreibung und einem Vergleich von verschiedenen IS-Entwicklungsmethoden und -techniken. Daher wird im folgenden ein Beispiel für die verschiedenen Sichten auf ISE-Methoden durch ein Deskriptorenschema vorgestellt.

METHODEN-FOKUS — LEBENSZYKLUS — APPLIKATIONSTYP

Es werden drei Deskriptorklassen zur Klassifikation der Methoden- und der Technik-Objekte unterschieden. Zunächst gibt es den METHODEN-FOKUS, der die wichtigsten Schwerpunkte von Methoden in der Software-Entwicklung wiedergibt, z.B. Projektmanagement, Software-Entwicklung oder Qualitätssicherung. Ferner können Methoden und Techniken je nach der Phase des Projektes im LEBENSZYKLUS und je nach dem zu entwickelnden APPLIKATIONSTYP unterschiedlich beschrieben werden. Die Abbildung 5.3 zeigt diese drei Methodendeskriptoren und deren Ausprägungen.

Im MERET-Modell werden neben der Klassifikation der Methoden- und Technik-Objekte die verschiedenen Deskriptoren für die Notizen verwendet (vgl. Abb.5.2). Damit können z.B. alle im Modell abgelegten Erfahrungen im Bereich des Projektmanagement und/oder in der Analyse-Phase wiedergefunden werden. Idee des Methodenfokus ist es, verschiedene Methoden mit gleichem Schwerpunkt über ein Referenzmodell zu vergleichen. So können Aktivitäten und Ergebnisse, typische Akteure, Rollen oder Projektorganisationsformen von unterschiedlichen Methoden über ein Bezugsmodell komponentenweise verglichen werden [vgl. Färberböck/Gutzwiller/Heym 1991].

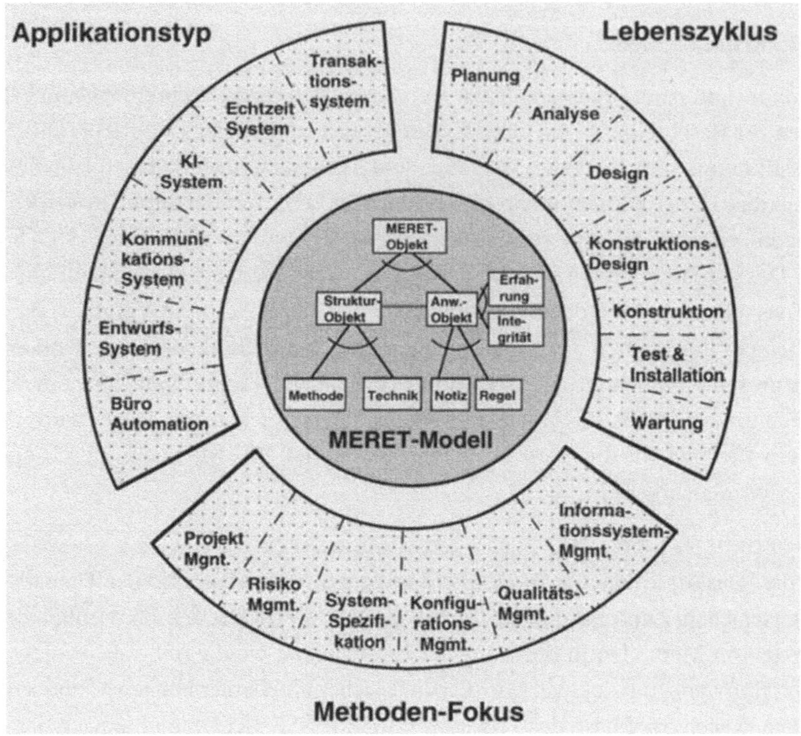

Abb.5.3: ISE-Methodendeskriptoren

Als erstes kann eine Methodenbeschreibung nach den verschiedenen Entwicklungsphasen innerhalb des Lebenszyklus eines Informationssystems unterschieden werden. Dabei handelt es sich nicht um eine disjunkte Klasseneinteilung, sondern in aller Regel decken Methoden und Techniken mehrere Abschnitte des Lebenszyklus ab. Beispielsweise wird die Datenfluß-Modellierung als Darstellungs- und Kommunikationstechnik in der Planung, der Analyse und teilweise auch im Design eingesetzt. *Structure Charts* sind eine Konstruktions-Design-Technik [vgl. Cameron 1989]. Die Methoden *Information Engineering* und *SSADM* bieten Unterstützung von der Planung bis zur Konstruktion des Informationssystems. Wir unterscheiden in Analogie zu den heute verbreitetsten Methoden folgende Phasen [vgl. Kapitel 4; Olle et al. 1991, S. 46ff.]:

- *Planung:*
  Planung des Informationssystems aus einer gesamtunternehmerischen Perspektive auf Basis einer IS-Architektur.

- *Analyse:*
  Entwicklung eines konzeptionellen, deskriptiven Modells des Anwendungsbereiches auf Projektebene.
- *Design:*
  Übersetzung des Analyse-Modells in ein präskriptives EDV-Modell.
- *Konstruktions-Design*:
  Übersetzung des Design-Modells in eine spezifische Zielsystemumgebung.
- *Konstruktion*:
  Erstellen von ausführbaren Programmen auf Basis der Spezifikation des Konstruktions-Designs.
- *Test und Installation:*
  Testen des Programmcodes in der spezifischen Zielumgebung und Installation des Systems beim Benutzer.
- *Wartung*:
  Behebung von Fehlern im Programmcode und Implementation von kleineren Erweiterungen und Verbesserungen aufgrund neuer Anforderungen des Benutzers.

Die zweite Perspektive, aus der wir Methoden betrachten wollen, ist ihre Ausrichtung auf die verschiedenen Aspekte in der IS-Entwicklung, die wir entsprechend den derzeitigen Trends in der "Methodenlandschaft" folgendermaßen beschreiben möchten [vgl. auch Eurogroup 1990a, S. 101]:

- *Projektmanagement*:
  Planung und Kontrolle des Entwicklungsprozesses hinsichtlich der Kosten, des zeitlichen Ablaufs und der Ressourcenallokation.
- *Risikomanagement*:
  Analyse und Bewertung von Aufgaben und Projekten hinsichtlich der erfolgreichen Fertigstellung, der Kosten sowie der Bewertung von Alternativen, um die gegebenen Anforderungen zu erfüllen.
- *Systemspezifikation:*
  Alle Tätigkeiten, die das Design oder die Spezifikation des Softwaresystems betreffen, also von der ersten Anforderungsanalyse bis hin zur Code-Erzeugung und Einführung. Dazu zählen im wesentlichen die Erstellung von Datenmodellen, Funktions- und Modulbeschreibungen, aber auch die Organisationsbeschreibung in Zusammenhang mit dem Betrieb des Informationssystems. Ausgenommen sind insbesondere die Tätigkeiten, die zu einem der anderen Aspekte der Entwicklung gehören.

- *Konfigurationsmanagement:*
  Management der verschiedenen Versionen von Entwicklungsprodukten während des gesamten Lebenszyklus eines Softwaresystems, z.B. Programm-Code, Module oder Datenmodell-Beschreibungen. Darunter fallen insbesondere die Verwaltung und Kontrolle von verschiedenen Programmversionen.
- *Qualitätssicherung*:
  Planung und Kontrolle der Qualität von Entwicklungsprodukten, z.B. die Festlegung von Standards und Prozeduren während der Entwicklung. Sicherstellen, daß das entstehende Softwaresystem die Benutzer-Anforderungen vollständig erfüllt.
- *Informationssystemmanagement*:
  Entwicklung einer unternehmensweiten Informationssystem-Architektur und einer Informatikstrategie sowie eines Managementsystems zur Bewältigung der Informationssystem-Entwicklung und Betreuung, z.B. das IS-Projektportfolio Management zur Auswahl der zu realisierenden Informatikprojekte oder die Informatik-Organisation in einem multinationalen Unternehmen.

Dabei unterstützen integrierte Informationssystem-Entwicklungsmethoden idealerweise alle Aspekte, und ihre Techniken sind häufig auf jeweils einen Aspekt ausgerichtet.

Die dritte Perspektive berücksichtigt die Tatsache, daß Methoden in der Regel die Entwicklung spezieller Typen von Softwaresystemen, sogenannte Applikationstypen, beschreiben. So unterscheidet sich eine Methode oder Technik zur Spezifikation von technischen Echtzeitsystemen von Entwurfsmethoden zu transaktionsorientierten Informationssystemen oder zum Entwurf von Wissensbasierten Systemen. Während andere Autoren im Bereich der Software-Entwicklung Unterscheidungen aus technischer Sicht z.B. zwischen Support- und Anwendungs-Systemem [vgl. Esprit 1986, S. 9ff.] oder aus Sicht der Informationsverarbeitung [Österle/Brenner/Hilbers 1991, S. 15ff.] treffen, differenzieren wir Softwaresysteme nach dem Einsatz einer gemeinsamen Entwicklungsmethode. Dabei unterscheiden wir folgende Applikationstypen:

- *Transaktionssystem:*
  Ein Speicher- und Retrievalsystem mit einem transaktionsorientierten Datenbanksystem im Mittelpunkt. Darunter fallen vor allem große Informationssysteme, z.B. Bankapplikationen oder Reservationssysteme der Fluggesellschaften.
- *Echtzeit-System:*
  Ein Softwaresystem, das andere Maschinen oder Systeme in der Regel in Echtzeit kontrolliert, z.B. in der mechanischen oder chemischen Produktion (Automobilindustrie).

- *KI-System:*
  Ein Softwaresystem, das eines der sogenannten *Künstlichen-Intelligenz*-Verfahren einsetzt. Darunter fallen unter anderem Wissensbasierte Systeme (*Expert System*), Wissenstransfer-Systeme, Entscheidungsunterstützungssysteme (*Decision Support Systems*), Sprach- und Bilderkennungssysteme (*Recognition Systems*) auf der Basis neuronaler Netze oder die verbreiteten Diagnose- und Konsultations-Systeme in der Medizin.
- *Kommunikations-System*:
  Ein Softwaresystem, das jede Art von Informationsvermittlung zwischen Computersystemen ermöglicht. Darunter fallen z.B. Mailing-Systeme, elektronische File-Transfer-Systeme oder Systeme, die einen elektronischen Markt ermöglichen.
- *Entwurfs-System:*
  Ein Softwaresystem, das den Entwickler beim Entwurf technischer oder organisatorischer Systeme unterstützt. Darunter fallen alle sogenannten CA-Systeme (*Computer-Aided*), z.B. CAD, CAM oder CASE-Werkzeuge.
- *Büro-System:*
  Ein Softwaresystem, das jede Art von Büroautomation betrifft, z.B. Text- und Bildverarbeitungs-, Desktop-Publishing, Tabellenkalkulations- oder persönliche Informationsmanagement-Systeme (PIM).

5.4.3 Prozeßsicht

Grundlage der Repräsentation von Entwicklungsprozessen bildet die Aktivitätentheorie und ihre Anwendung auf die IS-Entwicklung [vgl. u.a. Kuutti 1991, Truex 1991, Sathi/Fox/Greenberg 1985]. Die Prozeßsicht des Referenzmodells untersucht die innere Struktur von ISE-Prozessen und zeigt die wesentlichen Objekttypen zur Repräsentation dieser Prozesse im Überblick (vgl. Abb.5.4).

Die Betrachtung des Umfeldes von ISE-Prozessen hinsichtlich des *Subjekts*, das die Aktivität ausführt, und des *Objekts*, das Gegenstand oder Ergebnis der Aktivität ist, erfolgt in den beiden folgenden Abschnitten 5.4.4 und 5.4.5. Die Repräsentation verschiedener Vorgehensmodelle und Abläufe in der Software-Entwicklung wird in den Abschnitten 5.4.6 und 5.4.7 erläutert.

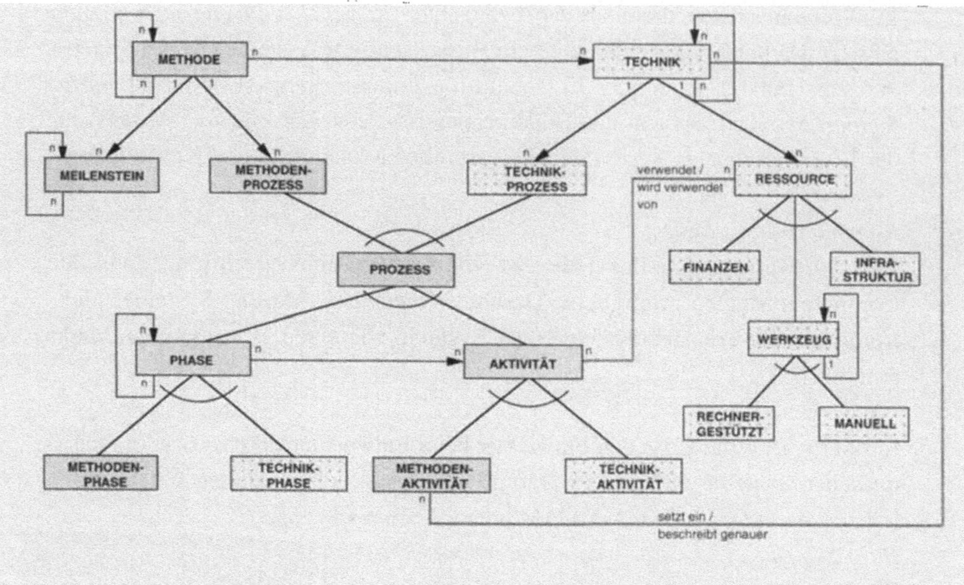

Abb.5.4: MERET-Prozesse

METHODE

Das *Institute of Electrical and Electronics Engineers* (IEEE) definiert Methoden-Standard als "*A standard that describes the characteristics of the orderly process or procedure used in the engineering of a product or performing a service*" [vgl. IEEE Std. 1002-1987, S. 10]. Diese eher grobe Definition soll im MERET-Modell durch zwei Abstraktionsebenen zur Beschreibung des methodischen Vorgehens in der Software-Entwicklung verfeinert werden: *Methoden* und *Techniken*. Unter einer METHODE verstehen wir genauer die systematische Anleitung zur Entwicklung eines Softwaresystems, mit Unterstützung bei der

- Strukturierung der vorliegenden Informationen durch Begriffsbildung,
- Planung der Arbeits-, Denk- und Entscheidungsschritte,
- Festlegung von Meilensteinen,
- Festlegung aller Zwischen- und Endergebnisse auf dem Weg der Entwicklung,
- Bewertung und Auswahl von Alternativen sowie der
- Bewertung und Entscheidung hinsichtlich des situativen Ressourceneinsatzes (Finanzen, Zeit und Personal).

Dabei beschreibt eine Methode das konzeptionelle Modell eines konkreten und direkt ausführbaren (instantiierbaren) Entwicklungsprozesses, der u.a. Aktivitäten und Ergebnisse bis zu einem Detaillierungsniveau definiert, auf dem die Planung und Kontrolle des Projektes aus Sicht eines Projektmanagements erfolgen kann.

MEILENSTEIN

Eine Methode enthält im Unterschied zu einer Technik die Definition von MEILENSTEINEN, die Synchronisationspunkte oder spezielle Kontrollpunkte innerhalb des Vorgehens definieren. Es ist zwischen einem Meilenstein und einem Prozeß zu trennen, da ein Meilenstein im Gegensatz zu einem Prozeß keine zeitliche Ausdehnung besitzt. Ein Meilenstein kann daher nicht ausgeführt werden, sondern stellt für den Entwicklungsprozeß essentielle Bedingungen dar, die erfüllt oder nicht erfüllt sein können. Meilensteine dienen dazu, die Qualitätsanforderungen der Ergebnisse zu bestimmten Zeitpunkten innerhalb des Vorgehens zu überprüfen [vgl. *Software-Qualität* in Wallmüller 1990, S. 8ff.]. So definieren einige Methoden z.B. Meilensteine für das Vorliegen der Phasenfreigabeanträge (Ergebnisse im MERET-Modell), die dem Management vor dem Start einer neuen Phase immer die Möglichkeit einräumen, sich über den aktuellen Stand des Projektes zu informieren und in den weiteren Ablauf einzugreifen.

Meilensteine können aus untergeordneten Meilensteinen bestehen. ISOTEC definiert z.B. am Ende der Analyse-Phase einen Meilenstein "Abschluß der Phase Analyse", der aus den Meilensteinen der vorherigen Abschnitte besteht. Diese Meilensteine betreffen das "Soll-Datenmodell", das "Soll-Datenflußmodell", das "Organisationsmodell" und den "Review der Phase Analyse", der als Ergebnis einen Abschlußbericht und die Überarbeitung des "Anforderungskatalogs" fordert.

TECHNIK

In allen betrachteten Methodenbeschreibungen, auch über die des vierten Kapitels hinaus, wurde eine Trennung zwischen Methode und Technik als Beschreibung methodischen Vorgehens unterschiedlicher Abstraktion gefunden. Genauer besteht eine Methode aus Techniken, die durchaus in mehreren Methoden vorkommen. Eine *Interview-Technik* kommt z.B. in vielen Methoden zur Systemanalyse oder zur Organisationsplanung vor. Eine TECHNIK ist die abstrakte Beschreibung der Erstellung von speziellen Typen von Ergebnissen. Dabei umfaßt eine Technik die Beschreibung der schrittweisen Konkretisierung der zugrundeliegenden Modellierungskonzepte, der benötigten Werkzeuge und beteiligten Personen sowie die Darstellung der entstehenden Dokumente [vgl. Brinkkemper 1990, S. 41].

In ihrer Entwicklungsumgebung beschreiben Nuseibeh und Finkelstein analog eine Entwicklungstechnik als ein *ViewPoint Template*, das durch Instantiierung zu sogenannten ViewPoints die Erstellung konkreter Ergebnisse beschreibt [vgl. Nuseibeh/ Finkelstein 1992, S. 51]. Das ViewPoint Template beschreibt gemäß der obigen Definition einer Technik die Notation (*Style*) und das Vorgehen (*Work Plan*) zur Erstellung konkreter Ergebnisse.

So beschreibt z.B. die Datenflußtechnik, wesentlicher Bestandteil der *Structured-Analysis*-Methode [vgl. Cutts 1987], die Erstellung von Datenflußdiagrammen angefangen vom ersten Kontakt mit dem Anwender bis hin zu den Darstellungskonventionen und den Erfahrungen bei ihrem Einsatz. In dieser Technik wird beschrieben, was unter einem Datenspeicher oder einem Externen Agenten zu verstehen ist, wie diese im Diagramm dargestellt werden und vor allem, wie man in der Modellierung zu den entsprechenden Objekten gelangt.

Weitere Beispiele für Techniken sind verschiedene Datenmodellierungstechniken, z.B. die Entity-Relationship-Modellierung nach [Chen 1976] oder semantische Datenmodelle nach [Ferstl/Sinz 1990] oder die hier verwendete Technik nach [Lindtner 1992]. Ebenso gehören auch allgemeine Techniken dazu, wie Interviewtechniken, die Kreativitätstechniken "Brainstorming", "Methode 635" oder der "Morphologische Kasten" [vgl. Steinbuch 1990, S. 252ff.], die Netzplantechnik oder Organisationstechniken wie die Organisationsplan-, Funktionendiagramm- oder Stellenbeschreibungstechnik [vgl. Steinbuch 1990, S. 174ff.].

METHODEN-PROZESS — TECHNIK-PROZESS

Eine Technik beschreibt sehr detailliert, wie gewisse Typen von Ergebnissen oder sogenannte Darstellungstypen (vgl. *Ergebnissicht* in 5.4.5) korrekt erstellt werden und welche Ressourcen dafür notwendig sind. Dabei kann das Vorgehen bei der Technik durch die gleichen Konzepte wie das Vorgehen bei der Methode, nämlich durch Prozesse beschrieben werden. Somit zerfällt die Menge der Prozesse disjunkt in die METHODEN-PROZESSE, die das Vorgehen zur Erzeugung der Zwischen- und Endergebnisse innerhalb einer Methode beschreiben, und in die TECHNIK-PROZESSE, die das Erstellen spezieller Ergebnistypen beschreiben.

Der Unterschied zwischen diesen beiden Prozeßtypen liegt darin, daß ein Technikprozeß ein abstraktes Vorgehen spezifiziert und mehrfach von einem Methoden-Prozeß für die Erzeugung konkreter Ergebnisse angewendet werden kann. Die Technik "Datenflußmodellierung" z.B. beschreibt durch einzelne Prozesse die Erstellung von Datenflußdiagrammen, u.a. die formal richtige Gestaltung und die benötigten Ressourcen. In der Methode SSADM wird diese Technik mehrfach eingesetzt, zu Beginn zum Erstellen eines groben Ist-Modells des Geschäftssystems, dann zur Verfeinerungen dieses Ist-

Modells und schließlich für die Erstellung eines Soll-Datenflußdiagrammes [vgl. CCTA 1990a, Vol. 2, S. RA-DFM-22ff.]. Es werden immer wieder dieselben Technikprozesse für die Erstellung verschiedener Ergebnisse der Methode angewendet, und durch die Methoden-Prozesse "Erstelle Ist-Datenflußdiagramm Level 1" oder "Erstelle Soll-Datenflußdiagramm Level 2 & 3" wird auf die einzusetzende Technik "Datenfluß-modellierung" verwiesen.

Im MERET-Modell werden nur sogenannte *Prototyp-Aktivitäten* [vgl. Sathi/Fox/Greenberg 1985, S. 541ff.] beschrieben, die Erfahrungen aus vergangenen Projekten dokumentieren. *Instanzen* für die Durchführung eines konkreten Projektes oder *Manifestationen*, die Zustände einer Aktivitätsinstanz zu bestimmten Zeitpunkten dokumentieren, sind nicht im Modell wiedergegeben, da diese die Ausführung (*Execution* oder *Enactment*) des Modells und somit die Projektebene in der Methodenbeschreibung betreffen (vgl. Abb.5.1).

RESSOURCE — FINANZEN — INFRASTRUKTUR

Eine Technik enthält auch die Beschreibungen von Ressourcen, die von den zugehörigen Methoden- oder Technik-Aktivitäten benötigt werden. Unter einer RESSOURCE verstehen wir alles notwendige zur Durchführung einer Aktivität, solange nicht Akteure (vgl. 5.4.4) oder Input-Ergebnisse betroffen sind, die im Modell gesondert betrachtet werden (vgl. 5.4.7). Darunter fallen die FINANZEN und die INFRASTRUKTUR; z.B. bei der Modellierung neuer Geschäftsprozesse im Rahmen eines Workshops müssen ein geeigneter Gruppenraum und Materialien zur Präsentation und Diskussion vorhanden sein.

WERKZEUG — RECHNERGESTÜTZT — MANUELL

Weiterhin werden in der Software-Entwicklung spezielle WERKZEUGE zur Erstellung der Spezifikations- oder Design-Ergebnisse verwendet und meistens bei den Techniken detailliert beschrieben (vgl. Kapitel 4). Wir unterscheiden rechnergestützte und manuelle Werkzeuge. Unter MANUELLEN Werkzeugen werden hauptsächlich spezielle Formulare und Diagramme zur Erhebung oder Darstellung eines Ergebnisses verstanden.

RECHNERGESTÜTZTE Werkzeuge sind in der Software-Entwicklung z.B. Applikationsgeneratoren, Compiler, Textverarbeitungssysteme oder CASE-Tools, die aus weiteren Werkzeugen bestehen und in der Regel mehrere Editoren zur Erstellung und Speicherung von Entwicklungsergebnissen anbieten. Das IEW-CASE-Tool (*Information Engineering Workbench*) besteht z.B. aus vier weiteren sogenannten Plattformen für *Planning*, *Analysis*, *Design* und *Construction*. In unserem Modell in Abb.5.4 verwenden Aktivitäten die oben beschriebenen Ressourcen. Zum Beispiel wird in der Aktivität "Erstelle Soll-Datenflußdiagramm" nur das DFD-Werkzeug der Analysis-

Plattform in IEW verwendet. Werkzeuge bestehen in der Regel aus weiteren Werkzeugen (*Features*), die für die Modellierung von Aktivitäten relevant sind.

PROZESS — PHASE — AKTIVITÄT — METHODEN-AKTIVITÄT

Ein PROZESS bezeichnet eine abgeschlossene Arbeitseinheit zum Erreichen der Ziele in der Software-Entwicklung. Ein Prozeß besitzt einen festen Anfangs- und Endzeitpunkt, konsumiert Ressourcen und erzeugt Ergebnisse [vgl. *Activity* in IEEE Std. 1058.1-1987, S. 9].

Wir haben bereits erläutert, daß die Menge der Prozesse disjunkt in Methoden- und Technik-Prozesse eingeteilt werden kann. Auf der anderen Seite werden Prozesse danach unterschieden, ob sie in der Beschreibung weiter zerlegt werden oder ob sie elementare Schritte der Methode sind.

Ein elementarer Prozeß, der innerhalb der Methode nicht durch weitere Prozesse beschrieben wird, heißt AKTIVITÄT. Eine Aktivität ist der kleinste bedeutungsvolle Kontext der Handlung eines Individuums [vgl. Kuutti 1991, S. 531]. Auf allen weiteren Aggregationsstufen nennen wir einen Prozeß auch PHASE. Diese Zweiteilung erscheint als eine notwendige, aber auch hinreichende Generalisierung der verschiedenen Konzepte in den Methodenbeschreibungen des vierten Kapitels sowie in der Literatur [vgl. u.a. Martens/Lochovsky 1991, S. 32; Sarin/Abbott/McCarthy 1991, S. 216f; Brinkkemper 1990, S. 110]. Auch in der Aktivitätentheorie wird bei der Zerlegung von Aktivitäten in *Aktionen* und *Operationen* festgehalten, daß eine generelle Trennung der drei Ebenen nicht möglich ist und nur aus dem Kontext des Subjekts (Akteur) und des Objekts (Ergebnis) der Aktivität heraus möglich ist [vgl. Kuutti 1991, S. 535].

Aktivitäten können zu mehreren verschiedenen Phasen gehören, so daß ein Aggregationsnetz im Modell unterstützt wird. In ISOTEC z.B. gehören dieselben Projektmanagementaktivitäten zu mehreren Phasen der Methode.

Da Prozesse auf der einen Seite nach der Zugehörigkeit zu Methode oder Technik und auf der anderen Seite nach der Zerlegung unterschieden werden, erhält man jeweils Methoden- und Technik-Phasen sowie Methoden- und Technik-Aktivitäten (vgl. *Klassifizierungssicht* von ASDM in Abschnitt 2.3). Diese Unterscheidung ist im MERET-Modell notwendig, da nur METHODEN-AKTIVITÄTEN einen Verweis auf die in dieser Aktivität einzusetzende Technik enthalten können. Wir lassen innerhalb einer Technikbeschreibung keinen Verweis auf weitere Techniken zu, da eine Technik im Gegensatz zu einer Methode im MERET-Modell eine abgeschlossene, mehrfach anwendbare Beschreibung eines methodischen Vorgehens ist.

5.4.4 Akteursicht

Die Akteursicht des MERET-Modells in Abb.5.5 dient der Organisationsmodellierung für die Anwendungsentwicklung als Bestandteil des Projektmanagements [vgl. Rupietta 1992].

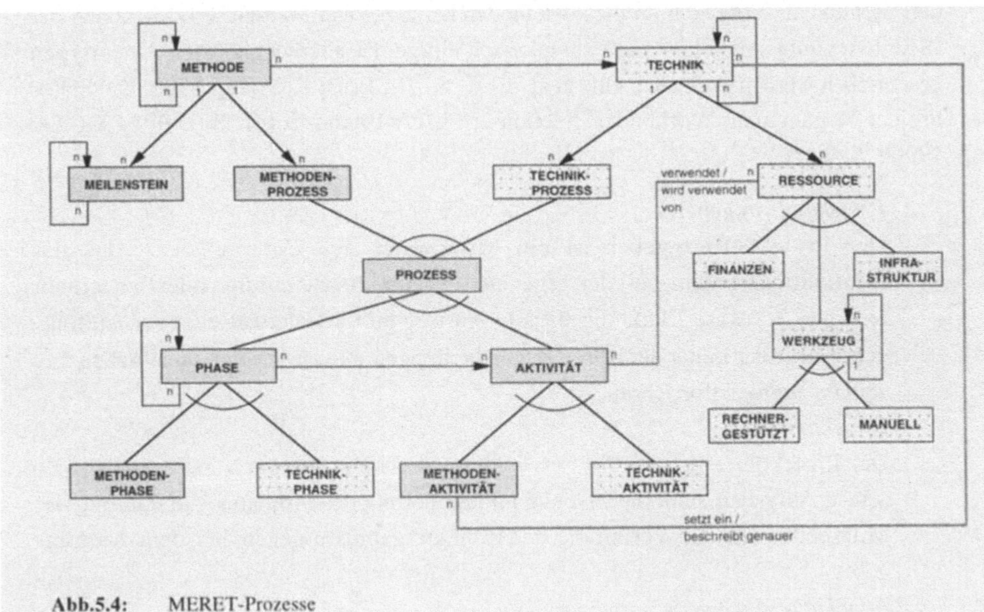

Abb.5.4: MERET-Prozesse

Wie im vorherigen Abschnitt bereits erläutert, enthält eine Methode im Unterschied zu einer Technik Meilensteine, die Synchronisationspunkte oder spezielle Kontrollpunkte innerhalb des Vorgehens definieren. Dabei erfolgt die Modellierung des Verantwortlichen für das Erreichen eines Meilensteins über den Akteur.

AKTEUR — AKTEURTYP

Ein AKTEUR beschreibt die Beteiligten am Entwicklungsprozeß, wie beispielsweise einzelne Personen, eine Gruppe von Personen, eine organisatorische Einheit (Stelle, Abteilung, Sparte, Division) oder einen Ausschuß. Mittels des Konzeptes der Akteure und ihrer Aggregation kann die in der Methode vorgeschlagene Aufbauorganisation für ein Entwicklungsprojekt abgebildet werden (*Project Team Member*). Im Referenz-

Beschreibungsmodell soll neben der Beschreibung von Methoden ein Konzept der Referenzierung zwischen verschiedenen Methoden zur Verfügung gestellt werden. Dies wird durch das bereits in 5.4.2 erläuterte offene Deskriptorenkonzept realisiert. Für die Aufbauorganisationsbeschreibung bzw. die beteiligten Akteure können AKTEUR-TYPEN definiert und beschrieben werden und den jeweiligen Akteuren der verschiedenen Methoden zugeordnet werden.

Sinnvoll ist allerdings eine einheitliche Referenzierung nur für vergleichbare Methoden, so daß Akteurtypen in Abhängigkeit von dem in 5.4.2 beschriebenen *Methoden-Fokus* definiert und als Vergleich für diese Methoden herangezogen werden. Für Methoden der IS-Entwicklung sollen hier nur exemplarisch einige der gebräuchlichsten Akteurtypen beschrieben werden [vgl. auch Olle et al. 1991, S. 7f.; Ernst & Young 1990, Navigator Project Management Workbooks, Section 2; CCTA 1990a, Vol. 1, S. F-PP-9; CCTA 1990b, S. B.1ff.]:

- *Projektauftraggeber:*
  Der Projektauftraggeber ist ein Mitarbeiter des Unternehmens, das das Informationssystem bei der eigenen Entwicklungsabteilung oder bei einem externen Software-/Beratungshaus in Auftrag gibt. Idealerweise ist der Auftraggeber einer der Leiter der betroffenen Abteilungen und steuert den inhaltlichen und zeitlichen Projektfortschritt.
- *Projektleiter:*
  Der Projektleiter ist für die Entwicklung des IS insgesamt verantwortlich. Zu seinen Aufgaben zählt die Planung und Steuerung des Projektes, die Führung der Mitarbeiter und die Vertretung der Projektergebnisse gegenüber dem Auftraggeber.
- *Applikationsingenieur:*
  Der Applikationsingenieur ist in den Phasen Analyse und logisches Design für die Erstellung eines betrieblichen Modells der Daten und Funktionen verantwortlich (vgl. Abb.5.3). Er formuliert die betrieblichen und organisatorischen Anforderungen an das IS und ist der Moderator zwischen den Benutzern und den Applikationsentwicklern.
- *Applikationsentwickler:*
  Der Applikationsentwickler ist hauptsächlich in den Phasen Konstruktions-Design, Konstruktion und Test tätig. Er setzt das betriebliche in ein EDV-technisches Modell um. Er sorgt für die technische Integration in das bestehende System und formuliert weitere technische Projektziele. Schließlich ist er für die Programmierung und das Testen der einzelnen Module verantwortlich.
- *Methodiker:*
  Der Methodiker berät das Projektteam über den gesamten Lebenszyklus hinweg

hinsichtlich des methodischen Vorgehens und der zu verwendenden Werkzeuge. Er achtet darauf, daß die unternehmensweiten Entwicklungsstandards und -richtlinien eingehalten werden.

- *Benutzer:*
  Der Benutzer ist derjenige Akteur, der das zu entwickelnde Informationssystem verwenden wird. Er stellt maßgeblich die Anforderungen an das IS in den frühen Entwicklungsphasen und ist verantwortlich für die Spezifikation des IS.

Im Rahmen dieser Arbeit soll weniger die Zweckmäßigkeit dieser obigen Einteilung der Akteure diskutiert werden, da dies nur aus dem Blickwinkel der Untersuchung heraus begründet werden kann. Vielmehr interessiert das zugrundeliegende Konzept des Modells, das mehrere Sichten auf die Akteure verschiedener Methoden zuläßt. Innerhalb der Methoden für das Informationssystemmanagement ist z.B. die Unterscheidung nach den Akteurtypen *Ausschuß, Stelle* und *Projekt* sinnvoll [vgl. Österle/Brenner/Hilbers 1991, S. 55].

PROZESSBETEILIGUNG — ROLLE

Neben der Modellierung von Akteuren und Akteurtypen enthält das MERET-Modell das Konzept von Rollen, um die PROZESSBETEILIGUNG von Akteuren zu beschreiben. Eine ROLLE (*Role*) beschreibt wiederkehrende Verhaltensmuster eines Akteurs in einem Entwicklungsprozeß. Dabei handelt es sich um in jedem Prozeß prinzipiell vorhandene Aufgaben. Die Untersuchung verschiedener Entwicklungsmethoden innerhalb des CC RIM hat folgende generelle Rollen in der Software-Entwicklung ergeben:

- *Ausführender:*
  Der Ausführende ist derjenige Akteur, der den Prozeß alleine oder im Sinne der Leitung eines Teams ausführt.
- *Koordinator:*
  In dieser Rolle ist der Akteur für die Koordination und die Ressourcenverwaltung eines bestimmten Prozesses zuständig. Unter anderem ist er derjenige, der die Infrastruktur für gemeinsame Sitzungen oder CASE-Werkzeuge zur Verfügung stellt und die "richtigen" Benutzer zu Interviews oder Workshops einlädt.
- *Dokumentator:*
  Dieser Akteur übernimmt die Rolle eines Sekretärs und protokolliert z.B. die Ergebnisse von Interviews oder Workshops. Er übernimmt auch die Dokumentation in einem CASE-Werkzeug.
- *Verantwortlicher:*
  Zu jedem Prozeß (Phase oder Aktivität) kann ein verantwortlicher Akteur der entsprechenden Projektorganisation definiert und näher beschrieben werden. So

kann es mehrere Verantwortliche innerhalb einer Aktivität geben für unterschiedliche Aufgabenbereiche und Verantwortungsebenen. Der Benutzerverantwortliche ist z.B. als der Repräsentant aller Benutzer für die Systemspezifikationen verantwortlich, während der Projektleiter für den inhaltlich und zeitlich korrekten Ablauf des Projektes verantwortlich ist.

- *Beteiligter*:
  Alle Akteure, die nicht eine der vorherigen speziellen Rollen einnehmen, sind an dem Prozeß beteiligt. Zum Beispiel sind die Anwender in den frühen Entwicklungsphasen bei der Definition der Anforderungen an das Informationssystem stark beteiligt, während z.B. Datenbank- oder Netzwerkspezialisten erst in der späteren Konstruktionsphase beteiligt sind.

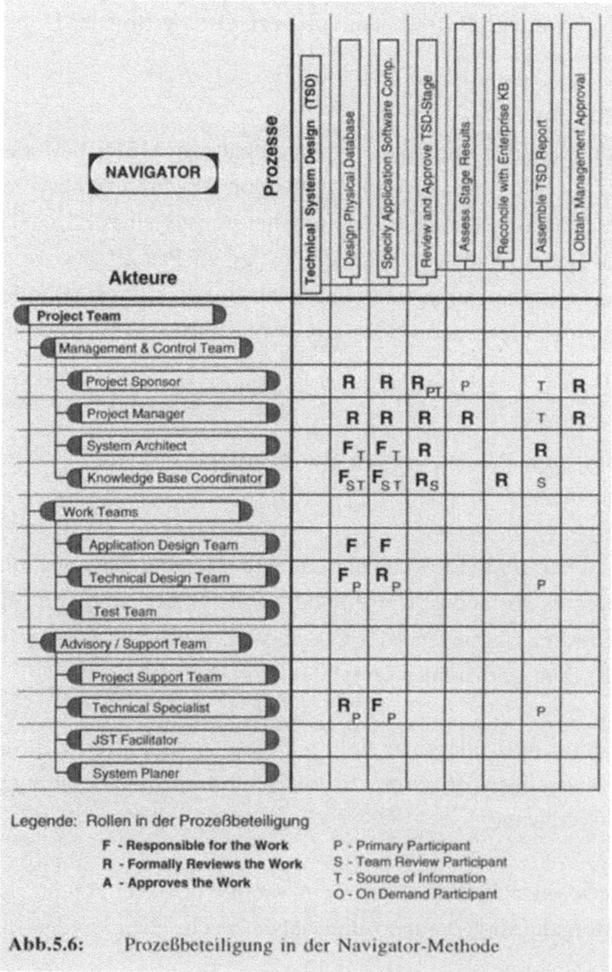

NAVIGATOR

Akteure / Prozesse	Technical System Design (TSD)	Design Physical Database	Specify Application Software Comp.	Review and Approve TSD-Stage	Assess Stage Results	Reconcile with Enterprise KB	Assemble TSD Report	Obtain Management Approval
Project Team								
Management & Control Team								
Project Sponsor		R	R	R_{PT}	P		T	R
Project Manager		R	R	R	R		T	R
System Architect		F_T	F_T	R			R	
Knowledge Base Coordinator		F_{ST}	F_{ST}	R_S		R	S	
Work Teams								
Application Design Team		F	F					
Technical Design Team		F_P	R_P				P	
Test Team								
Advisory / Support Team								
Project Support Team								
Technical Specialist		R_P	F_P				P	
JST Facilitator								
System Planer								

Legende: Rollen in der Prozeßbeteiligung

F - Responsible for the Work
R - Formally Reviews the Work
A - Approves the Work

P - Primary Participant
S - Team Review Participant
T - Source of Information
O - On Demand Participant

Abb.5.6: Prozeßbeteiligung in der Navigator-Methode

Eine Prozeßbeteiligung gehört immer zu einem Prozeß und besteht aus einem Akteur und einer Rolle, die dieser Akteur während der Ausführung des speziellen Prozesses einnimmt. Zu einem Prozeß gehören in der Regel mehrere Prozeßbeteiligungen von verschiedenen Akteuren. Außerdem ermöglicht das Rollenkonzept die Beteiligung eines Akteurs an einem Prozeß über verschiedene Rollen. Das Beispiel in Abb.5.6 zeigt die Akteure und deren Rollen in den entsprechenden Entwicklungsprozessen des technischen System-Designs der *Navigator*-Methode [vgl. Ernst & Young 1990, Navigator Project Management Workbooks, Section 2 ff.].

AKTIVITÄTSTYP — METHODEN-AKTIVITÄT

Bei der Prozeßsicht haben wir bereits erläutert, daß Prozesse in Phasen und Aktivitäten eingeteilt werden. Ähnlich den Akteurtypen sollen im MERET-Modell auch Aktivitäten nach Typen klassifiziert werden. Eine Methoden-Aktivität kann in Abhängigkeit vom Methoden-Fokus (z.B. Projektmanagement, System-Spezifikation, Qualitätssicherung etc.) nach bestimmten Typen unterschieden werden. Wie schon vorher erwähnt, gestattet dieses offene Konzept einen Vergleich von verschiedenen im Modell spezifizierten Methoden.

Da der Schwerpunkt in dieser Arbeit auf der Beschreibung der Informationssystem-Entwicklung liegt, das Referenz-Beschreibungsmodell aber durchaus offen gegenüber Methodenbeschreibungen aus verschiedenen verwandten Bereichen (Informationssystem-Management, Computer Integrated Manufacturing, Methoden für Echtzeitsysteme, etc.) sein soll, können verschiedene Klassen von AKTIVITÄTSTYPEN gebildet werden. Jeder neu definierte METHODENFOKUS besitzt eigene AKTIVITÄTSTYPEN als Referenz für die Beschreibung entsprechender Methoden (vgl. auch Abb.5.3).

Über die Aktivitätstypen können auch internationale Standards zum Vergleich verschiedener im MERET-Modell beschriebener Methoden abgelegt werden, z.B. der in der ISO/IEC SC7/WG10 entwickelte Standard zu *Software Life Cycle Processes* oder andere Standards aus dem Projektmanagement oder dem *Computer Integrated Manufacturing* (vgl. 3.4).

Für die Informationssystem-Entwicklung und das Projektmanagement wurden im Rahmen des Kompetenzzentrums "*Rechnergestütztes Informationsmanagement*" (CC RIM) durch die Beschreibung ausgewählter Methoden und in Anlehnung an die von der IFIP WG 8.1 entwickelten "Step Categories" in der Software-Entwicklung [vgl. Olle et al. 1991, S. 56] folgenden Aktivitätstypen entwickelt [vgl. Heym 1991a, 1991b]:

- *Planen:*
  Planungsaktivitäten betreffen die Planung des gesamten Entwicklungsprozesses.

Dazu zählen Projektablaufpläne, die Projektaufbauorganisation, Ressourcenzuteilung zu Aktivitäten oder die Festlegung von Meilensteinen.

- *Entscheiden:*
  Im Rahmen des Entwicklungsprozesses sind Entscheidungsaktivitäten an verschiedenen Punkten notwendig, z.B. hinsichtlich der Auswahl verschiedener Varianten oder zur Abzeichnung von Spezifikationen und Anforderungen durch die Benutzer, damit das logische System-Design erfolgen kann.
- *Abstrahieren:*
  Softwaresysteme stellen eine Abbildung der realen Welt dar, in denen konkrete Objekte (Informationen, Dokumente, Geschäftsaktivitäten etc.) in das Informationssystem abstrahiert wurden. Insofern sind alle wesentlichen Aktivitäten zur Spezifikation und Entwicklung von Informationssystemen Abstraktionsprozesse. Die Erstellung eines Entity-Relationship-Diagrammes z.B. erfordert, genau wie die Modellierung von Geschäftsfunktionen und Externen Agenten in Datenflußdiagrammen, die Übertragung von realen Entitäten des Anwendungsbereichs auf die entsprechenden Konzepte der Modellierungstechnik. Diese Komplexitätsreduzierung durch Abstraktion ist eine notwendige Voraussetzung für die erfolgreiche Entwicklung eines Informationssystems. ISE-Methoden unterscheiden sich häufig durch die Abstraktionstechniken.
- *Konsistenzprüfung:*
  Unter Aktivitäten der Konsistenzprüfung verstehen wir die Bewältigung der Probleme, die in Zusammenhang mit der ständigen Verfeinerung und Erweiterung der Entwicklungsdokumente aufgrund immer detaillierterer und neuerer Erkenntnisse während des Entwicklungsprozesses entstehen. Eine Spezifikation eines IS beginnt in der Regel mit einer groben, informellen Beschreibung und endet mit einer (hoffentlich) vollständigen, formalen Beschreibung durch die Softwareprodukte selbst. Eine Methode stellt hierfür die notwendige Unterstützung zur Verfügung [vgl. Reck 1991, S. 176]. Dies beinhaltet eine ständige Überprüfung bereits bestehender Dokumentationen bei der Erarbeitung neuer Ergebnisse. Unter Konsistenzprüfung verstehen wir das eher mechanische Abgleichen von verschiedenen Sichten einer Spezifikation. Stößt man z.B. aufgrund der Prozeßanalyse durch die Datenflußdiagramme auf den tieferen Levels auf neue Entitätstypen (oder eine andere Gruppierung), so sind diese im Datenmodell nachzuführen.
- *Revidieren:*
  Im Gegensatz zur Konsistenzprüfung betreffen Review-Aktivitäten die Validierung und Verbesserung von einzelnen Entwicklungsergebnissen hinsichtlich der Benutzeranforderungen. Daher ist eine Voraussetzung für eine Review-Aktivität immer die Beteiligung der Benutzer oder des Managements und bedeutet in der

Regel eine Entscheidung hinsichtlich der Erfüllheit der Anforderungen. Konsistenzprüfung und Revidieren dienen beide der Qualitätssicherung innerhalb des Entwicklungsprozesses.

- *Dokumentieren:*
  Unter Dokumentationsaktivitäten verstehen wir jede Form der Konvertierung und Aufbereitung von Entwicklungsergebnissen für die verschiedenen Adressatenkreise. Um die Unterstützung des Top-Managements für das weitere Vorgehen innerhalb des Projektes zu erhalten, bedarf es z.B. spezieller Dokumente oder Präsentationen, die den Projektstatus und die Ergebnisse auf einem groben Detaillierungsniveau dokumentieren. Ferner muß bereits in den frühen Phasen mit verschiedenen Dokumentationen für die Benutzer, die Systembetreuung oder für andere betroffene Projekte im Projektportfolio begonnen werden.

Ziel der Aktivitätstypen ist es, die Menge aller Aktivitäten einer Methode für bestimmte Betrachtungen zu klassifizieren und die Komplexität zu reduzieren. Damit können vom gesamten Aktivitätenmodell gemäß der Anforderung in Abschnitt 5.2 verschiedene Sichten gebildet werden. So hat beispielsweise ein Projektmanager nur Interesse an Aktivitäten, die unter den Aktivitätstyp "Planen" und "Entscheiden" fallen. Auf der anderen Seite interessiert sich das Entwicklungsteam innerhalb einer Phase nur für Aktivitäten, die mit der Spezifikation des IS zu tun haben und unter den Aktivitätstyp "Abstrahieren" fallen. Der Projektassistent, der für die Dokumentation und die Aufbereitung der Entwicklungsergebnisse in Projektstatusberichten zuständig ist, kann z.B. nur Aktivitäten vom Typ "Dokumentieren" auswählen.

Als ein weiteres Beispiel für Aktivitätstypen betrachten wir die Aktivitäten im Rahmen der Projektmanagementmethoden nach den Funktionen des Managements: *Entscheiden, In-Gang setzen und Kontrollieren* [vgl. Ulrich/Krieg 1974, S. 30; Wöhe 1990, S.97; Staehle 1985, S. 41]. Wir stützen uns dabei konkret auf den Führungskreislauf in [Österle/Brenner/Hilbers 1991, S. 43f]:

- *Planen:*
  Planung umfaßt das Setzen von Zielen, die Entwicklung von Plänen sowie die Suche nach Alternativen und deren Bewertung. Diese Aktivitäten werden von Akteuren wie dem Projektleiter oder von Stäben ausgeführt.
- *Verabschieden*:
  Das Verabschieden umfaßt alle wesentlichen Entscheidungsfunktionen und wird institutionell getrennt von der Planungsinstanz gesehen.
- *Umsetzen*:
  Die Umsetzung umfaßt alle Aktivitäten zur Ausführung der verabschiedeten Pläne und Aufgaben.

- *Kontrollieren:*
  Die Kontrolle umfaßt alle Aktivitäten, die im Sinne eines Soll/Ist-Vergleiches die umgesetzten Tätigkeiten mit der Planung vergleichen und bewerten. Die Kontrollaktivitäten werden in der Regel von denselben Akteuren ausgeführt, die die Pläne verabschiedet haben.

Das Konzept der Typisierung von Beschreibungsobjekten durch ein offenes Deskriptorenschema greift die zu Beginn in 5.2 gestellte Forderung nach verschiedenen, individuellen Sichten auf das methodische Wissen auf. Eine geeignete Werkzeugunterstützung ermöglicht über jeden einzelnen dieser drei vorher erläuterten Deskriptoren Akteurtyp, Rolle und Aktivitätstyp, reduzierte Sichten auf die in einer Methode definierten Prozesse zu bilden. Damit kann die Komplexität des gesamten Prozeßmodells auf den jeweils relevanten Teil reduziert werden.

Beispielsweise kann das Prozeßmodell nur hinsichtlich der Benutzerbeteiligung ausgewählt und dokumentiert werden. Zum besseren Verstehen einer Software-Entwicklungsmethode können alle Prozesse ausgeblendet werden, die nicht den Kern der Methode betreffen und somit nicht den Aktivitätstyp "Abstrahieren" aufweisen. Es kann aber auch nur der Anteil des Projektmanagements durch Beschränkung auf die Aktivitätstypen "Planen", "Entscheiden" und "Kontrollieren" herausgefiltert werden.

Insgesamt trägt das offene Deskriptorenkonzept der Forderung nach individuellen und dynamisch zu erzeugenden Sichten auf das methodische Wissen Rechnung. Das gesamte Konzept der Deskriptoren steht und fällt mit dem Sinn und der Vollständigkeit der jeweiligen Deskriptoren in einer Klasse. Im Rahmen der Beschreibungen von fünf verschiedenen Methoden zur Informationssystem-Entwicklung im Rahmen des CC RIM wurden die obigen Aktivitätstypen in der Software-Entwicklung verwendet und überprüft. Dabei stellte sich heraus, daß die verschiedenen Aktivitäten der Methoden sinnvoll und vollständig durch die sieben Aktivitätstypen klassifiziert werden konnten.

Um die Beschreibungen im MERET-Modell detaillierter zu vergleichen, wurde ein weiteres Deskriptorenschema für die untersuchten Software-Entwicklungsmethoden entwickelt [vgl. Heym 1991c]. Diese Aktivitätstypen befinden sich im Anhang A und sind als Referenzaktivitäten in der Software-Entwicklung zu verstehen. Aufgrund der Methodenbeschreibungen im CC RIM wurden diese Aktivitätstypen mehrfach überarbeitet; sie repräsentieren Referenzaktivitäten zu den im vierten Kapitel beschriebenen Methoden zur Analyse und zum Design eines Informationssystems. Auf der Basis dieser Referenzaktivitäten kann ein Vergleich der verschiedenen Methoden im Modell durchgeführt werden.

5.4.5 Ergebnissicht

Die Ergebnissicht des Referenz-Beschreibungsmodells umfaßt die wichtigsten Objekttypen zur Beschreibung der Entwicklungsergebnisse, deren Darstellung und des zugrundeliegenden Metamodells (vgl. Abb.5.7).

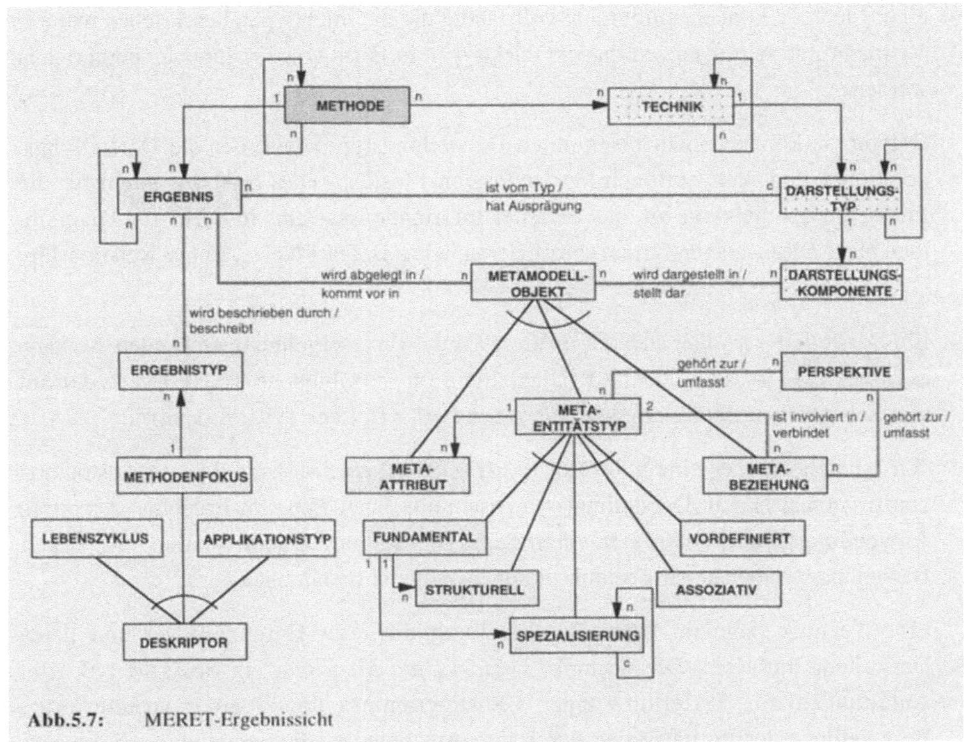

Abb.5.7: MERET-Ergebnissicht

METHODE — TECHNIK — ERGEBNIS — DARSTELLUNGSTYP

Wir werden in dieser Sicht einen weiteren Unterschied zwischen einer Methode und einer Technik im MERET-Modell aufzeigen. Eine Methode besteht aus einer Menge von Ergebnisbeschreibungen, die zu übergeordneten Ergebnissen netzartig zusammengesetzt werden können. Ergebnisse beschreiben jede Art von Entwicklungsdokumenten, Spezifikationen, Diagrammen, Tabellen, Plänen, Berichten oder festgelegten Entwicklungsstandards. Aber auch Entscheidungen, CASE-Tool- und Data-Dictionary-Einträge oder Programmteile werden als Ergebnisse in unserem Modell verstanden. Somit definieren ERGEBNISSE jede Art von Resultaten eines Prozesses.

Dabei ist ein wesentlicher Unterschied zu vielen anderen Arbeiten zur Prozeßmodellierung zu nennen (vgl. z.B. ADPS in 3.3.1.5). Diese Arbeiten unterscheiden nicht zwischen den zu erarbeitenden Entwicklungsergebnissen/-dokumenten und den konzeptionellen Objekttypen dieser Ergebnisse (Objekte des zugrundeliegenden Metamodells). So sind z.B. das Ist- und das Soll-Datenmodell eines Projektes zwei verschiedene Ergebnisse einer Methode, weisen aber dieselben konzeptionellen Objekttypen auf (Entitätstyp, Beziehung, Attribut und Integritätsbedingung). Die Ergebnisse einer Methode können somit nicht vollständig durch Objekttypen beschrieben werden. Vielmehr müssen Instanzen dieser Objekttypen in Form von Ergebnissen beschrieben werden.

Ergebnisse können einen bestimmten Darstellungstyp haben, der die Darstellungsnotationen und -konventionen für das Ergebnis festlegt. Dies trifft vor allem für die Entwicklungsergebnisse zu, die Teile des Informationssystems in Form von Diagrammen mehr oder weniger formal spezifizieren, wie z.B. Petri-Netze, Entity-Relationship-Diagramme oder Pseudocode.

Ein Darstellungstyp läßt sich auf mehrere Entwicklungsergebnisse anwenden. So kann es mehrere Petri-Netze oder ER-Diagramme für verschiedene Teilsysteme oder auf unterschiedlichen Detaillierungsstufen geben [vgl. z.B. Reck 1991, S. 126ff.].

Wir verstehen unter einem DARSTELLUNGSTYP eine klassenbildende Abstraktion von Ergebnissen. Ein Darstellungstyp beschreibt einen Typ von Ergebnis, das durch Anwendung einer entsprechenden Technik entsteht. Dabei wollen wir einen Darstellungstyp genau der Technik zuordnen, in der er beschrieben wird.

Eine Technik dagegen kann die Erstellung mehrerer Ergebnistypen und deren Darstellung umfassen. Die Technik "*Logical Data Modelling*" in SSADM z.B. gibt Anleitungen zur Erstellung eines ER-Diagrammes sowie einer strukturierten Beschreibung der Entitätstypen durch ihre Attribute und Beziehungen in Form von festgelegten Formularen. Als dieser Technik zugeordnete Darstellungstypen findet man in SSADM die "*Logical Data Sructure*" und als Formulare z.B. "*Entity Description*", "*Relationship Description*" oder "*Attribute/Data Item Description*" [vgl. CCTA 1990a, Vol. 2, S. RA-LDM-51ff.].

Soweit es sich nicht um einen elementaren Darstellungstyp, wie z.B. "Text", handelt, setzt sich ein Darstellungstyp aus einzelnen DARSTELLUNGSKOMPONENTEN zusammen. Ein Darstellungstyp "Matrix" besteht z.B. aus den Komponenten "Zeile", "Spalte" und "Matrix-Element", die dann näher beschrieben werden können.

Zur Verdeutlichung sei hier wieder das Beispiel der Datenflußdiagramme in SSADM angeführt. Die Technik der Datenflußmodellierung beschreibt die genaue Erstellung eines Datenflußdiagrammes durch entsprechende Technik-Prozesse und Erfahrungen (s. *Anwendungsobjekt* in 5.4.1). Die benötigten Ressourcen werden durch die Anwendung von Formularen oder den Einsatz von CASE-Tools in den einzelnen Technik-Aktivitäten beschrieben (vgl. Abb.5.4).

Ferner kann die Prozeßbeteiligung der in der Methode beschriebenen Akteure im MERET-Modell durch ihre Rolle festgelegt werden (vgl. Abb.5.5), z.B. die Rolle der Benutzer in der Datenflußmodellierung. Die Darstellung eines Datenflußdiagramms wird grundsätzlich durch den Darstellungstyp beschrieben. Dabei zerfällt das Datenflußdiagramm in SSADM prinzipiell in die in Abb.5.8 abgebildeten Komponenten, deren Darstellung und Zusammenhänge ebenfalls angedeutet sind.

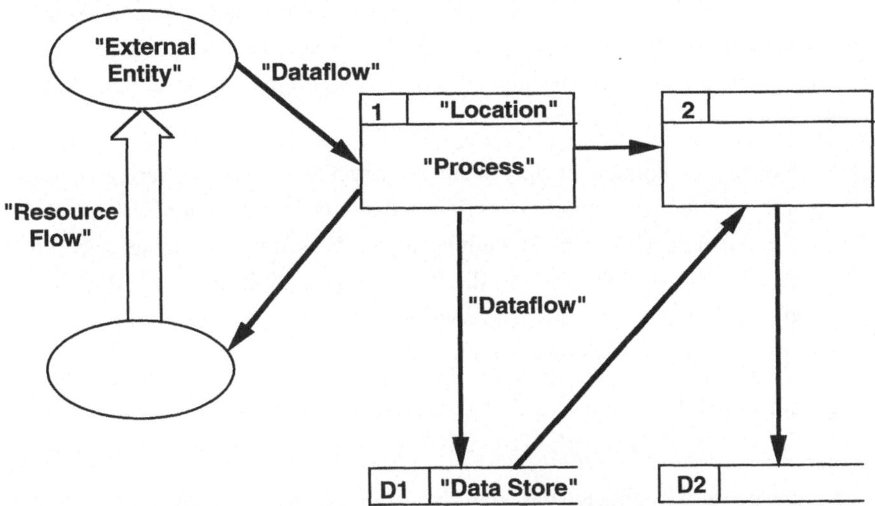

Abb.5.8: Darstellungskomponenten eines Datenflußdiagramms

Ein Datenflußdiagramm zeigt die Kommunikationsbeziehungen zwischen "Externen Agenten" und "Prozessen" durch den Fluß von Daten (*Dataflow*) zwischen ihnen auf. Schon an der unterschiedlichen Darstellung und Benennung erkennt man im obigen Beispiel die fünf Komponenten eines Datenflußdiagrammes: "*Process*", "*Dataflow*", "*Datastore*", "*External Entity*" und "*Physical Resource Flow*". In jeder Darstellungskomponente wird detailliert beschrieben, was diese Komponente umfaßt und wie sie im Datenflußdiagramm repräsentiert wird.

Ein Prozeß wird als rechteckiger Kasten mit speziellen Kennungen für *Batch* oder *Online* und dem entsprechenden Ort der Ausführung (*Location*) versehen. Ein Datenfluß wird als ein Pfeil mit der Bezeichnung des Datenflusses dargestellt. Ferner gibt es bestimmte Regeln für die Darstellung des gesamten Datenflußdiagrammes. Ein physischer Ressourcenfluß ist zum Beispiel ein Fluß von physischen Dokumenten und Daten, der nur zwischen zwei externen Entitäten existiert, wie z.B. zwischen Kunden und Lieferanten außerhalb des zu modellierenden Systems. Ferner verläuft ein Datenfluß immer zwischen zwei Prozessen oder einer Externen Entität und einem Prozeß. Datenflüsse zwischen zwei Datenspeichern sind verboten.

Diese Regeln sowie die Beschreibung der Darstellung der Komponenten bedürfen einer eigenen Sprache. Wir schlagen hier kontextsensitive Grammatiken oder abstrakte Datentypen als Spezifikationssprache für Graphen und Diagramme vor [vgl. Neis 1992; Hopcroft/Ullman 1979]. In der in Kapitel 7 verwendeten *Virtual Software Factory* (VSF) werden Darstellungstypen mittels zweier eigener Sprachen, der *Text Definition* und der *Graphics Definition Language*, auf der Basis des zugrundeliegenden konzeptionellen Datenschemas definiert [vgl. Pocock 1991; VSF 1991; Abschnitt 3.3.2]. In jedem Fall ist ein graphisches Beispiel zu jedem Darstellungstyp in der Methodenbeschreibung wie in Abb.5.8 zu erstellen.

Die Darstellungstypen können, entsprechend den Ergebnissen, weiter zerlegt werden. Allerdings gilt die unten aufgeführte Integritätsbedingung zwischen der Zerlegung von Ergebnissen und den zugehörigen Darstellungstypen. Fassen wir die Objekttypen des Beschreibungsmodells als Mengen und die Beziehungen als Relationen über diesen Mengen auf, so können wir Integritätsbedingungen im Modell in Form eines prädikatenlogischen Ausdruckes formulieren:

$(\forall$ E1, E2 $\in$ ERGEBNIS) $(\forall$ D1, D2 $\in$ DARSTELLUNGSTYP) ((E1 "besteht aus" E2) $\wedge$ (E1 "ist vom Typ" D1) $\wedge$ (E2 "ist vom Typ" D2) $\Rightarrow$ (D1 "besteht aus" D2)) .

In Worten ausgedrückt bedeutet das, daß die Komponenten eines weiter zerlegten Ergebnisses einen Darstellungstyp haben, der zu dem Darstellungstyp des übergeordneten Ergebnisses gehören muß. Dies kann im MERET-Modell als *Modellintegrität* (vgl. 5.4.1) in Form einer Regel mit Bedingungen und Konklusionen abgelegt werden.

METAMODELL-OBJEKT

Um die Ergebnisse und ihre Darstellungskomponenten in einer Methode besser zu verstehen, hat sich in den letzten Jahren in der Analyse von CASE-Methoden das Konzept der Metamodelle verbreitet und ist teilweise Bestandteil der Methodenbeschreibungen geworden (vgl. Kapitel 4). Das METAMODELL einer Entwicklungsmethode ist das konzeptionelle Datenmodell der Entwurfsergebnisse der Methode [vgl. Gutzwiller 1994; Olle et al. 1991, S. 9]. Ein Ergebnis hat eine Sicht auf das Metamodell, d.h. die entsprechenden Metamodell-Objekte werden in dem Ergebnis modelliert.

In den letzten Jahren hat sich die Entwicklung von Metamodellen von Software-Entwicklungsmethoden als Werkzeug zur Offenlegung der Methode und als Basis eines Vergleiches durchgesetzt [vgl. Olle et al. 1991; CCTA 1989; Smolander et al. 1991; Österle/Gutzwiller 1992; Hewett/Durham 1989; Rock-Evans/Engelien 1989; Färberböck/Gutzwiller/Heym 1991]. Einige Methoden, z.B. ISOTEC oder Navigator, haben bereits das zugrundeliegende Metamodell ihrer Methode in den Handbüchern veröffentlicht. In ISOTEC stellt das Metamodell sogar den Kernpunkt der Beschreibung dar, anhand dessen die Semantik der einzelnen Techniken und Entwicklungsergebnisse beschrieben wird (vgl. 4.2.4).

Zu einer vollständigen Methodenbeschreibung gehört zwingend die Beschreibung der konzeptionellen Objekttypen, Beziehungen und Attribute der Entwicklungsergebnisse. Insbesondere für den Aufbau und die Nutzung einer gemeinsamen Entwicklungsdatenbank für die verschiedenen Werkzeuge, wie Analyse- und Design-Werkzeuge, Projektmanagement-Werkzeuge, Programm- und Dialoggeneratoren, Compiler und Linker oder Bibliothekenverwaltungssysteme, ist die Beschreibung der konzeptionellen Datenmodelle der verschiedenen Werkzeuge unerläßlich. Die Integration dieser Werkzeuge kann auf der Basis dieser Metamodelle anhand gemeinsamer Objekttypen und Attribute beurteilt werden. Insbesondere ist hier der AD/Cycle-Ansatz der IBM mit ihrem *AD Information Model* zu nennen, das die grobe Repository-Struktur für die verschiedenen *Cross-Life-Cycle*-Werkzeuge innerhalb der Applikations-Entwicklungs-Plattform beschreibt [vgl. IBM 1991].

META-ENTITÄTSTYP — META-ATTRIBUT — META-BEZIEHUNG

Das Metamodell wird in unserem Beschreibungsmodell als Entity-Relationship-Modell beschrieben [vgl. Chen 1976]. Wir unterscheiden bei einem METAMODELL-OBJEKT Meta-Entitätstypen, -Beziehungen und -Attribute. Ein META-ENTITÄTSTYP ist ein konzeptioneller Objekttyp eines Entwicklungsergebnisses, dessen Eigenschaften durch META-ATTRIBUTE näher beschrieben werden.

Eine META-BEZIEHUNG beschreibt eine Beziehung zwischen genau zwei Meta-Entitätstypen durch den Namen und die Kardinalitäten der Beziehung. Bei der Entwicklung der Metamodelle verschiedener ISE-Methoden im Rahmen der zweijährigen Arbeiten im CC RIM ergaben sich für die Analyse und das logische Design sehr komplexe Metamodelle mit bis zu 80 Entitätstypen und 150 Beziehungen [vgl. Barthmes 1990, 1991]. Diese Komplexität machte eine weitere Unterscheidung der Meta-Entitätstypen wie auch eine Sichtenbildung auf das Metamodell notwendig.

PERSPEKTIVE

Das MERET-Modell bietet die Möglichkeit, das Metamodell in verschiedene Perspektiven einzuteilen. Entsprechend den Entwicklungsergebnissen können z.B. die

Meta-Entitätstypen und -Beziehungen in eine *daten-*, *funktions-* und *verhaltensorientierte* Perspektive eingeteilt werden [vgl. Olle et al. 1991, S. 52ff.]. Eine andere Perspektive ergibt sich aus Sicht des Lebenszyklus, wonach das Metamodell z.B. in Analyse, Design und Konstruktionsdesign unterteilt werden kann. Die Perspektive dient der Aufteilung des Metamodells in verschiedene, individuelle und zweckgebundene Sichten, die für die Darstellung, die Kommunikation und zur Komplexitätsreduzierung notwendig sind.

FUNDAMENTAL — STRUKTURELL — SPEZIALISIERUNG — ASSOZIATIV — VORDEFINIERT

Bei der Erarbeitung eines Referenz-Metamodells im CC RIM, das als Basis für den Vergleich der verschiedenen Methoden herangezogen wurde, ergab sich die im folgenden beschriebene Klassifikation der Meta-Entitätstypen in fünf weitere Typen [vgl. Österle/Gutzwiller 1992, S. 52].

Ein FUNDAMENTALER Meta-Entitätstyp ist ein konzeptioneller Objekttyp, der unabhängig von allen anderen Entitätstypen im Metamodell existiert. Ein STRUKTURELLER Meta-Entitätstyp ist ein Entitätstyp, der durch Auflösung (Normalisierung) einer rekursiven Aggregationsbeziehung entsteht und die Struktur eines fundamentalen Entitätstyps beschreibt [vgl. Lindtner 1992, S. 32]. Ein ASSOZIATIVER Meta-Entitätstyp entsteht durch Auflösung einer komplexen horizontalen Beziehung zwischen zwei fundamentalen Entitätstypen (vgl. 2.3). Ein SPEZIALISIERUNGS-Meta-Entitätstyp ist ein Subtyp eines fundamentalen oder eines anderen Subtyps. Durch die Spezialisierung der Meta-Entitätstypen lassen wir die Modellierung von einfachen Vererbungshierarchien von Objekttypen zu. Alle drei vorher genannten Meta-Entitätstypen existieren nur in Abhängigkeit von einem zugrundeliegenden, fundamentalen Entitätstyp. Ein VORDEFINIERTER Meta-Entitätstyp ist ein Entitätstyp mit festgelegten Entitäten oder Ausprägungen, z.B. zur weiteren Klassifizierung anderer Entitätstypen. Im Rechnungswesen werden etwa die Zahlungskonditionen eines Kunden (15, 30, 60 Tage) als vordefinierte Entitätstypen modelliert (Codetabellen).

Kommen wir auf das Beispiel der Beschreibung eines Datenflußdiagrammes zurück. Wir haben zuvor die einzelnen Darstellungskomponenten eines Datenflußdiagrammes in SSADM kennengelernt. Es besteht natürlich ein Zusammenhang zwischen den Darstellungs-Komponenten eines Ergebnisses und den entsprechenden Metamodell-Objekten dieses Ergebnisses. Diesen Zusammenhang wollen wir anhand des in Abb.5.9 dargestellten Metamodell-Ausschnitts für das Datenflußdiagramm in SSADM aufzeigen [vgl. CCTA 1990a, Vol. 2, S. RA-DFM-1ff.].

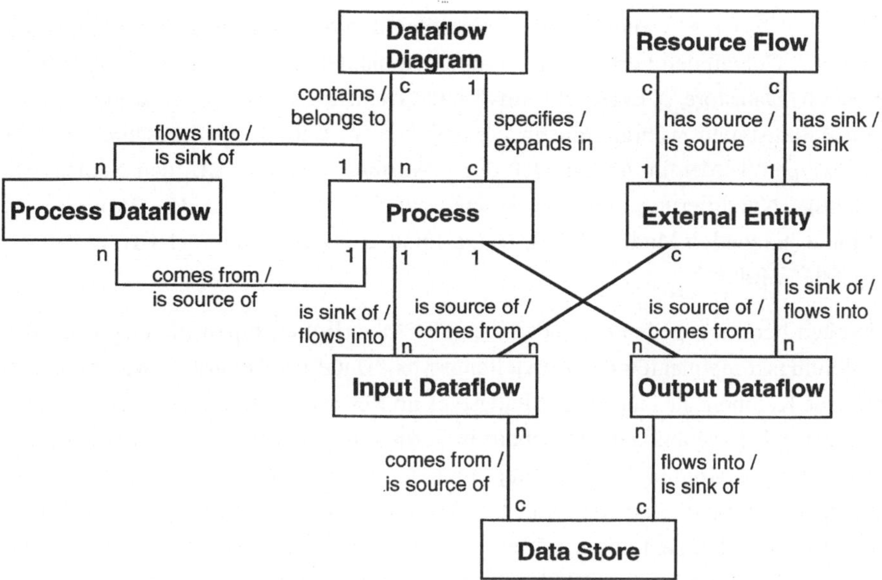

Abb.5.9: Metamodell-Ausschnitt für die Datenflußmodellierung

Wie bereits bei den Darstellungs-Komponenten gesehen, unterscheidet SSADM zwischen vier verschiedenen, konzeptionellen Datenflüssen (*Dataflow*). Als erstes gibt es den Datenfluß zwischen zwei Prozessen, in Abb.5.9 als Meta-Entitätstyp "Process Dataflow" gekennzeichnet. Die nächsten beiden Datenflüsse werden danach unterschieden, ob sie von einem "Process" ausgehen oder ob sie zu einem "Process" fließen. Ein "Input Dataflow" beschreibt jede Kategorie von Informationen und Daten, die entweder von einer "External Entity" oder von einem "Datastore" kommen und genau zu einem "Process" fließen. Auf der anderen Seite beschreibt ein "Output Dataflow" einen Datenfluß von einem "Process" zu einer "External Entity" oder zu einem "Datastore". Als vierter Datenfluß kommt der Fluß von physischen Ressourcen ("Resource Flow") zwischen zwei "External Entities" im Metamodell vor.

Eine "External Entity" ist eine Organisationseinheit, eine Benutzergemeinschaft, ein Informationssystem, ein Kunde oder Lieferant, die alle außerhalb des Untersuchungsbereichs der gegenwärtigen Analyse liegen, aber dennoch mit dem zu spezifizierenden System interagieren. Ein "Datastore" steht für eine Kategorie von auf Dauer gespeicherten Daten.

SSADM unterscheidet "Prozesse" und "elementare Prozesse", die nicht weiter zerlegt werden. Datenflußdiagramme dienen in SSADM der weiteren Spezifikation von Prozessen und existieren daher auf mehreren Detaillierungsebenen. Im Metamodell besteht einerseits ein "Dataflow Diagram" aus mehreren "Processes", und andererseits kann jeder "Process" weiter spezifiziert werden durch ein entsprechendes "Dataflow Diagram". Gemäß den vorherigen Definitionen handelt es sich bei den Entitätstypen "Process", Datastore", "External Entity" und "Dataflow Diagram" um fundamentale Meta-Entitätstypen, während die anderen assoziative Entitätstypen beschreiben. Alle Entitätstypen werden im Metamodell durch Attribute erläutert, z.B. den Namen, eine eindeutige Numerierung und eine Beschreibung. Ferner besitzt der "Process" die Attribute "Execution Mode" (*Batch, Online*) und "Location", d.h. der Ort, an dem er ausgeführt wird.

Wie oben bereits angedeutet, finden sich alle Meta-Entitätstypen in entsprechenden Darstellungskomponenten des Darstellungstyps "Dataflow Diagram" wieder. Daher stellt jede Komponente eines Darstellungstyps im Referenz-Beschreibungsmodell einen entsprechenden Metamodell-Ausschnitt in Form von Entitätstypen, Beziehungen und bestimmten Attributen in den Diagrammen dar. In einer CASE-Entwicklungsumgebung werden die konkreten Daten der Darstellungsdiagramme in Tabellen der entsprechenden konzeptionellen Metamodell-Objekte abgelegt. Die Darstellungs-Komponente "Dataflow" in Abb.5.8 stellt die drei Meta-Entitätstypen "Process Dataflow", "Input Dataflow" und "Output Dataflow" und das Attribut "Name" durch einen schwarzen, gerichteten Pfeil im Datenflußdiagramm dar.

ERGEBNISTYP — METHODENFOKUS — DESKRIPTOR

Wie bereits bei den Akteuren im vorherigen Abschnitt eingeführt, wollen wir das Deskriptorenschema für die Klassifikation von anderen Beschreibungsobjekttypen verwenden. Dazu können in Abhängigkeit vom Methodenfokus in dieser Sicht verschiedene Ergebnistypen definiert werden. Innerhalb der untersuchten Software-Entwicklungsmethoden im Rahmen des CC RIM (Methodenfokus "System-Spezifikation" in Abb.5.3) haben wir die Ergebnisse nach folgenden Eigenschaften klassifiziert:

- *Spezifikation*:
  Alle Dokumente, Diagramme, Notizen, Anforderungsbeschreibungen, die das zukünftige Informationssystem hinsichtlich Hard- und Software als auch organisatorisch beschreiben, zählen zu den Spezifikationsergebnissen. Darunter fallen auch Pseudocode, Programmteile oder Datenbankspezifikationen.
- *Planung*:
  Unter die Planungsergebnisse fallen alle Dokumente, die der Planung und der Kontrolle des Projektes dienen, z.B. Projektpläne, Funktionendiagramme, Meilensteinlisten oder Ressourcen- und Kapazitätsplanungen.
- *Entscheidung*:
  Ein besonderes Ergebnis einer Aktivität sind Entscheidungen über die weitere Abwicklung des Projektes oder über die Auswahl einer Variante in der

Systementwicklung. Dazu zählen z.B. auch die Phasenfreigabe-Entscheidungen oder die Genehmigung einer Spezifikation durch den Benutzer-Verantwortlichen.

- *Bericht*:
  Im Rahmen der Dokumentation und des *Commitments* seitens des Fachbereiches und der Unternehmensführung ist es üblich, den Stand der Entwicklung in Form von Status- oder Abschlußberichten zu dokumentieren. Dazu ist es in der Regel notwendig, bestehende Dokumente neu aufzuarbeiten und in neue Dokumente zusammenzufassen.
- *Antrag*:
  Wir betrachten als spezielle Ergebnisse während der IS-Entwicklung die Anträge, die der Projektführung dienen, z.B. zur Genehmigung der Vorstudie, des Projektauftrags oder spezielle Phasenfreigabe-Anträge. Anträge ziehen immer eine Entscheidung nach sich und werden immer in Meilensteinen berücksichtigt.

Ziel dieser Ergebnistypen ist es wiederum, verschiedene Sichten auf die Methoden-Ergebnisse zu bilden und gewisse Ergebnistypen bei der Methoden-Visualisierung in Abhängigkeit von dem Betrachter ausblenden zu können.

5.4.6 Prozeßabhängigkeit

Die nächsten beiden Kapitel gehen auf die Repräsentation verschiedener Typen von Vorgehensmodellbeschreibungen ein. Dabei sollen u.a. explizite Vorgehensmodelle wie das klassische Wasserfallmodell, iterative Vorgehensmodelle wie das Spiralmodell [vgl. Boehm 1988] oder Prototyping-orientierte Modelle [vgl. Overmyer 1990] als auch sogenannte *Entity Process Models* [vgl. Humphrey 1990, S. 276ff.] im Referenz-Beschreibungsmodell darstellbar sein.

Zur Spezifikation des Vorgehens innerhalb einer Methode als auch innerhalb einer Technik schlagen wir als eines der drei Konzepte die Modellierung von *Prozeßabhängigkeiten* vor. Andere Ansätze wie das *Conceptual Task Model* (CTM) [vgl. Brinkkemper 1990, S. 117ff.], FUNSOFT-Netze [vgl. Gruhn 1991b, S. 49-124] oder der Ansatz des *Software Engineering Institute* in [Kellner 1991] wurden bereits ausführlich in Abschnitt 3.3 studiert. In diesem Abschnitt werden wir das Konzept der Prozeßabhängigkeiten detailliert durch ein semantisches Modell beschreiben und im nächsten Abschnitt auf die beiden weiteren Konzepte der *Ergebnisverwendung* und des *Ergebnisflusses* eingehen. Später in Kapitel 7 wird darauf aufbauend erläutert, wie diese Konzepte die Möglichkeit bieten, Vorgehensmodelle in Form von Ablaufdiagrammen zu spezifizieren und graphisch durch Editoren zu unterstützen.

Zeitliche Beziehungen zwischen zwei Prozessen lassen sich prinzipiell in *relative* und *absolute* Zeitrelationen unterscheiden. In [Sathi/Fox/Greenberg 1985, S. 542ff.] werden sieben verschiedene zeitliche Relationen zwischen zwei Prozessen unterschieden, z.B. die vollständige Überlagerung, gleicher Startzeitpunkt, gleicher Endzeitpunkt oder die verschiedenen Überlappungen der beiden Prozesse.

Da absolute Zeitrelationen von Aktivitäten, z.B. durch die Abbildung auf eine Zeitachse, nur für das konkrete Projektmanagement auf der unteren Ebene der drei Beschreibungsebenen in Abb.5.1 benötigt werden, können wir uns im Rahmen dieser Arbeit auf die Berücksichtigung relativer Zeitrelationen beschränken. Ferner kann bei der Modellierung von relativen Zeitabhängigkeiten die Betrachtung auf den Startzeitpunkt eines Prozesses eingeschränkt werden, da der Endzeitpunkt eines Prozesses nur in einer absoluten Zeitbetrachtung von Bedeutung ist. Für den relativen Zeitbegriff läßt sich der Endzeitpunkt eines Prozesses über den Startzeitpunkt der nachfolgenden Prozesse modellieren.

Relative Zeitrelationen lassen sich durch Abhängigkeits- oder Ablaufbeziehungen zwischen den einzelnen Prozessen abbilden [vgl. Sathi, Fox, Greenberg 1985, S. 545]. Eine Abhängigkeitsbeziehung hat auch immer eine zeitliche Beziehung der betreffenden Prozesse zur Folge. Somit können mit dem Konzept der *Abhängigkeit* oder der Kausalität alle relativen zeitlichen Bedingungen zwischen Prozessen im Modell formuliert werden.

Anhand des graphischen Beispiels in Abb.5.10 sollen die verschiedenen Konzepte zunächst erläutert und später ins MERET-Modell integriert werden.

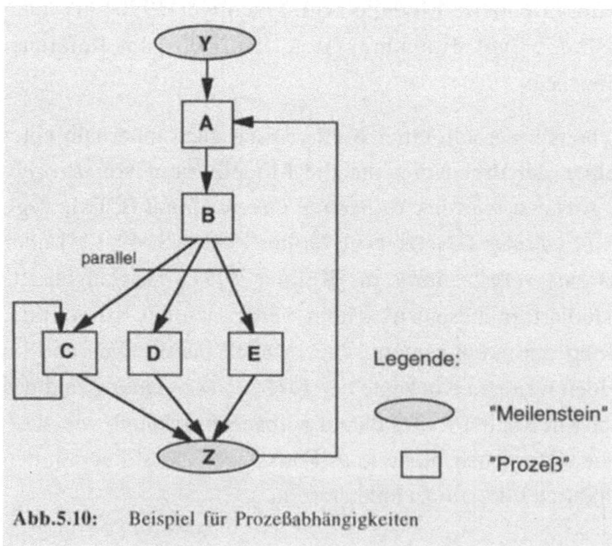

Abb.5.10: Beispiel für Prozeßabhängigkeiten

Als Bestandteile einer Methode haben wir bereits Meilensteine und Prozesse kennengelernt, die in Phasen und Aktivitäten zerfallen (vgl. Abb.5.5). Das obige Beispiel zeigt die Abhängigkeiten zwischen Meilensteinen und Prozessen. Startpunkt eines konkreten Vorgehens in Abb.5.10 ist der Meilenstein Y, der z.B. gewisse vorherige Aktivitäten synchronisiert und die bis dahin entwickelten Dokumente konsolidiert oder eine Entscheidung über den weiteren Ablauf des Projektes bedeutet.

Wie im nächsten Abschnitt genauer erläutert wird, betrifft ein Meilenstein die Fertigstellung gewisser Ergebnisse und damit z.B. auch Entscheidungen über die Annahme von Projektanträgen. Ein Pfeil im obigen Diagramm kennzeichnet entweder eine direkte Abhängigkeit zwischen zwei Prozessen oder zwischen einem Meilenstein und einem Prozeß. Ein Meilenstein kann im Unterschied zu einem Prozeß nicht ausgeführt werden kann, sondern ist als Bedingung für den weiteren Ablauf des Projektes zu verstehen (vgl. 5.4.3).

Im Beispiel in Abb.5.10 kann nach der Erfüllung des Meilensteins Y der Prozeß A ausgeführt werden. Nach Beendigung des Prozesses A kann mit dem Prozeß B begonnen werden. Anschließend soll der Prozeß C parallel zu den beiden Prozessen D und E ausgeführt werden. Der Prozeß C kann mehrfach iteriert werden, wie dies z.B. bei einem Prototyping-orientierten Vorgehen für die Berücksichtigung aller Benutzeranforderungen der Fall ist. Die Zusammenführung der Ergebnisse erfolgt im Meilenstein Z, bei dem alle Prozesse enden und die entsprechenden Resultate vorliegen. Um verschiedene Varianten zu entwickeln oder um die Qualität der Entwicklungsergebnisse zu verbessern, kann der ganze Ablauf nochmals durch den Rücksprung zum Prozeß A durchlaufen werden.

Dieses Beispiel zeigt grob die Intention einer Prozeß-Abhängigkeitsmodellierung. Im folgenden werden die einzelnen Konzepte und deren Repräsentation als Objekttypen im Referenz-Beschreibungsmodell erläutert.

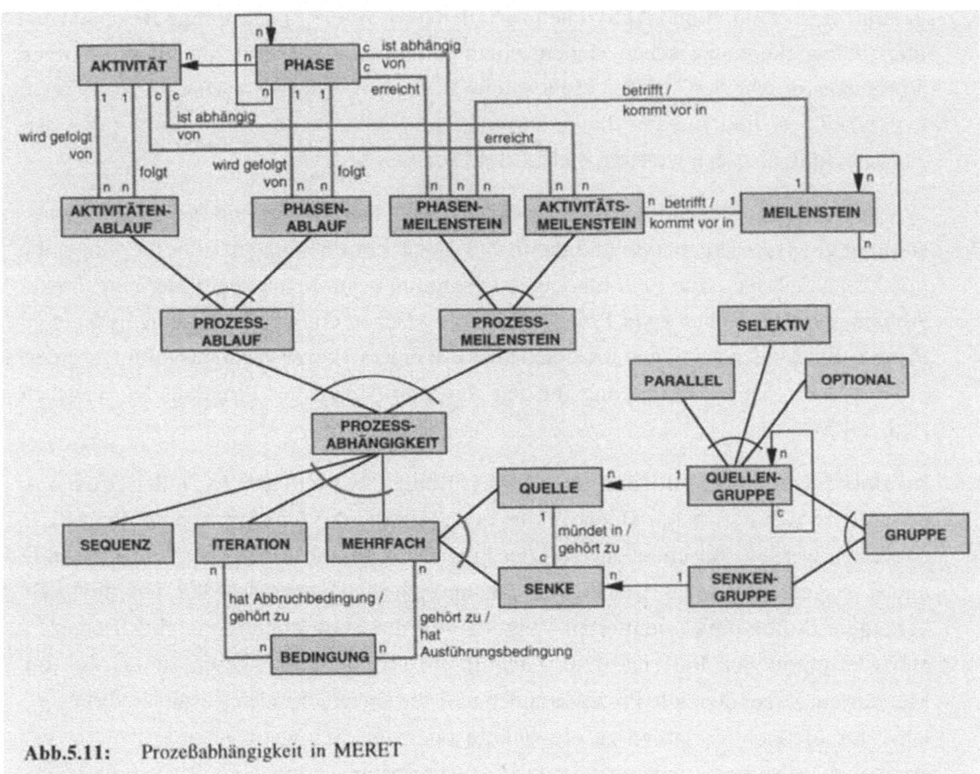

Abb.5.11: Prozeßabhängigkeit in MERET

AKTIVITÄTENABLAUF — PHASENABLAUF — PROZESSABLAUF

Aktivitäten und Phasen können in eine direkte Kausalitäts- oder Ablaufbeziehung gebracht werden. Der AKTIVITÄTENABLAUF dient der Modellierung von direkten (gerichteten) Abhängigkeiten zwischen zwei Aktivitäten zur Beschreibung des zeitlichen Ablaufs. Damit bildet der Aktivitätenablauf eine geordnete Relation auf der Menge der Aktivitäten mit einer vorgelagerten und einer direkt nachgelagerten Aktivität. Es werden nur zwei direkt voneinander abhängige Aktivitäten in Beziehung gesetzt[1].

Durch das Bilden der transitiven Hülle (siehe genauer später bei der Prozeßabhängigkeit) dieser Relation erhält man sämtliche Abhängigkeiten einer Aktivität. Der PHASENABLAUF beschreibt die Abhängigkeit zweier direkt aufeinanderfolgender Phasen. Beide Konzepte lassen sich in den PROZESSABLAUF in Abb.5.11 generalisieren.

---

1 Da die Anti-Symmetrie (a folgt b $\wedge$ b folgt a $\Rightarrow$ a = b) der Relation nicht gilt, handelt es sich bei der Prozeßabhängigkeit um keine Halbordnung auf der Menge der Prozesse.

Im vorher beschriebenen Beispiel ergeben sich folgende Tupel von Prozeßabläufen: (A, B), (B, C), (B, D), (B, E). Je nachdem, ob es sich bei den einzelnen Prozessen um Aktivitäten oder um weiter zerlegbare Phasen handelt, sind diese entweder Aktivitäts- oder Phasenabläufe. Wie aus dem Modell zu erkennen ist, lassen wir nur Ablaufbeziehungen zwischen zwei Prozessen auf demselben Aggregationsniveau zu. Zum Beispiel ist es nicht erlaubt, eine Aktivität als Nachfolger einer Phase zu definieren. Die Verträglichkeit der Ablauf- und der Aggregationsbeziehung von Prozessen wird am Ende dieses Abschnittes genauer diskutiert.

PHASEN-MEILENSTEIN — AKTIVITÄTS-MEILENSTEIN — PROZESS-MEILENSTEIN

Für die Einordnung der Meilensteine in das Vorgehen einer Methode definieren wir PHASEN-MEILENSTEINE, die die Beziehungen zwischen einer Phase und einem Meilenstein beschreiben. Entweder ist ein Meilenstein die Voraussetzung für den Eintritt in die nächste Phase, so daß die Phase dem Meilenstein *folgt*, oder der Meilenstein dient als Abschluß der Phase, so daß der Meilenstein der Phase *folgt*. Dieselbe Semantik liegt dem AKTIVITÄTS-MEILENSTEIN für die Beziehungen zwischen Aktivitäten und Meilensteinen zugrunde. Beide Objekttypen lassen sich zu dem PROZESS-MEILENSTEIN generalisieren, der direkt vor- und nachgelagerte Meilensteine eines Prozesses definiert. Im Beispiel in Abb.5.10 ergeben sich folgende Prozeß-Meilensteine: (Y, A), (C, Z), (D, Z), (E, Z).

PROZESSABHÄNGIGKEIT — SEQUENZ — ITERATION — MEHRFACH — QUELLE — SENKE

Die beiden Objekttypen Prozeßablauf und Prozeß-Meilenstein werden zur PROZESS-ABHÄNGIGKEIT generalisiert, um verschiedene Typen von Abhängigkeit zu unterscheiden. Wie bereits im vorherigen Beispiel gesehen, können die Abhängigkeitsbeziehungen zwischen zwei Prozessen wie auch zwischen Prozessen und Meilensteinen unterschiedlicher Art sein. So sind im Beispiel in Abb.5.10 die Prozeßabhängigkeiten (Y, A) und (A, B) sequentielle Abhängigkeiten, (B, C), (B, D), (B, E) parallele Abhängigkeiten, und (C, C), (Z, A) sind sogenannte Iterationen.

Im folgenden werden die verschiedenen Prozeßabhängigkeiten und die abgeleiteten Objekttypen des Modells genauer formalisiert. Dies ist an dieser Stelle notwendig, da die in Kapitel 7 näher erläuterte Werkzeugunterstützung eine exakte Semantik zur Unterstützung und Überprüfung der Prozeßabhängigkeits-Modellierung erfordert. Wir fassen zunächst die Objekttypen des MERET-Modells wiederum als Mengen mit entsprechenden Namen auf. Für die exaktere Beschreibung und eine erleichternde Schreibweise führen wir folgende Definitionen ein:

(a) Ein Prozeß B *folgt direkt* A $\Leftrightarrow_{\text{Def.}}$ B ist *direkt* von A *abhängig* $\Leftrightarrow_{\text{Def.}}$
$A \rightarrow B \Leftrightarrow_{\text{Def.}} (A, B) \in \text{PROZESSABHÄNGIGKEIT}$

(b) Ein Prozeß B ist von A aus *erreichbar* $\Leftrightarrow_{\text{Def.}}$
B ist *relativ* von A *abhängig* $\Leftrightarrow_{\text{Def.}}$
$A \rightarrow^{*} B \Leftrightarrow_{\text{Def.}} (A \rightarrow B) \vee (\exists\, n \in N)$
$((\forall\ i = 1, .., n\text{-}1)\ (\exists\, C_i \in (\text{PROZESS} \cup \text{MEILENSTEIN}))$
$(A \rightarrow C_1, C_i \rightarrow C_{i+1}, C_n \rightarrow B))$

(c) Der *Prozessabhängigkeitsgraph* G ist definiert als der gerichtete Graph mit den Prozessen und Meilensteinen als Knoten und allen Prozeßabhängigkeitsrelationen des Modells als gerichtete Kanten:
$G =_{\text{Def.}} (\text{PROZESS, PROZESSABHÄNGIGKEIT})$.

In Anlehnung an Jackson [vgl. Cameron 1986] zeigt die folgende Abb.5.12 die verschiedenen Prozeßabhängigkeiten, die zwischen Prozessen und Meilensteinen im MERET-Modell unterschieden werden (vgl. auch *orderings* in MASP in [Derniame et al. 1992, S. 181]).

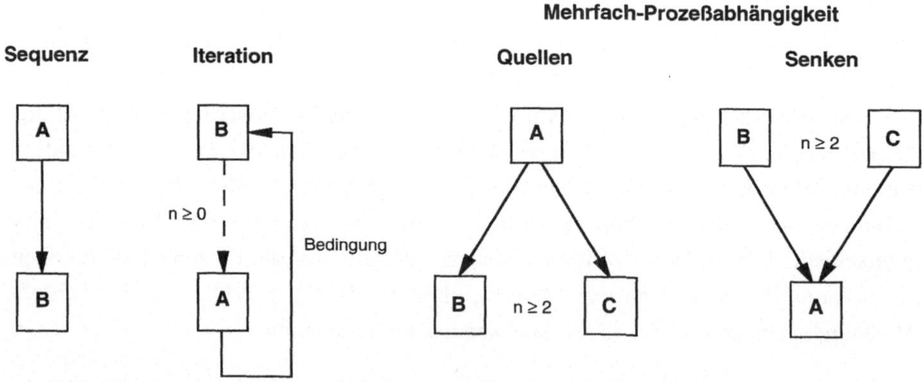

Abb.5.12: Prozeßabhängigkeiten

Dabei seien A, B beliebige Prozesse oder Meilensteine, und ein Pfeil in Abb.5.12 drückt die entsprechende Prozeßabhängigkeit aus. Wir unterscheiden folgende Prozeßabhängigkeiten:

(a) Als erste Abhängigkeit können A und B in einer SEQUENZ zueinander stehen, d.h. B folgt direkt A, und es gibt keine weiteren Prozesse oder Meilensteine, die in

direkter Abhängigkeit zu A stehen. Genauer ergibt sich die einelementige Menge der Sequenz von A als:
$\text{SEQUENZ (A)} =_{\text{Def.}} \{(A, B) \mid A \rightarrow B \wedge (\forall C \in (\text{PROZESS} \cup \text{MEILENSTEIN}))\, ((A, C) \notin \text{PROZESSABHÄNGIGKEIT})\}$.
Die Menge aller Sequenzen im Modell erhält man durch:
$\text{SEQUENZ} =_{\text{Def.}} \bigcup_{X \in (\text{PROZESS} \cup \text{MEILENSTEIN})} \text{SEQUENZ (X)}$.

(b) Als zweite Prozeßabhängigkeit unterscheiden wir die ITERATION. Eine Iterations-Abhängigkeit zwischen (A, B) bedeutet anschaulich, daß von A aus zu einem vorherigen Prozeß B zurückgesprungen wird, um eine Iteration der zwischen A und B liegenden Prozesse durchzuführen. Als ein Spezialfall tritt die Iteration eines einzelnen Prozesses (A, A) auf. Für jede Iteration ist eine Abbruchbedingung zu definieren. Diese Bedingungen können sich sowohl auf die Qualität der Ergebnisse als auch auf die Zufriedenheit der beteiligten Akteure oder auf andere Prozesse beziehen.
Iterationen können zur Festlegung eines prototypischen Vorgehens verwendet werden, bei dem Verfeinerung und Qualitätssteigerung *derselben* Ergebnisse in mehreren iterativen Abläufen erreicht wird. Für das Entwickeln von verschiedenen Lösungsvarianten werden während der Iteration dieselben Prozesse mehrfach durchlaufen, um die *gleichen* Ergebnisse für die verschiedenen Varianten zu erzeugen. Für jede Iteration ist der Grund bei der Iterations-Abhängigkeit zu beschreiben.
Genauer bedeutet eine Iteration im MERET-Modell, daß eine gerichtete, zyklische Prozeßabhängigkeit (Kreis) zwischen zwei nicht notwendig verschiedenen Prozessen oder Meilensteinen besteht. Formal können wir die Menge aller Prozeß-Iterationen vom Prozeß A aus wie folgt schreiben:
$\text{ITERATION (A)} =_{\text{Def.}} \{(A, B) \mid A \rightarrow B \wedge (A \neq B \Rightarrow B \rightarrow^{*} A)\}$.
Die Menge aller Iterationen im Modell erhält man durch die Vereinigung aller Prozeß-Iterationen. Sie besteht aus allen Prozeßabhängigkeitstupeln, die innerhalb des Modells auf einem gerichteten Kreis liegen:
$\text{ITERATION} =_{\text{Def.}} \bigcup_{X \in (\text{PROZESS} \cup \text{MEILENSTEIN})} \text{ITERATION (X)}$.
Alle diejenigen Iterationen, die nicht parallel zu einer anderen Prozeßabhängigkeit auftreten (Mehrfach-Prozeßabhängigkeit), sind gleichzeitig auch Sequenzen.

(c) Der dritte Typ ist die MEHRFACH-Prozeßabhängigkeit. Darunter verstehen wir die Abhängigkeit mindestens zwei verschiedener Prozesse von ein und demselben Prozeß oder Meilenstein. Genauer können wir Mehrfach-Abhängigkeiten danach unterscheiden, ob sie von einem Prozeß oder Meilenstein wegführen und somit die

QUELLE einer Verzweigung im entsprechenden Prozeßabhängigkeitsgraphen G bilden, oder ob sie zu ihm hinführen und damit die SENKE eines Verzweigungsweges in G darstellen. Zu einer Quelle gibt es mehrere Prozeßabhängigkeiten mit einem gemeinsamen vorangehenden Prozeß. Um eine Senke handelt es sich, falls es mehrere Prozeßabhängigkeiten mit demselben nachfolgenden Prozeß gibt. Genauer läßt sich dies wie folgt formulieren.

Seien A, B $\in$ (PROZESS $\cup$ MEILENSTEIN):

QUELLE (A) $=_{\text{Def.}} Q_A =_{\text{Def.}} \{(A, B) \mid A \rightarrow B \wedge (\exists\, C \neq B)(A \rightarrow C)\}$,

SENKE (B) $=_{\text{Def.}} S_B =_{\text{Def.}} \{(A, B) \mid A \rightarrow B \wedge (\exists\, C \neq A)(C \rightarrow B)\}$.

In einer Quelle (A) oder Senke (A) kann durchaus eine Prozeß-Iteration von A enthalten sein.

MEHRFACH (A) $=_{\text{Def.}}$ QUELLE (A) $\cup$ SENKE (A).

Eine Prozeßabhängigkeit kann im Spezialfall gleichzeitig Quelle und Senke eines Weges der Länge Null sein.

QUELLENGRUPPE — SENKENGRUPPE

Wie schon bei der parallelen Verzweigung des Beispiels in Abb.5.10 gezeigt, kann bei einer Verzweigung eines Prozesses die genauere Bedeutung durch die *Art* der Verzweigung modelliert werden. Betrachten wir hierzu nochmals das etwas modifizierte vorherige Beispiel.

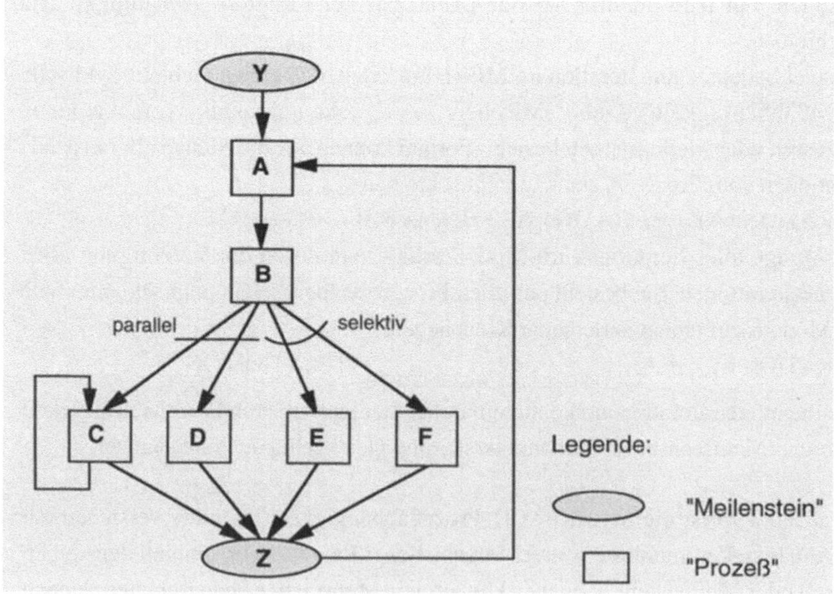

Der Unterschied zu Abb.5.10 liegt darin, daß ein weiterer Prozeß F dazugekommen ist und die Prozesse C und D nun parallel und die beiden Prozesse E und F selektiv zu den anderen beiden ausgeführt werden können. D.h. neben den parallel verlaufenden Prozessen C und D muß einer der Prozesse E oder F selektiert und ausgeführt werden. Im obigen Beispiel sind (B, C), (B, D), (B, E), (B, F) Quellen und (C, Z), (D, Z), (E, Z), (F, Z), (Y, A), (Z, A) Senken. Alle Prozeßabhängigkeitstupel außer (Y, A) sind Iterationen, da sie auf gerichteten Kreisen liegen.

Um verschiedene Bedeutungen bei der Verzweigung eines Prozesses definieren zu können, ist es notwendig, die Quellen-Abhängigkeiten eines bestimmten Prozesses in verschiedene Gruppen mit unterschiedlicher Semantik aufzuteilen. Im obigen Beispiel erhalten wir daher die beiden Quellengruppen $Q^p{}_B$ ={(B, C), (B, D)} und $Q^s{}_B$ = {(B, E), (B, F)}, wobei $Q^p{}_B$ *parallele* und $Q^s{}_B$ nur *selektive* Prozeßabhängigkeiten von B aus enthält.

Die Senkengruppe umfaßt alle Verzweigungs-Abhängigkeiten, bei denen der nachfolgende Prozeß oder Meilenstein identisch ist. Es ist hier keine weitere Gruppierung notwendig, da die Abhängigkeiten bei den Senken keine Bedeutung haben. Für das obige Beispiel erhält man die Senkengruppen S_Z = {(C, Z), (D, Z), (E, Z), (F, Z)} und S_A = {(Y, A), (Z, A)}.

PARALLEL — SELEKTIV — OPTIONAL

Wie bereits in Abschnitt 3.3.1 näher erläutert, besitzt die Software Prozeßmodellierung starke Analogien zur Programmierung von Software selbst [vgl. Osterweil 1987]. Insbesondere sollen hier die Konstrukte zur Programmablaufbeschreibung auf die Prozeßabhängigkeitsmodellierung übertragen werden. In Anlehnung an die Kontrollkontrukte eines Kontrollbaumes bei Österle unterscheiden wir neben der bereits kennengelernten Sequenz und der Iteration die folgenden drei weiteren Prozeßabhängigkeiten [vgl. Österle 1981, S. 197ff.].

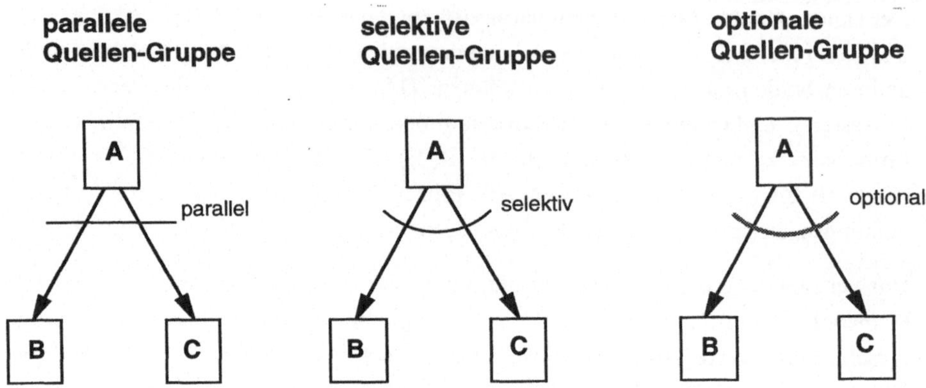

Abb.5.14: Verzweigungsarten einer Quellengruppe

Eine Quellengruppe besitzt eine der in Abb.5.14 dargestellten Verzweigungsarten für die Abhängigkeitsmodellierung von Prozessen:

(a) Es kann sich um eine PARALLELE Verzweigung von einem Prozeß A aus zu weiteren Prozessen B und C handeln; d.h. nach Beendigung von A werden B und C parallel ausgeführt. Wir führen folgende Schreibweise ein:
B folgt A *parallel* $\Leftrightarrow_{\text{Def.}}$
$A\ {}_p\!\!\rightarrow B \Leftrightarrow_{\text{Def.}} (A, B) \in Q_A \neq \varnothing \wedge (\forall\ (A, X) \in Q_A)$ (X muß nach Beendigung von A parallel zu den anderen Prozessen ausgeführt werden).
Damit erhält man für die *parallele Quellengruppe von A*:
$Q^p{}_A =_{\text{Def.}} \{(A, X) \mid A\ {}_p\!\!\rightarrow X\}$.

(b) Eine SELEKTIVE Verzweigung von A nach B ist eine Verzweigung, die zu einer Menge von Prozeßabhängigkeiten von A gehört, aus der genau eine der nachfolgenden Aktivitäten B oder C ausgewählt und ausgeführt werden muß. Es können für jede selektive Prozeßabhängigkeit Bedingungen für die Selektion angegeben werden. Damit erhält man:
B folgt A *selektiv* $\Leftrightarrow_{\text{Def.}}$
$A\ {}_s\!\!\rightarrow B \Leftrightarrow_{\text{Def.}} (A, B) \in Q_A \neq \varnothing \wedge (\forall\ (A, X_i) \in Q_A)\ (\exists\ n \in N)$ (X_n ist der einzige Prozeß, der nach Beendigung von A ausgeführt wird).
Damit erhält man für die *selektive Quellengruppe von A*:
$Q^s{}_A =_{\text{Def.}} \{(A, X) \mid A\ {}_s\!\!\rightarrow X\}$.

(c) Im Gegensatz zur Selektion kann bei einer OPTIONALEN Verzweigung eine beliebige Kombination der nachfolgenden Prozesse ausgeführt werden. Es besteht für jede Prozeßabhängigkeit in der Quellengruppe eine Bedingung, unter der diese Alternative ausgeführt wird. Damit erhält man:

B folgt A *optional* $\Leftrightarrow_{Def.}$

$A \;_o\!\!\rightarrow B \Leftrightarrow_{Def.} (A, B) \in Q_A \neq \emptyset \wedge (\forall\, (A, X) \in Q_A)$ (X kann nach Beendigung von A evtl. parallel zu anderen Prozessen ausgeführt oder nicht ausgeführt werden).

Damit erhält man für die *optionale Quellengruppe von A*:

$Q^o{}_A =_{Def.} \{(A, X) \mid A \;_o\!\!\rightarrow X\}$.

GRUPPE

Quellen- und Senkengruppe lassen sich in den Objekttyp GRUPPE generalisieren. Eine Gruppe besteht immer aus Mehrfach-Prozeßabhängigkeiten eines Prozesses. Ferner sollte jeder Quelle eine entsprechende Senke der Prozeßabhängigkeit zugeordnet werden, da sonst "Sackgassen" im Prozeßabhängigkeitsgraphen entstehen, die nie wieder mit den anderen Entwicklungsprozessen synchronisiert werden.

QUELLENGRUPPEN-AGGREGATION

Wir haben bereits im vorherigen Beispiel Quellengruppen mit verschiedenen Prozeßabhängigkeitstypen kennengelernt. Das nächste Beispiel in Abb.5.15 zeigt ein Beispiel gekoppelter Prozeßabhängigkeiten.

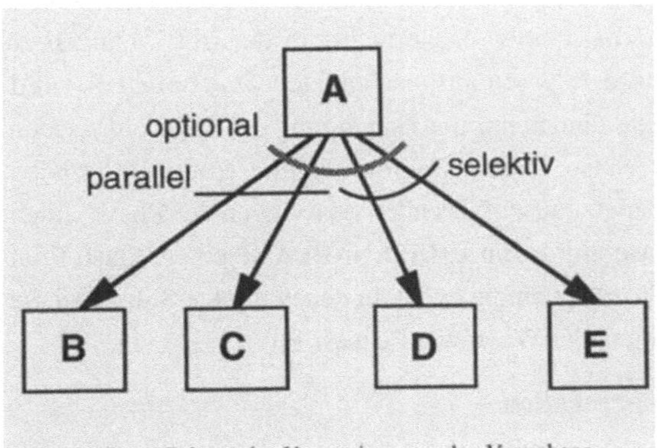

Abb.5.15: Gekoppelte Verzweigungen des Vorgehens

Vom Prozeß A aus kann optional die parallele Quellengruppe oder die selektive Quellengruppe ausgeführt werden. Das heißt, es können entweder die beiden Prozesse B und C und/oder einer der beiden Prozesse D oder E nach dem Prozeß A ausgeführt werden. Wir erhalten $Q^p{}_A = \{(A, B), (A, C)\}$ als *parallele* Quellengruppe und

$Q^s{}_A$ ={(A, D), (A, E)} als *selektive* Quellengruppe. Es wird eine weitere *optionale* Quellengruppe definiert, die nicht aus anderen Prozeßabhängigkeiten als Quellen besteht, sondern aus den beiden vorherigen Quellengruppen $Q^o{}_A = \{Q^p{}_A, Q^s{}_A\}$. Eine Quellengruppe besteht daher im MERET-Modell entweder aus Quellen bzw. Mehrfach-Prozeßabhängigkeiten oder aus anderen Quellengruppen desselben Prozesses. Damit können Prozeßabhängigkeiten beliebig miteinander kombiniert werden und einen komplexen Prozeßablauf definieren.

- **Verträglichkeit von Prozeßaggregation und Prozeßabhängigkeit**

Ein weiteres Problem taucht im MERET-Modell dadurch auf, daß wir sowohl die Aggregation als auch die Abhängigkeit von Prozessen zulassen. Es muß hier die Verträglichkeit der Aggregation von Prozessen mit dem Ablauf der Teilprozesse sichergestellt werden. Durch die Aggregationsbeziehung besteht eine implizite zeitliche Relation zwischen einem übergeordneten und seinen untergeordneten Prozessen .

Jeder Subprozeß liegt implizit innerhalb des Ausführungsintervalls der übergeordneten Phase (vgl. *during relation* in [Sathi/Fox/Greenberg 1985, S. 544]). Dieses bedeutet aber auch, daß kein Subprozeß vor der übergeordneten Phase beginnt. Damit können wir die Phasenabhängigkeiten über die Prozeßabhängigkeiten ihrer untergeordneten Prozesse definieren. Es können die Phasenabhängigkeiten in verschiedenen Aggregationsebenen unabhängig voneinander spezifiziert und dargestellt werden. Von einer Aggregationsstufe zur nächsten können überschneidungsfreie Abhängigkeitsdiagramme pro Phase gebildet werden, wie z.B. in Abb.5.16 dargestellt.

Um die Prozeßabhängigkeiten innerhalb einer Phase nicht "in der Luft" hängen zu lassen, definieren wir zu jeder Phase A einen ausgezeichneten *Startknoten* P_S und *Endknoten* P_e der Phase. Diese Punkte dienen nur der Darstellung des abgeschlossenen Prozeßabhängigkeitsgraphen einer Phase. Die zu Beginn der Phase auszuführenden Aktivitäten beginnen in P_S und die zuletzt auszuführenden Aktivitäten der Phase enden implizit mit der übergeordneten Phase in P_e. Ein PHASENABLAUF einer Phase P ist somit definiert als die Menge aller Prozeßabhängigkeiten, in denen direkte Sub-Prozesse von P vorkommen, oder als die Menge aller Wege von P_S nach P_e.

- **Prozeßiteration und Prozeßaggregation**

Außerdem können Phasen iteriert werden. Für die übergeordnete Phase P ist dann eine ITERATION (P, P) definiert mit einer Abbruchbedingung und einer genauen Beschreibung, um was für eine Iteration es sich handelt. Alle untergeordneten Prozesse von P sind nun aufgrund der impliziten Zeitbeziehung bei jeder Iteration der Phase P gemäß dem Phasenablauf von P_S bis P_e zu durchlaufen. Das Beispiel in Abb.5.16

verdeutlicht zusammenhängend die im MERET-Modell verankerten Konzepte zur Prozeßabhängigkeit.

Die Phase P besteht aus den direkt untergeordneten Sub-Prozessen A bis F. Ferner ergeben sich die Prozeßabhängigkeiten zwischen den Sub-Prozessen gemäß den Ausführungen vorher. Der Meilenstein Z ist auf der Detaillierungsebene der Subprozesse als Prozeßabhängigkeit definiert, während dem Meilenstein Y die Phase P folgt (Y, P) und P eine iterative Prozeßabhängigkeit (P, P) besitzt.

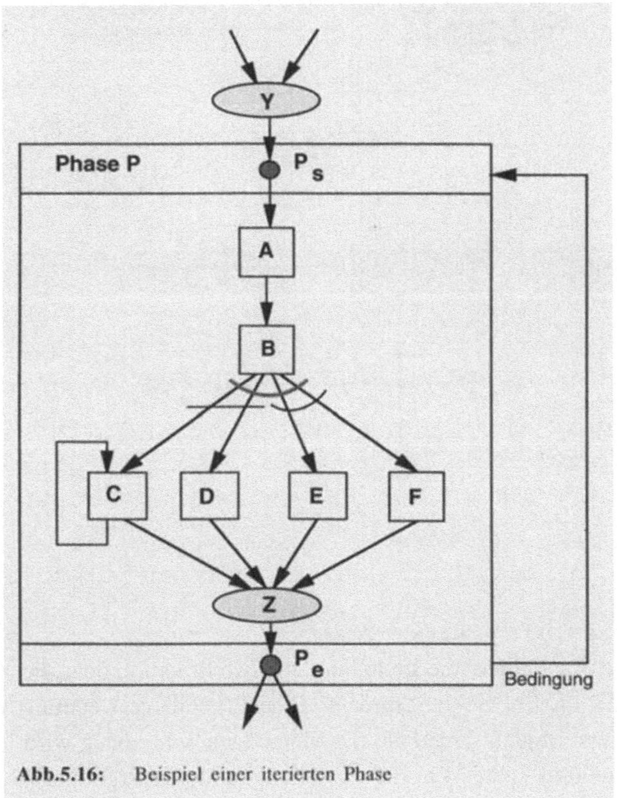

Abb.5.16: Beispiel einer iterierten Phase

5.4.7 Ergebnisverwendung

Die im vorherigen Abschnitt beschriebene Prozeßmodellierung durch Abhängigkeitsbeziehungen zwischen Prozessen und Meilensteinen bietet geeignete Konzepte zur Beschreibung von phasenorientierten sowie iterativen Vorgehensmodellen in der Informationssystem-Entwicklung. Dieser Abschnitt wird eine *ergebnisorientierte* Sicht auf das Vorgehen liefern. In dieser Teilsicht des Referenz-Beschreibungsmodells werden sowohl *Ergebnisverwendungen* aus Sicht der Prozesse als auch *Ergebnisflüsse* zwischen den Entwicklungsprodukten spezifiziert.

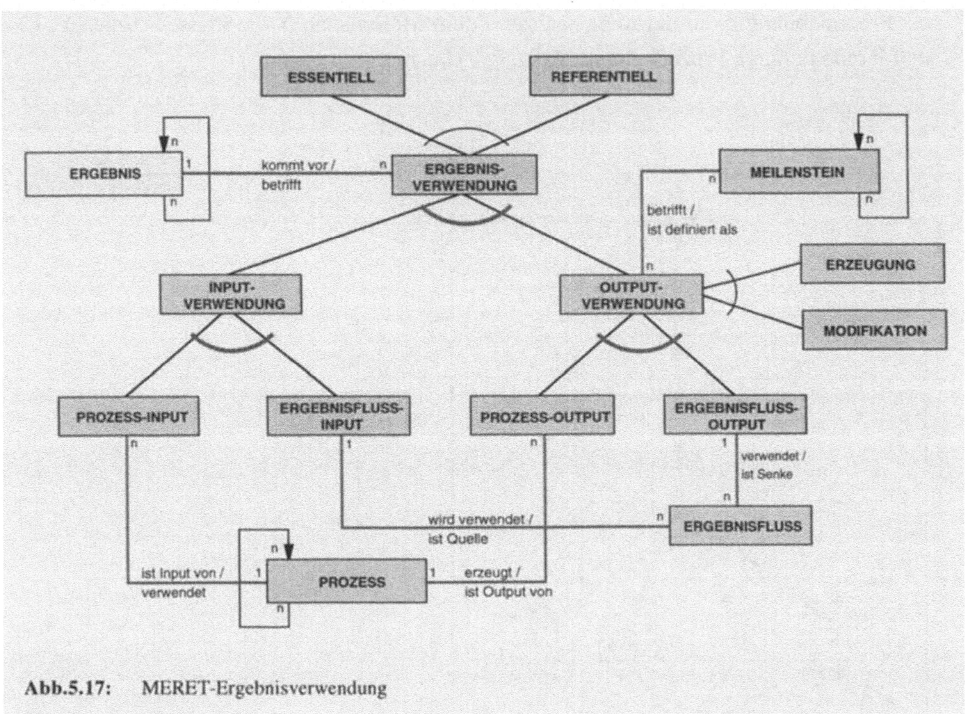

Abb.5.17: MERET-Ergebnisverwendung

ERGEBNISVERWENDUNG — ESSENTIELL — REFERENTIELL

Die ERGEBNISVERWENDUNG modelliert die Erstellung, die Modifikation oder die Verwendung eines Ergebnisses im Entwicklungsprozeß. Eine Ergebnisverwendung betrifft genau ein Ergebnis in dem Modell. Innerhalb der Methodenbeschreibung wird ein Ergebnis zunächst erzeugt und später für die Erstellung anderer Ergebnisse weiterverwendet. Daher gehört zu jedem Ergebnis mindestens die Erzeugung (Output-Verwendung) und in Abhängigkeit von der Bedeutung des Ergebnisses mehrere Input-Verwendungen.

Die Erfahrungen bei der Beschreibung verschiedener ISE-Methoden durch das MERET-Modell im Rahmen der Arbeiten im CC RIM haben gezeigt, daß die untersuchten Methoden zwischen 100 und 700 Ergebnisverwendungen allein in einer Phase wie Analyse oder Design enthalten [vgl. Heym 1991a, 1991b]. Mehr als die Hälfte der

Ergebnisverwendungen dienen allerdings der Konsistenzprüfung und der Aktualisierung bestehender Dokumente.

Das Verstehen und der Vergleich der Methoden erforderte eine Reduzierung auf die ESSENTIELLEN Ergebnisverwendungen. Darunter verstehen wir alle Ergebnisverwendungen, die das Erzeugen eines Ergebnisses beschreiben und alle Input-Verwendungen von Ergebnissen, die den Inhalt dieser für die Erstellung neuer Ergebnisse maßgeblich verwenden und darauf aufbauen. Ein Indiz für eine essentielle Input-Ergebnisverwendung ist z.B., daß das zugehörige Ergebnis nach dieser Input-Verwendung innerhalb des gesamten Entwicklungsprozesses nicht mehr benötigt wird.

Die Ist-Datenflußdiagramme oder das Ist-Datenmodell z.B., die zu Beginn der Analyse erstellt werden, gehen *essentiell* in die Erstellung der entsprechenden Soll-Dokumente ein. Später werden ausschließlich diese Soll-Datenflußdiagramme und das Soll-Datenmodell verwendet. Die Ist-Modelle dienen zu Beginn des Entwicklungsprozesses nur dem Verstehen des Ist-Systems, aus dem dann die Spezifikation des Soll-Systems abgeleitet wird.

Alle nicht-essentiellen Ergebnisverwendungen heißen REFERENTIELL und dienen vorwiegend der Konsistenzüberprüfung bestehender Dokumente oder geringfügiger Erweiterungen aufgrund neuer Erkenntnisse. So wird in SSADM z.B. die *Problem/ Requirements List* (PRL) in fast allen Prozessen der Analyse mitgeführt und ständig erweitert. Dies fassen wir als referentielle Ergebnisverwendung in den entsprechenden Prozessen auf. Das bedeutet nicht, daß diese Ergebnisverwendungen von geringer Bedeutung für den Entwicklungsprozeß sind, sondern daß immer nur geringfügige Modifikationen erfolgen und diese nicht das Wesentliche der entsprechenden Tätigkeit darstellen.

INPUT-VERWENDUNG — PROZESS-INPUT — ERGEBNISFLUSS-INPUT — ERGEBNISFLUSS

Eine Ergebnisverwendung kann in eine Input- und in eine Output-Verwendung unterschieden werden. Eine INPUT-VERWENDUNG eines Ergebnisses liegt vor, wenn ein Ergebnis für die Erstellung anderer Ergebnisse benötigt wird. Dies tritt erstens bei einem PROZESS-INPUT, d.h. der Beschreibung eines notwendigen Inputs für einen Prozeß, oder bei einem ERGEBNISFLUSS-INPUT auf, der die Verwendung eines Ergebnisses für ein anderes modelliert.

Das Beispiel in Abb.5.18 zeigt die Modellierung von Prozeß-Ergebnisverwendungen in Stage 3 von SSADM [vgl. CCTA 1990a, S. RS-SM-8ff.].

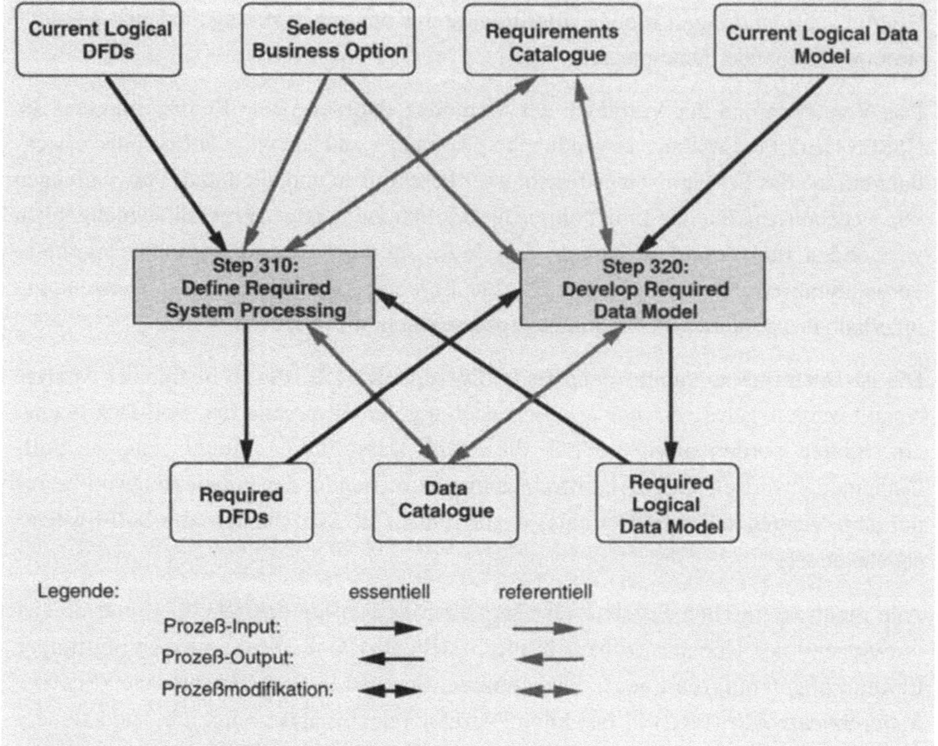

Abb.5.18: Beispiel Prozeß-Ergebnisverwendung

Die weißen abgerundeten Kästchen stellen Ergebnisse (*Products*) der Methode dar, und die grau hinterlegten Kästen sind Prozesse (*Steps* in SSADM). Die Ergebnisverwendungen sind durch Pfeile dargestellt. Pfeile, die zu einem der beiden Steps hinführen sind Prozeß-Inputs, und diejenigen, die von einem Prozeß wegführen, sind Prozeß-Output-Verwendungen.

Die Definition der erforderlichen Systemfunktionen im Step 310 erzeugt als essentiellen Output die Soll-Datenfluß-Diagramme (*Required DFDs*). Dafür sind die logischen Ist-DFDs, die ausgewählte Geschäftsvariante und das logische Soll-Datenmodell als Input erforderlich. Weiterhin werden der Anforderungskatalog (*Requirements Catalogue*) und der Datenkatalog (*Data Catalogue*) entsprechend den neuen Anforderungen angepaßt und als referentielle Prozeßmodifikationen modelliert. Für die Entwicklung des logischen Soll-Datenmodells (*Required Logical Data Model*) werden essentiell das vorher erstellte logische Ist-Datenmodell und die Soll-Datenflußdiagramme benötigt. Wie beim Step 310 gibt es referentielle Modifikationen des Anforderungskatalogs und des Datenkatalogs.

Dieses Beispiel zeigt bereits, daß sich bei einer genaueren Analyse der Handbücher bei den vermeintlich parallel verlaufenden Steps Ungenauigkeiten in der Abhängigkeitsmodellierung zeigen. Die beiden Aktivitäten sind zwar parallel durchzuführen, aber sicherlich über eine folgende Synchronisation und anschließende Iteration mehrfach auszuführen, da sie nur dann die parallel erstellten Ergebnisse gegenseitig verwenden können.

Während die Prozeß-Ergebnisverwendung eher eine *präskriptive* Art der Vorgehensbeschreibung darstellt, ist die Ergebnisfluß-Modellierung ein Konzept zur *deskriptiven*, ergebnisorientierten Vorgehensmodellierung in der Software-Entwicklung (vgl. deskriptive vs. präskriptive Vorgehensbeschreibung in 5.2). Man modelliert die Abhängigkeiten der Ergebnisse in Form von Ergebnisflüssen und nicht über ihre Verwendung in Prozessen. Mittels dieses Konzeptes lassen sich somit Methoden mit sogenannten *Entity Process Models* abbilden, die eine Vorgehensbeschreibung über die Verwendung und die Zustände von Ergebnissen modellieren [vgl. Humphrey/Kellner 1989; Nakagawa/Futasugi 1990]. Die Gesamtheit der Ergebnisflüsse ergibt ein gerichtetes Netzwerk von Ergebnisabhängigkeiten. Ein konkretes Vorgehen kann durch die Markierungen von Knoten als vollständig erstellte und vorliegende Ergebnisse modelliert werden.

Es kann zum Zeitpunkt mit der Bearbeitung all derjenigen Ergebnisse begonnen werden, für die die entsprechenden Input-Ergebnisflüsse markiert sind. Ein Ergebnisfluß hat im MERET-Modell genau eine Ergebnisverwendung als Input und eine als Output. Der Ergebnisfluß ist die Auflösung der komplexen Beziehung zwischen Ergebnisfluß-Input und -Output.

Das Beispiel aus SSADM in Abb.5.18 soll im folgenden durch die Modellierung von Ergebnisflüssen dargestellt werden. Dabei wird ein Prozeß-Input in der Prozeß-Ergebnisverwendung zu einem Input-Ergebnisfluß bei den entsprechenden Output-Ergebnissen.

In Abb.5.19 ist zu erkennen, daß das logische Ist-Datenmodell (*Current Logical Data Model*) maßgeblich zur Erstellung sowohl des Soll-Datenmodells als auch der Soll-DFDs dient. Ferner werden die Ist-DFDs und das logische Soll-Datenmodell für die DFDs des Sollsystems essentiell verwendet, aus denen sich weiter die Definitionen der zu realisierenden Funktionen ableiten lassen. Als Basis für die *Entity Life Histories* (ELH) wird unter anderem das Datenmodell des Sollsystems essentiell verwendet, da für jeden Entitätstyp des Datenmodells die auf ihn wirkenden Ereignisse und Zustandsübergänge in der ELH beschrieben werden [vgl. CCTA 1990a, S. RS-EEM-1ff.].

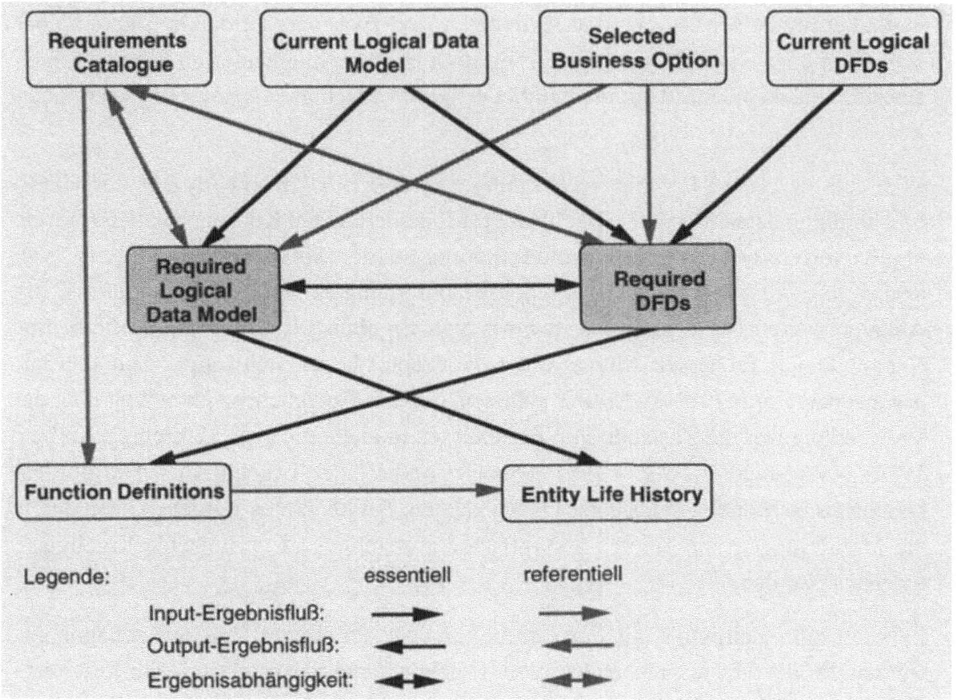

OUTPUT-VERWENDUNG — PROZESS-OUTPUT — ERGEBNISFLUSS-OUTPUT

Wir haben bisher eine Ergebnisverwendung nach Ergebnisfluß und Prozeß-Verwendung unterschieden. Eine zweite Sicht des MERET-Modells in Abb.5.17 bietet die Unterscheidung in Input- oder Output-Verwendung. Eine OUTPUT-VERWENDUNG eines Ergebnisses liegt vor, wenn das entsprechende Ergebnis entweder erstmalig ERZEUGT oder später MODIFIZIERT wird. Wir unterscheiden wieder den PROZESS-OUTPUT, bei dem das Ergebnis als Output eines entsprechenden Prozesses modelliert wird, und den ERGEBNISFLUSS-OUTPUT, der die Erzeugung des Ergebnisses darstellt. Ein Ergebnisfluß-Output existiert nur, falls es mindestens einen Ergebnisfluß-Input gibt, der als Ergebnisfluß in dieses Ergebnis fließt.

Ergebnisse, die eine Erzeugungs-Verwendung, aber keine weitere Input-Verwendung in der Methodenbeschreibung besitzen, sind externe Ergebnisse, die nicht innerhalb der Entwicklung selbst verwendet werden, sondern ihre Verwendung außerhalb der modellierten Entwicklungsprozesse haben, z.B. Dokumentationen des Projektes oder während der Entwicklung entstehende Benutzeranleitungen. Umgekehrt lassen sich auch solche Ergebnisse in einer Methodenbeschreibung finden, die nicht erzeugt wurden, aber innerhalb der Methode verwendet werden. Entweder handelt es sich um einen Fehler in der Methodenspezifikation, oder es sind bereits existierende Dokumente des Unternehmens. Dazu gehören z.B. die Organisations- und Stellenbeschreibungen, ein unternehmensweites Datenmodell oder eine Informationssystem-Architektur, die aus Sicht der Entwicklungsmethode als vorhandene Ergebnisse anderer Tätigkeiten modelliert werden. Die Ergebnisverwendung stellt ein geeignetes Mittel im MERET-Modell dar, um auf detailliertem, wie auch auf sehr grobem Niveau die Abhängigkeiten der Entwicklungsergebnisse konsistent zu beschreiben. Durch die vorgestellten Konzepte kann eine deskriptive Vorgehensbeschreibung in Form eines Ergebnisverwendungsnetzes definiert werden, das alle potentiell möglichen Projektabläufe festlegt.

6. Integration und Customizing von Methoden

6.1 Motivation

Ziel dieses Kapitels ist es, einerseits die Anpassung von Entwicklungsmethoden an Unternehmen und Projekte und andererseits die kontinuierliche Modifikation und die Integration neuer Aspekte bei eine elektronische Methodenbeschreibung zu zeigen.

6.1.1 Methoden-Customizing

In Abschnitt 3.4.2 wurden bereits einige internationale Projekte zum *Process Assessment* vorgestellt, die das Ziel haben, Prozeßmodelle bzw. Methoden zu charakterisieren und zu messen, um diese generell zu verbessern oder an spezifische Entwicklungssituationen anzupassen [vgl. Humphrey/Snyder/Willis 1991; Huff et al. 1992]. Klassische Vorgehensmodelle wie das Phasenmodell oder das Spiralmodell werden als Rahmen zur Generierung eigener, projektspezifischer Vorgehensmodelle verstanden [vgl. Boehm 1989]. Ein weiteres Beispiel ist das zum Entwicklungsstandard der Bundeswehr erklärte *Vorgehensmodell*, das als generisches und allgemeingültiges Entwicklungsmodell verstanden wird und auf spezifische Firmen und Produkte angepaßt werden muß [vgl. Bundesamt für Wehrtechnik 1991, Anlage 1, S. 5-1ff.; Bertram/Blönnigen/Bröhl 1993, S. 55ff.]. Dieses *Tailoring* oder *Customizing* findet in der letzten Zeit durch die Einführung von rechnergestützten Handbüchern in Form von Hypertextsystemen erste Unterstützung (vgl. 3.2.2). Allerdings wird bisher das Methoden-Customizing nur als Erweiterung der Methode um unternehmenseigene Standards und um Erfahrungen mit der Methode verstanden [vgl. James Martin 1991, S. 2-5ff.]. Ziel dieses Kapitels ist die Entwicklung eines Versionsmodells, mit dessen Hilfe eine im MERET-Modell beschriebene Methode für ein Unternehmen oder ein spezielles Entwicklungsprojekt konsistent angepaßt und weiterentwickelt werden kann.

Wie in Abb.6.1 dargestellt, könnte die Anpassung eines zukünftigen *europäischen Entwicklungsstandards* zu einer *unternehmensweiten Entwicklungsmethode* führen, die gewachsene Standards des Unternehmens, z.B. ein unternehmensweites Datenmodell (UDM), oder Schnittstellen zum übergeordneten Informationssystem-Management (ISM) des Unternehmens enthält [vgl. Österle/Brenner/Hilbers 1991]. Die Beschreibungen liegen in Form des Beschreibungsmodells des fünften Kapitels vor. Jede Modifikation führt zu einer neuen Version eines Objektes innerhalb des MERET-Modells. Die Beschreibung der unternehmensweiten Methode bildet eine Methodenversion, die durch Anpassung und Ergänzung von MERET-Objekten aus der Beschreibung des europäischen Entwicklungsstandards entstanden ist.

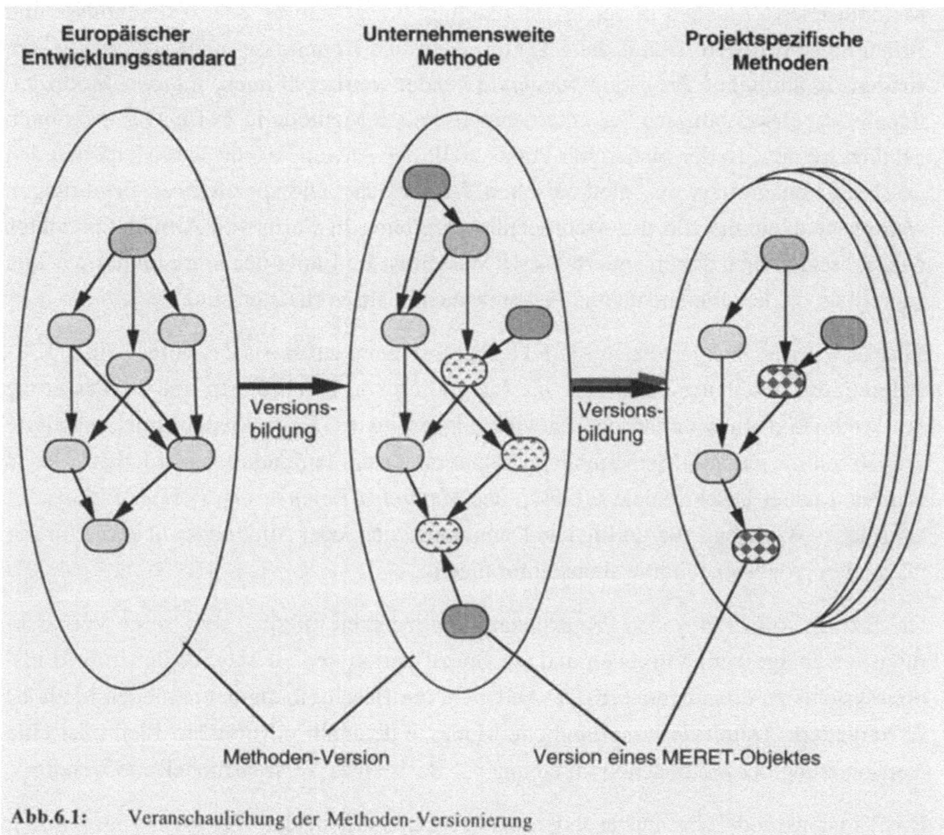

Abb.6.1: Veranschaulichung der Methoden-Versionierung

In jedem Entwicklungsprojekt besteht die Notwendigkeit, die zu verwendende Entwicklungsmethode auf das organisatorische Umfeld, die Personen, die Finanzen und die Zeitrestriktionen anzupassen, um die Ressourcen optimal einzusetzen. Dies betrifft sowohl das Vorgehen, die Entwicklungsergebnisse, die Qualitätssicherung als auch die Projektorganisation und -kontrolle der zugrundeliegenden Entwicklungsmethode (vgl. z.B. die Methode zum *Tailoring* des Vorgehensmodells in [Bundesamt für Wehrtechnik 1991, Anlage 1, S. 5-1 bis 5-32]). Dadurch entstehen aus der unternehmensweiten Methode mehrere projektspezifische Methodenversionen, die unabhängig voneinander für verschiedene Typen von Projekten sinnvoll sind. Erst diese projektspezifische Anpassung des methodischen Vorgehens macht den erfolgreichen Einsatz strukturierter Methoden in der Informationssystem-Entwicklung aus. Dieser Anpassungsprozeß wird im folgenden als METHODEN-CUSTOMIZING bezeichnet.

6.1.2 Erfahrungssammlung in der IS-Entwicklung

Methodisches Vorgehen in der IS-Entwicklung bringt ständig neue Erkenntnisse und Erfahrungen mit sich. Damit diese Erfahrungen und Kenntnisse nicht verloren gehen, sondern in ähnlichen Projekten wiederverwendet werden können, müssen Modifikationen oder Erweiterungen der unternehmensweiten Methode in Form von Versionen gebildet werden. In der bisherigen Praxis stellt der Anwender von ISE-Methoden den passiven Konsumierer des methodischen Wissens dar. Die spezifischen Erfahrungen werden unabhängig von der Methodenbeschreibung in Form von Abschlußberichten oder Präsentationen dokumentiert. Dieses Wissen ist im Laufe der Jahre immer weniger zugreifbar, da die Dokumente und Personen nicht mehr vorhanden sind.

Ein Ziel einer rechnergestützten Methodenbeschreibung auf Basis des vorgestellten ISE-Referenz-Beschreibungsmodells ist die Integration von Erfahrungen und Verbesserung der Methode noch während des Entwicklungsprojektes. Es soll jeder Projektbeteiligte Zugriff auf die *on-line*-Methodendokumentation für das laufende Projekt haben. Der in Kapitel 7 näher beschriebene Prototyp des *Methoden-Engineering-Tool* (MEET) stellt ein solches Werkzeug zur Verfügung. Damit kann sich jeder Mitarbeiter über die für ihn relevanten Projektausschnitte aktuell informieren.

Gleichzeitig soll es für jeden Projektbeteiligten jederzeit möglich sein, seine Verbesserungsvorschläge zum Vorgehen und zur Spezifikation des zu entwickelnden Informationssystems zu dokumentieren. Das bedeutet, die Beschreibung der aktuellen Methode zu verändern. Damit die ursprüngliche Methode dennoch unverändert bleibt, ist eine Versionierung der Methodenbeschreibung auf Basis eines Versionsmodells notwendig.

Das Versionsmodell hat insbesondere zu berücksichtigen, daß Verbesserungen in der Regel nicht konsistent über die gesamte Methode durchgeführt werden können, sondern daß der Projektbeteiligte nur aus seiner Sicht einen bestimmten Bereich der Methode modifiziert. Dadurch entstehen viele Modifikationen der Methode gleichzeitig, die sich gegenseitig ausschließen oder nicht zueinander passen. Es bedarf daher eines Konzeptes zur lokalen Modifikation der Methodenbeschreibung innerhalb eines abgeschlossenen Bereiches.

6.1.3 Integration verschiedener Entwicklungstechniken

Es existiert eine Vielzahl von Entwicklungstechniken/-methoden, die unterschiedliche Aspekte in der IS-Entwicklung unterstützen. Ziel einer strukturierten Methodenbeschreibung ist die Integration der verschiedenen Aspekte zu einer konsistenten Entwicklungsmethode. Ferner bringen der technologische Fortschritt oder die eigenen Projekterfahrungen (Customizing) ständig neue Beschreibungen von Entwicklungstechniken hervor, die in die unternehmensweite Entwicklungsmethode integriert werden müssen. Ein Versionsmodell für eine Methodenbeschreibung im MERET-Modell muß nicht nur die partielle Beschreibung einzelner Aspekte unterstützen, sondern gleichzeitig ein Integrationskonzept liefern, das es ermöglicht, aus den verschiedenen Beschreibungen eine konsistente Methode zu bilden.

6.2 Begriff der Version und der Konfiguration in der Literatur

Die Verwendung des Versionsbegriffes wurde in den letzten zehn Jahren in der Literatur vielfältig behandelt. So werden Versionen u.a. für die parallele Bearbeitung von Objekten durch mehrere Benutzer (*concurrency control*), für das Recovery, zur Bearbeitung von Objekten in verteilten Systemen oder zur Unterstützung ingenieurmäßiger Entwicklungsprozesse verwendet [vgl. Dittrich/Lorie 1988, S. 429f.].

Generell werden unter den Versionen eines Objektes die verschiedenen Darstellungen dieses Objektes verstanden. Das hier zugrundeliegende Verständnis einer Version betrifft die Versionierung von Design-Objekten innerhalb eines ingenieurmäßigen Entwicklungsprozesses. Im Bereich des CAD-Designs oder der Software-Entwicklung unterstützt die Version die zeitliche Dimension innerhalb des evolutorischen Entwicklungsprozesses.

In den letzten zehn Jahren entstanden in der Literatur verschiedene Modelle zur Unterstützung von Versionen. Eine ausführliche Diskussion dieser Modelle findet man in [Katz 1990], der einen historischen Abriß aller wesentlicher Modelle zur Versionierung und eine anschließende Konsolidierung der Konzepte vorstellt.

Im Rahmen dieser Arbeit wird der Begriff der VERSION als Abbildung von einer Objektmenge in eine Menge von Objektausprägungen (Instanzen) verstanden [vgl. Sathi/Fox/Greenberg 1985, S. 535]. Dabei beschreiben die Versionen eines Objektes die Veränderungen und Verbesserungen des Objektes über eine gewisse Zeitperiode.

Eine Version kann durch das Tripel (Objektidentifikator, Version, Wert) beschrieben werden. Häufig werden Versionen als Instanzen (Ausprägungen) eines zugehörigen Objekttyps verstanden, von dem die Versionen Attribute und Initialisierungswerte erben [vgl. Batory/Kim 1985, S. 328; Katz 1990, S. 381]. Dabei werden Versionen eines Objekttyps durch explizite Versionsnummern oder durch Zeitstempel gekennzeichnet.

Häufig werden Versionen aus anderen Versionen des gleichen Objekttyps abgeleitet. Hierzu werden sogenannte Versionshierarchien gebildet, oder es wird das allgemeinere Konzept der Graphen-Versionierung verwendet, um die Entwicklung der Versionen nachzuvollziehen [vgl. Katz 1990, S. 381]. Dabei existieren in den Modellen ausgezeichnete Versionen, wie z.B. eine "aktuelle", die "zuletzt modifizierte" oder eine "default"-Version.

Mit der Versionierung von zusammengesetzten Objekten tritt das Problem auf, aus welchen Komponentenversionen die Version eines zusammengesetzten Objektes besteht. Im wesentlichen betrifft dies Konsistenzprobleme zwischen einzelnen Versionen innerhalb einer Objektstruktur. Dies führt in der Literatur zu dem Begriff der Konfiguration eines Objektes. Eine KONFIGURATION ist eine konsistente Version eines zusammengesetzten Objektes aus verschiedenen Komponentenversionen [vgl. Katz 1990, S. 378].

Die Abbildung 6.2 zeigt auf der linken Seite die Kompositionsstruktur eines Objektes A, das aus B und C besteht. Das Objekt B besteht weiter aus einem Objekt D.

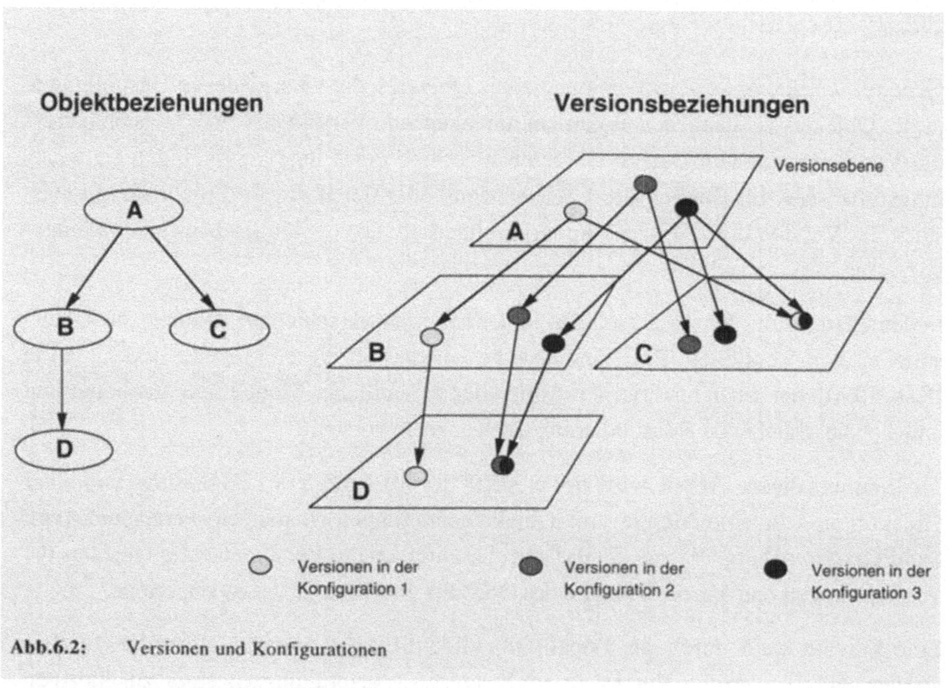

Abb.6.2: Versionen und Konfigurationen

Zu jedem Objekt gibt es mehrere Versionen dieses Objektes, die auf der Versionsebene in Abb.6.2 dargestellt sind. Die Objektbeziehungen zwischen den Objekten auf der linken Seite werden in Versionsbeziehungen auf der rechten Seite abgebildet. Dabei darf eine Objektbeziehung nur zu einer Versionsbeziehung pro Version führen.

Eine Konfiguration umfaßt jeweils eine Version der entsprechenden Objekte A, B, C und D und bildet eine konsistente Version des zusammengesetzten Objektes A. In jeder der drei Konfigurationen besteht eine Version des Objekts A aus Versionen von B, C und D. Die Konfigurationen 1 und 3 teilen sich die gleiche Version des Objekts C. Die Konfigurationen 2 und 3 teilen sich die gleiche Version des Objekts D.

In der Literatur findet man verschiedene Verfahren zur Unterstützung von Konfigurationen in Rechnersystemen. [Batory/Kim 1985] unterscheiden *statische* und *dynamische* Konfigurationsbindung. Bei der statischen Bindung wird bei jeder übergeordneten Objektversion direkt auf die spezifische Version des untergeordneten Objektes verwiesen, wogegen bei der dynamischen Bindung die spezifischen Versionen der Komponenten erst während der Laufzeit referenziert werden.

Bei der dynamischen Bindung werden unterschiedliche Verfahren in der Literatur vorgeschlagen. Bei dem *generischen* Verfahren in [Dittrich/Lorie 1988] erfolgt die Zusammensetzung von Komponentenversionen durch *Kompositions-Umgebungen* (*Environments*). In [Katz 1990, S. 383f.] werden Versionen eines Objektes auf verschiedenen Ebenen (*Layers*) positioniert, und die Suchreihenfolge, definiert als Kontext, bestimmt die dynamische Konfigurationsbindung.

Alle diese Verfahren sind geeignet, zusammengesetzte Objekte aus bestimmten Versionen der Komponenten zu bilden. Als Kontext für die Versionierung von komplexen Objekten berücksichtigt keines der Verfahren horizontale Beziehungen zu anderen Objekten, die ebenfalls zu Inkonsistenzen zwischen Versionen führen können.

Auch das erweiterte Verfahren der parametrisierten Versionen in [Wilkes 1987, S. 151f.], bei dem bei Referenzierung auf eine Komponentenversion eine *Vorschlagsversion* dieser Objektkomponente ausgewählt wird, ist nur unter der impliziten Annahme geeignet, daß es nur eine aktuell gültige und richtige Version dieser Komponente gibt. Dies ist aber weder bei der Konstruktion von mechanischen Bauteilen noch bei der Versionierung von Methoden eine zulässige Einschränkung.

Im nächsten Abschnitt sollen die hier nur kurz erwähnten Versionsmodelle den Anforderungen an eine Methoden-Versionierung gegenübergestellt werden und zu einem Methoden-Versionsmodell weiterentwickelt werden. Der letzte Abschnitt 6.4 erläutert die Anwendung des Versionmodells auf ein konkretes Fallbeispiel.

6.3 Methoden-Versionsmodell

6.3.1 Anforderungen an eine Methoden-Versionierung

Zunächst sollen die aus den bisherigen Betrachtungen resultierenden Anforderungen an ein Versionsmodell zum Methoden-Customizing zusammengefaßt werden. Dabei ergeben sich folgende Anforderungen an die Versionierung einer Methodenbeschreibung im MERET-Modell:

(1) Eine Methodenbeschreibung besteht aus Objekten des in Kapitel 5 erläuterten MERET-Modells. Eine Änderung führt dazu, daß Objekte modifiziert oder gelöscht werden und daß Beziehungen zu anderen Objekten geändert werden. Dabei muß es möglich sein, Versionen von Objekten zu bilden, in denen die Attributwerte und Beziehungen modifiziert werden.

(2) Erfahrungen beim Umgang mit einer ISE-Methode sollen direkt von den verschiedenen Projektbeteiligten in der IS-Entwicklung (Projektleiter, Applikationsingenieur, Benutzer etc.) im MERET-Modell abgelegt werden. Da die Projektbeteiligten nicht in der Lage sind, eine komplette Methode konsistent zu modifizieren, muß die Anpassung in kleineren, abgeschlossenen Teilbereichen der Methode erfolgen.

(3) Methoden-Beschreibungsobjekte besitzen eine Dekompositionsstruktur und haben Beziehungen zu anderen Beschreibungsobjekten. Daher kann ein Beschreibungsobjekt nur im Kontext all seiner Beziehungen zu anderen Objekten verstanden und modifiziert werden. Dazu zählen nicht nur die bei üblichen Versionsmodellen betrachteten Aggregationsbeziehungen, sondern auch alle horizontalen Beziehungen innerhalb des MERET-Modells. So hat beispielsweise die Modifikation einer Aktivität Auswirkungen auf die zu erzeugenden Ergebnisse. Es bedarf eines Konzeptes, das die Umgebung einer Modifikation festlegt und Konsistenz innerhalb dieses Kontextes bzgl. dieser Modifikation der Objektversionen garantiert.

(4) Es müssen verschiedene Versionen einer Methode im Modell definierbar sein, z.B. für Klein, Mittel- und Großprojekte oder für unterschiedliche Vorgehensweisen. Dabei sollte eine Methoden-Version modular aus den verschiedenen Beschreibungen für unterschiedliche Aspekte und Phasen der Systementwicklung zusammengesetzt werden können (Ist-Analyse, Datenmodellierung, Prozeßdekomposition, Datenflußmodellierung, Bildschirmbeschreibung etc.). Ausgehend von der ursprünglichen Methodenbeschreibung sollen Änderungen und Verbesserungsvor-

schläge für diese Aspekte durchgeführt und in eine neue Methoden-Version integriert werden können.

(5) Administrations- bzw. Versionierungsinformationen sind von den Beschreibungsobjekten der Methoden zu trennen, damit das MERET-Modell als konzeptionelles Modell zur Methodenbeschreibung unverändert bleibt. Eine Versionierung sollte auf Basis des vorgestellten MERET-Modell durchführbar sein.

6.3.2 Überblick über das Versionsmodell

Die in Abschnitt 6.2 kurz angesprochenen Versionsmodelle erfüllen nicht die Anforderungen an eine Methoden-Versionierung aus dem vorherigen Abschnitt. Es bedarf neben der *Version* und der *Konfiguration* eines weiteren Konzeptes, das unabhängig von der Versionierung ist und durch das der Kontext für die Versionierung beliebig zusammenhängender Objekte festgelegt werden kann. Wir stützen uns auf den Ansatz der *Multi-Versions-Objekt-Konstellation* in [Cellary/Vossen/Jomier 1991] aus dem CAD-Bereich und erweitern diesen im Hinblick auf die Versionierung von Methoden.

Das folgende Modell für eine Methoden-Versionierung wird, ähnlich wie andere Modelle [vgl. Katz 1990; Wilkes 1987], zunächst im Überblick in Form eines Datenmodells beschrieben. Wir verwenden wieder die in Abschnitt 2.3 eingeführte ASDM-Notation. In Abbildung 6.3 werden auf der linken Seite Objekttypen durch Rechtecke und deren verschiedene Ausprägungen (Instanzen) durch abgerundete Boxen auf der rechten Seite dargestellt.

METHODEN-OBJEKT — VERSION

Ein METHODEN-OBJEKT in Abb.6.3 ist eine Ausprägung (Instanz) eines Objektes im MERET-Modell, in SSADM z.B. die Aktivität "*Step 310: Define Required System Processing*" oder das Ergebnis "*Required DFDs*" (vgl. 5.4.7). Jedes Methoden-Objekt ist als abstraktes Objekt zu verstehen, von dem mehrere Beschreibungen gebildet werden können. Eine der grundlegenden Aufgaben des Methoden-Ingenieurs ist es, vergleichbar mit einer Geschäftsanalyse in der Systementwicklung, die fundamentalen Methoden-Objekte aus der in Form eines Handbuchs vorliegenden Methodenbeschreibung zu identifizieren und zu beschreiben. Die ursprüngliche Methodenbeschreibung führt zu einer ersten VERSION jedes Methoden-Objektes. Modifikationen der Beziehungen oder der Attributwerte dieser ersten Version führen zu weiteren Versionen desselben Methoden-Objektes. Anders ausgedrückt, wird jede Beschreibung einer Aktivität, eines Ergebnisses oder einer Technik in das Methoden-Objekt, das nur den Namen enthält, und eine Version, die die Beschreibung der Attribute und der Beziehung enthält, aufgeteilt.

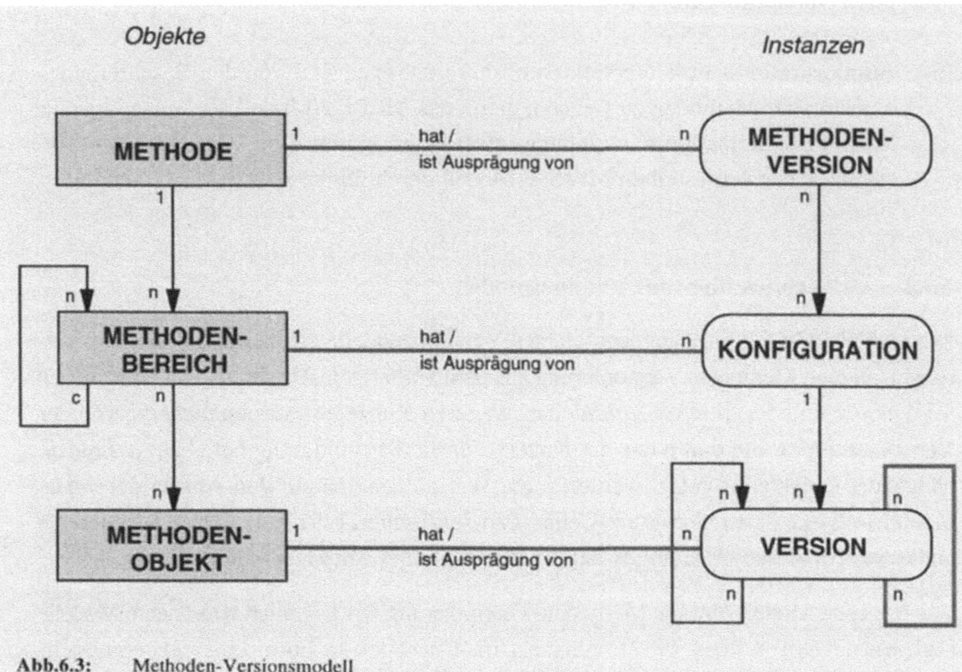

Abb.6.3: Methoden-Versionsmodell

Beim Methoden-Customizing können desweiteren neue Methoden-Objekte und entsprechende Versionen erzeugt werden. Jede Version hat in der Regel Beziehungen zu anderen Versionen oder kann in weitere Versionen zerlegt werden. So verwendet Step 310 bei der Modellierung der Datenflußdiagramme das Dokument "Soll-Datenmodell" oder wird in weitere Tasks und Subtaks zerlegt. Beziehungen werden auf der Ebene der Versionen modelliert.

Die Beschreibung eines Methoden-Objektes durch eine entsprechende Version dieses Objektes geschieht immer im Kontext einer Konfiguration. Anders betrachtet, gehört eine Version genau einer Konfiguration an, und jede Konfiguration enthält Versionen verschiedener Methoden-Objekte. Diese Integritätsregel wird über den Methodenbereich im obigen Versionsmodell durch Auflösen der komplexen Beziehung zwischen Konfiguration und Methoden-Objekt modelliert.

METHODENBEREICH — KONFIGURATION

METHODENBEREICHE bestehen aus Methoden-Objekten, die den Kontext eines zusammenhängenden und konsistenten Teilbereichs in der IS-Entwicklung beschreiben. Wie in Abschnitt 6.3.3 genauer erläutert wird, können Methodenbereiche aus weiteren

Methodenbereichen bestehen, die selbst wiederum dieselben Objekte wie ihre übergeordneten Methodenbereiche enthalten.

Häufig überschneiden sich verschiedene Aspekte der IS-Entwicklung. So kann die Projektaufbauorganisation in einem eigenen Methodenbereich zusammengefaßt sein, aber bei der Beschreibung der verschiedenen Aktivitäten und Phasen mehrfach in anderen Methodenbereichen und Konfigurationen vorkommen. Dies führt dazu, daß Methoden-Objekte zu mehreren Methodenbereichen gehören können, die sich *überschneiden*.

Genau wie es zu jedem Methoden-Objekt mehrere Versionen gibt, können zu jedem Methodenbereich mehrere Konfigurationen gebildet werden. Konfigurationen sind Ausprägungen der Methodenbereiche. Dabei kann jedem Methoden-Objekt des Methodenbereichs genau eine Version dieses Objektes der zugehörigen Konfiguration zugeordnet werden. Methodenbereiche beschreiben die *Struktur* eines Teilbereichs der Methode, während die Konfigurationen die *Werte* (Attribute) enthalten.

Bezüglich eines Methodenbereichs können aus bereits bestehenden weitere Konfigurationen für eine Modifikation abgeleitet werden. Alle Versionen der bestehenden Konfiguration werden dabei logisch in die neue Konfiguration kopiert. Die zwangsläufig entstehende Redundanz beim logischen Kopieren von Versionen wird auf der Ebene der Konfigurationen dadurch gelöst, daß gleiche Versionen, d.h. solche Versionen, deren Beziehungen und Attributwerte gleich sind, nicht doppelt gehalten werden, sondern über eine Gleichheitsrelation assoziiert werden (vgl. 6.3.4).

Der Methoden-Customizer wird dann sukzessive seine Änderungen an den einzelnen Versionen der neuen Konfiguration durchführen. Erst dadurch entstehen eigenständige Versionen mit neuen Attributwerten und Beziehungen. Entwirft der Methoden-Customizer neue Dokumente, Techniken oder Aktivitäten, so erzeugt er diese innerhalb einer Konfiguration. Dabei vergrößert sich gleichzeitig der Methodenbereich um die entsprechenden Methoden-Objekte, die der Customizer z.B. durch einen ausgezeichneten Namen spezifizieren muß. Für bereits bestehende Konfigurationen dieses Methodenbereichs bedeutet diese Vergrößerung, daß die den neuen Methoden-Objekten entsprechende Versionen dort nicht vorkommen.

Neue Konfigurationen können aber auch aus bestehenden Konfigurationen anderer Methodenbereiche abgeleitet werden. Soll die neue Konfiguration aus einer Konfiguration abgeleitet werden, deren Methodenbereich den Methodenbereich der neuen Konfiguration überdeckt, so werden alle Versionen der neuen Konfiguration aus der umfassenden Konfiguration logisch kopiert. Der Methoden-Customizer entscheidet beim Bilden neuer Konfigurationen, von welchen Versionen bzw. Konfiguration er bei seiner Modifikation ausgehen will.

Konfigurationen können insgesamt gelöscht werden. Dabei werden alle in ihr liegenden Versionen logisch gelöscht. Physisch werden Versionen erst gelöscht, wenn keine Referenzen aus anderen Konfigurationen auf diese Version mehr existieren.

METHODE — METHODEN-VERSION

Eine METHODE besteht in Abb.6.3 aus einer Menge von Methodenbereichen mit entsprechenden Methoden-Objekten. Auf der Instanzseite erhält man für eine Methode verschiedene Methoden-Versionen, die aus einer beliebigen Anzahl zugehöriger Konfigurationen zusammengesetzt werden.

Eine gültige METHODEN-VERSION besteht aus maximal einer Konfiguration pro Methodenbereich, was in der Konfigurationenordnung der Methoden-Version festgelegt wird (vgl. 6.3.5). Konfigurationen können mehrfach zu verschiedenen Methoden-Versionen gehören, z.B. kann die Konfiguration einer Datenmodellierung in mehreren Versionen einer Methode gleich verwendet werden. Dabei definiert die Konfigurationenordnung die Überdeckung von Versionen gleicher Methoden-Objekte. Neue Methoden-Versionen erhält man durch Austauschen oder Umordnen von Konfigurationen in der Konfigurationenordnung oder durch Bilden neuer Methodenbereiche und entsprechender Konfigurationen.

Die nächsten drei Abschnitte erläutern das Methoden-Versionsmodell im Detail. Insbesondere werden die vorgestellten Konzepte formalisiert.

6.3.3 Methodenbereich und Konfiguration

Um eine exakte Definition für den Begriff der *Version* und den Identitäts- und den Gleichheitsbegriff zwischen Versionen zu entwickeln, muß zunächst der Begriff der *Konfiguration* formalisiert werden. Wie bereits vorher erwähnt, ist eine Versionierung von einzelnen Methoden-Objekten der Methodenbeschreibung nicht ausreichend, da Inkonsistenzen hinsichtlich der Beziehung zu anderen Versionen auftreten können. Beispielsweise kann die Modifikation einer Aktivität in der Datenmodellierung auch die Veränderung des entsprechenden Ergebnisses "Soll-Datenmodell" bedingen. Damit verbunden können andere Akteure oder auch andere Formulare oder CASE-Werkzeuge in dieser Aktivität eingesetzt werden. Der Ablauf oder auch die Zerlegung dieser Aktivität kann sich ändern. Änderungen von Methoden-Objekten können also nur in einer *Umgebung* konsistent durchgeführt werden.

In Anlehnung an die *Constellations* in [Cellary/Vossen/Jomier 1991, S. 5ff.] und die Kombination von "*Environments*" und "*Clusters*" in [Dittrich/Lorie 1988, S. 433f.] wird der Begriff des Methodenbereichs eingeführt.

Der METHODENBEREICH V-ENV definiert einen logisch zusammenhängenden Teilbereich der Methode und besteht aus einer Menge von Methoden-Objekten. Innerhalb eines Methodenbereichs soll eine Modifikation einzelner Methoden-Objekte zu neuen Versionen konsistent durchgeführt werden. Der Methodenbereich gibt die Umgebung einer Änderung der Methodenbeschreibung für die *Methoden-Customizer* vor.

Eine Methodenbeschreibung besteht aus einer Menge von Methoden-Objekten. Bei der ersten Definition wird die Methode von den Methodenverantwortlichen in der *Methoden-Engineering-Gruppe* des Unternehmens durch die Definition von Methodenbereichen in verschiedene Teilbereiche eingeteilt. Es könnnen auch zu späteren Zeitpunkten neue Versionsumgebungen entsprechend den Änderungswünschen definiert werden. Das Erzeugen neuer Methodenbereiche sollte allerdings nur von der zentralen Methoden-Engineering-Gruppe durchgeführt und verwaltet werden. Die Abbildung 6.4 zeigt eine exemplarische Einteilung einer Methodenbeschreibung. Alle Methodenbereiche sind auf der Menge der Methodenobjekte definiert. Sie können sich überlappen, einander untergeordnet oder disjunkt sein. Zwei verschiedene Methodenbereiche unterscheiden sich in mindestens einem Methoden-Objekt.

Bei der ersten Beschreibung einer Methode durch die Methoden-Engineering-Abteilung (oder das Methodenhaus) entsteht zu jedem Methoden-Objekt eine Version, die die Beschreibung dieses Methoden-Objektes umfaßt. Anders ausgedrückt, wird zwischen einem *Methoden-Objekt*, das aus dem Bezeichner z.B. einer Aktivität oder eines Ergebnisses besteht, und der *Version* unterschieden, die dieses Objekt durch die entsprechenden Attributwerte und Beziehungen beschreibt.

Wollen Methoden-Anwender (Projektbeteiligte) Modifikationen oder Anpassungen der Methode vornehmen, so können sie eine neue Version zu einem Methoden-Objekt anlegen und deren Beziehungen oder Attributwerte verändern. Dabei definieren die Methodenbereiche den Kontext von Methoden-Objekten, von denen insgesamt eine neue Version gebildet wird. Im Methoden-Versionsmodell können nicht Versionen einzelner Methoden-Objekte gebildet, sondern immer nur ganze Methodenbereiche von Methoden-Objekten versioniert werden.

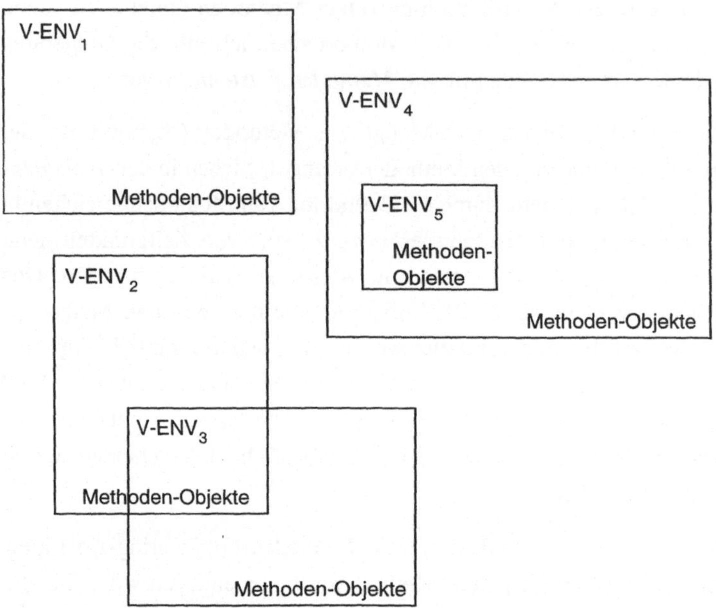

Abb.6.4: Methodenbereiche

Der Begriff der Konfiguration kann nun verallgemeinert werden. Eine *Konfiguration* bezeichnet in bisherigen Modellen eine bestimmte Version eines zusammengesetzten Objektes. Im Methoden-Versionsmodell bezeichnet eine Konfiguration die Beschreibung (Ausprägung) eines Methodenbereichs und besteht aus jeweils einer Version der in dem Methodenbereich liegenden Methoden-Objekte. D.h. in unserem Versions-Modell wird der Konsistenzbegriff nicht nur unter Berücksichtigung der Aggregationsbeziehung eines Objektes gebraucht, sondern auf alle Beziehungen des Methoden-Objektes im MERET-Modell angewandt.

Eine KONFIGURATION CF (*Configuration*) ist das Tripel:

$$CF =_{Def.} (V\text{-}ENV, cfno, VER),$$

wobei V-ENV den *Methodenbereich*, cfno die zu V-ENV gehörende laufende *Konfigurationsnummer* und VER eine *Menge von Versionen* (Instanzen) von Methoden-Objekten mit folgenden Eigenschaften bezeichnet:

(1) Für jede Version v ∈ VER existiert ein Methoden-Objekt o ∈ V-ENV, so daß v eine Version von o ist.

(2) Die Menge der Versionen VER enthält höchstens eine Version jedes Methoden-Objektes des Methodenbereichs V-ENV.

Bei Anpassungen einer Methode werden häufig gewisse Dokumente, Aktivitäten oder sonstige Beschreibungen aus der Methode gestrichen. In diesem Fall existieren in dem Methodenbereich zwar noch die entsprechenden Methoden-Objekte, die abgeleiteten Versionen sind aber in der Menge der Versionen VER in der zugehörigen Konfiguration gelöscht ($|V\text{-}ENV| \geq |VER|$).

Der Bezeichner einer Konfiguration *cfid* besteht aus der Methodenbereichsnummer und der Konfigurationsnummer, d.h. cfid = (v-envno, cfno). Für jede Modifikation der Methode entsteht eine neue Konfiguration des entsprechenden Methodenbereichs. Dabei erhält die ursprüngliche Konfiguration die Konfigurationsnummer "0", und für jede weitere Konfiguration wird die cfno um 1 erhöht.

Die Abbildung 6.5 zeigt für die in Abb.6.4 definierten Methodenbereichen verschiedene Konfigurationen CF. Dabei verweist der untere Index auf den zugehörigen Methoden-bereich, und der obere Index gibt die Konfigurationsnummer an [vgl. Cellary/Vossen/Jomier 1991, S. 7].

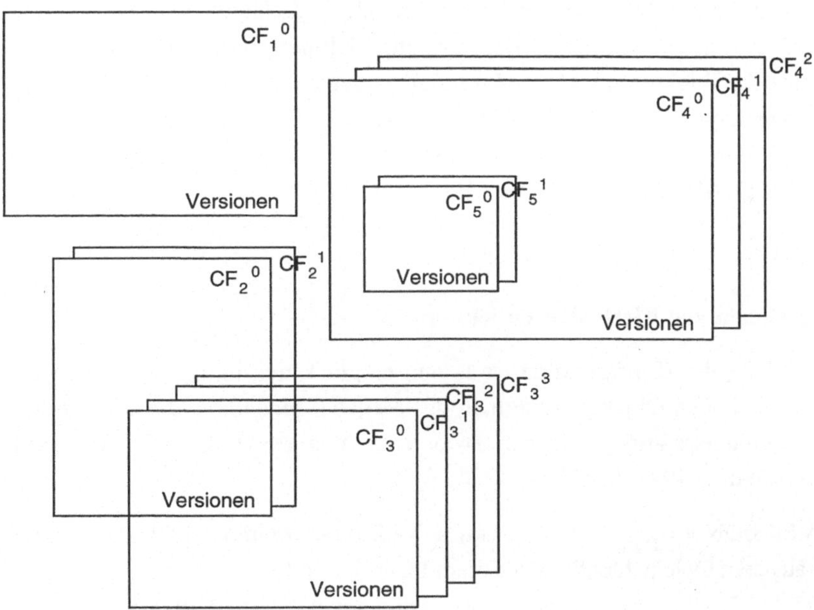

Abb.6.5: Methoden-Konfigurationen

Ziel der hier eingeführten Konfigurationen und Methodenbereiche ist es, Modifikationen an der Entwicklungsmethode für jeden Projektbeteiligten in übersichtlichen, kleineren Teilbereichen durchzuführen. Im obigen Beispiel haben die Änderungswünsche zu sieben neuen Konfigurationen gegenüber der ursprünglichen Methodenbeschreibung geführt (CF_2^1, CF_3^1, CF_3^2, CF_3^3, CF_4^1, CF_4^2, CF_5^1). Für jede Modifikation wurde eine neue Konfiguration der entsprechenden Methodenbereiche durch das logische Kopieren aller Versionen der Ausgangs-Konfiguration erstellt. Innerhalb dieser Konfiguration wurden die Attributwerte und die Beziehungen für einzelne Versionen modifiziert. Ferner können in einer Konfiguration Versionen gelöscht werden. Die zugehörigen Methoden-Objekte existieren zwar im Methodenbereich, besitzen aber keine Version in der Konfiguration.

Häufig erfordert eine Anpassung der Entwicklungsmethode die Integration von neuen Methoden-Objekten in die Methode, z.B. neue Aktivitäten oder Dokumente. Hierzu kann der Methoden-Customizer neue Versionen in der selektierten Konfiguration erzeugen. Die entsprechenden Methoden-Objekte werden im Methodenbereich automatisch erzeugt. Wie vorher bereits erwähnt, kann der Methodenbereich Methoden-Objekte enthalten, zu denen in den Konfigurationen keine Versionen vorhanden sind. Dies trifft bei der Erzeugung neuer Methoden-Objekte für die bereits bestehenden Konfigurationen zu.

Im Rahmen dieser Arbeit sind keine Änderungen auf der Meta- oder der Strukturebene der einzelnen Versionen zugelassen. So dürfen die Beziehungen und die Werte der verschiedenen Attribute der Versionen verändert oder vollständig gelöscht werden, jedoch dürfen keine neuen Attribute in den Versionen definiert werden. Dies würde eine Modifikation des Objektes im MERET-Modell bedeuten und wird nicht mehr als Versionsbildung dieses Methoden-Objektes verstanden. Vielmehr bedeutet dies eine Änderung des Referenz-Beschreibungsmodells und somit eine Versionierung auf der Ebene des MERET-Modells [vgl. Lindtner 1992, S. 169ff.].

6.3.4 Versionen von Methoden-Objekten

Unter Verwendung der Konfiguration ist es nun möglich, den intuitiven Begriff der Version eines Methoden-Objektes innerhalb des MERET-Modells und die Identitäts- sowie die Gleichheitsrelation zwischen zwei Versionen exakt zu definieren [vgl. Cellary/Vossen/Jomier 1991, S. 12]:

(1) Eine VERSION $v =_{Def.} (oid, cfid, val) \in VER$ eines Methoden-Objektes ist ein Tripel aus dem Objekt-Identifier *oid*, dem Identifier *cfid* der Konfiguration, in der die Objekt-Version liegt, und den Beziehungen und Attributwerten *val* des zugehörigen Methoden-Objektes oid. Eine Version beschreibt eine konkrete Ausprägung (Instanz) eines Methoden-Objektes.

(2) Die IDENTITÄT innerhalb der Versionen erhält man durch das Tupel (oid, cfid). Zwei Version v_1 und v_2 heißen identisch, falls sie Versionen desselben Methoden-

Objektes sind, dieselben Werte besitzen und in derselben Konfiguration liegen. Genauer:

Seien $v_1 = (oid_1, cfid_1, val_1) \in VER$ und $v_2 = (oid_2, cfid_2, val_2) \in VER$:

$$v_1 \equiv v_2 \Leftrightarrow_{Def.} oid_1 = oid_2 \wedge cfid_1 = cfid_2 \wedge val_1 = val_2.$$

(3) Zwei Versionen v_1 und v_2 heißen GLEICH, falls sie Versionen desselben Methoden-Objektes sind und die gleichen Werte besitzen. Genauer:

Seien $v_1 = (oid_1, cfid_1, val_1) \in VER$ und $v_2 = (oid_2, cfid_2, val_2) \in VER$:

$$v_1 = v_2 \Leftrightarrow_{Def.} oid_1 = oid_2 \wedge val_1 = val_2.$$

Die Identität einer Version hängt damit von der Konfiguration ab, in der die Version liegt. Die Gleichheitsrelation wird zur Redundanzvermeidung zwischen Versionen in verschiedenen Konfigurationen verwendet. Wird eine neue Konfiguration zur Modifikation einer Methode erzeugt, so muß eine sogenannte *Ausgangskonfiguration* gewählt werden, aus der alle Versionen *logisch* in die neue Konfiguration kopiert werden. Damit haben alle Versionen der neuen Konfiguration die gleichen Beziehungen und Attributwerte wie die der Ausgangskonfiguration. Dies bedeutet faktisch, daß die neuen Versionen solange mit den alten Versionen assoziiert werden können, bis eine Änderung eines Attributwerts oder einer Beziehung durchgeführt wird. Durch einen Verweis auf die Ausgangsversion können unnötige Redundanzen der Attributwerte und Beziehungen vermieden werden.

Der Zusammenhang verschiedener Konfigurationen und ihrer Versionen soll im folgenden genauer erläutert werden. Grundlage der Betrachtung sind die zugehörigen Methoden-Objekte des Methodenbereichs. Es werden die verschiedenen Arten untersucht, wie die Methodenbereiche zweier Konfigurationen zueinander in Relation stehen können (identisch, disjunkt, geschachtelt, überlappend).

- **Konfigurationen des gleichen Methodenbereichs**

Konfigurationen *desselben* Methodenbereichs sind vollständig isoliert voneinander, d.h. die Modifikation einer Version in der einen Konfiguration ändert nichts in der anderen Konfiguration. Die Konfigurationen bestehen aus verschiedenen, nicht-identischen Versionen derselben Methoden-Objekte.

Daher entstehen Konfigurationen eines Methodenbereichs aus bereits bestehenden Konfigurationen durch logisches Kopieren aller Versionen der bestehenden Konfiguration. Durch das logische Kopieren der Konfiguration besteht zunächst eine Gleichheitsbeziehung aller Versionen der abgeleiteten Konfiguration zu den Versionen in der bestehenden Konfiguration. Diese wird sukzessive durch Modifikation von Versionen in der neuen Konfiguration aufgehoben.

- **Konfigurationen disjunkter Methodenbereiche**

Konfigurationen zweier *disjunkter* Methodenbereiche enthalten nur verschiedene Methoden-Objekte und daher auch verschiedene Versionen. Konfigurationen disjunkter Methodenbereiche lassen sich unproblematisch zu einer konsistenten Methodenbeschreibung zusammensetzen. Die Verbindung solcher Konfigurationen über deren Versionen ist unproblematisch, da nicht zwei Versionen desselben Methoden-Objektes existieren.

- **Konfigurationen geschachtelter Methodenbereiche**

Methodenbereiche können ineinander *geschachtelt* sein, d.h. der eine Methodenbereich besteht aus einer echten Teilmenge von Methoden-Objekten des anderen Bereichs. In Abbildung 6.4 liegt V-ENV$_5$ innerhalb von V-ENV$_4$.

Für die Konfigurationen und deren Versionen bedeutet dies, daß für die gemeinsamen Methoden-Objekte die Versionen der größeren Konfiguration durch die Versionen der kleineren Konfiguration ersetzt werden. Treten in einer Methodenbeschreibung mehrere ineinander geschachtelte Konfigurationen auf, so sind die Versionen der "innersten" Konfiguration gültig und überdecken alle anderen Versionen desselben Methoden-Objekts.

- **Konfigurationen überlappender Methodenbereiche**

Als vierte Möglichkeit können Konfigurationen zu zwei Methodenbereichen gebildet werden, die sich *überlappen*. Damit tritt bei der Kopplung zugehöriger Konfigurationen das Problem auf, welche der in der Schnittmenge liegenden Versionen eines Methoden-Objektes Gültigkeit in der Methodenbeschreibung besitzen. Dies kann *a priori* nicht entschieden werden, sondern muß für jede Methodenbeschreibung von dem Methoden-Ingenieur bei der Definition einer konsistenten Methode festgelegt werden. Dies soll im Zusammenhang mit der Definition einer gültigen *Methoden-Version* und der *Konfigurationenordnung* im folgenden erläutert werden.

6.3.5 Methoden-Versionen

Konfigurationen beschreiben abgeschlossene Teilbereiche eines methodischen Vorgehens und sind durch unabhängige Beschreibungen oder Modifikationen der Methode entstanden. So kann es alternative Konfigurationen zur Datenmodellierung (ER-Modelle, semantische Datenmodelle, objektorientierte Datenmodelle), zur Prozeßspezifikation oder zur Organisationsmodellierung innerhalb eines Unternehmens geben, die den jeweiligen Projektanforderungen entsprechend zu einer einheitlichen Methode zusammengebracht werden müssen. Um aus den verschiedenen vorhandenen Konfigurationen eine einheitliche Methode zu entwickeln, fehlt im bisherigen Versionsmodell noch das Konzept für eine *konsistente Version* einer Methodenbeschreibung. Die Methoden-Version ist als Mechanismus zu verstehen, der die Integration verschiedener Entwicklungstechniken für unterschiedliche Anforderungen zu einer ganzheitlichen Entwicklungsmethode eines Unternehmens ermöglicht.

Eine METHODEN-VERSION M-VER bezeichnet eine vollständige und konsistente Methodenbeschreibung und kann im Versionsmodell durch das folgende Tripel beschrieben werden:

$$\text{M-VER} =_{\text{Def.}} (\text{ENV, CONF, CF-ORD}).$$

Dabei bezeichnet ENV die *Menge aller Methodenbereiche* der Methode. Diese Menge der Methodenbereiche verändert sich im Laufe der Zeit, so daß zwei Methoden-Versionen verschiedene ENV besitzen können. CONF bezeichnet eine *Menge von Konfigurationen* und CF-ORD die *Konfigurationenordnung* mit folgenden Eigenschaften:

(1) Für jede Konfiguration CF (cfid) = (V-ENV, cfno, VER) $\in$ CONF ist der zugehörige Methodenbereich V-ENV $\in$ ENV. Dabei kann jede Konfiguration durch den Identifikationsschlüssel cfid = (v-envno, cfno) identifiziert werden.

(2) Zu jedem Methodenbereich V-ENV $\in$ ENV existiert maximal eine Konfiguration CF $\in$ CONF.

(3) Die KONFIGURATIONENORDNUNG einer Methoden-Version ist ein geordnetes Tupel von Konfigurations-Bezeichnern CF-ORD = $(\text{cfid}^1, \text{cfid}^2, \ldots, \text{cfid}^n)$ mit folgenden Eigenschaften:
   (a) CF $(\text{cfid}^i) \in$ CONF für alle $i = 1, \ldots, n \in N$.
   (b) Für alle $1 \leq i, j \leq n$ mit
   CF (cfid^i) = (V-ENV, cfno, VER) $\in$ CONF, $v \in$ VER, und
   CF´ (cfid^j) = (V-ENV´, cfno´, VER´) $\in$ CONF, $v' \in$ VER´ gilt:
   v *überdeckt* v´ $\Leftrightarrow_{\text{Def.}}$ v, v´sind Versionen desselben Methoden-Objekts und $i < j$.

Die Idee der Methodenbereiche und deren Konfigurationen ist, daß Modifikationen für verschiedene Teilaspekte der IS-Entwicklung unabhängig voneinander von den Anwendern der Methode (Projektbeteiligte) durchgeführt werden können. Erst beim Zusammenfügen verschiedener Konfigurationen zu einer gültigen Methoden-Version durch den verantwortlichen Methoden-Ingenieur ist die Konsistenz der verschiedenen Konfigurationen untereinander zu überprüfen. Dabei müssen Konflikte zwischen verschiedenen Versionen eines Methoden-Objektes gelöst werden.

Eine Methoden-Version besteht aus einer Auswahl bestimmter Konfigurationen, die in der Konfigurationenordnung in eine Überdeckungsreihenfolge gebracht werden. Dabei muß nicht für jeden Methodenbereich eine Konfiguration in der Methoden-Version vorkommen, jedoch darf höchstens genau eine in der Methoden-Version vorkommen. Die Konfigurationenordnung wählt die Versionen von Methoden-Objekten aus, die in mehr als einer Konfiguration vorkommen. Dabei überdeckt eine weiter links in der Konfigurationenordnung stehende Konfiguration alle Versionen desselben Methoden-Objektes in den weiter rechts stehenden Konfigurationen der Konfigurationenordnung.

Für *geschachtelte* Konfigurationen gilt, daß weiter innen liegende Konfigurationen weiter links in der Ordnung stehen sollten, da ansonsten niemals auf eine Version der kleineren Konfiguration zugegriffen werden kann. Die Reihenfolge zweier *disjunkter* Konfigurationen ist beliebig, da diese aufgrund der verschiedenen Methoden-Objekte keine konkurrierenden Versionen besitzen. Für zwei sich *überlappende* Konfigurationen entscheidet der Methoden-Ingenieur bei der Definition der Methoden-Version durch die Reihenfolge in der Konfigurationenordnung, welche Versionen der Methoden-Objekte in der Schnittmenge gültig sind. Dies ist *a priori* nicht entscheidbar, da die Konfigurationen unabhängig voneinander durch isolierte Modifikationen entstanden sind.

Dabei ist die Verträglichkeit der selektierten Versionen der einen Konfiguration mit den Versionen der anderen Konfiguration vom Methoden-Ingenieur zu prüfen. Passen die getrennt entstandenen Beschreibungen der Versionen nicht zusammen, so wird der Methoden-Ingenieur für eine der beiden Methodenbereiche eine neue Konfiguration erzeugen. Nachdem in dieser die entsprechenden Versionen mit der anderen Konfiguration in Einklang gebracht wurden, wird diese Konfiguration in die Konfigurationenordnung der neuen Methoden-Version aufgenommen.

6.4 Ein Fallbeispiel zum Methoden-Customizing

Das folgende Fallbeispiel soll das Methoden-Customizing aus Sicht eines Unternehmens mit hohem Eigenentwicklungsbedarf genauer erläutern. Das Fallbeispiel stammt aus einem großen Dienstleistungsunternehmen, das in seiner Informatikstrategie (IS-Konzept) für die Eigenentwicklung die Verwendung der *Structured Systems Analysis & Design Method* (SSADM) als neuen Entwicklungsstandard festgelegt hat [vgl. CCTA 1990a]. Es wird eine sogenannte *Methoden-Engineering-Gruppe* [vgl. *Software Engineering Process Group* in Fowler/Rifkin 1990] als zentrale Stabsstelle eingerichtet. Aufgabe dieser Stelle ist die Beratung und die Überwachung der Entwicklungsprozesse und -produkte innerhalb aller Entwicklungsprojekte. Die zentrale Methoden-Engineering-Gruppe ist für die Einhaltung eines Minimalstandards bei den Entwicklungsergebnissen und -prozessen verantwortlich, damit kein methodischer Wildwuchs in den Entwicklungsprojekten entsteht.

Da dieses Dienstleistungsunternehmen eine seit über fünfzehn Jahren gewachsene Anwendungsentwicklung besitzt, existieren etablierte und bewährte Entwicklungsstandards, die auch bei der Umstellung der Entwicklungsmethode auf SSADM nicht aufgegeben werden können. Einerseits sind unternehmensspezifische Charakteristika wie Namenskonventionen, ein eingespieltes Berichtswesen und Bibliothekssysteme für Programme entstanden. Andererseits deckt SSADM nur einen Teilbereich des bisherigen Entwicklungsstandards ab, so daß z.B. das bisherige Projektmanagement über eine modifizierte Version von IFA PASS beibehalten und in die SSADM-Methode integriert werden muß.

Dieses Fallbeispiel soll exemplarisch die Anpassung von SSADM auf das bei dem Dienstleistungsunternehmen eingeführte unternehmensweite Datenmodell (UDM) im Detail erläutern. Da SSADM kein unternehmensweites Datenmodell bei einzelnen Entwicklungsprojekten berücksichtigt, muß die Methode um Schnittstellen dafür erweitert werden.

Die Beschreibung von SSADM Version 4 wurde von der zentralen Methoden-Engineering-Gruppe des Dienstleistungsunternehmen im *Methoden-Engineering-Werkzeug* (MEET) erstellt (vgl. Kapitel 7). Es existiert ein lokales Netzwerk mit einzelnen Workstations, von denen aus alle Mitarbeiter des Unternehmens im Bereich Systementwicklung Zugriff auf die unternehmensweite Methodenbank haben. Es bestehen unterschiedliche Zugriffs- und Modifikationsrechte für die in der Methodenbank abgelegten Methodenversionen.

Das MEET-Werkzeug stellt verschiedene Diagramm- und Texteditoren zur Spezifikation der Methode in der Struktur des ISE-Referenz-Beschreibungsmodells zur Verfügung. Bei der Beschreibung von SSADM wurden Teilbereiche der Methode identifiziert, in denen eine abgeschlossene und konsistente Beschreibung erfolgen kann. Diese Teilbereiche dienen zur besseren Übersicht und zur Strukturierung der Methodenbeschreibung. Jedes Objekt, das in der Methode beschrieben wird (jede konkrete Phase oder Aktivität, jedes Ergebnis und jeder Akteur), ergibt ein *Methoden-Objekt.* Die genauere Beschreibung der Attribute eines Objektes führt zu einer ersten Version. Dabei werden die definierten Teilbereiche der Methode unabhängig voneinander beschrieben. Jeder Teilbereich führt zu einem *Methodenbereich*, in denen die entsprechenden Methoden-Objekte liegen. Damit hat die Methoden-Engineering-Gruppe die gesamte

Methodenbeschreibung in zusammenhängende Bereiche eingeteilt, die später den Ausgangspunkt für Verbesserungen darstellen.

So entstand u.a. in SSADM ein Methodenbereich für die *Ist-Datenanalyse*, da dies ein eigenständiger Bereich der Methode und unter Umständen in einigen Projekten nicht notwendig ist. Im folgenden betrachten wir diesen Ausschnitt, der das für das Projekt relevante Ist-Datenmodell bestehender Applikationen erstellt. Da seit einigen Jahren ein unternehmensweites Datenmodell (UDM) innerhalb des Unternehmens aufgebaut wurde und alle Entwicklungsprojekte verpflichtet sind, ein projektspezifisches Datenmodell aus dem UDM abzuleiten, ist der Bereich der Ist-Analyse in SSADM entsprechend anzupassen.

Die Phase "*Investigation of Current Environment*" untersucht die Projekt-/Systemgrenzen, die Anforderungen an das neue IS und das derzeitige Ist-System. Eine Subphase sieht dabei die Analyse der Ist-Daten in Step 140 "*Investigate Current Data*" vor. Die Abbildung 6.6 zeigt auf der Basis des in Kapitel 5 vorgestellten Beschreibungsmodells die Prozeßabhängigkeiten zusammen mit den Ergebnisverwendungen für die Analyse der Ist-Daten in Step 140. Dieser Step 140 untersucht in SSADM im wesentlichen das Ist-Datenflußmodell (DFM), bestehend aus den Ist-Datenflußdiagrammen mit elementaren Prozeßbeschreibungen und dem in der Voruntersuchung erstellten Grobentwurf der logischen Datenstruktur (LDS).

Zunächst wird unter Verwendung eines in der Voruntersuchung grob erstellten Datenmodells (*Overview LDS*) und der Datenflußdiagramme des derzeitigen Geschäftsablaufes (*Current Physical DFDs*) eine erste Version des logischen Ist-Datenmodells (*Create LDS*) erstellt. Anschließend werden aufgrund der Datenflußdiagramme und der zuvor ermittelten *Input/Output Descriptions* die Attribute der Entitätstypen bestimmt. Häufig entstehen bei der Beschreibung der Attribute neue Entitätstypen durch Generalisierungen oder Spezialisierungen. In Task 30 wird das soweit erstellte Ist-Datenmodell nochmals mit den Datenflußmodellen, insbesondere mit den elementaren Prozeßbeschreibungen, und dem Datenkatalog hinsichtlich seiner Vollständigkeit überprüft. Anhand der elementaren Prozeßbeschreibungen (*Elementary Process Descriptions*) wird überprüft, ob die Informationsbedürfnisse der Prozesse mit dem LDS übereinstimmen. Als Abschluß des Steps 140 werden der Datenkatalog und das Ist-Datenmodell nochmals mit den Benutzern besprochen und weitere Anforderungen in den Anforderungskatalog (*Requirements Catalogue*) aufgenommen.

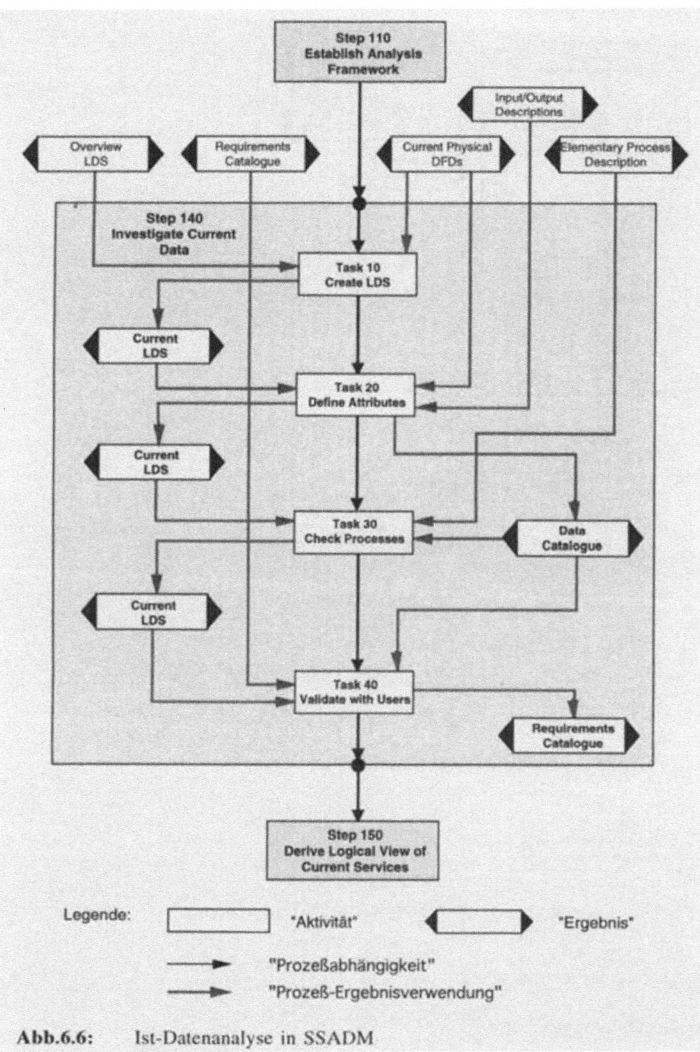

Abb.6.6: Ist-Datenanalyse in SSADM

Jedes in Abb.6.6 abgebildete Objekt führt zu einem Methoden-Objekt und einer (ersten) Version im Versionsmodell. Vereinfacht gesagt, enthalten die Methoden-Objekte den Namen (Bezeichner) und die Versionen die konkrete Beschreibung der Aktivitäten oder Ergebnisse (Attributwerte). Wie bereits erwähnt, wird die Ist-Datenmodellierung in SSADM (Step 140) in einem Methodenbereich beschrieben, der alle in Step 140 involvierten Methoden-Objekte enthält. Es wurde eine Ursprungskonfiguration für Step 140 mit den entsprechenden Versionen erzeugt, wie sie in Abb.6.6 dargestellt ist.

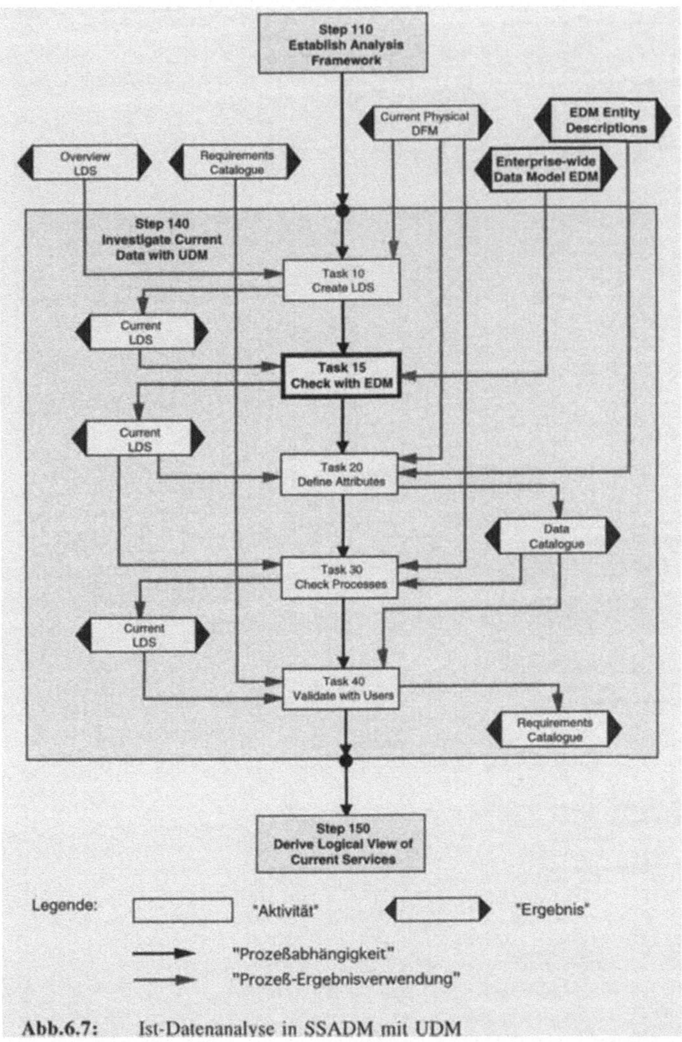

Abb.6.7: Ist-Datenanalyse in SSADM mit UDM

Abbildung 6.7 zeigt die auf das unternehmensweites Datenmodell abgestimmte Ist-Datenanalyse, in der neue Objekte fett dargestellt sind. Es wurden die *Datenflußdiagramme* unterschiedlicher Detaillierung, die *elementaren Prozeß-* und die *Input-/Output-Beschreibungen* in das *Ist-Datenflußmodell* (*Current Physical DFM*) zusammengefaßt. Weiterhin kommen als neue Ergebnisse das unternehmensweite Datenmodell (*Enterprise-wide Data Model EDM*) und die Entitätstypenbeschreibung des UDM (*EDM Entity Descriptions*) sowie als neue Aktivität die Task 15 (*Check with EDM*) zur Methode dazu [vgl. z.B. Swissair 1992].

Existiert ein unternehmensweites Datenmodell, so muß das erstellte LDS mit dem projektrelevanten Teilausschnitt des UDM (*Enterprise-wide Data Model*) verglichen werden. Dies geschieht in einer neuen Task (*Check with EDM*), in der Entitätstypen und Beziehungen des bisherigen LDS durch die entsprechenden Objekte aus dem UDM ersetzt werden. Innerhalb der Methodenbeschreibung bedeutet dies, daß eine neue Konfiguration "Ist-Datenmodell/UDM" durch Kopieren aller Versionen aus der ursprünglichen Konfiguration erzeugt wird. Aufgrund der in 6.3.4 eingeführten Gleichheitsrelation auf der Menge der Versionen erben alle kopierten Versionen die Attributwerte und Beziehungen von der Ausgangsversion. Erst durch Ändern einer Version wird die Gleichheitsrelation aufgelöst. Die Attributwerte und Beziehungen werden in die neue Version zum Modifizieren kopiert.

Der Methoden-Customizer erzeugt u.a. das neue Methoden-Objekt "*Task 15*". Dies führt erstens zu einer neuen Version in dieser Konfiguration und zweitens zu einem neuen Methoden-Objekt im Methodenbereich "*Ist-Datenmodell*". Alle Änderungen an den Versionen, z.B. eine neue Beschreibung der "Task 15", werden auf der Versionsebene durchgeführt. Dies betrifft sowohl neue Methoden-Objekte als auch diejenigen, von denen eine neue Version erzeugt wurde. Weiterhin werden die beiden Methoden-Objekte "*Enterprise-wide Data Model*" und "*EDM Entity Descriptions*" mit entsprechenden neuen Versionen erzeugt, die eine Beschreibung der Ergebnisse und die Input-Beziehungen zu den entsprechenden Tasks enthalten.

Durch ein UDM ändern sich die Attribute der LDS-Entitätstypen in Task 20. Findet man einen LDS-Entitätstyp im UDM, so kann die entsprechende Entitätstypen-Beschreibung (Attribute, Wertebereiche, Integritätsregeln) in den Datenkatalog (*Data Catalogue*) übernommen werden. Für die neue Version von Task 20 muß sowohl die Beschreibung als auch die Input-Beziehung zur *EDM Entity Description* geändert werden. In der gleichen Weise ändern sich Task 10 und Task 30. Da die Validierung des entstehenden Ist-Datenmodells (LDS) gegenüber der ursprünglichen SSADM-Version unverändert bleibt, ist die neue Version von Task 40 gleich der ursprünglichen Version (vgl. 6.3.4).

Das obige Beispiel verdeutlicht einen kleinen Ausschnitt der notwendigen Änderungen von SSADM. Es werden weiterhin zusätzliche Akteure und Ressourcen für die neuen Aktivitäten benötigt, wie z.B. der Datenmanager des Unternehmens oder das zentrale Dictionary des UDM. Diese Änderungen führen zu weiteren neuen Konfigurationen bestehender Methodenbereiche. Die Aufgabe der Methoden-Engineering-Gruppe besteht anschließend darin, eine neue konsistente Methoden-Version SSADM/UDM aus den alten und neuen Konfigurationen zu erzeugen.

Für eine neue Methodenversion müssen lediglich in der entsprechenden Konfigurationenordnung die ursprünglichen Konfigurationen durch die neu erzeugten ersetzt werden. Da alle Beziehungen der neuen Versionen entweder vom Methoden-Customizer direkt geändert wurden oder identisch mit den alten Versionen sind, entstehen keine Inkonsistenzen zwischen den Konfigurationen.

7. Das Methoden-Engineering-Tool MEET

7.1 Einleitung

Das vorliegende Kapitel beschreibt die Implementation der vorgestellten Konzepte zur Methodenentwicklung im ***Me**thoden-**E**ngineering-**T**ool* MEET. Grundidee ist dabei die Übertragung des CASE-Ansatzes auf die Entwicklung von Methoden zur IS-Entwicklung. Im Unterschied zu vergleichbaren Arbeiten, z.B. des *Software Engineering Institutes* (vgl. 3.3.1.4), die ein existierendes CASE-Tool für die Spezifikation von Softwareprozessen und -ergebnissen unverändert verwenden, soll in dieser Arbeit ein spezielles Werkzeug zur Methodenspezifikation auf der Basis des ISE-Referenz-Beschreibungsmodells (MERET-Modell) entwickelt werden. Auf dieser Grundlage wurden sowohl graphische als auch textbasierte Editoren zur Spezifikation einer Methode entwickelt. Für die Implementation wurde das Meta-CASE-Tool *Virtual Software Factory* (VSF) aufgrund der Offenheit des Systems bezüglich der zugrundeliegenden Datenbank und der Editoren gewählt. Eine kurze Beschreibung von VSF befindet sich in Abschnitt 3.3.2.

VSF stellt die übliche Funktionalität eines CASE-Werkzeuges zur Verfügung. Als Besonderheit können beliebige Diagrammeditoren und textuelle Reports generiert werden. Die mittels dieser Editoren erstellten Methodenbeschreibungen werden in einer angepaßten Datenbank abgelegt. Dabei stellt VSF umfangreiche Konzepte zur Definition von Integritätsbedingungen und zur automatischen Ausführung von Schlußfolgerungen (Erzeugen und Löschen von Fakten) zur Verfügung. Jedes Diagramm und jeder Textreport bieten eine individuelle Sicht auf die Methodenbeschreibung. Dabei können auf der Basis der zugrundeliegenden Methodenbank jederzeit neue Editoren entwickelt werden. Im folgenden sollen exemplarisch die verschiedenen Sichten bzw. Editoren und Reports von MEET am Beispiel der *Information Engineering* Methode beschrieben werden.

7.2 Architektur von MEET

Die Architektur von MEET baut auf der Architektur der Virtual Software Factory auf [vgl. VSF 1992a]. Es sind zwei Ebenen in MEET zu unterscheiden. Die METHODEN-WORKBENCH ist die Arbeitsplattform, in der der Methoden-Ingenieur die entsprechende Methode entwickelt. In der sogenannten META-WORKBENCH können die verschiedenen Diagramme und Reports für die Methoden-Workbench definiert und anschließend generiert werden.

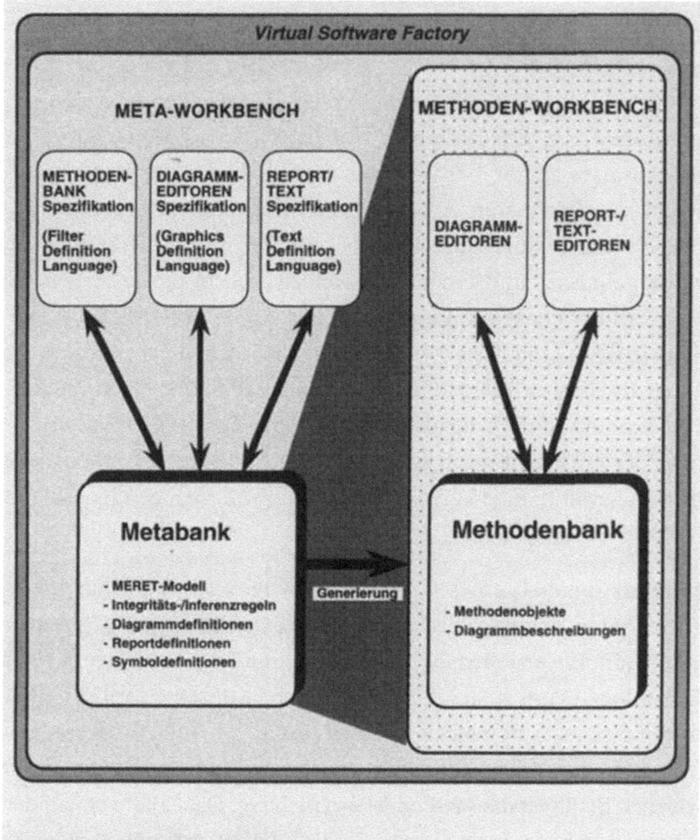

Abb.7.1: MEET-Architektur

- **Methoden-Workbench**

Zur Beschreibung von Methoden stehen in der Methoden-Workbench prinzipiell zwei Typen von Editoren zur Verfügung. Mittels *Diagramm-Editoren* können graphische Beschreibungen, wie Dekompositions- oder Aktivitätenablaufdiagramme der Methode, spezifiziert werden. Ein Diagramm besteht in VSF aus einer Menge von Knoten und Kanten mit beliebigen Darstellungsmöglichkeiten (vgl. Symboldefinition im Anhang D). Diese graphischen Objekte repräsentieren Fakten in der Methodenbank, in der alle Beschreibungen der Methode gespeichert werden. Dabei ist es möglich, mehrere Darstellungen eines Faktums, z.B. ein konkretes Entwicklungsergebnis, in verschiedenen Diagrammen oder Reports zu referenzieren und zwischen den Darstellungen zu *traversieren*. Ein typisches Beispiel ist das Anklicken eines Entwicklungsprozesses im Phasenstruktur-Editor, um dann über ein Pop-up-Menü das Ablaufdiagramm dieser Phase in einem neuen Fenster zu erzeugen.

Neben der graphischen Beschreibung einer Methode durch entsprechende Diagramm-Editoren gibt es in MEET verschiedene *Texteditoren*, die in einer vordefinierten Syntax eine textuelle Beschreibung einzelner Aspekte der Methode ermöglichen. Zu jedem Objekt in einem Diagramm kann ein erläuternder Report geöffnet werden. Diese Reports beschreiben z.B. eine Aktivität, eine Technik oder ein Entwicklungsergebnis mitsamt seinen Beziehungen zu anderen Objekten. Mit der sogenannten *unfold*-Operation kann zu jedem Objekt in einem Diagramm der zugehörige Erfahrungsreport mit einer textuellen Beschreibung und entsprechenden Projekterfahrungen (Notizen) zu diesem Objekt geöffnet werden (vgl. 7.5).

- **Meta-Workbench**

In der sogenannten Meta-Workbench werden die Entwicklungsdatenbank, die Diagramm- und die Text-Editoren der Methoden-Workbench definiert. VSF stellt für diese Spezifikationen, entsprechend der Spezifikation eines CASE-Tools, die drei verschiedenen Sprachen und Generatoren der *Filter*, der *Graphics* und der *Text Definition Language* zur Verfügung.

Die Grundlage von MEET ist die Datenbank zur Beschreibung von Methoden. Diese *Methodenbank* mit Integritätsbedingungen und automatischen Schußfolgerungen wird in der *Filter Definition Language* (FDL) von VSF definiert. Die FDL ist eine mengenorientierte Sprache und basiert auf der Prädikatenlogik erster Ordnung (vgl. Anhang C). In ihr können elementare Mengen (Sets) definiert und über Operationen wie Durchschnitt, Vereinigung oder Kreuzproduktbildung neue Mengen gebildet werden. Eine wesentliche Stärke von VSF ist die Definition beliebiger Regeln und automatischer Aktionen auf der Datenbank, z.B. das Löschen gewisser Objekte oder das Erzeugen neuer Fakten aufgrund von Benutzeraktionen. Die Methodenbank-Spezifikation in FDL definiert die Semantik der MEET-Methodenbank. Die anderen beiden Sprachen legen die Syntax der MEET-Editoren fest.

Die zweite Komponente in der Meta-Workbench dient zur Spezifikation der graphischen Diagrammeditoren. In der zugehörigen *Graphics Definition Language* (GDL) ist es möglich, Editoren zur Manipulation von Graphen zu definieren, die aus beliebigen Knoten und Kanten bestehen können. Jede Spezifikation eines Diagrammeditors enthält Angaben darüber, welche Fakten in der Methodenbank durch welche graphischen Objekte (Knoten und Kanten im Editor) repräsentiert werden.

In der dritten Komponente der Meta-Workbench werden mittels der *Text Definition Language* (TDL) die Texteditoren für strukturierte Reports und für die textuelle Beschreibung von Objekten spezifiziert. Alle Spezifikationen in den drei Sprachen werden in einer sogenannten *Metabank* gespeichert und für die Generierung der Methoden-Workbench benötigt.

7.3 MEET-Methodenbank

Abbildung 7.2 beschreibt einen Ausschnitt zur Definition der Objekttypen der Methodenbank. Diese Spezifikation erfolgt in der *Filter Definition Language* (FDL) und wird in der Metabank zur Verwaltung und Generierung der Methodenbank gespeichert. Dieser Metabank-Ausschnitt betrifft die Spezifikation der Ergebnisse (Deliverable) in MEET und soll die FDL-Sprache verdeutlichen. Die vollständige Spezifikation der MEET-Methodenbank für die implementierten Editoren befindet sich im Anhang C.

```
define Deliverable          = unstructured;
define Decomposition        = product (Deliverable, Deliverable);
define Representation       = unstructured;
define ReprComponent        = unstructured;
define IsRepresentedBy      = product (Deliverable, Representation);
define MetaAttr             = unstructured;
define Fundamental          = unstructured;
define Predefined           = unstructured;
define Structural           = unstructured;
define Associated           = unstructured;
define Subtype              = unstructured;
define MetaEntity           = union (Fundamental, Predefined, Structural,
                                     Associated, Subtype);
define MetaRelation         = product (MetaEntity, MetaEntity);
define RelName              = unstructured;
define HasName              = product (MetaRelation, RelName);
define MetamodelObj         = union (MetaEntity, MetaAttr, MetaRelation);
define BelongsToRepr        = product (MetamodelObj, Representation);
define DeliverableFlowEss   = product (Deliverable, Deliverable);
define DeliverableFlowRef   = product (Deliverable, Deliverable);
define MethodObj            = union (Method, Technique, Resource,
                                     Actor, Milestone,
                                     Process, Deliverable,
                                     Representation, ReprComponent,
                                     MetamodelObj);
define MEETObj              = union (MethodObj, GuidelineObj);
define Description          = subset (#string);
define HasDescription       = product (MEETObj, Description);
/* Any MEETObj is created anonymously by VSF */
/* The user-given name is represented by ObjName */
define ObjName              = unstructured;
define NameIs               = product (MEETObj, ObjName);
constrain NameIs            => /* Error: This MEETobject has already another name
*/
                                 $many_to_one;
/* Inference set for text_format "Deliverable Specification Report" */
/* Contains all the names of deliverable objects */
define DeliverableName      = {subset (ObjName)
                            => [ $fail ]
                            <= [({ NameIs (Deliverable (?), ??set (??elem)) })] };
```

Abb.7.2: Ausschnitt der Methodenbank-Definition

Ein Objekt in der Methodenbank ist entweder ein elementarer Typ oder ein über Mengenoperationen oder über paarweise gebildete Produkte zusammengesetzter Typ. Beispiele für einen elementaren Typ sind in Abb.7.2 *unstructured*, eine einzeilige, alphanumerische Zeichenkette, oder *#string*, ein beliebig langer Text.

Damit in VSF der vom Benutzer vergebene Name eines Methodenobjektes auch nachträglich verändert werden kann, ist zwischen dem Objektbezeichner (*MEETObj*) und dem Namen (*ObjName*) zu unterscheiden. Dies erlaubt es, in verschiedenen Diagrammen über den Namen semantisch dasselbe Objekt zu referenzieren. Die Bedingung (*constraint*) für die NameIs-Relation bewirkt, daß ein MEET-Objekt in der Methodenbank nur einen Namen besitzt. Ferner werden in den Reportspezifikationen nicht die Bezeichner der Ergebnisse verwendet, sondern deren Namen. Dafür ist in der Methodenbank-Defintion die Menge aller Ergebnisnamen als Teilmenge aller Objektnamen definiert (*DeliverableName*).

Die Objekte der Methodenbank werden in den Spezifikationen für die graphischen und textuellen Editoren verwendet. Dabei referenziert in der Regel ein graphisches Objekt genau ein Methodenobjekt. Die folgenden beiden Abschnitte sollen exemplarisch die entwickelten graphischen und textuellen Editoren in MEET beschreiben.

7.4 Diagramm-Editoren in MEET

Zur Entwicklung der verschiedenen graphischen Diagramme für die Beschreibung von ISE-Methoden wurde eine Studie durchgeführt, in der vollständige Teilbereiche der Methoden *Information Engineering* von James Martin Associates und *Navigator* von Ernst & Young in Diagrammen beschrieben wurden [vgl. Neis 1992]. Die entwickelten Diagramme dienten als Prototyp für die Implementierung der Diagrammeditoren in MEET. In den folgenden Abschnitten wird zu jedem in MEET implementierten Editor ein ausgewähltes Diagramm der Methode *Information Engineering* oder *Navigator* vorgestellt. Derzeit sind auf der Basis des in Kapitel 5 entwickelten ISE-Referenzbeschreibungsmodells sieben Diagramm-Editoren und vier Reports in MEET implementiert. Beispiele für die Spezifikationen dieser Editoren in der GDL- und der TDL-Sprache von VSF befinden sich in den Anhängen D und E.

7.4.1 Phasenstruktur-Editor

Der Phasenstruktur-Editor ermöglicht die Spezifikation der Dekomposition von Entwicklungsprozessen (Phasen) in graphischer Notation. Dabei werden Phasen und

Aktivitäten durch unterschiedliche Boxen und Dekompositionsbeziehungen durch Kanten dargestellt.

Abbildung 7.3 zeigt am Beispiel der *Information Engineering* Methode (IEM) die Prozeßdekomposition für die *Business Area Analysis* (BAA). Die BAA besteht unter anderem aus einer Untersuchung der Zustände der Entitätstypen des Datenmodells (*Analyse Entity Type Life Cycle*), einer detaillierten Prozeßlogikanalyse (*Analyse Process Logic*) und einer Analyse der physischen Verteilung der Daten und Funktionen (*Analyse Distribution*) [vgl. James Martin 1989, BAA Handbook, S. 467ff.]. Die Phase *Analyse Process Logic*, zerfällt weiter in die in Abb.7.3 dargestellten acht elementaren Aktivitäten.

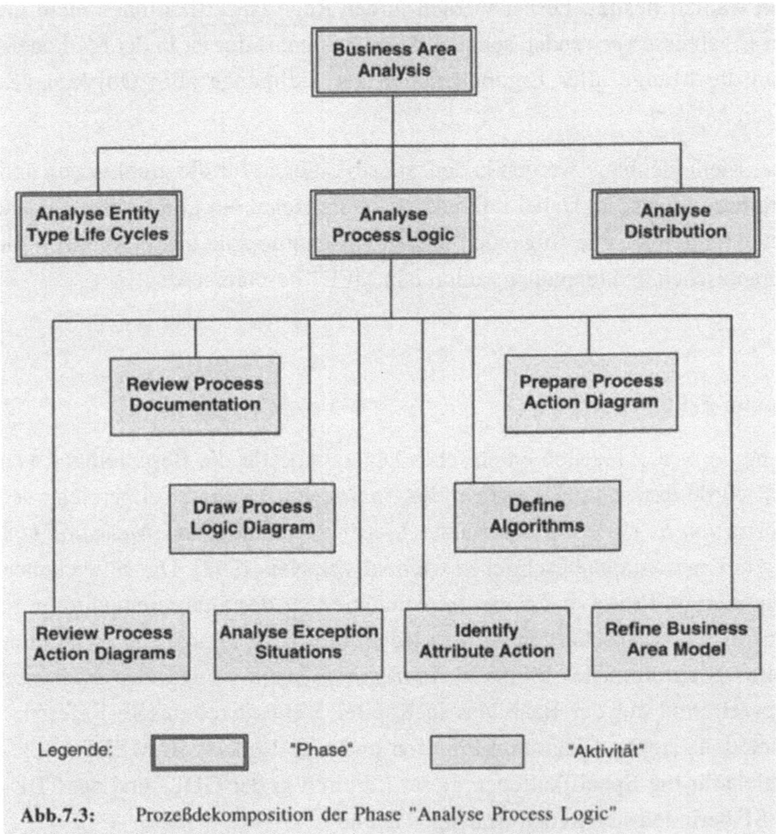

Abb.7.3: Prozeßdekomposition der Phase "Analyse Process Logic"

Der Prozeßstruktur-Editor stellt dem Methoden-Ingenieur drei verschiedene Objekte zur Erzeugung und Bearbeitung zur Verfügung. Es können Phasen, d.h. zusammengesetzte Prozesse, und elementare Aktivitäten erzeugt werden. Ferner bewirkt das Verbinden zweier graphischer Symbole mit der Maus die Darstellung von Dekompositionsbeziehungen in Baumnotation. Mit dem Erzeugen des graphischen Symbols im Editor werden die entsprechenden Fakten in der Methodenbank erzeugt (vgl. *Process*,

PhaseStructure im Anhang C). Integritätsbedingungen garantieren, daß z.B. eine Aktivität nicht der Startpunkt einer Dekompositionsbeziehung sein kann. Durch Anklicken eines graphischen Symbols wird das entsprechende Faktum in der Methodenbank selektiert, und es können andere Editoren und Reports zu diesem Objekt geöffnet werden.

7.4.2 Phasenablauf-Editor

Zu jeder Phase im Phasenstruktur-Editor kann ein Phasenablaufdiagramm der direkt untergeordneten Prozesse gebildet werden (vgl. 5.4.6). Dabei können Meilensteine in den Ablauf integriert und über einen entsprechenden Report genauer beschrieben werden.

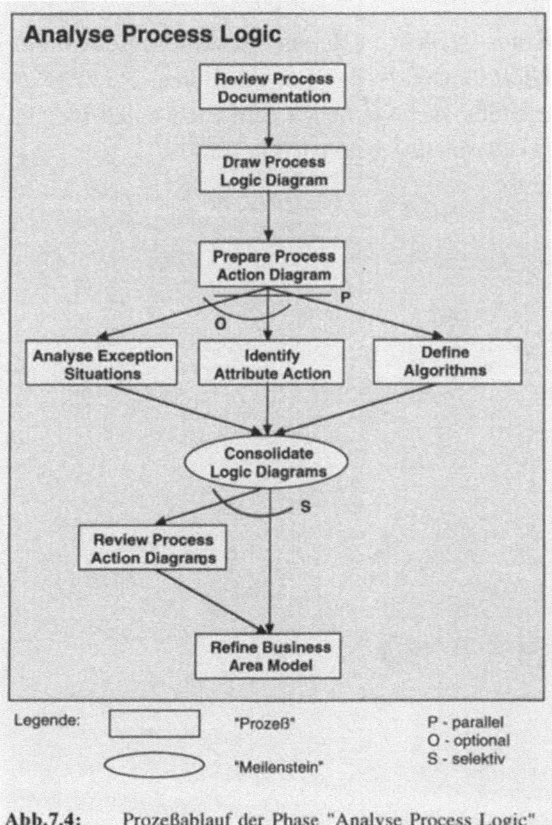

Abb.7.4: Prozeßablauf der Phase "Analyse Process Logic"

Abbildung 7.4 zeigt ein Beispiel des Ablaufdiagramms für die Phase der Prozeßanalyse (*Analyse Process Logic*) in IEM. Beim erstmaligen Erstellen dieses Diagrammes werden automatisch alle untergeordneten Prozesse der entsprechenden Phase als Rechtecke dargestellt. Werden in diesem Diagramm neue Prozesse erzeugt, entsteht dadurch eine Dekompositionsbeziehung zur übergeordneten Phase in der zugrundeliegenden Methodenbank und ein neues graphisches Objekt im entsprechenden Phasenstruktur-Editor. Der Phasenablauf-Editor stellt durch einen weiteren Knoten die Modellierung von Meilensteinen zur Verfügung. Diese werden als Ellipsen dargestellt (vgl. *Consolidate Logic Diagrams* in Abb.7.4) und in den Ablauf der Prozesse integriert. Gemäß den Ausführungen in Abschnitt 5.4.6 können verschiedene Prozeßabhängigkeiten zwischen zwei Prozeß- oder Meilensteinsymbolen in Form von verschiedenen Kanten gebildet werden.

7.4.3 Ergebnisdekompositions-Editor

Vergleichbar zum Phasenstruktur-Editor werden im Ergebnisdekompositions-Editor übergeordnete Ergebnisse in ihre Teilergebnisse zerlegt. Die Abbildung 7.5 zeigt die Ergebnisdekomposition des Prozeßmodells, welches neben dem ER-Modell wesentlicher Bestandteil des Geschäftsmodells (*Business Area Model*) in IEM ist.

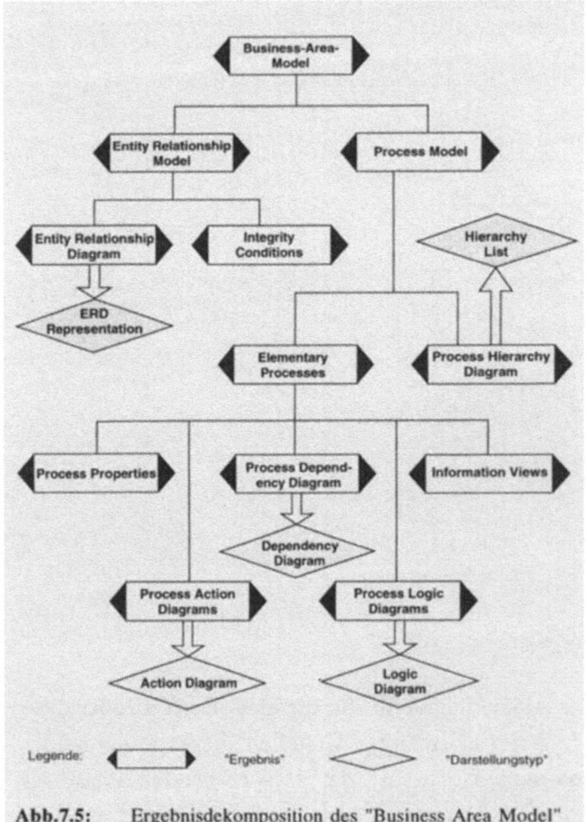

Abb.7.5: Ergebnisdekomposition des "Business Area Model"

Der Ergebnisdekompositions-Editor erlaubt einerseits die Spezifikation der Ergebnisse und deren Dekomposition, andererseits die Definition des Darstellungstyps eines Ergebnisses (vgl. 5.4.5). Darstellungstypen werden durch Rauten im Editor repräsentiert. Die Abbildung 7.5 zeigt die Dekomposition des *BA-Model* in das *Entity Relationship* und das *Process Model*. Das ER-Modell besteht im wesentlichen aus den Integritätsbedingungen und dem ER-Diagramm, dessen Darstellung und Komponenten im Darstellungstyp *ERD Representation* definiert sind. Das Prozeßmodell enthält unter anderem das *Process Hierarchy Diagram*, das die Prozeßhierarchie in Form einer Einrückungsliste (*Hierarchy List)* dargestellt, die Prozeßabläufe (*Process Logic Diagrams*), die Datenzugriffe in den *Information Views* und die Prozeßeigenschaften. Die innere Prozeßlogik wird in den *Process Action Diagrams* beschrieben, deren Syntax im Darstellungstyp *Action Diagram*, eine Pseudocode-Notation, definiert ist.

7.4.4 Metamodell-Editor

Zu jedem Darstellungstyp im vorherigen Ergebnisdekompositions-Editor kann der Metamodell-Editor aufgerufen werden. Dieser erlaubt die Modellierung eines Entity-Relationship-Diagrammes für die konzeptionellen Objekttypen des Darstellungstyps einer Entwicklungstechnik (vgl. 5.4.5).

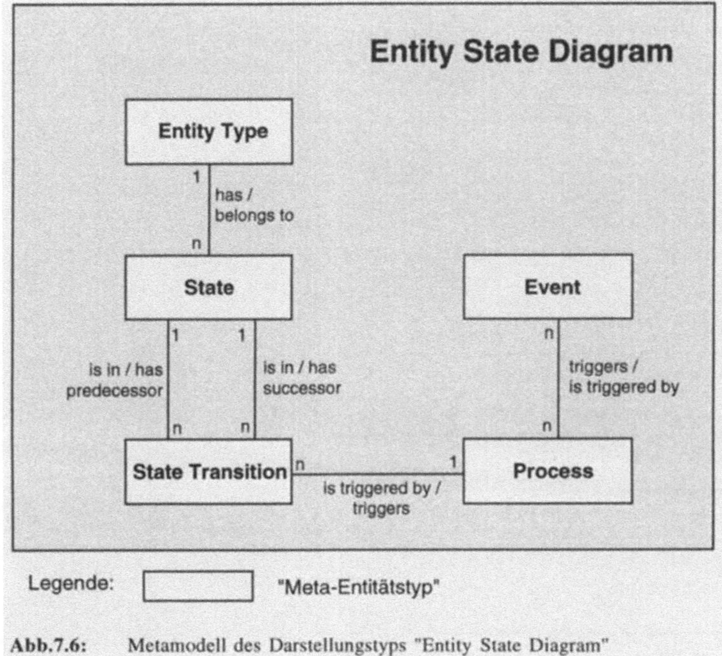

Abb.7.6: Metamodell des Darstellungstyps "Entity State Diagram"

Der Editor erlaubt das Erzeugen von Entitätstypen und beliebigen zweistelligen Relationen zwischen ihnen. Dabei wird eine Beziehung durch einen Namen und die Kardinalitäten an den beiden Enden (c, 1, n) weiter beschrieben. Beim Erzeugen eines Entitätstyps wird in der Methodenbank dieser Entitätstyp automatisch dem Darstellungstyp zugeordnet.

Die Abbildung 7.6 verdeutlicht als Beispiel den Editor für die Meta-Entitätstypen des Darstellungstyps "*Entity State Diagram*" in der Methode Information Engineering. Ein Zustandsübergangsdiagramm in IEM beschreibt für einen Entitätstyp des Datenmodells die verschiedenen Zustände sowie die durch die Prozesse ausgelösten Zustandsübergänge in einem graphischen Diagramm. Abbildung 7.7 zeigt das Beispiel eines Zustandsübergangsdiagrammes für den Entitätstyp "Bestellung" (*Order*) und den Zusammenhang zwischen den Darstellungskomponenten und dem Metamodell. Dieses Diagramm wurde bei der Studie zur Beschreibung von IEM entwickelt [vgl. Neis 1992, S. 79] und ist bisher nicht als Editor in MEET implementiert.

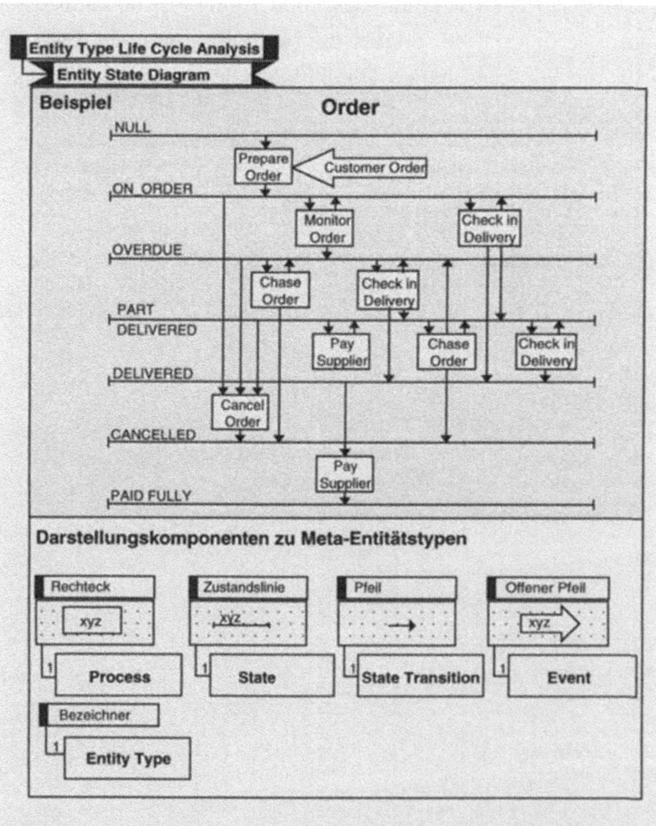

Abb.7.7: Beispiel "Entity State Diagram" für die Entität "Bestellung"

7.4.5 Ergebnisverwendungs-Editor

Der Egebnisverwendungs-Editor erlaubt es, zu einer speziellen Phase der Methode die Ergebnisinputs und -outputs für alle untergeordneten Prozesse dieser Phase zu spezifizieren. Abbildung 7.8 zeigt die im MEET-Editor erstellten Ergebnisverwendungen für die Phase *Analyse Process Logic*. Innerhalb der Phase benötigte Ergebnisse, die aus vorherigen Phasen stammen, sind oberhalb der Phase abgebildet.

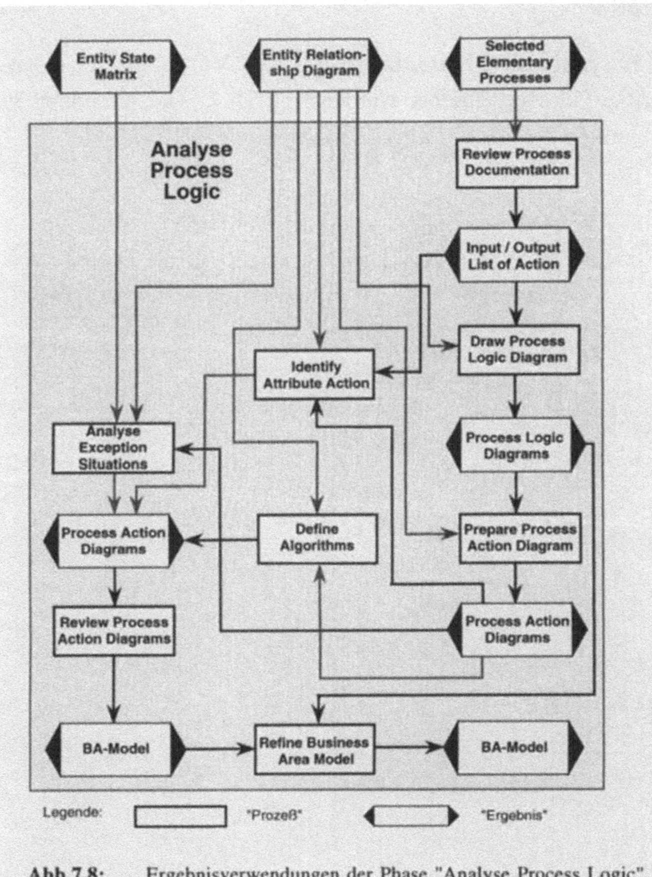

Abb.7.8: Ergebnisverwendungen der Phase "Analyse Process Logic"

Ruft der Methoden-Ingenieur den Ergebnisverwendungs-Editor für eine spezielle Phase z.B. aus dem Phasenstruktur-Editor heraus erstmalig auf, so werden alle untergeordneten Prozesse dieser Phase innerhalb der Phase automatisch dargestellt. Innerhalb und außerhalb der Phase ist es möglich, sowohl neue als auch bereits definierte Ergebnisse darzustellen. Es können keine weiteren Prozesse erzeugt werden, da diese im Phasenstruktur-Editor definiert werden sollen.

Wie in 5.4.7 erläutert, werden *essentielle* und *referentielle* Ergebnisverwendungen unterschieden. Dementsprechend repräsentiert ein ausgezogener Pfeil essentielle Inputs oder Outputs und ein gerasterter Pfeil die referentiellen Verwendungen. In der Methodenbank werden für die Ergebnisflüsse entsprechende Fakten in den beiden Mengen *DeliverableFlowEss* und *DeliverableFlowRef* erzeugt (vgl. Abb.7.2).

7.4.6 Ergebnisfluß-Editor

Alternativ zu einem Phasenablauf-Diagramm kann das Vorgehen durch die Ergebnisflüsse innerhalb einer Phase beschrieben werden (vgl. 5.4.7). Die Abbildung 7.9 zeigt die Ergebnisflüsse innerhalb der Phase *Analyse Process Logic* in IEM.

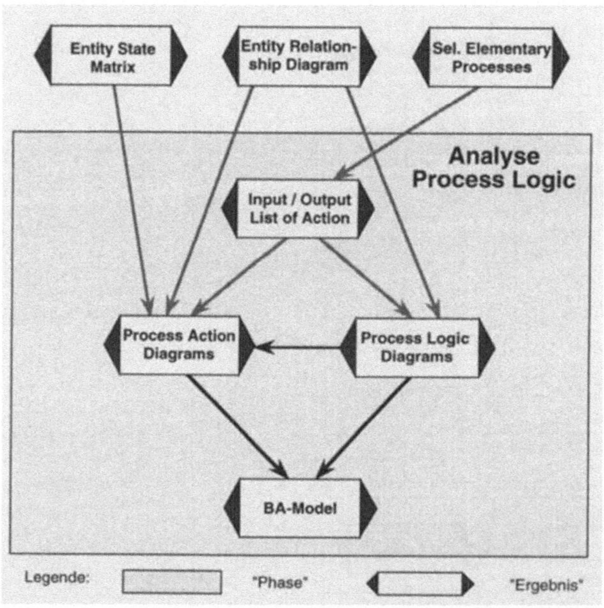

Der Ergebnisfluß kann für jede Phase innerhalb des Vorgehens einer Methode erstellt werden. Es können in diesem Editor innerhalb und außerhalb der entsprechenden Phase nur Ergebnisse dargestellt werden, die bereits bei der Ergebnisdekomposition definiert wurden und in der Methodenbank existieren. Wie im Ergebnisverwendungs-Editor stehen als Kanten zwei verschiedene Pfeile für den *essentiellen* und den *referentiellen* Fluß zwischen den Ergebnissymbolen zur Verfügung (vgl. 5.4.7). Von jedem der dargestellten Ergebnisse kann auf die Ergebnisdekomposition oder den Ergebnisreport verzweigt werden (vgl. 7.5).

7.4.7 Akteur-Editor

Die Projektaufbauorganisation mit den verschiedenen Akteuren innerhalb des Entwicklungsprozesses kann in Form eines Organigramms graphisch spezifiziert werden. Abbildung 7.10 gibt die Projektorganisation wieder, die von der Methode *Navigator* im technischen System-Design empfohlen wird [vgl. Ernst & Young 1990, Navigator Project Management Workbooks, Section 2 ff.].

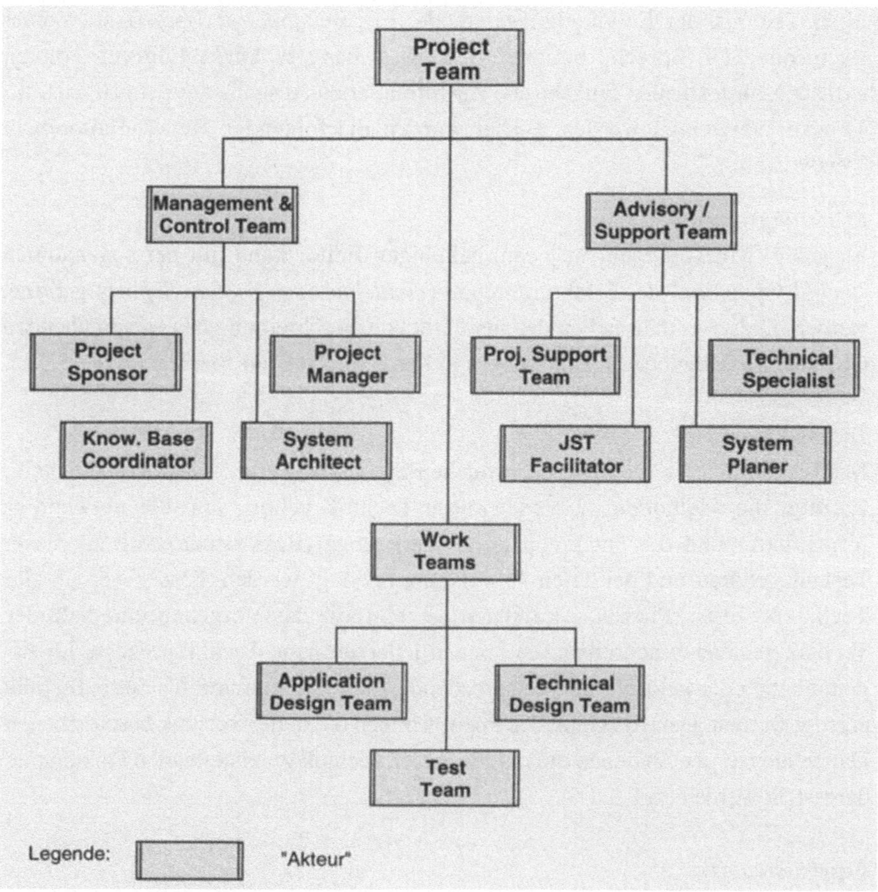

Der Akteur-Editor erlaubt das Erzeugen von Akteur-Symbolen und entsprechenden Fakten in der Methodenbank. Die Kanten (*Links*) geben die Dekompositionsbeziehung zwischen zwei Akteuren wieder. Zu jedem Akteur im Diagramm kann der Erfahrungsreport geöffnet werden, der eine genauere Beschreibung und Notizen zu eigenen Projekterfahrungen oder zu unternehmensspezifischen Richtlinien enthält.

7.5 Report-/Text-Editoren in MEET

Die MEET-Report-Editoren vervollständigen die Beschreibung einer ISE-Methode durch die Möglichkeit, formatierte textuelle Beschreibungen der Methodenobjekte zu erstellen. Dabei beschreibt ein Report- oder Text-Editor eine umfassenden Sicht auf ein spezielles Methodenobjekt, z.B. die komplette Beschreibung einer Aktivität, einer Phase oder einer Technik der Entwicklungsmethode. Ein Beispiel zur Spezifikation eines Reports in der TDL-Sprache befindet sich im Anhang E. Diese Editoren können gleichermaßen zur textuellen Eingabe und zur formatierten Ausgabe auf dem Bildschirm oder Drucker verwendet werden. Bisher wurden die folgenden Report-Editoren in MEET entwickelt:

- *Erfahrungsreport*:
  Zu jedem MEET-Objekt in jedem beliebigen Editor kann mit der sogenannten "*unfold*-Operation" der Erfahrungsreport (*Guideline Specification Report*) geöffnet werden. Dieser enthält neben der ausführlichen Beschreibung des entsprechenden Objektes die Möglichkeit, Erfahrungen in Form von Notizen abzulegen (vgl. 5.4.1).

- *Technikreport*:
  Der Technikreport ermöglicht die textuelle Beschreibung einer selektierten Technik. Er zeigt die Methoden, zu denen diese Technik gehört, und die notwendige Infrastruktur und die entsprechenden Werkzeuge (Ressourcen), die zu dieser Technik gehören und bei deren Anwendung benötigt werden. Ferner werden alle Technikprozesse (Phasen, Aktivitäten) gezeigt, die das Vorgehen innerhalb der Technik genauer beschreiben. Es können jederzeit neue Technikprozesse hinzugenommen oder gelöscht und entsprechende Ablaufdiagramme für diese Technik erzeugt werden. Den Abschluß des Reports bilden die in der Technik beschriebenen Darstellungstypen, in denen die mittels dieser Technik zu erstellenden Dokumente dargestellt werden (vgl. 5.4.5).

- *Ergebnisreport*:
  Im Ergebnisreport kann gemäß den Ausführungen in 5.4.5 ein konkretes Ergebnis einer Methode genauer beschrieben werden. Nach der Beschreibung des Ergebnisses wird die Methode aufgeführt, zu der das Ergebnis gehört. Ferner kann der zugehörige Darstellungstyp des Ergebnisses angegeben werden. Anschließend werden alle untergeordneten Ergebnisse aufgeführt, zu denen weitere Reports existieren. Am Ende des Reports folgt eine Liste aller Prozesse, in denen das Ergebnis verwendet (Input) oder modifiziert (Output) wird.

- *Prozeßreport*:
  Die Beschreibung von Phasen oder Aktivitäten einer Methode erfolgt durch den Prozeßreport (vgl. Abb.7.11). Neben der textuellen Beschreibung des entsprechenden Prozesses werden alle Unterprozesse, die zugehörige Methode oder Technik und, falls es sich um eine Aktivität handelt (vgl. 5.4.3), die zu verwendenden Techniken und Ressourcen aufgelistet. Ferner werden alle Input- und Outputergebnisse aufgeführt, von denen aus weitere Editoren geöffnet werden können. Es können alle Methodenobjekte und Beschreibungen modifiziert und ergänzt werden (vgl. auch Anhang E).

PROCESS SPECIFICATION EDITOR

DESCRIPTION OF PHASE: **Analyse_Process_Logic**

Diese Phase untersucht für jeden elementaren Prozeß den Ablauf und die genauen Operationen, die auf den Objekten des Entity-Relationship-Modells ausgeführt werden. Die wesentlichen Aktionen werden im PROZESSLOGIK-Diagramm dargestellt. Die innere Struktur der elementaren Prozesse wird in den ACTION-Diagrammen beschrieben.

BELONGING TO METHOD:

Information_Engineering_JMA, |<New Method>|

BELONGING TO TECHNIQUE:

SUB PROCESSES:

Review_Process_Documentations, Draw_Process_Logic_Diagram, Prepare_Process_Action_Diagram, Define_Algorithms, Identify_Attribute_Action, Analyse_Exception_Situations, Review_Process_Action_Diagrams, Refine_Business_Area_Model, |<New Sub Phase/Activity>|

INPUT DELIVERABLES:

Entity_State_Matrix, Entity_Relationship_Diagram, Selected_Elementary_Processes, BA_Model, |<New Input Deliverable>|

OUTPUT DELIVERABLES:

Process_Logic_Diagrams, Process_Action_Diagrams, BA_Model, |<New Output Deliverable>|

USED TECHNIQUES (ACTIVITIES ONLY):

USED RESOURCES (METHOD ACTIVITIES ONLY):

Abb.7.11: Prozeßreport "Analyse Process Logic"

8. Zusammenfassung

Dieses Buch stellt grundlegende Konzepte für eine ingenieurmäßige Entwicklung von Methoden dar; im Zentrum steht die integrierte, rechnergestützte Beschreibung und Weiterentwicklung von Methoden zur Entwicklung und Einführung von Informationssystemen (IS). Damit liefert es einen Beitrag zur sogenannten *Software-Prozeßmodellierung* und zur *Metamodellierung* in der IS-Entwicklung. Das Buch entstand im Rahmen des Kompetenzzentrums "Rechnergestütztes Informationsmanagement" (CC RIM) des Forschungsprogramms "Informationsmanagement 2000" an der Hochschule St. Gallen.

Nach einer Einführung in die Grundlagen und die Problemstellung der Arbeit gibt das dritte Kapitel einen umfassenden Überblick über den derzeitigen Stand der Forschung und der Praxis zum *Know-how-Management* in der System-Entwicklung. Es werden internationale Projekte im Bereich der Repräsentation von Methodenwissen und der Beschreibung von Softwareprozessen in integrierten Entwicklungsumgebungen sowie bestehende Ansätze zur Modellierung der Software-Entwicklung (Metamodellierung) diskutiert. Ziel ist es, Konzepte und Nutzen für ein *Methoden-Engineering* in der betrieblichen IS-Entwicklung aufzuzeigen und in die bestehende Praxis der Software-Entwicklung einzuordnen.

Auf der Grundlage einer morphologischen Analyse der Beschreibungsstrukturen von kommerziell verbreiteten Methoden im vierten Kapitel stellt das fünfte Kapitel ein Beschreibungsmodell für die integrierte Repräsentation von methodischem Wissen in der Entwicklung von Informationssystemen vor. Erst die einheitliche Terminologie in Form dieses Referenzmodells ermöglicht den Vergleich und die Harmonisierung verschiedener Entwicklungsmethoden. Das Referenzmodell wird in der Notation eines semantischen Datenmodells entwickelt. Innerhalb des CC RIM bildete es die Grundlage für eine *Methodenbank*, in der fünf der in den Partnerunternehmen verwendeten Entwicklungsmethoden beschrieben wurden. Damit konnten die verschiedenen Methoden miteinander verglichen und eine Vereinheitlichung der Methoden erarbeitet werden.

Ziel einer rechnergestützten Methodenbeschreibung ist die Weiterentwicklung und Anpassung von Entwicklungsmethoden an unternehmens- oder projektspezifische Anforderungen. Das sechste Kapitel stellt, aufbauend auf dem Referenz-Beschreibungsmodell, hierfür ein Konzept zur Anpassung und Integration unterschiedlicher Entwicklungstechniken in eine einheitliche Methode vor. Es wird ein Versionsmodell zum Customizing von Methoden vorgestellt, das es ermöglicht, aus unterschiedlichen Teilaspekten eine konsistente und integrierte Entwicklungsmethode zu bilden. Insbesondere unterstützt es die kontinuierliche Modifikation und Verbesserung der einzelnen Methodenbereiche durch die Projektbeteiligten.

Das siebte Kapitel beschreibt die Implementierung der Konzepte in Form eines Prototyps zum Methoden-Engineering. Dieser Prototyp MEET (*MEthodology Engineering Tool*) überträgt die Konzepte des *Computer-Aided Software-Engineering* auf die strukturierte Entwicklung von Methoden. Der Implementierung liegt das Meta-CASE-Werkzeug *Virtual Software Factory* zugrunde. MEET ermöglicht die graphische Spezifikation von Entwicklungsmethoden auf der Basis einer integrierten Methodenbank. Dabei stehen die ingenieurmäßige Weiterentwicklung und die kontinuierliche Dokumentation von Entwicklungserfahrungen im Vordergrund.

Die steigende Komplexität der Informationssysteme und der Entwicklungsprozesse erfordert strukturierte Methoden. Der Einsatz verbreiteter Entwicklungsmethoden gewährleistet zwar einerseits die Akquisition fremden Know-hows, andererseits dürfen aber die eigenen Entwicklungserfahrungen und Standards des Unternehmens nicht vernachlässigt werden. Das Buch löst dieses Problem durch ein umfassendes Konzept und einen Prototyp zur rechnergestützten Methodendokumentation, in dem die Weiterentwicklung und die Anpassung auf ein spezielles Unternehmen durch konsistente Methodenversionen unterstützt wird. Die vorgestellten Konzepte verlangen die Einführung im Unternehmen und den Aufbau eines Methoden-Engineering mit dem Ziel, Know-how in der Organisations- und Systementwicklung systematisch aufzubauen und zu verwalten.

Von einer formalen Beschreibung und Anpassung von Methoden ist es nur noch ein "kleiner" Schritt bis zur Ausführung der formalen Beschreibung. Die Methodenbeschreibungen bilden die Basis für einen rechnergestützten *Projektberater*, der das Projektteam in den verschiedenen Phasen der Entwicklung und Einführung unterstützt. Denkbar ist die Entwicklung einer auf dem MEET-Prototyp aufbauenden Komponente zur intelligenten und interaktiven Beratung in der Organisations- und Systementwicklung. Dabei bringen insbesondere die im Beschreibungsmodell integrierten Entwicklungserfahrungen des Unternehmens aus vorherigen Projekten und eine intelligente und interaktive Benutzerschnittstelle den entscheidenden Nutzen gegenüber herkömmlichen Dokumentationen in Papierform.

Literaturverzeichnis

[Abiteboul/Hull 1987]
Abiteboul, S., Hull, R., IFO: A Formal Semantic Database Model, in: ACM Transactions on Database Systems, Vol. 12, No. 4, pp. 525-565, 1987

[ACM 1989]
ACM, Proceedings 11th International Conference on Software Engineering, May 15-18, Pittsburgh, Pennsylvania, IEEE Computer Society Press, Washington, 1989

[Agre 1988]
Agre, Ph.E., The Dynamic Structure of Everyday Life, A.I. Technical Report No. 1085, Massachusetts Institute of Technology, Artificial Intelligence Laboratory, Boston, 1988

[Alderson 1991]
Alderson, A., Meta-CASE Technology, in: Endres, A., Weber, H. (Eds.), Software Development Environments and CASE Technology, Lecture Notes in Computer Science No. 509, pp. 81-91, Springer, Berlin, 1991

[Althammer/Zgraggen 1988]
Althammer, P., Zgraggen, P.M., Die 4.-Generation-Sprache CSP der IBM, in: Gutzwiller, Th., Österle, H. (Hrsg.), Anleitung zu einer praxisorientierten Software-Entwicklungsumgebung, Band 2: Entwicklungssysteme und 4.-Generation-Sprachen, S. 273-280, Angewandte Informationstechnik, Hallbergmoos, 1988

[Ambriola/Ciancarini/Montangero 1990]
Ambriola, V., Ciancarini, P., Montangero, C., Software Process Enactment in Oikos, in: SIGSOFT Software Engineering Notes, Vol. 15, No. 6, pp. 183-192, 1990

[Akscyn/McCracken/Yoder 1988]
Akscyn, R.M., McCracken, D.L.,Yoder, E.A., KMS: A Distributed Hypermedia System for Managing Knowledge in Organizations, in: Communications of the ACM, Special Issue: Hypertext, Vol. 31, No. 7, pp. 820-835, 1988

[Apt/van Emden 1982]
Apt, K.R., van Emden, M.H., Contributions to the Theory of Logic Programming, in: Journal of the ACM, Vol. 29, No. 3, pp. 841-862, 1982

[Arango 1989]
Arango, G., Domain Analysis - From Art Form to Engineering Discipline, in: ACM Software Engineering Notes, Vol. 14, No. 3, pp. 152-159, 1989

[ARCADIA Cons. 1990]
ARCADIA Consortium, The ARCADIA Research Project, in: Perry, D.E. (Ed.), Proceedings of the 5th International Software Process Workshop, pp. 176-177, IEEE Computer Society Press, Los Alamitos, 1990

[Barkow et al. 1989]
Barkow, G., Hesse, W., Kittlaus, H.-B., Luft, A., Scheschonk, G., von Stülpnagel, A., Begriffliche Grundlagen für die frühen Phasen der Softwareentwicklung, in: Information Management, Jahrgang 4, Heft 4, S. 54-60, 1989

[Barthmes 1990]
Barthmes, K., Analyse Metamodelle der Methoden IEM/EY, ISOTEC, SSADM, IEM/JMA, Arbeitsbericht IM2000/CCRIM/9, Forschungsprogramm "Information Management 2000", Hochschule St. Gallen, 1990

[Barthmes 1991]
Barthmes, K., Design Metamodelle der Methoden IEM/EY, ISOTEC, SSADM, IEM/JMA, Arbeitsbericht IM2000/CCRIM/12, Forschungsprogramm "Information Management 2000", Hochschule St. Gallen, 1991

[Batory/Kim 1985]
Batory, D.S., Kim, W., Modeling Concepts for VLSI CAD Objects, in: ACM Transactions on Database Systems, Vol. 10, No. 3, pp. 322-346, 1985

[Benali et al. 1990]
Benali, K., Boudjlida, N., Charoy, F., Derniame, J.-C., Godart, C., Griffiths, Ph., Gruhn, V., Jamart, Ph., Legait, A., Oldfield, D.E., Oquendo, F., Presentation of the ALF Project, in: Madhavji, N., Schäfer, W. Weber, H. (Eds.), Proceedings of the First International Conference on System Development Environments and Factories, pp. 75-90, Pitman, London, 1990

[Bergsten et al. 1989]
Bergsten, P., Bubenko, J., Dahl, R., Gustafsson, M.R., Johansson, L.A., Ramatic - A CASE Shell for Implementation of Specific CASE Tools, Swedish Institute for Systems Development (SISU), TEMPORA T6.1 Report, First Draft, Göteborg, 1989

[Bertram/Blönnigen/Bröhl 1993]
Bertram, H., Blönnigen, P., Bröhl, A.-P., CASE in der Praxis, Springer, Berlin, 1993

[Bierman/Breuker/Sandberg 1989]
Bierman, D., Breuker, J., Sandberg, J. (Eds.), Artificial Intelligence and Education: Proceedings of the 4th International Conference on AI and Education, IOS, Amsterdam, 1989

[Boarder et al. 1990]
Boarder, J.,Obbink, H., Schmidt, M., Völker, A., ATMOSPHERE - Advanced Techniques and Methods of System Production in a Heterogeneous, Extensible and Rigorous Environment, in: N.H. Madhavji, W. Schäfer, H. Weber (Eds.), Proceedings of the First International Conference on System Development Environments and Factories, pp. 49-58, Pitman, London, 1990

[Boehm 1983]
Boehm, B., Seven Basic Principles of Software Engineering, in: The Journal of Systems and Software, No. 3, pp. 3-24, 1983

[Boehm 1988]
Boehm, B., A Spiral Model of Software Development and Enhancement, in: IEEE Computer, Vol. 21, No. 5, pp. 61-72, 1988

[Boehm 1989]
Boehm, B., What We Really Need Are Process Model Generators, in: Proceedings of the 11th International Conference on Software Engineering, p. 397, IEEE Computer Society Press, Washington, 1989

[Booch 1991]
Booch, G., Object Oriented Design with Applications, Benjamin/Cummings Publishing, Redwood City, 1991

[Boudier et al. 1988]
Boudier, G., Gallo, F., Minot, R., Thomas, I., An Overview of PCTE and PCTE+, in: Proceedings of the ACM SIGSOFT/SIGPLAN, pp. 248-257, ACM Press, November, 1988

[Brägger 1987]
Brägger, R.P., Wissensbasierte Werkzeuge für den Datenbank-Entwurf, Dissertation der ETH Zürich, 1987

[Brachman/Schmolze 1985]
Brachman, R.J., Schmolze, J.G., An Overview of the KL-ONE Knowledge Representation System, in: Cognitive Science, Vol. 9, No. 2, pp. 171-216, 1985

[Brenner 1985]
Brenner, W., Entwurf betrieblicher Datenelemente - Ein Weg zur Integration von Datenelementen, Dissertation an der Hochschule St.Gallen, 1985

[Brereton 1988]
Brereton, P. (Ed.), Software Engineering Environments, Ellis Horwood, Chichester, 1988

[Brinkkemper 1990]
Brinkkemper, S., Formalisation of Information Systems Modelling, Ph.D. Thesis, University of Nijmegen, Thesis Publishers, Amsterdam, 1990

[Brinkkemper et al. 1990]
Brinkkemper, S., de Lange, M., Looman, R., van der Steen, F., On the Derivation of Method Companionship by Meta-Modelling, in: ACM SIGSOFT Software Engineering Notes, Vol. 15, No. 1, pp. 49-58, 1990

[Brodie/Mylopoulos 1986]
Brodie, M.L., Mylopoulos, J., On Knowledge Base Management Systems, Springer, New York, 1986

[Brown 1989]
Brown, A.W., Database Support for Software Engineering, Kogan Page, London, 1989

[Brown/McDermid 1992]
Brown, A.W., McDermid, J.A., Learning from IPSE´s Mistakes, in: IEEE Software, pp. 23-28, March, 1992

[Bruynooghe/Parker/Rowles 1991]
Bruynooghe, R.F., Parker, J.M., Rowles, J.S., PSS: A System for Process Enactment, in: Dowson, M. (Ed.), First International Conference on the Software Process, pp. 128-141, IEEE Computer Society Press, Los Alamitos, 1991

[Bundesamt für Wehrtechnik 1991]
Bundesamt für Wehrtechnik, Software-Entwicklungsstandard der Bundeswehr - Vorgehensmodell, Allgemeiner Umdruck 250, Bundesamt für Wehrtechnik und Beschaffung, Koblenz, 1991

[Cameron 1986]
Cameron, J.R., An Overview of JSD, in: IEEE Transactions on Software Engineering, Vol. SE-12, No. 2, pp. 222-240, 1986

[Cameron 1989]
Cameron, John R., JSP and JSD: The Jackson Approach to Software Development, Second Edition, IEEE Computer Society Press, Washington, 1989

[CCTA 1989]
Central Computer and Telecommunications Agency (CCTA), SSADM Support Tools Conformance Appraisal Scheme, Version 1.08, NCC Publications, Manchester, 1989

[CCTA 1990a]
Central Computer and Telecommunications Agency (CCTA), SSADM Version 4 Reference Manual, NCC Publications, Manchester, 1990

[CCTA 1990b]
Central Computer and Telecommunications Agency (CCTA), PRINCE: Structured Project Management, NCC Blackwell Ltd., Oxford, 1990

[Cellary/Vossen/Jomier 1991]
Cellary, W., Vossen, G., Jomier, G., Multiversion Object Constellations for CAD Databases, Bericht Nr. 9105, Arbeitsgruppe Informatik, Justus-Liebig-Universität Giessen, 1991

[Chen 1976]
Chen, P.P., The Entity-Relationship Model: Towards a Unified View of Data, in: ACM Transactions on Database-Systems, Vol. 1, No. 1, pp. 9 - 36, 1976

[Christaller/Di Primio/Voss 1989]
Christaller, Th., Di Primio, F., Voss, A. (Hrsg.), Die KI-Werkbank Babylon, Addison-Wesley, Bonn, 1989

[Chroust 1989]
Chroust, G., Application Development Project Support (ADPS), in: ACM SIGSOFT Software Engineering Notes, Vol. 14, No. 5, pp. 83-104, 1989

[Chroust 1992]
Chroust, G., Modelle der Software-Entwicklung, Oldenbourg, München, 1992

[Chroust/Goldmann/Gschwandtner 1990]
Chroust, G., Goldmann, H., Gschwandtner, O., The Role of Work Management in Application Development, in: IBM Systems Journal, Vol. 29, No. 2, pp. 189-208, 1990

[Clocksin/Mellish 1984]
Clocksin, W.F., Mellish, C.S., Programming in Prolog, Second Edition, Springer, Berlin, 1984

[Coleman 1989]
Coleman, D.S., Methodology Frameworks: Putting Things in an Enterprise Perspective, in: Database Newsletter, Vol. 17, No. 5, pp. 9-12, 1989

[Conradi/Malm 1991]
Conradi, R., Malm, C.C., Cooperating Transactions and Workspaces in EPOS: Design and Preliminary Implementation, in: Andersen, R., Bubenko, J.A., Solvberg, A. (Eds.), Advanced Information Systems Engineering, pp. 375-392, Lecture Notes in Computer Science 498, Springer, Berlin, 1991

[CSTB 1990]
Computer Science and Technology Board, Scaling Up: A Research Agenda for Software Engineering, in: Communications of the ACM, Vol. 33, No. 3, pp. 281-293, 1990

[CTA 1992]
CTA Incorp., KAPTUR Release 1.0 User Guide, CTA Incorp., Rockville, 1992

[Curtis 1989]
Curtis, B., Three Problems With Behavioral Models of the Software Development Process, in: Proceedings of the 11th International Conference on Software Engineering, pp. 398-399, IEEE Computer Society Press, Washington, 1989

[Curtis/Kellner/Over 1992]
Curtis, B., Kellner, M.I., Over, J., Process Modeling, Communications of the ACM, Vol. 35, No. 9, pp. 75-90, 1992

[Cutts 1987]
Cutts, G., Structured Systems Analysis & Design Methodology, Paradigm, London, 1987

[Czap/Nedobity 1990]
Czap, H., Nedobity, W. (Eds.), TKE'90: Terminology and Knowledge Engineering, Proceedings of the Second International Congress on Terminology and Knowledge Engineering, Vol. 1, Indeks, Frankfurt, 1990

[Dahl/Dijkstra/Hoare 1972]
Dahl, O.-J., Dijkstra, E.W., Hoare, C.A.R., Structured Programming, Academic Press, London, 1972

[Davenport/Short 1990]
Davenport, Th.H., Short, J.E., The New Industrial Engineering: Information Technology and Business Process Redesign, Sloan Management Review, Vol. 31, No. 4, pp. 11-27, 1990

[Davis/Bersoff/Comer 1990]
Davis, A.M., Bersoff, E.H., Comer, E.R., A Strategy for Comparing Alternative Software Developement Life Cycle Models, in: Thayer, R.H., Dorfman, M. (Eds.), System and Software Requirements Engineering, IEEE Computer Society Press, Los Alamitos, 1990

[Davis 1989]
Davis, J.P., The Knowledge Dictionary: A KBMS Architecture for the Many-To-Many Coupling of Knowledge Based-Systems to Databases, Ph.D. Thesis, University of South Carolina, 1989

[Deen/Thomas 1990]
Deen, S.M., Thomas, G.P. (Eds.), Data and Knowledge Base Integration, Proceedings of the Working Conference on Data and Knowledge Base Integration, Pitman, London, 1990

[Deiters/Gruhn 1990]
Deiters, W., Gruhn, V., Managing Software Processes in the Environment MELMAC, in: SIGSOFT Software Engineering Notes, Vol. 15, No. 6, pp. 193-205, 1990

[Deiters/Gruhn/Schäfer 1990]
Deiters, W., Gruhn, V., Schäfer, W., Process Programming: A Structured Multi-Paradigm Approach Could Be Achieved, in: Perry, D.E. (Ed.), Proceedings of the 5th International Software Process Workshop, pp. 54-57, IEEE Computer Society Press, Los Alamitos, 1990

[DeMarco 1978]
DeMarco, T., Structured Analysis and System Specification, Yourdon Press, New York, 1978

[Derniame et al. 1992]
Derniame, J.C., Godart, C., Gruhn, V., Lonchamp, J., Process-Centered IPSEs in ALF, in: Forte, G., Madhavji, N.H., Müller, H. (Eds.), Proceedings Fifth International Workshop on Computer-Aided Software Engineering, pp. 179-190, IEEE Computer Society Press, Los Alamitos, 1992

[Dittrich/Lorie 1988]
Dittrich, K.R., Lorie, R.A., Version Support for Engineering Database Systems, in: IEEE Transactions on Software Engineering, Vol. 14, No. 4, pp. 429-437, 1988

[Dowson 1991]
Dowson, M. (Ed.), First International Conference on the Software Process, IEEE Computer Society Press, Los Alamitos, 1991

[Earl 1991]
Earl, A., A Reference Model for Computer Assisted Software Engineering Environments Frameworks, in: GI Softwaretechnik-Trends, Mitteilungen der Fachgruppe 'Software-Engineering', Band 11, Heft 2, S. 15-48, 1991

[ECMA 1991]
ECMA, Reference Model for Frameworks of Software Engineering Environments, European Computer Manufacturers Association ECMA TR/55, NIST Special Publication 500-201, Second Edition, 1991

[EIA 1991]
Electronic Industries Association, CASE Data Interchange Format (CDIF), Interim Standards, Volume 1-3, EIA Standard Sales Office, Washington D.C., 1991

[Emmerich/Gruhn 1991]
Emmerich, W., Gruhn, V., FUNSOFT Nets: A Petri-Net-Based Software Process Modeling Language, in: Proceedings of the 6th International Workshop on Software Specificaton and Design, Como, Italy, 1991

[Endres/Weber 1991]
Endres, A., Weber, H. (Eds.), Software Development Environments and CASE Technology, Lecture Notes in Computer Science 509, Springer, Berlin, 1991

[Ernst & Young 1990]
Ernst & Young, Navigator Systems Series Version 1.0, Ernst & Young Incorp., Cleveland, 1990

[Esprit 1986]
Esprit, AMADEUS Project Deliverable D1: A Classification of Methods, 1986; to be ordered from: Interprogram B.V., Wildenborch 3, 1112 XB Diemen, Netherlands

[Esprit 1987a]
Esprit, The AMADEUS Project - Final Project, 1987; to be ordered from: Interprogram B.V., Wildenborch 3, 1112 XB Diemen, Netherlands

[Esprit 1987b]
Esprit, AMADEUS Project Deliverable 5: Method Mapping and Translation Through the Unified Model, 1987; to be ordered from: Interprogram B.V., Wildenborch 3, 1112 XB Diemen, Netherlands

[Esprit 1989]
ESPRIT Consortium AMICE (Eds.), CIMOSA: Open System Architecture for CIM, Research Reports ESPRIT, Project 688, AMICE Vol. 1, Springer, Berlin, 1989

[Eurogroup 1990a]
Eurogroup, State of the Art Report, Euromethod Project Report, Deliverable 1, Phase 2, Issue 2, 1990

[Eurogroup 1990b]
Eurogroup, Scoping Study, Euromethod Project Report, Deliverable 2.1, Phase 2, Issue 2, 1990

[Eurogroup 1991]
Eurogroup, Euromethod: An Introduction and Rationale, Euromethod Project, Phase 3/1 Report, 1991

[Färberböck/Gutzwiller/Heym 1991]
Färberböck, H., Gutzwiller, Th., Heym, M., Ein Vergleich von Requirements Engineering Methoden auf Metamodell Basis, in: Timm, M. (Ed.), Requirements Engineering ´91, Informatik-Fachberichte 273, S. 40-66, Springer, Berlin, 1991

[Fairley 1985]
Fairley, R.E., Software Engineering Concepts, McGraw-Hill, New York, 1985

[Feigenbaum/McCorduck 1984]
Feigenbaum, E.A., McCorduck, P., The Fifth Generation, New American Library, New York, 1984

[Fernström/Ohlsson 1990]
Fernström, C., Ohlsson, L., The ESF Approach to Factory Style Software Production, in: Madhavji, N., Schäfer, W. Weber, H. (Eds.), Proceedings of the First International Conference on System Development Environments and Factories, pp. 91-98, Pitman, London, 1990

[Ferstl/Sinz 1990]
Ferstl, O.K., Sinz, E.J., Objektmodellierung betrieblicher Informationssysteme im Semantischen Objektmodell (SOM), Bamberger Beiträge zur Wirtschaftsinformatik, ISSN 0937-3349, Otto-Friedrich-Universität Bamberg, Bamberg, 1990

[Finkelstein et al. 1989]
Finkelstein, A., Fuks, H., Niskier, C., Sadker, M., Constructing a Dialogic Framework for Software Development Process, in: Tully, C. (Ed.), Proceedings of the 4th International Software Process Workshop, ACM SIGSOFT Software Engineering Notes, Vol. 14, No. 4, pp. 68-72, 1989

[Fowler/Rifkin 1990]
Fowler, P., Rifkin, S., Software Engineering Process Group Guide, Technical Report CMU/SEI-90-TR-24, Software Engineering Institute, Carnegie-Mellon University, Pittsburgh, 1990

[Forte/Madhavji/Müller 1992]
Forte, G., Madhavji, N.H., Müller, H. (Eds.), Proceedings Fifth International Workshop on Computer-Aided Software Engineering, pp. 50-60, IEEE Computer Society Press, Los Alamitos, 1992

[Frisse 1988]
Frisse, M.E., Searching for Information in a Hypertext Medical Handbook, in: Communications of the ACM, Special Issue: Hypertext, Vol. 31, No. 7, pp. 880-886, 1988

[Goldstein 1990]
Goldstein, R., Methodologies and CASE Tools - The Missing Link, in: Norman, R.J., Van Ghent, R. (Eds.), Proceedings Fourth International Workshop on Computer-Aided Software Engineering, pp. 239-240, IEEE Computer Society Press, Los Alamitos, 1990

[Goodman 1987]
Goodman, D., The Complete HYPERCARD Handbook, Bantam Books, Toronto, 1987

[Grabowski/Anderl/Schmitt 1989]
Grabowski, H., Anderl, R., Schmitt, M., Das Produktmodell von STEP, in: VDI-Z, Vol. 12/89, S. 84-96, 1989

[Gruhn 1991a]
Gruhn, V., Validation and Verification of Software Process Models, in: Endres, A., Weber, H. (Eds.), Software Development Environments and CASE Technology, Lecture Notes in Computer Science 509, pp. 271-286, Springer, Berlin, 1991

[Gruhn 1991b]
Gruhn, V., Validation and Verification of Software Process Models, Dissertation an der Universität Dortmund, Informatik Bericht Nr. 394/91, Dortmund, 1991

[Gruhn 1992]
Gruhn, V., Software Processes are Social Processes, in: Forte, G., Madhavji, N.H., Müller, H. (Eds.), Proceedings Fifth International Workshop on Computer-Aided Software Engineering, pp. 196-201, IEEE Computer Society Press, Los Alamitos, 1992

[Gutzwiller 1994]
Gutzwiller, Th., Das CC RIM-Referenzmodell für den Entwurf von betrieblichen, transaktionsorientierten Informationssystemen, Physica, Heidelberg, 1994

[Gutzwiller/Österle 1990]
Gutzwiller, Th., Österle, H., Einführung eines Integrierten CASE, Arbeitsbericht IM2000/CCRIM/9, Forschungsprogramm "Information Management 2000", Hochschule St. Gallen, 1990

[Halasz 1988]
Halasz, F., Reflections on Notecards: Seven Issues for the Next Generation of Hypermedia Systems, in: Communications of the ACM, Special Issue: Hypertext, Vol. 31, No. 7, pp. 836-852, 1988

[Hallmann 1991]
Hallmann, M., EUREKA Software Factory - CASE für das Jahr 2000, in: Informations-Technik it, Jg. 33, Heft 3, S. 160-166, 1991

[Hamfelt/Barklund 1989]
Hamfelt, A., Barklund, J., An Intelligent Interface to Legal Data Bases Combining Logic Programming and Hypertext, Uppsala Programming Methodology and Artificial Intelligence Laboratory, UPMAIL Technical Report No. 60, Uppsala University, 1989

[Hammer 1990]
Hammer, M., Reengineering Work: Don't Automate, Obliterate, in: Harvard Business Review, Vol. 68, No. 4, pp. 104-112, 1990

[Harel et al. 1990]
Harel, D., Lochover, H., Naamad, A., Pnueli, A., Politi, M., Sherman, R., Shtull-Trauring, A., Trakhtenbrot, M., STATEMATE: A Working Environment for the Development of Complex Reactive Systems, in: IEEE Transactions on Software Engineering, Vol. 16, No. 4, pp. 403-413, 1990

[Hayes-Roth/Waterman/Lenat 1983]
Hayes-Roth, F., Waterman, D.A., Lenat, D.B., Building Expert Systems, Addison-Wesley, Reading, 1983

[Hewett/Durham 1989]
Hewett, J., Durham, T., CASE: The Next Steps, Ovum Ltd., London, 1989

[Heym 1991a]
Heym, M., ANALYSE Vorgehensmodelle der Methoden IEM, ISOTEC, NAVIGATOR, CASE*Method & SSADM, Arbeitsbericht IM2000/CCRIM/13, Forschungsprogramm "Information Management 2000", Hochschule St. Gallen, 1991

[Heym 1991b]
Heym, M., DESIGN Vorgehensmodelle der Methoden IEM, ISOTEC, NAVIGATOR, CASE*Method & SSADM, Arbeitsbericht IM2000/CCRIM/16, Forschungsprogramm "Information Management 2000", Hochschule St. Gallen, 1991

[Heym 1991c]
Heym, M., Handbuch des Methodenbeschreibungswerkzeuges MERET, Arbeitsbericht IM2000/CCRIM/11, Forschungsprogramm "Information Management 2000", Hochschule St. Gallen, 1991

[Heym/Österle 1992a]
Heym, M., Österle, H., A Reference Model for Information Systems Development, in: Kendall, K.E., Lyytinen, K., DeGross, J. (Eds.), The Impact of Computer Supported Technologies on Information Systems Development, pp. 215-239, North-Holland, Amsterdam, 1992

[Heym/Österle 1992b]
Heym, M., Österle, H., A Semantic Data Model for Methodology Engineering, in: Forte, G., Madhavji, N.H., Müller, H. (Eds.), Proceedings Fifth International Workshop on Computer-Aided Software Engineering, pp. 142-155, IEEE Computer Society Press, Los Alamitos, 1992

[Hitchcock 1989]
Hitchcock, P., The Process Model of the Aspect IPSE, in: Tully, C. (Ed.), Proceedings of the 4th International Software Process Workshop, ACM SIGSOFT Software Engineering Notes, Vol. 14, No. 4, pp. 76-78, 1989

[Hoare 1969]
Hoare, C.A.R., An Axiomatic Basis for Computer Programming, in: Communications of the ACM, Vol. 12, No. 10, pp. 576-583, 1969

[Hong/Goor/Brinkkemper 1992]
Hong, S., Goor, G.v.d., Brinkkemper, S., A Formal Approach to the Comparison of Object-Oriented Analysis and Design Methodologies, in: Dietz, J. (Ed.), Proceedings of the CSN'92 Conference, Utrecht, November, 1992

[Hopcroft/Ullman 1979]
Hopcroft, J.E., Ullman, J.D., Introduction to Automata Theory, Languages and Computation, Addison-Wesley, Reading, 1979

[Huff 1992]
Huff, C.C., Elements of a Realistic CASE Tool Adoption Budget, in: Communications of the ACM, Vol. 35, No. 4, pp. 45-54, 1992

[Huff et al. 1992]
Huff, C., Smith, D., Stepien-Oakes, K., Morris, E., Proceedings of the CASE Adoption Workshop, Technical Report CMU/SEI-91-TR-14, Software Engineering Institute, Carnegie-Mellon University, Pittsburgh, 1992

[Humphrey 1988]
Humphrey, W.S., Characterizing the Software Process: A Maturity Framework, in: IEEE Software, Vol. 5, No. 2, pp. 73-79, 1988

[Humphrey 1989]
Humphrey, W.S., The Software Engineering Process: Definition and Scope, in: Tully, C. (Ed.), Proceedings of the 4th International Software Process Workshop, ACM SIGSOFT Software Engineering Notes, Vol. 14, No. 4, pp. 82-83, 1989

[Humphrey 1990]
Humphrey, W.S., Managing the Software Process, Addison-Wesley, Reading, 1990

[Humphrey/Kellner 1989]
Humphrey, W.S., Kellner, M.I., Software Process Modeling: Principles of Entity Process Models, in: Proceedings of the 11th International Conference on Software Engineering, pp. 331-342, IEEE Computer Society Press, Washington, 1989

[Humphrey/Kitson/Gale 1991]
Humphrey, W.S., Kitson, D.H., Gale, J., A Comparison of U.S. and Japanese Software Process Maturity, in: 13th International Conference on Software Engineering, pp. 38-49, IEEE Computer Society Press, Los Alamitos, 1991

[Humphrey/Snyder/Willis 1991]
Humphrey, W.S., Snyder, T.R., Willis, R.R., Software Process Improvement at Hughes Aircraft, IEEE Software, Vol. 8, No. 4, pp. 11-23, 1991

[Hünnekens et al 1990]
Hünnekens, H., Junkermann, G., Peuschel, B., Schäfer, W., Vagts, J., A Step Towards Knowledge-Based Software Process Modeling, in: Madhavji, N., Schäfer, W. Weber, H. (Eds.), Proceedings of the First International Conference on System Development Environments and Factories, pp. 49-58, Pitman, London, 1990

[IBM 1991]
International Business Machines Corporation, AD/Cycle Information Model Overview, IBM order no. GC26-4843-01, 1991

[IBM 1991]
International Business Machines Corporation, Ganzheitliche System-Modellierung (GSM): Ein Werkzeug für die vernetzte Gestaltung von Informations-Systemen, Version 1.1, 1991; zu beziehen von: IBM Schweiz, Zentrum für Informatikausbildung, Buckhauserstr. 22, CH-8048 Zürich

[IEEE Std. 1058.1-1987]
IEEE Standard for Software Project Management Plans, Std. 1058.1-1987, in: IEEE Software Engineering Standards Collection, Spring 1991 Edition, Institute of Electrical and Electronics Engineers, New York, 1991

[IEEE Std. 1002-1987]
IEEE Standard Taxonomy for Software Engineering Standards, Std. 1002-1987, in: IEEE Software Engineering Standards Collection, Spring 1991 Edition, Institute of Electrical and Electronics Engineers, New York, 1991

[IEEE Std. 610.12-1990]
IEEE Standard Glossary of Software Engineering Terminology, Std. 610.12-1990, in: IEEE Software Engineering Standards Collection, Spring 1991 Edition, Institute of Electrical and Electronics Engineers, New York, 1991

[IFA 1991]
Institut für Automation, IFA PASS, Projekt Management Handbuch, Institut für Automation AG, Zürich, 1991

[Iida et al. 1991]
Iida, H., Ogihara, T., Inoue, K., Torii, K., Generating a Menu-Oriented Navigation System from Formal Description of Software Development Activity Sequence, in: Dowson, M. (Ed.), First International Conference on the Software Process, pp. 45-57, IEEE Computer Society Press, Los Alamitos, 1991

[IMKA 1991]
Initiative for Managing Knowledge Assets, IMKA Outlook Newsletter, Vol. 1, Carnegie Group Inc., Pittsburgh, 1991

[Index Technology 1989]
Index Technology Corp., Excelerator Series, Facilities & Functions Reference Guide, Release 1.9, Index Technology Corp., Cambridge, 1989

[IntelliCorp 1988]
IntelliCorp, KEE User´s Guide, Knowledge Engineering Environment Version 3.1, IntelliCorp, Mountain View, 1988

[Ip/Holden 1989]
Ip, S., Holden, T., A Knowledge Assistent for the Design of Information Systems, in: Deen, S.M., Thomas, G.P. (Eds.), Data and Knowledge Base Integration, Pitman, London, 1989

[ISO/IEC 1992]
ISO/IEC, Information Technology - Standardization Framework for Software Engineering, Draft Technical Report, Reference number ISO/IEC JTC1/SC7 N984, 1992

[Jackson 1990]
Jackson, K., ASPECT (Alvey) in Perspective, in: Madhavji, N.H., Schäfer, W., Weber, H. (Eds.), Proceedings of the First International Conference on System Development Environments and Factories, pp. 101-106, Pitman, London, 1990

[James Martin 1989]
James Martin Associates, Information Engineering Methodology, Issue 1.1 and 2.0, James Martin Associates PLC, Ashford, 1989

[James Martin 1991]
James Martin & Company, Expert Customizer User Guide, Part I: The Customization Process, Part II: The Customization Toolset, James Martin & Company, Chertsey, 1991

[Jarke/Jeusfeld/Rose 1990]
Jarke, M., Jeusfeld, M., Rose, T., A Software Process Data Model for Knowledge Engineering in Information Systems, in: Information Systems, Vol. 15, No. 1, pp. 85-116, 1990

[Jarke 1992]
Jarke, M., Strategies for Integrating CASE Environments, in: IEEE Software, March, pp. 54-61,1992

[Kaiser 1989]
Kaiser, G.E., Rule-Based Modeling of the Software Development Process, in: Tully, C. (Ed.), Proceedings of the 4th International Software Process Workshop, ACM SIGSOFT Software Engineering Notes, Vol. 14, No. 4, pp. 84-86, 1989

[Kaiser/Feiler/Schwanke 1988]
Kaiser, G.E., Feiler, P.H., Schwanke, R.W., Database Support for Knowledge-Based Engineering Environments, in: IEEE Expert, Summer, pp. 18-32, 1988

[Kaiser/Feiler/Popovich 1988]
Kaiser, G., Feiler, P.H., Popovich, St.S., Intelligent Assistence for Software Development and Maintenance, in: IEEE Software, May, pp. 40-49, 1988

[Katayama 1989]
Katayama, T., A Hierarchical and Functional Software Process Description and its Enaction,

in: Proceedings of the 11th International Conference on Software Engineering, pp. 343-352, IEEE Computer Society Press, Washington, 1989

[Katayama/Suzuki 1990]
Katayama, T., Suzuki, M., An Example of Process Description in HFSP, in: Perry, D.E. (Ed.), Proceedings of the 5th International Software Process Workshop, pp. 161-162, IEEE Computer Society Press, Los Alamitos, 1990

[Katz 1990]
Katz, R.H., Toward a Unified Framework for Version Modeling in Engineering Databases, in: ACM Computing Surveys, Vol. 22, No. 4, pp. 375-408, 1990

[Kellner 1989a]
Kellner, M.I., Representation Formalism for Software Process Modeling, in: Tully, C. (Ed.), Proceedings of the 4th International Software Process Workshop, ACM SIGSOFT Software Engineering Notes, Vol. 14, No. 4, pp. 93-96, 1989

[Kellner 1989b]
Kellner, M.I., Software Process Modeling Experience, in: Proceedings of the 11th International Conference on Software Engineering, pp. 400-401, IEEE Computer Society Press, Washington, 1989

[Kellner 1990a]
Kellner, M.I., Experience with Enactable Software Process Models, in: Perry, D.E. (Ed.), Proceedings of the 5th International Software Process Workshop, pp. 85-88, IEEE Computer Society Press, Los Alamitos, 1990

[Kellner 1991]
Kellner, M.I., Software Process Modeling Support for Management Planning and Control, in: Dowson, M. (Ed.), First International Conference on the Software Process, pp. 8-28, IEEE Computer Society Press, Los Alamitos, 1991

[Kellner et al. 1991]
Kellner, M.I., Feiler, P., Finkelstein, A., Katayama, T., Osterweil, L., Penedo, M., Rombach, H., ISPW-6 Software Process Example, in: Dowson, M. (Ed.), First International Conference on the Software Process, pp. 176-186, IEEE Computer Society Press, Los Alamitos, 1991

[Kerschberg 1989]
Kerschberg, L. (Ed.), Expert Database Systems, Proceedings of the Second International Conference, Benjamin/Cummings Publishing, Redwood City, 1989

[Kinnula et al. 1992]
Kinnula, T., Ljungberg, J., Yonezaki, N., Saeki, M., Modelling the Systems Development Process, Swedish Institute for Systems Development, SISU Document Nr. 6, in: Proceedings First International Summer School on Metamodelling and Methodology Engineering, June 23-26, Finland, Jyväskylä, 1992

[KnowledgeWare 1990]
KnowledgeWare, Application Development Workbench, Release 1.5, KnowledgeWare, Atlanta, 1990

[Koomen 1989]
Koomen, C.J., Limits to the Mechanization of the Detailing Step Paradigm, in: Tully, C. (Ed.), Proceedings of the 4th International Software Process Workshop, ACM SIGSOFT Software Engineering Notes, Vol. 14, No. 4, pp. 97-102, 1989

[Kosanke 1991]
Kosanke, K., The European Approach for an Open System Architecture for CIM (CIM-OSA) - Esprit Project 5288 AMICE, in: Computing & Control Engineering Journal, pp. 103-108, May, 1991

[Krogstie et al. 1991]
Krogstie, J., McBrien, P., Owens, R., Seltveit, A.H., Information Systems Development Using a Combination of Process and Rule Based Approaches, in: Andersen, R., Bubenko, J.A., Solvberg, A. (Eds.), Advanced Information Systems Engineering, pp. 319-335, Springer, Berlin, 1991

[Kuhlen 1991]
Kuhlen, R., Hypertext: Ein nicht-lineares Medium zwischen Buch und Wissensbank, Springer, Berlin, 1991

[Kuutti 1991]
Kuutti, K., Activity Theory and its Application to Information Systems Research and Development, in: Nissen, H.-E., Klein, H.K., Hirschheim, R. (Eds.), Information Systems Research: Contemporary Approaches & Emergent Traditions, IFIP TC8/WG 8.2 Working Conference Proceedings, North-Holland, Amsterdam, 1991

[LBMS 1991]
Learmonth and Burchett Management Systems, LBMS Project Engineer, Quick Start Guide, Version 1.0, Learmonth and Burchett Management Systems, London, 1991

[Lehman 1989]
Lehman, M.M., Some Reservations on the Software Process Programming, in: Tully, C. (Ed.), Proceedings of the 4th International Software Process Workshop, ACM SIGSOFT Software Engineering Notes, Vol. 14, No. 4, pp. 111-112, 1989

[Leinweber 1988]
Leinweber, G., Die 4.-Generation-Sprache NATURAL der Software AG, in: Gutzwiller, Th., Österle, H. (Hrsg.), Anleitung zu einer praxisorientierten Software-Entwicklungsumgebung, Band 2: Entwicklungssysteme und 4.-Generation-Sprachen, S. 243-260, Angewandte Informationstechnik, Hallbergmoos, 1988

[Lenat et al. 1990]
Lenat, D.B. , Guha, R.V., Pittman, K., Pratt, D., Shepherd, M., Cyc: Towards Programs with Common Sense, in: Communications of the ACM, Vol. 33, No. 8, pp. 30-49, 1990

[Levi 1986]
Levi, G., Logic Programming: The Foundations, the Approach and the Role of Concurrency, in: Bakker, J.W., Roever, W.-P., Rozenberg, G. (Eds.), Current Trends in Concurrency, Lecture Notes in Computer Science 224, pp. 396-441, Springer, Berlin, 1986

[Lindtner 1992]
Lindtner, P., Domänenwissen in Methoden zur Analyse betrieblicher Informationssysteme, Dissertation Nr. 1292 der Hochschule St. Gallen, 1992

[Liu 1991]
Liu, Ch., Software Process Planning and Execution: Coupling vs. Integration, in: Andersen, R., Bubenko, J.A., Solvberg, A. (Eds.), Advanced Information Systems Engineering, pp. 356-374, Lecture Notes in Computer Science 498, Springer, Berlin, 1991

[Locke 1990]
Locke, Ch., Common Knowledge or Superior Ignorance?, in: IEEE Expert, December, pp. 70-72, 1990

[Ludewig 1991]
Ludewig, J., Software Engineering und CASE - Begriffserklärung und Standortbestimmung, in: Informationstechnik it, Jg. 33, Heft 3, S. 112-120, 1991

[Lusti 1992]
Lusti, M., Intelligente tutorielle Systeme, Oldenbourg, München, 1992

[Lyytinen/Smolander/Tahvanainen 1989]
Lyytinen, K., Smolander, K., Tahvanainen, V.-P., Modelling CASE Environments in Systems Development, in: Proceedings of CASE´89, The First Nordic Conference on Advanced Systems Engineering, Stockholm, 1989

[MacFarlane 1990]
MacFarlane, A.G.J., Interactive Computing: A Revolutionary Medium for Teaching and Design, in: Seventh IEE Computing and Control Lecture, Heriot-Watt University, Edinburgh, 1990

[MacLean 1989]
MacLean, R., A Functional Paradigm for Software Development, in: Tully, C. (Ed.), Proceedings of the 4th International Software Process Workshop, ACM SIGSOFT Software Engineering Notes, Vol. 14, No. 4, pp. 113-115, 1989

[MacMenamin/Palmer 1988]
MacMenamin, St., Palmer, J.F., Structurierte Systemanalyse, Prentice-Hall/Hanser, München, 1988

[Madhavji 1991]
Madhavji, N.H., The Prism Model of Changes, in: Proceedings 13th International Conference on Software Engineering, pp. 166-177, IEEE Computer Society Press, Los Alamitos, 1991

[Madhavji/Schäfer 1991]
Madhavji, N.H., Schäfer, W., Prism - Methodology and Process-Oriented Environment, in: IEEE Transactions on Software Engineering, Vol. 17, No. 12, pp. 1270-1283, 1991

[Madhavji/Schäfer/Weber 1990]
Madhavji, N.H., Schäfer, W. Weber, H. (Eds.), Proceedings of the First International Conference on System Development Environments and Factories, Pitman, London, 1990

[Martens/Lochovsky 1991]
Martens, C., Lochovsky, F.H., OASIS: A Programming Environment for Implementing Distributed Organizational Support Systems, in: De Jong, P. (Ed.), Conference on Organizational Computing Systems, pp. 29-42, SIGOIS Bulletin, Vol. 12, No. 2/3, ACM Press, 1991

[Martin/Finkelstein 1981]
Martin, J., Finkelstein, C., Information Engineering, Vol. I & II, Savant Research Studies, Carnforth, 1981

[Marttiin et al. 1992]
Marttiin, P., Lyytinen, K., Rossi, M., Tahvanainen, V.-P., Smolander, K., Tolvanen, J.-P., Modeling Requirements for Future CASE: Issues and Implementation Considerations, in: Theodoulidis, B., Sutcliffe, A. (Eds.), Proceedings of the Third Workshop on the Next Generation of CASE Tools, Umist, May, 1992

[Matter 1991]
Matter, U., Intergrierte Anwendungsentwicklung im Projekt Customer Information System, Zwischenbericht des Projektteams, Swissair, Departement CEZA, Zürich, 1991

[McDonnell Douglas 1990]
McDonnell Douglas, Introducing STRADIS for the PC, McDonnell Douglas Corporation, St. Louis, 1990

[Meersmann/Sernadas 1988]
Meersman, R.A., Sernadas, A.C. (Eds.), Data and Knowledge, Proceedings of the Second IFIP 2.6 Working Conference on Database Semantics (DS-2), North-Holland, Amsterdam, 1988

[Meersman/Shi/Kung 1988]
Meersman, R.A., Shi, Z., Kung, C.-H., Artificial Intelligence in Databases and Information Systems, Proceedings of the IFIP TC2/TC8/WG 8.1 Working Conference, North-Holland, Amsterdam, 1988

[Mertens/Griese 1991]
Mertens, P., Griese, J., Integrierte Informationsverarbeitung, Band 1 & 2, 6. Auflage, Gabler, Wiesbaden, 1991

[Mertens 1991]
Mertens, E., Der Nutzen von STEP für die CAD/NC-Kopplung, in: CIM Management, Heft 3, S. 37-42, 1991

[Meyerhoff/Müllerburg 1992]
Meyerhoff, D., Müllerburg, M., Structured Hypertext Applied to Software Measurement, in: Aiken, R.M. (Ed.), Information Processing 92, Proceedings of the 12th World Computer Congress, Vol. II: Education and Society, Elsevier, Amsterdam, 1992

[Mühlbacher 1990]
Mühlbacher, R.R., Using Conceptual Graphs as an Representation Language for System Analysis Methods, in: Proceedings of the Workshop on Conceptual Graphs at the ECAI-90, Stockholm, August, 1990

[Mühlbacher 1991]
Mühlbacher, R.R., Begriffsbasierte Integration von Systemanalysemethoden, Dissertation an der Wirtschaftsuniversität Wien, 1991

[Müllerburg/Meyerhoff/Flacke 1991]
Müllerburg, M., Meyerhoff, D., Flacke, S., Enhancing Accessability of Metrics Knowledge, in: Proceedings of the EUROMETRICS '91, EC2, Nanterre, 1991

[Mylopoulos et al. 1990]
Mylopoulos, J., Borgida, A., Jarke, M., Koubarakis, M., Telos: Representing Knowledge About Information Systems, in: ACM Transactions on Information Systems, Vol. 8, No. 4, pp. 325-362, 1990

[Nagl 1990]
Nagl, M., Characterization of the IPSEN Project, in: Madhavji, N.H., Schäfer, W. Weber, H. (Eds.), Proceedings of the First International Conference on System Development Environments and Factories, pp. 141-150, Pitman, London, 1990

[Nakagawa/Futasugi 1990]
Nakagawa, A.T., Futasugi, K., Product-Based Process Models, in: Perry, D.E., Experience with Software Process Models, Proceedings of the 5th International Software Process Workshop, Kennebunkport, pp. 101-105, IEEE Computer Society Press, Los Alamitos, 1990

[Nefiodow 1990]
Nefiodow, L.A., Der Fünfte Kontratieff, Strategien zum Strukturwandel in Wirtschaft und Gesellschaft, Gabler, Frankfurt, 1990

[Neis 1992]
Neis, G., Spezifikation von Diagrammen zur Methodenbeschreibung in der Software-Entwicklung, Diplomarbeit am Institut für Wirtschaftsinformatik II, Hochschule St.Gallen, 1992

[Notkin 1989]
Notkin, D., Applying Software Process Models to the Full Life Cycle is Premature, in: Tully, C. (Ed.), Proceedings of the 4th International Software Process Workshop, ACM SIGSOFT Software Engineering Notes, Vol. 14, No. 4, pp. 116-117, 1989

[Nuseibeh/Finkelstein 1992]
Nuseibeh, B., Finkelstein, A., ViewPoints: A Vehicle for Method and Tool Integration, in: Forte, G., Madhavji, N.H., Müller, H. (Eds.), Proceedings Fifth International Workshop on Computer-Aided Software Engineering, pp. 50-60, IEEE Computer Society Press, Los Alamitos, 1992

[Obbink 1991]
Obbink, H., Systems Engineering Environments of ATMOSPHERE, in: Endres, A., Weber, H. (Eds.), Software Development Environments and CASE Technology, Lecture Notes in Computer Science 509, Springer, Berlin, 1991

[Ohki/Ochimizu 1989]
Ohki, A., Ochimizu, K., Process Programming with Prolog, in: Tully, C. (Ed.), Proceedings of the 4th International Software Process Workshop, ACM SIGSOFT Software Engineering Notes, Vol. 14, No. 4, pp. 118-121, 1989

[Olle/Sol/Verrijn-Stuart 1986]
Olle, T.W., Sol, H.G., Verrijn-Stuart, A.A. (Eds.), Information Systems Design Methodologies: Improving the Practice, North-Holland, Amsterdam, 1986

[Olle et al. 1991]
Olle, T.W., Hagelstein, J., Macdonald, I.G., Rolland, C., Sol, H.G., Van Assche, F.J.M., Verrijn-Stuart, A.A., Information Systems Methodologies, Second Edition, Addison-Wesley, Wokingham, 1991

[Oracle 1988]
Oracle, CASE*Method, Tasks and Deliverables, Version 1.0, Oracle Corp. UK Ltd., Chertsey, Surrey, 1988

[Österle 1981]
Österle, H., Entwurf betrieblicher Informationssysteme, Hanser, München, 1981

[Österle 1988a]
Österle, H., Wettbewerbsvorsprung durch Management der Informationstechnik, in: Der Wirtschaftsingenieur, Vol. 20, Nr. 2, S. 2-7, 1988

[Österle 1988b]
Österle, H., Auf dem Weg zum Computer Integrated Software-Engineering, in: Österle, H. (Hrsg.), Anleitung zu einer praxisorientierten Software-Entwicklungsumgebung, Band 1: Erfolgsfaktoren werkzeugunterstützter Software-Entwicklung, S. 9-28, Angewandte Informationstechnik, Hallbergmoos, 1988

[Österle 1991]
Österle, H., Forschungsprogramm Informationsmanagement 2000: Konzeption und Stand

der Kompetenzzentren, Arbeitsbericht IM2000/CCIM2000/2, Version 2.1, Forschungsprogramm "Information Management 2000", Hochschule St. Gallen, 1991

[Österle 1992]
Österle, H., Generating Business Ideas Based on Information Technology, in: Clarke, R., Cameron, J. (Eds.), Managing Information Technology's Organisational Impact, II, pp. 117-129, North-Holland, Amsterdam, 1992

[Österle/Brenner/Hilbers 1991]
Österle, H., Brenner, W., Hilbers, K., Unternehmensführung und Informationssystem, Teubner, Stuttgart, 1991

[Österle/Gutzwiller 1992]
Österle, H., Gutzwiller, Th., Konzepte angewandter Analyse- und Design-Methoden, Band 1: Ein Referenz-Metamodell für die Analyse und das System-Design, Angewandte Informationstechnik, Hallbergmoos, 1992

[Osterweil 1987]
Osterweil, L.J., Software Processes are Software Too, in: Proceedings of the 9th International Conference on Software Engineering, pp. 2-13, IEEE Computer Society Press, Los Alamitos, 1987

[Osterweil 1989]
Osterweil, L.J., Automated Support for the Enactment of Rigorously Described Software Processes, in: Tully, C. (Ed.), Proceedings of the 4th International Software Process Workshop, ACM SIGSOFT Software Engineering Notes, Vol. 14, No. 4, pp. 122-125, 1989

[Overmyer 1990]
Overmyer, S.P., The Impact of DoD-Std-2167A on Iterative Design Methodologies: Help or Hinder?, in: ACM SIGSOFT Software Engineering Notes, Vol. 15, No. 5, pp. 50-59, 1990

[Parnas/Clements 1986]
Parnas, D.L., Clements, P.C., A Rational Design Process: How and Why to Fake It, in: IEEE Transactions on Software Engineering, Vol. 12, No. 2, pp. 251-257, 1986

[Perry 1990]
Perry, D.E. (Ed.), Proceedings of the 5th International Software Process Workshop, IEEE Computer Society Press, Los Alamitos, 1990

[Pietro-Diaz 1990]
Pietro-Diaz, R., Domain Analysis: An Introduction, in: ACM SIGSOFT Software Engineering Notes, Vol. 15, No. 2, pp. 47-54, 1990

[Ploenzke 1989]
Ploenzke Informatik, ISOTEC Handbuch, Version 2, Ploenzke Informatik AG, Wiesbaden, 1989

[Pocock 1991]
Pocock, J.N., VSF and its Relationship to Open Systems and Standard Repositories, in: Endres, A., Weber, H. (Eds.), Software Development Environments and CASE Technology, Lecture Notes in Computer Science 509, pp. 53-68, Springer, Berlin, 1991

[Pomberger et al. 1987]
Pomberger, G., Bischofberger, W. Keller, R., Schmidt, D., Prototypingorientierte Softwareentwicklung, Arbeitsbericht Nr. 87.05, Institut für Informatik, Universität Zürich, Zürich, 1987

[Porter 1989]
Porter, M.E., Wettbewerbsvorteile, 2. Auflage, Campus, Frankfurt, 1989

[Potts 1989]
Potts, C., A Generic Model for Representing Design Methods, in: Proceedings of the 11th International Conference on Software Engineering, pp. 217-226, IEEE Computer Society Press, Washington, 1989

[Potter/Kerschberg 1988]
Potter, W.D., Kerschberg, L., A Unified Approch to Modelling Knowledge and Data, in: Meersman, R.A., Sernadas, A.C. (Eds.), Data and Knowledge, Proceedings of the Second IFIP 2.6 Working Conference on Database Semantics (DS-2), North-Holland, Amsterdam, 1988

[Protsko et al. 1991]
Protsko, L.B., Sorenson, P.G., Tremblay, J.P., Schaefer, D.A., Towards the Automatic Generation of Software Diagrams, IEEE Transactions on Software Engineering, Vol. 17, No. 1, pp. 10-21, 1991

[Raymond/Tompa 1988]
Raymond, D.R., Tompa, F., Hypertext and the Oxford English Dictionary, in: Communications of the ACM, Special Issue: Hypertext, Vol. 31, No. 7, pp. 871-879, 1988

[Reck 1991]
Reck, M., Methoden und Beschreibungsmittel für die Programmentwicklung, Forkel, Wiesbaden, 1991

[Reimer 1991]
Reimer, U., Einführung in die Wissensrepräsentation, Teubner, Stuttgart, 1991

[Roberts 1989]
Roberts, C., Describing and Acting Process Models with PML, in: ACM SIGSOFT Software Engineering Notes, Proceedings of the 4th International Software Process Workshop, Vol. 14, No. 4, pp. 136-141, 1989

[Rochfeld 1987]
Rochfeld, A., MERISE - An Information System Design and Development Methodology, in: Spaccapietra, S. (Ed.), Entity-Relationship Approach, Elsevier Science Publishers B.V., North-Holland, Amsterdam, 1987

[Rock-Evans/Engelien 1989]
Rock-Evans, R., Engelien, B., Analysis Techniques for CASE: A Detailed Evaluation, Vol. 1 and 2, Ovum Ltd., London, 1989

[Rockart 1979]
Rockart, J.F., Chief Executives Define Their Own Data Needs, in: Harvard Business Review, Vol. 57, No. 2, pp. 81-92, 1979

[Rupietta 1992]
Rupietta, W., Organisationsmodellierung zur Unterstützung kooperativer Vorgangsbearbeitung, in: Wirtschaftsinformatik, Jg. 34, Heft 1, S. 26-37, 1992

[Saeki/Kaneko/Sakamoto 1991]
Saeki, M., Kaneko, T., Sakamoto, M., A Method for Software Process Modeling and Description Using LOTOS, in: Dowson, M. (Ed.), First International Conference on the Software Process, pp. 90-104, IEEE Computer Society Press, Los Alamitos, 1991

[Sarin/Abbott/McCarthy 1991]
Sarin, S.K., Abbott, K.R., McCarthy, D.R., A Process Model and System for Supporting Collaborative Work, in: De Jong, P. (Ed.), Conference on Organizational Computing Systems, SIGOIS Bulletin, Vol. 12, No. 2/3, pp. 213-224, ACM Press, 1991

[Sathi/Fox/Greenberg 1985]
Sathi, A., Fox, M., Greenberg, M., Representing of Activity Knowledge for Project Management, in: IEEE Transactions Pattern Analysis and Machine Intelligence, Vol. PAMI-7, No. 5, pp. 531-552, 1985

[Schäfer et al. 1990]
Schäfer, W., Broekman, P., Hubert, L., Scott, J., ESF and Software Process Modeling, in: Perry, D.E. (Ed.), Proceedings of the 5th International Software Process Workshop, IEEE Computer Society Press, Los Alamitos, 1990

[Self 1988]
Self, J. (Ed.), Artificial Intelligence and Human Learning: Intelligent Computer-Aided Instruction, Chapman and Hall, London, 1988

[Shephard/Sibbald/Wortley 1992]
Shephard, T., Sibbald, S., Wortley, C., A Visual Software Process Language, in: Communications of the ACM, Vol. 35, No. 4, pp. 37-44, 1992

[Sibbald/Shepard/Wortley 1992]
Sibbald, S., Shepard, T., Wortley, C., Software Process Enaction with VPL, in: Forte, G., Madhavji, N.H., Müller, H. (Eds.), Proceedings Fifth International Workshop on Computer-Aided Software Engineering, pp. 191-195, IEEE Computer Society Press, Los Alamitos, 1992

[Smolander 1991]
Smolander, K., Metamodels in CASE Environments, Licentiate Thesis, University of Jyväskylä, Finland, Jyväskylä, 1991

[Smolander et al. 1991]
Smolander, K., Lyytinen, K., Tahvanainen, V.-P., Marttiin, P., MetaEdit - A Flexible Graphical Environment for Methodology Modelling, in: Andersen, R., Bubenko, J.A., Solvberg, A. (Eds.), Advanced Information Systems Engineering, Lecture Notes in Computer Science 498, pp. 168-193, Springer, Berlin, 1991

[Sorenson/Tremblay/McAllister 1988]
Sorenson, P.G., Temblay, J.-P., McAllister, A.J., The Metaview System for Many Specification Environments, in: IEEE Software, Vol. 5, No. 3, pp. 30-38, 1988

[Sorenson/Tremblay/McAllister 1991]
Sorenson, P.G., Temblay, J.-P., McAllister, A.J., The EARA/GI Model for Software Specification Environments, Technical Report TR 91-14, Department of Computing Science, University of Alberta, Edmonton, 1991

[Sommerville 1986]
Sommerville, I. (Ed.), Software Engineering Environments, Peter Peregrinus, London, 1986

[Sommerville 1989]
Sommerville, I., Software Engineering, Third Edition, Addison-Wesley, Wokingham, 1989

[Sommerville/Welland/Beer 1987]
Sommerville, I., Welland, R., Beer, S., Describing Software Design Methodologies, in: The Computer Journal, Vol. 30, No. 2, pp. 128-133, 1987

[Staehle 1985]
Staehle, W.H., Management: Eine verhaltenswissenschaftliche Einführung, 2. Aufl., Vahlen, München, 1985

[Stalk 1988]
Stalk, G., Time - The Next Source of Competitive Advantage, in: Harvard Business Review, Vol. 14, No. 4, pp. 41-51, 1988

[Steinbuch 1990]
Steinbuch, P., Organisation, 8. Auflage, Kiehl, Ludwigshafen, 1990

[Sutton/Heimbigner/Osterweil 1990]
Sutton, St.M., Heimbigner, D., Osterweil, L.J., Language Constructs for Managing Change in Process-Centered Environments, in: SIGSOFT Software Engineering Notes, Vol. 15, No. 6, pp. 206-217, 1990

[Sutton et al. 1991]
Sutton, S.M., Ziv, H., Heimberger, D., Yessayan, H.E., Maybee, M., Osterweil, L.J., Programming a Software Requirements-Specification Process, in: Dowson, M. (Ed.), First International Conference on the Software Process, pp. 68-89, IEEE Computer Society Press, Los Alamitos, 1991

[Suzuki/Katayama 1991]
Suzuki, M., Katayama, K., Meta-Operations in the Process Model HFSP for the Dynamics and Flexibility of Software Processes, in: Dowson, M. (Ed.), First International Conference on the Software Process, pp. 202-217, IEEE Computer Society Press, Los Alamitos, 1991

[Swissair 1992]
Swissair, Project Life Cycle Handbook, Internes Handbuch CEZA/JD, Zürich-Kloten, 1992

[Taylor et al. 1988]
Taylor, R.N., Belz, F.C., Clarke, L.A., Osterweil, L., Selby, R.W., Wileden, J.C., Wolf, A.L., Young, M., Foundations for the Arcadia Environment Architecture, in: ACM SIGSOFT Software Engineering Notes, Vol. 13, No. 5, pp. 1-13, 1988

[Thomas/Nejmeh 1992]
Thomas, I., Nejmeh, B.A., Definitions of Tool Integration for Environments, in: IEEE Software, pp. 29-35, March, 1992

[Tomek 1992]
Tomek, I. (Ed.), Computer Assisted Learning, Proceedings 4th International Conference ICCAL´92, Lecture Notes in Computer Science 602, Springer, Berlin, 1992

[Truex 1991]
Truex, D.P., Activity Theory and its Relationship to ISD: Organizational Context and Emergent Behaviors, in: Nissen, H.-E., Klein, H.K., Hirschheim, R. (Eds.), Information Systems Research: Contemporary Approaches & Emergent Traditions, IFIP TC8/WG 8.2 Working Conference Proceedings, North-Holland, Amsterdam, 1991

[Tully 1989]
Tully, C.J. (Ed.), Representing and Enacting the Software Process, Proceedings of the 4th International Software Process Workshop, ACM SIGSOFT Software Engineering Notes, Vol. 14, No. 4, 1989

[Ullman 1982]
Ullman, J.D., Principles of Database Systems, Second Edition, Computer Science Press, Rockville, 1982

[Ulrich/Krieg 1974]
Ulrich, H., Krieg, W., St. Galler Management-Modell, 3. Aufl., Haupt, Bern, 1974

[VerhoefHofstede/Wijers 1991]
Verhoef, T.F., Hofstede, A.H.M., Wijers, G.M., Structuring Modelling Knowledge for CASE Shells, in: Andersen, R., Bubenko, J.A., Solvberg, A. (Eds.), Advanced Information Systems Engineering, pp. 502-524, Lecture Notes in Computer Science 498, Springer, Berlin, 1991

[Verrall/Morgan 1992]
Verrall, M.S., Morgan, L., Tool Integration in CASE Environments: The Software Bus, in: Forte, G., Madhavji, N.H., Müller, H. (Eds.), Proceedings Fifth International Workshop on Computer-Aided Software Engineering, pp. 46-49, IEEE Computer Society Press, Los Alamitos, 1992

[VSF 1992a]
Virtual Software Factory Ltd., User Manual for the VSF Methods Workbench on Sun/Motif Systems, VSF-MWB Version 3.7, Virtual Software Factory Ltd., Bournemouth, 1992

[VSF 1992b]
Virtual Software Factory Ltd., Methods Factory Version 2.2 Functional Specification, Virtual Software Factory Ltd., Bournemouth, 1992

[Wallmüller 1990]
Wallmüller, E., Software-Qualitätssicherung in der Praxis, Hanser, München, 1990

[Warboys 1990]
Warboys, B., The ISPE 2.5 Project: Process Modelling as the Basis for a Support Environment, in: Madhavji, N.H., Schäfer, W. Weber, H. (Eds.), Proceedings of the First International Conference on System Development Environments and Factories, pp. 59-74, Pitman, London, 1990

[Welke 1988]
Welke, R.J., The CASE Repository: More Than Another Database Application, MetaSystems Ltd., Ann Arbor, 1988

[Wenger 1987]
Wenger, E., Artificial Intelligence and Tutoring Systems: Computational and Cognitive Approaches to the Communication of Knowledge, Morgan Kaufmann, Los Altos, 1987

[Wijers 1991]
Wijers, G.M., Modelling Support in Information Systems Development, Ph.D. Thesis, Delft University of Technology, Thesis Publishers, Amsterdam, 1991

[Wijers/Brinkkemper 1991]
Wijers, G.M., Brinkkemper, S., Customizable CASE-Tools: A Need for Effective Automated Support, Software Engineering Research Centre, The Netherlands, Utrecht, 1991

[Wijers/Hofstede/Oosterom 1991]
Wijers, G.M., Hofstede, A.H.M., Oosterom, N.E., Representation of Information Modelling Knowledge, in: Tahvanainen, V.-P., Lyytinen, K. (Eds.), Proceedings of the Second Workshop on the Next Generation of CASE Tools, pp. 159-217, Trondheim, Norway, 1991

[Wilkes 1987]
Wilkes, W., Der Versionsbegriff und seine Modellierung in CAD/CAM-Datenbanken, Dissertation an der FernUniversität/Gesamthochschule Hagen, 1987

[Wirth 1971]
Wirth, N., Program Development by Stepwise Refinement, in: Communications of the ACM, Vol. 14, No. 4, pp. 221-227, 1971

[Wöhe 1990]
Wöhe, G., Einführung in die allgemeine Betriebswirtschaftslehre, 17. Aufl., Vahlen, München, 1990

[Wood/Holt 1990]
Wood, P.H., Holt, P.D., Intelligent Tutoring Systems: An Annotated Bibliography, in: ACM SIGART Bulletin, Vol. 1, No. 1, pp. 21-42, 1990

[Yourdon 1989]
Yourdon, E., Modern Structured Analysis, Prentice-Hall, London, 1989

[Yourdon/Constantine 1979]
Yourdon, E., Constantine, L.L., Structured Design, Prentice-Hall, Englewood Cliffs, 1979

Anhang

A. Referenzaktivitäten für die Informationssystem-Entwicklung

Die folgende Hierarchie von Aktivitätstypen in der Informationssystem-Entwicklung wurde im Rahmen der Arbeiten des CC RIM entwickelt. Diese *Referenzaktivitäten* entstanden während der Analyse von fünf kommerziellen ISE-Methoden bei der Konsolidierung aller Aktivitäten der untersuchten Methoden. Die verschiedenen Methoden im MERET-Modell wurden anschließend mittels dieser Referenzaktivitäten deskribiert und verglichen (vgl. AKTIVITÄTSTYP in Abb.5.5).

- **Informationssystem-Management**
  - **Informationssystem-Planung**
  - **Software Engineering**
    - **Projektmanagement**
      - *Projektaufbauorganisation*
      - *Projektablauforganisation (Projektplan, Meilensteine)*
      - *Projekt-/ Entwicklungsstandards*
      - *Management Commitment / Reporting*
      - *Kosten-/ Nutzen-Analyse*
      - *Ad-hoc-Maßnahmen*
      - *sonstiges Projektmanagement*
    - **Qualitätssicherung**
      - *Ereignis-/ Daten-Abgleich*
      - *Soll-/ Ist-Abgleich*
      - *Anforderungen-/ Problemlisten-Abgleich*
      - *ISP / Analyse-Abgleich*
      - *Analyse-/ Design-Abgleich*
      - *Assoziationsmatrizen*
      - *Prototyping*
      - *Konsistenzprüfung*
      - *Review*
      - *sonstige Qualitätssicherung*
    - **Analyse**
      - *Anforderungsbeschreibung*
      - *Systemabgrenzung*
      - Ist-Systemanalyse
        - *Ist-Geschäftsfunktionenmodell (auch DFD)*
        - *Ist-Datenmodell (Objekt, Attribut, Integritätsbedingung)*
        - *sonstige Ist-Systemanalyse*
      - Soll-Systemanalyse
        - *Grobe Informationsanalyse*
        - Geschäftsfunktionenanalyse
          - *GF-Dekomposition*
          - *GF-Ablaufmodellierung*

- *sonstige Soll-GF-Analyse*
- Datenanalyse
  - *Objektbeschreibung*
  - *Attributbeschreibung*
  - *Soll-Datenmodell*
  - *Integritätsbedingung/Analyse*
  - *Mengenanalyse*
  - *sonstige Soll-Datenanalyse*
- *Kommunikationsanalyse (DFD)*
- Ereignisanalyse (ELH)
- *Datensicht von Funktion*
- *sonstige Soll-Systemanalyse*
- Organisationsanalyse
  - *Organisationsaufbauanalyse*
  - *Organisationsablaufanalyse*
  - *sonstige Organisationsanalyse*
- *sonstige Analyse*
- **Design**
  - Benutzer- und Organisations-Design
    - Organisationsaufbau-Design
      - *Organisations-/ Stellen-Design*
      - *Organisationsstandorte*
      - *Benutzergruppen-Design*
    - Organisationsablauf-Design
      - *Organisations- / Aufgaben-Zuordnung*
      - *Aufgaben-/ Logische Transaktions-Zuordnung*
      - *Benutzer-Datenzugriffsberechtigung*
      - *Benutzer-Transaktionsberechtigung*
    - *sonstiges Benutzer-/Organisations-Design*
  - Dokumentation und Schulung
    - *Benutzer-Handbücher*
    - *Betriebs-Handbücher (technisch)*
    - *On-line-Unterstützung (Help-Texte)*
    - *Schulungs-/Betreuungskonzept*
    - *sonstige Benutzer-Dokumentation*
  - *Beschreibung der technischen Systemumgebung*
  - *Verteilung von Daten und logischen Transaktionen*
  - *Migrations-Design (Daten, Applikationen)*
  - *Entwurf fachlicher Testfälle*
    - *Tabellen(Record)-Beschreibung*
    - *Spalten(Field)-Beschreibung*
    - *Integritätsbedingung/Design*
    - *User-Codes*
    - *Häufigkeits-/ Mengen-Design*
    - *sonstiges Daten-Design*
  - Logisches Transaktionsmodell
    - Transaktions-Design

            - *Transaktionsbeschreibung*
            - *Transaktion-zu-Transaktion-Verbindung*
            - *Transaktion-zu-Transaktion-Parameter*
            - *GF-zu-Transaktion*
            - *sonstiges Transaktions-Design*
        - Dialog-Design
            - *Menü-Design*
            - *Logisches Bildschirm-Design*
            - *Dialogablauf-Design*
            - *sonstiges Dialog-Design*
        - *Ausgabe-Design (Report)*
        - *Daten-Transfer-Schnittstellen-Design*
        - *sonstiges Logisches Transaktionsmodell*
    - Datensichten
        - *Transaktion / Daten-Zugriff*
        - *Bildschirm / Daten-Verwendung*
        - *Ausgabe / Daten-Verwendung*
        - *sonstige Datensicht*
    - Sicherheits-Design
        - *Betriebssicherheits-Design*
        - *Datenschutz-Design*
        - *Datensicherungs-Design*
        - *sonstiges Sicherheits-Design*
    - *sonstiges Design*
- ***Konstruktionsdesign***
- ***Konstruktion***
- ***Test und Einführung***
- ***Betrieb und Wartung***

B. MERET-Modell in ER-Notation

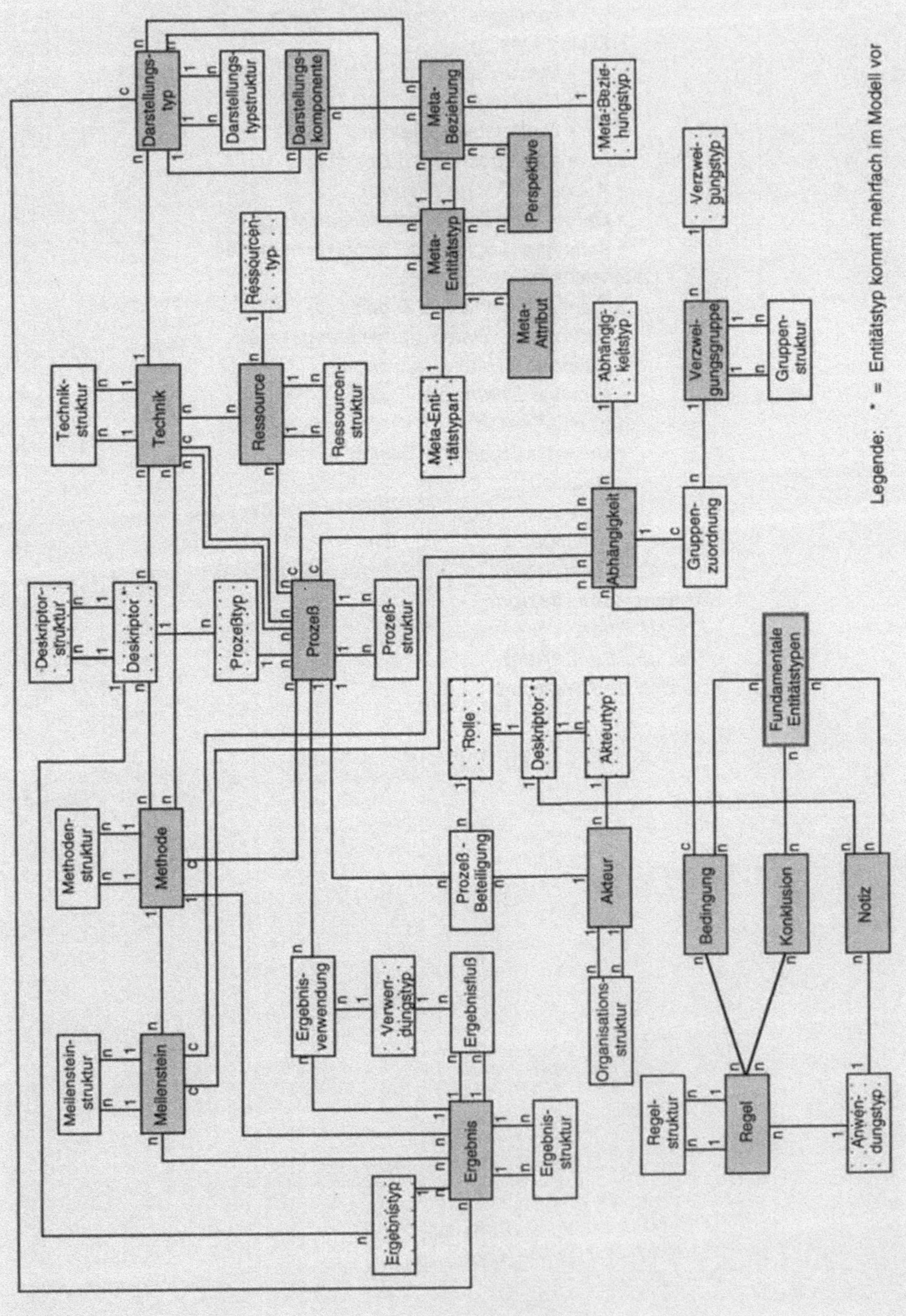

C. Spezifikation der MEET-Methodenbank

```
/*************************************************************************************/
/*                                                                                   */
/*          Methodology Engineering Representation Model (FDL)                       */
/*                                                                                   */
/*          Filename:       meet.fdl                                                 */
/*          Directory:      /home/iwi2/mikeh/meet                                    */
/*          Creation Date:  25.8.92                                                  */
/*          Last UpDate:    11.11.92                                                 */
/*          Version:        1.1                                                      */
/*          Author:         Michael Heym                                             */
/*                                                                                   */
/*          Copyright 1992  Institute for Information Management                     */
/*                          University of St. Gallen                                 */
/*                                                                                   */
/*************************************************************************************/
/*************************************************************************************/
/*                                                                                   */
/*          DELIVERABLE MODEL Specification                                          */
/*                                                                                   */
/*          Last UpDate:    27.10.92 MHE                                             */
/*                                                                                   */
/*************************************************************************************/
define Deliverable          = unstructured;
define Decomposition        = product (Deliverable, Deliverable);
define Representation       = unstructured;
define ReprComponent        = unstructured;
define IsRepresentedBy      = product (Deliverable, Representation);
define MetaAttr             = unstructured;
define Fundamental          = unstructured;
define Predefined           = unstructured;
define Structural           = unstructured;
define Associated           = unstructured;
define Subtype              = unstructured;
define MetaEntity           = union (Fundamental, Predefined, Structural,
                                     Associated, Subtype);
define MetaRelation         = product (MetaEntity, MetaEntity);
define RelName              = unstructured;
define HasName              = product (MetaRelation, RelName);
define MetamodelObj         = union (MetaEntity, MetaAttr, MetaRelation);
define BelongsToRepr        = product (MetamodelObj, Representation);

/*************************************************************************************/
/*                                                                                   */
/*          PROCESS MODEL Specification                                              */
/*                                                                                   */
/*          Last UpDate:    14.9.92 MHE                                              */
/*                                                                                   */
/*************************************************************************************/
define Milestone            = unstructured;
define Phase                = unstructured;
define Activity             = unstructured;
define Process              = union (Phase, Activity);
define PhaseStructure       = product (Phase, Process);
define Actor                = unstructured;
define ActorStructure       = product (Actor, Actor);
define Resource             = unstructured;
```

```
define NeedsResources   = product (Activity, Resource);
define Role             = unstructured;
define Involvement      = product (Actor, Process);
define ProcessRole      = product (Involvement, Role);

/***********************************************************************************/
/*                                                                                 */
/*         PROCESS DEPENDENCY Specification                                        */
/*                                                                                 */
/*         Last UpDate:    24.11.92 MHE                                            */
/*                                                                                 */
/***********************************************************************************/
define Procstone        = union (Process, Milestone);
define Sequence         = product (Procstone, Procstone);
define Parallel         = product (Procstone, Procstone);
define Selection        = product (Procstone, Procstone);
define Optional         = product (Procstone, Procstone);
define Iteration        = product (Procstone, Procstone);
define Sink             = product (Procstone, Procstone);

/***********************************************************************************/
/*                                                                                 */
/*         METHOD / TECHNIQUE MODEL Specification                                  */
/*                                                                                 */
/*         Last UpDate:    12.11.92 MHE                                            */
/*                                                                                 */
/***********************************************************************************/
define Method           = unstructured;
define Technique        = unstructured;
define HasTechnique     = product (Method, Technique);
define HasMilestone     = product (Method, Milestone);
define HasDeliverable   = product (Method, Deliverable);
define HasProcess       = product (Method, Process);
define TechniqueStructure = product (Technique, Process);
define UsesTechniques   = product (Activity, Technique);
define HasRepresentation = product (Technique, Representation);
define HasResources     = product (Technique, Resource);

/***********************************************************************************/
/*                                                                                 */
/*         DELIVERABLE USAGE Specification                                         */
/*                                                                                 */
/*         Last UpDate:    28.9.92 MHE                                             */
/*                                                                                 */
/***********************************************************************************/
define EssProcInput     = product (Deliverable, Process);
define RefProcInput     = product (Deliverable, Process);
define ProcInput        = union (EssProcInput, RefProcInput);
define EssProcOutput    = product (Process, Deliverable);
define RefProcOutput    = product (Process, Deliverable);
define ProcOutput       = union (EssProcOutput, RefProcOutput);
define BelongToMilestone = product (Milestone, ProcOutput);
define DeliverableFlowEss = product (Deliverable, Deliverable);
define DeliverableFlowRef = product (Deliverable, Deliverable);
/* This pulls in existing Deliverable nodes in a Deliverable Flow and Usage diagram */
define Phase_uses_Del        = product (Phase, Deliverable);
define Phase_uses_DelName    = product (Phase, ObjName);
imply Phase_uses_DelName     ==> [{NameIs (Deliverable (?d), ??2)}:
                             (Phase_uses_Del (??1, Deliverable (?d)) )];
```

```
constrain Phase_uses_DelName        =>
/* There is no such deliverable defined in the method */
          ({NameIs (Deliverable (?), ??2)});
requiredby Phase_uses_DelName  <== [{NameIs (Deliverable (?d), ??2)}:
                                   (Phase_uses_Del (??1, Deliverable (?d)) )];
/* This pulls in existing Deliverable nodes outside a Deliverable Flow and Usage
diagram */
define Phase_uses_OutDel        = product (Phase, Deliverable);
define Phase_uses_OutDelName = product (Phase, ObjName);
imply Phase_uses_OutDelName        ==> [{NameIs (Deliverable (?d), ??2)}:
                                   (Phase_uses_OutDel (??1, Deliverable (?d)) )];
constrain Phase_uses_OutDelName =>
/* There is no such deliverable defined in the method */
          ({NameIs (Deliverable (?), ??2)});
requiredby Phase_uses_OutDelName <== [{NameIs (Deliverable (?d), ??2)}:
                                   (Phase_uses_OutDel (??1, Deliverable (?d)) )];

/*****************************************************************************/
/*                                                                           */
/*          GUIDELINE MODEL Specification                                    */
/*                                                                           */
/*          Last UpDate:      12.11.92 MHE                                   */
/*                                                                           */
/*****************************************************************************/
define Condition              = subset (#string);
define Conclusion             = subset (#string);
define Notice                 = subset (#string);
define Rule                   = product (Condition, Conclusion);
define GuidelineObj           = union (Rule, Notice, Condition, Conclusion);
define MethodObj              = union (Method, Technique, Resource,
                                        Actor, Milestone, Process, Deliverable,
                                        Representation, ReprComponent, MetamodelObj);
define HasRule                = product (MethodObj, Rule);
define HasNotice              = product (MethodObj, Notice);
define HasCondition           = product (MethodObj, Condition);
define HasConclusion          = product (MethodObj, Conclusion);
/* The MEETObjects get created anonymously by VSF */
define MEETObj                = union (MethodObj, GuidelineObj);
define Description            = subset (#string);
define HasDescription         = product (MEETobj, Description);

/*****************************************************************************/
/*                                                                           */
/*          Referenzierung auf Namen                                         */
/*                                                                           */
/*          Last UpDate:      7.9.92 MHE                                     */
/*                                                                           */
/*****************************************************************************/
/* ObjName covers the user given name of any MEETobject */
define ObjName                = unstructured;
define NameIs                 = product (MEETObj, ObjName);
constrain NameIs              => /* Error: This MEETobject has already another name */
                              $many_to_one;
```

```
/*************************************************************************************/
/*                                                                                   */
/*          Inference Set Definitions for Reports                                    */
/*                                                                                   */
/*          Last UpDate:      12.11.92 MHE                                           */
/*                                                                                   */
/*************************************************************************************/
/* Inference set for text_format "Process Specification Report" */
define ProcessName          = {subset (ObjName)
                              => [ $fail ]
                              <= [({ NameIs (Process (?), ??set (??elem)) })] };
/* Inference set for text_format "Process Specification Report" */
define ActivityName         = {subset (ObjName)
                              => [ $fail ]
                              <= [({ NameIs (Activity (?), ??set (??elem)) })] };
/* Inference set for text_format "Process Specification Report" */
define PhaseName            = {subset (ObjName)
                              => [ $fail ]
                              <= [({ NameIs (Phase (?), ??set (??elem)) })] };
/* Inference set for text_format "Technique Specification Report" */
define TechniqueName        = {subset (ObjName)
                              => [ $fail ]
                              <= [({ NameIs (Technique (?), ??set (??elem)) })] };
/* Inference set for text_format "Deliverable Specification Report" */
define DeliverableName  = {subset (ObjName)
                              => [ $fail ]
                              <= [({ NameIs (Deliverable (?), ??set (??elem)) })] };
```

D. Spezifikation des MEET-Prozeßabhängigkeit-Editors

```
/**************************************************************************************/
/*                                                                                    */
/*        Methodology Engineering Symbol Definition                                   */
/*                                                                                    */
/*        Filename:      symbol.gdl                                                   */
/*        Directory:     /home/iwi2/mikeh/meet                                        */
/*        Creation Date: 2.9.92                                                       */
/*        Last UpDate:   17.11.92                                                     */
/*        Version:       1.0                                                          */
/*        Author:        Michael Heym                                                 */
/*                                                                                    */
/*        Copyright 1992  Institute for Information Management                        */
/*                        University of St. Gallen                                    */
/*                                                                                    */
/**************************************************************************************/
type BoxSymbol is new symbol where
        box_shape    => line_type (solid,1),
        rectangle ((0,0), (region'width, region'height));
end BoxSymbol;

type BasicLine is new symbol where
        path_shape   => line_type (solid,1);
end BasicLine;


type T_DoubleBox is new symbol where
        box_shape    => line_type (solid,1),
                        rectangle ((0,0), (region'width, region'height)),
                        rectangle ((5,5), (region'width-10, region'height-10));
end T_DoubleBox;

type T_Diamond is new symbol where
        box_shape    => line_type (solid,1),
                        polyline ((0, region'height/2), (region'width/2, 0),
                                    (region'width, region'height/2),
                        (region'width/2, region'height), (0, region'height/2) );
end T_Diamond;

type T_ActorBox is new symbol where
        box_shape    => line_type (solid,1),
                        rectangle ((0,0), (region'width, region'height)),
                        line ((5,0), (5, region'height)),
                        line ((region'width-5,0), (region'width-5, region'height));
end T_ActorBox;

type T_DoubleArc is new symbol where
        path_shape   => line_type (dashed,2),
                        line ((0,2), (region'length-10,2)),
                        polyline ((region'length-10,12), (region'length,0),
                        (region'length-10,-12), (region'length-10,-2), (0,-2) );
end T_DoubleArc;

type T_Arc is new symbol where
        path_shape   => line_type (solid,2),
                        line ((0,0), (region'length-10,0)),
                        polyline ((region'length-10,0), (region'length-10,10),
```

```
                              (region'length,0), (region'length-10,-10), (region'length-10,0) );
end T_Arc;

type T_Parallel is new symbol where
        path_shape    => line_type (solid,2),
                         line ((0,0), (region'length-10,0)),
                         polyline ((region'length-10,0), (region'length-10,10),
                         (region'length,0), (region'length-10,-10), (region'length-10,0) ),
                         text ((region'xcentre,region'ycentre), "P");
end T_Parallel;

type T_Selection is new symbol where
        path_shape    => line_type (dashed,2),
                         line ((0,0), (region'length-10,0)),
                         polyline ((region'length-10,0), (region'length-10,10),
                         (region'length,0), (region'length-10,-10), (region'length-10,0) ),
                         text ((region'xcentre,region'ycentre), "S");
end T_Selection;

type T_Optional is new symbol where
        path_shape    => line_type (dashed,2),
                         line ((0,0), (region'length-10,0)),
                         polyline ((region'length-10,0), (region'length-10,10),
                         (region'length,0), (region'length-10,-10), (region'length-10,0) ),
                         text ((region'xcentre,region'ycentre), "O");
end T_Optional;

type T_DashedArc is new symbol where
        path_shape    => line_type (dashed,2),
                         line ((0,0), (region'length-10,0)),
                         polyline ((region'length-10,0), (region'length-10,10),
                         (region'length,0), (region'length-10,-10), (region'length-10,0) );
end T_DashedArc;

type T_Ellipse is new symbol where
        path_shape    => line_type (solid,2),
                         ellipse ((region'xcentre,region'ycentre),
                         (region'width/2,region'height/2));
end T_Ellipse;

type T_DoubleEllipse is new symbol where
        path_shape    => line_type (solid,1),
                         ellipse ((region'xcentre,region'ycentre),
                         (region'width/2,region'height/2)),
                         ellipse ((region'xcentre,region'ycentre),
                         (region'width/2-5,region'height/2-5));
end T_DoubleEllipse;

type S_Many is new symbol where
        box_shape     => line_type (solid,1),
                         text ((0,0), "N");
end S_Many;

type S_One is new symbol where
        box_shape     => line_type (solid,1),
                         text ((0,0), "1");
end S_One;
```

```
type S_Conditional is new symbol where
          box_shape    => line_type (solid,1),
                          text ((0,0), "C");
end S_Conditional;

/*****************************************************************************************/
/*                                                                                      */
/*        MEET Process Dependency Diagram Definitions (GDL)                             */
/*                                                                                      */
/*        Filename:       dependency.gdl                                                */
/*        Directory:      /home/iwi2/mikeh/meet                                         */
/*        Creation Date:  15.9.92                                                       */
/*        Last UpDate:    12.11.92                                                      */
/*        Version:        1.0                                                           */
/*        Author:         Michael Heym                                                  */
/*                                                                                      */
/*        Copyright 1992  Institute for Information Management                          */
/*                        University of St. Gallen                                      */
/*                                                                                      */
/*****************************************************************************************/
/*                                                                                      */
/*        Sub_Process Node Definition                                                   */
/*                                                                                      */
/*        Last UpDate:  15.9.92 MHE                                                     */
/*                                                                                      */
/*****************************************************************************************/

type N_SubProcess is new node where
          placeholder  => "SubProcess";
          help         => "A SubProcess is any process in the method\n";
          subject      => anonymous (Process) is
                          type name subregion where
                                   placeholder => "Name of SubProcess";
                                   help => "Enter Process Name";
                                   subject => exists (ObjName)
                                   implies (NameIs from direct parent to direct self);
                                        size=> (20,20) at dependent
                                   (2, region'ycentre-10) variable (constrained);
                                   field => variable;
                          end subregion
                          implies (PhaseStructure from direct parent to direct self);
          size         => (100, 50) variable at variable;
          connects     => start (L_Sequence, L_Parallel, L_Selection, L_Optional);
          overlay      => BoxSymbol;
          operations   => traverse (unfold (T_Guideline on),
                          text (on target of relative (NameIs) of direct self),
                          diagrams (on) on direct self);
          join_points  => up (region'xcentre, 0),
                            down (region'xcentre, region'height),
                            left (0, region'height/2),
                            right (region'width, region'height/2);
end N_SubProcess;
/*****************************************************************************************/
/*                                                                                      */
/*        Process Node Definition                                                       */
/*                                                                                      */
/*        Last UpDate:  15.9.92 MHE                                                     */
/*                                                                                      */
/*****************************************************************************************/
```

```
type N_Process is new node where
        placeholder   => "Process";
        help          => "A Process is any activity or phase defined in the method\n";
        subject       => anonymous (Process) is
                         type name subregion where
                                 placeholder => "Name of Process";
                                 help => "Enter Process Name";
                                 subject => create or exists (ObjName)
                                 implies (NameIs from direct parent to direct self);
                                     size=> (20,20) at dependent
                                 (2, region'ycentre-10) variable (constrained);
                                 field => variable;
                         end subregion;
        size          => (100, 50) variable at variable;
        connects      => start (L_Sequence, L_Parallel, L_Selection, L_Optional);
        overlay       => BoxSymbol;
        operations    => traverse (unfold (T_Guideline on),
                         text (on target of relative (NameIs) of direct self),
                         diagrams (on) on direct self);
        join_points   =>up (region'xcentre, 0),
                           down (region'xcentre, region'height),
                           left (0, region'height/2),
                           right (region'width, region'height/2);
end N_Process;

/*************************************************************************************/
/*                                                                                   */
/*          Milestone Node Definition                                                */
/*                                                                                   */
/*          Last UpDate:  15.9.92 MHE                                                */
/*                                                                                   */
/*************************************************************************************/
type N_Milestone is new node where
        placeholder   => "Milestone";
        help          => "A Milestone is a certain control point in the development
                         process within a phase\n";
        subject       => anonymous (Milestone) is
                         type name subregion where
                                 placeholder => "Name of Milestone";
                                 help => "Enter Milestone Name";
                                 subject => create or exists (ObjName)
                                 implies (NameIs from direct parent to direct self);
                                     size=> (20,20) at dependent
                                 (2, region'ycentre-10) variable (constrained);
                                 field => variable;
                         end subregion;
        size          => (100, 50) variable at variable;
        connects      => start (L_Sequence, L_Parallel, L_Selection, L_Optional);
        overlay       => T_DoubleEllipse;
        operations    => traverse (unfold (T_Guideline on),
                         text (on target of relative (NameIs) of direct self),
                         diagrams (on) on direct self);
        join_points   => up (region'xcentre, 0),
                           down (region'xcentre, region'height),
                           left (0, region'height/2),
                           right (region'width, region'height/2);
end N_Milestone;
```

```
/*****************************************************************************************/
/*                                                                                       */
/*          Phase Dependency Diagram Definition                                          */
/*                                                                                       */
/*          Last UpDate:  15.9.92 MHE                                                    */
/*                                                                                       */
/*****************************************************************************************/
type N_PhaseDiagram is new node where
          placeholder   => "Phase Dependency";
          help          => "This shows the process dependencies within a phase";
          subject       => direct parent;      /* from D_Dependency */
          groups        => unrestricted (contain (N_SubProcess, N_Milestone));
          overlay       => T_DoubleBox;
          size          => dependent (region'width-20, region'height-200)
                           at dependent (10,100);
end N_PhaseDiagram;

type D_Dependency is new diagram where
          placeholder   => "Phase Dependency Diagram";
          help          => "This shows the dependency of a certain\n
                        Phase of the method (Phase Structure)\n";
          subject       => anonymous (Phase) is
                        type name subregion where
                                  placeholder => "Phase Name";
                                  help   => "This shows the name of a phase";
                                  subject => create or exists (ObjName)
                                  implies (NameIs from direct parent to direct self);
                                  size=> (20,20) at dependent
                                        (region'width-150,120) variable
                                        (constrained);
                        end subregion;
          size          => dependent (region'width, region'height) fixed at (0,0) fixed;
          regions       => N_Process, N_Milestone,
                           L_Sequence, L_Parallel, L_Selection, L_Optional;
          groups        => mandatory (contain (N_PhaseDiagram)),
                           unrestricted (contain (N_Process, N_Milestone));
          overlay       => BoxSymbol;
          operations    => traverse (unfold (T_Guideline on),
                          text (on target ofr elative (NameIs) of direct self),
                          diagrams (on) on direct self);
end D_Dependency;

/*****************************************************************************************/
/*                                                                                       */
/*          Sequence Link Definitions                                                    */
/*                                                                                       */
/*          Last UpDate:  15.9.92 MHE                                                    */
/*                                                                                       */
/*****************************************************************************************/
type L_Sequence is new link where
          placeholder   => "Sequence";
          help          => "Shows the sequence of two processes";
          subject       => implies (Sequence from direct start to direct finish);
          connects      => start (N_Process, N_Milestone, N_SubProcess),
                           finish (N_Process, N_Milestone, N_SubProcess);
          overlay       => T_Arc;
end L_Sequence;
```

```
/*******************************************************************************/
/*                                                                             */
/*          Parallel Link Definitions                                          */
/*                                                                             */
/*          Last UpDate:  21.10.92 MHE                                         */
/*                                                                             */
/*******************************************************************************/
type L_Parallel is new link where
          placeholder  => "Parallel";
          help         => "Shows the parallel execution of several processes";
          subject      => implies (Parallel from direct start to direct finish);
          connects     => start (N_Process, N_Milestone, N_SubProcess),
                          finish (N_Process, N_Milestone, N_SubProcess);
          overlay      => T_Parallel;
end L_Parallel;


/*******************************************************************************/
/*                                                                             */
/*          Selection Link Definitions                                         */
/*                                                                             */
/*          Last UpDate:  21.10.92 MHE                                         */
/*                                                                             */
/*******************************************************************************/
type L_Selection is new link where
          placeholder  => "Selection";
          help         => "Shows the selective execution of several processes";
          subject      => implies (Selection from direct start to direct finish);
          connects     => start (N_Process, N_Milestone, N_SubProcess),
                          finish (N_Process, N_Milestone, N_SubProcess);
          overlay      => T_Selection;
end L_Selection;

/*******************************************************************************/
/*                                                                             */
/*          Optional Link Definitions                                          */
/*                                                                             */
/*          Last UpDate:  21.10.92 MHE                                         */
/*                                                                             */
/*******************************************************************************/
type L_Optional is new link where
          placeholder  => "Optional";
          help         => "Shows the optional execution of several processes";
          subject      => implies (Optional from direct start to direct finish);
          connects     => start (N_Process, N_Milestone, N_SubProcess),
                          finish (N_Process, N_Milestone, N_SubProcess);
          overlay      => T_Optional;
end L_Optional;
```

E. Spezifikation des MEET-Prozeßreports

```
/*****************************************************************************/
/*                                                                           */
/*          MEET Process Specification Report (TDL)                          */
/*                                                                           */
/*          Filename:      processspec.tdl                                   */
/*          Directory:     /home/iwi2/mikeh/meet                             */
/*          Creation Date: 10.11.92                                          */
/*          Last UpDate:   20.11.92                                          */
/*          Version:       1.0                                               */
/*          Author:        Michael Heym                                      */
/*                                                                           */
/*          Copyright 1992  Institute for Information Management             */
/*                          University of St. Gallen                         */
/*                                                                           */
/*****************************************************************************/
/*****************************************************************************/
/*                                                                           */
/*          Activity Name Text Template Definition                           */
/*                                                                           */
/*          Last UpDate:   12.11.92 MHE                                      */
/*                                                                           */
/*****************************************************************************/
type T_ActivityName is new text_template where
          placeholder   => "Activity Name Template";
          help          => "Specifies a name for any Activity Object\n";
          filter_set    => Activity;
          operations    => edit (on),
                            traverse (unfold (T_Guideline on),
                            text (on direct NameIs target),
                           diagrams (on) on direct);
          content_units          =>
                         (placeholder => "I<Activity Name>I";
                         help => "Enter Activity Name ";
                         filter_reference => direct NameIs target;
                         field => variable;)
end T_ActivityName;

/*****************************************************************************/
/*                                                                           */
/*          Phase Name Text Template Definition                              */
/*                                                                           */
/*          Last UpDate:   12.11.92 MHE                                      */
/*                                                                           */
/*****************************************************************************/
type T_PhaseName is new text_template where
          placeholder   => "Phase Name Template";
          help          => "Specifies a name for any Phase Object\n";
          filter_set    => Phase;
          operations    => edit (on),
                           traverse (
                           unfold (T_Guideline on),
                           text (on direct NameIs target),
                           diagrams (on) on direct);
          content_units          =>
                         (placeholder => "I<Phase Name>I";
```

```
                              help => "Enter Phase Name ";
                              filter_reference => direct NameIs target;
                              field => variable;)
end T_PhaseName;

/*******************************************************************************/
/*                                                                             */
/*          Deliverable Name Text Template Definition                          */
/*                                                                             */
/*          Last UpDate:  12.11.92 MHE                                         */
/*                                                                             */
/*******************************************************************************/
type T_DeliverableName is new text_template where
          placeholder   => "Deliverable Name Template";
          help          => "Specifies a name for any Deliverable Object\n";
          filter_set    => Deliverable;
          operations    => edit (on),
                             traverse (
                             unfold (T_Guideline on),
                             text (on direct NameIs target),
                             diagrams (on) on direct);
          content_units              =>
                        (placeholder => "|<Deliverable Name>|";
                         help => "Enter Deliverable Name ";
                         filter_reference => direct NameIs target;
                         field => variable;)
end T_DeliverableName;

/*******************************************************************************/
/*                                                                             */
/*          Technique Name Text Template Definition                            */
/*                                                                             */
/*          Last UpDate:  10.11.92 MHE                                         */
/*                                                                             */
/*******************************************************************************/
type T_TechniqueName is new text_template where
          placeholder   => "Technique Name Template";
          help          => "Specifies a name for any Technique Object\n";
          filter_set    => Technique;
          operations    => edit (on),
                             traverse (
                             unfold (T_Guideline on),
                             text (on direct NameIs target),
                             diagrams (on) on direct);
          content_units              =>
                        (placeholder => "|<Technique Name>|";
                         help => "Enter Technique Name ";
                         filter_reference => direct NameIs target;
                         field => variable;)
end T_TechniqueName;

/*******************************************************************************/
/*                                                                             */
/*          Activity Text Template Definition                                  */
/*                                                                             */
/*          Last UpDate:  12.11.92 MHE                                         */
/*                                                                             */
/*******************************************************************************/
```

```
type T_Activity is new text_template where
        placeholder   => "Activity Name";
        help          => "A Activity is any NOT further
                           decomposed process in the method\n";
        filter_set    => ActivityName;
        operations    => edit (on),
                         traverse ( text (on),
                         diagrams (on direct NameIs source) on direct);
        content_units              =>
                      (placeholder => "Activity Name";
                       help => "Enter Activity Name ";
                       filter_reference => direct;
                       preamble => "ACTIVITY: ";
                       field => variable;
                       postscript => "\n";)
end T_Activity;

/*****************************************************************************/
/*                                                                           */
/*          Phase Text Template Definition                                   */
/*                                                                           */
/*          Last UpDate:  12.11.92 MHE                                       */
/*                                                                           */
/*****************************************************************************/
type T_Phase is new text_template where
        placeholder   => "Phase Name";
        help          => "A Phase is a further decomposed process in the method\n";
        filter_set    => PhaseName;
        operations    => edit (on),
                         traverse (
                         text (on direct),
                         diagrams (on) on direct NameIs source);
        content_units              =>
                      (placeholder => "Phase Name";
                       help => "Enter Phase Name ";
                       filter_reference => direct;
                       preamble => "PHASE: ";
                       field => variable;
                       postscript => "\n";)
end T_Phase;

/*****************************************************************************/
/*                                                                           */
/*          Method Process Text Template Definition                          */
/*                                                                           */
/*          Last UpDate:  20.11.92 MHE                                       */
/*                                                                           */
/*****************************************************************************/
type T_MethodProc is new text_template where
        placeholder   => "Methods List";
        filter_set    => Process;
        content_units              =>
                      (placeholder => "|<New Method>|";
                       help => "Enter Method Name ";
                       filter_reference => direct HasProcess source;
                       operations    => edit (on),
                                        traverse (unfold (T_Guideline on),
                                        text (on direct NameIs target),
                                        diagrams (on) on direct);
```

```
                        template_list =>
                        placeholder => ", |<New Method>|";
                        selection => unrestricted => ", ";
                                    template_name => T_MethodName;
                                    creation => anonymous;
                        end;
                        postscript => "\n";)
end T_MethodProc;

/*********************************************************************************/
/*                                                                               */
/*        Technique Process Text Template Definition                            */
/*                                                                               */
/*        Last UpDate:  22.11.92 MHE                                            */
/*                                                                               */
/*********************************************************************************/
type T_TechProc is new text_template where
        placeholder   => "Technique List";
        filter_set    => Process;
        content_units               =>
                       (placeholder => "|<New Technique>|";
                        help => "Enter Technique Name ";
                        filter_reference => direct TechniqueStructure source;
                        operations     => edit (on),
                                          traverse (unfold (T_Guideline on),
                                          text (on direct NameIs target),
                                          diagrams (on) on direct);
                        template_list =>
                        placeholder => ", |<New Technique>|";
                        selection => unrestricted => ", ";
                                    template_name => T_TechniqueName;
                                    creation => anonymous;
                        end;
                        postscript => "\n";)
end T_TechProc;

/*********************************************************************************/
/*                                                                               */
/*        Sub Process Text Template Definition                                  */
/*                                                                               */
/*        Last UpDate:  12.11.92 MHE                                            */
/*                                                                               */
/*********************************************************************************/
type T_SubProcess is new text_template where
        placeholder   => "Sub Process List";
        help          => "A Subprocess is a decomposed process of a certain
                          phase\n";
        filter_set    => Process;
        content_units               =>
                       (placeholder => "|<New Sub Pase/Activity>|";
                        filter_reference => direct PhaseStructure target;
                        operations     => edit (on),
                                          traverse (unfold (T_Guideline),
                                          text (on direct NameIs target),
                                          diagrams (on) on direct);
                        template_list =>
                        placeholder => ", |<New Sub Pase/Activity>|";
                        selection => unrestricted => ", ";
                                    template_name => T_ActivityName;
```

```
                                        creation => anonymous;
                                        template_name => T_PhaseName;
                                        creation => anonymous;
                              end;
                              postscript => "\n";)
end T_SubProcess;

/*************************************************************************************/
/*                                                                                   */
/*          Input Deliverable Text Template Definition                               */
/*                                                                                   */
/*          Last UpDate:  10.11.92 MHE                                               */
/*                                                                                   */
/*************************************************************************************/
type T_InputDeliverable is new text_template where
          placeholder    => "Input Deliverable List";
          filter_set     => Process;
          content_units              =>
                             (placeholder => "I<New Input Deliverable>I";
                              filter_reference => direct HasInput target;
                              operations     => edit (on),
                                                   traverse (unfold (T_Guideline),
                                                  text (on direct NameIs target),
                                                  diagrams (on) on direct);
                              template_list =>
                              placeholder => ", I<New Input Deliverable>I";
                              selection => unrestricted => ", ";
                                        template_name => T_DeliverableName;
                                        creation => anonymous;
                              end;
                              postscript => "\n";)
end T_InputDeliverable;

/*************************************************************************************/
/*                                                                                   */
/*          Output Deliverable Text Template Definition                              */
/*                                                                                   */
/*          Last UpDate:  10.11.92 MHE                                               */
/*                                                                                   */
/*************************************************************************************/
type T_OutputDeliverable is new text_template where
          placeholder    => "Output Deliverable";
          filter_set     => Process;
          content_units              =>
                             (placeholder =>  "I<New Output Deliverable>I";
                              filter_reference => direct HasOutput target;
                              operations     => edit (on),
                                                   traverse (unfold (T_Guideline),
                                                  text (on direct NameIs target),
                                                  diagrams (on) on direct);
                              template_list =>
                              placeholder => ", I<New Output Deliverable>I";
                              selection => unrestricted => ", ";
                                        template_name => T_DeliverableName;
                                        creation => anonymous;
                              end;
                              postscript => "\n";)
end T_OutputDeliverable;
```

```
/*************************************************************************************/
/*                                                                                   */
/*          Technique Text Template Definition                                       */
/*                                                                                   */
/*          Last UpDate:  11.11.92 MHE                                               */
/*                                                                                   */
/*************************************************************************************/
type T_Technique is new text_template where
          placeholder   => "Technique List";
          filter_set    => Activity;
          content_units              =>
                        (placeholder => "|<New Technique>|";
                         filter_reference => direct UsesTechniques target;
                         operations     => edit (on),
                         traverse (unfold (T_Guideline),
                                       text (on  direct NameIs target),
                                       diagrams (on) on direct);
                        template_list =>
                        placeholder => ", |<New Technique>|";
                        selection => unrestricted => ", ";
                                       template_name => T_TechniqueName;
                                       creation => anonymous;
                        end;
                        postscript => "\n";)
end T_Technique;

/*************************************************************************************/
/*                                                                                   */
/*          Activity Resource Text Template Definition                               */
/*                                                                                   */
/*          Last UpDate:  20.11.92 MHE                                               */
/*                                                                                   */
/*************************************************************************************/
type T_ActivityResource is new text_template where
          placeholder   => "Activity Resource List";
          filter_set    => Activity;
          content_units              =>
                        (placeholder => "|<New Resource>|";
                         help => "Enter Resource Name ";
                         filter_reference => direct NeedsResources target;
                         operations     => edit (on),
                                       traverse (unfold (T_Guideline on),
                                       text (on direct NameIs target),
                                       diagrams (on) on direct);
                        template_list =>
                        placeholder => ", |<New Resource>|";
                        selection => unrestricted => ", ";
                                       template_name => T_ResourceName;
                                       creation => anonymous;
                        end;
                        postscript => "\n";)
end T_ActivityResource;
/*************************************************************************************/
/*                                                                                   */
/*          Process Specification Text Format                                        */
/*                                                                                   */
/*          Last UpDate:  12.11.92 MHE                                               */
/*                                                                                   */
/*************************************************************************************/
```

```
type F_ProcessSpec is new text_format where
        placeholder   => "Process Specification Report";
        help          => "This document provides a detailed specification of a
                                   development process in the method\n";
        filter_set    => ProcessName;
        content_units         =>
                      (fixed_text => "\n\tPROCESS SPECIFICATION EDITOR";)

                      (filter_reference => direct;
                       preamble => "\n\nDESCRIPTION OF ";
                       template_list => selection => unrestricted => "\n";
                                 template_name => T_Activity;
                                 template_name => T_Phase;
                       end;
                       postscript => "\n";)

                      (placeholder => "I<Please enter description>I";
                       filter_reference => direct NameIs source;
                       template_reference =>
                                 template_name => T_Description;
                       end;
                       postscript => "\n";)

                      (filter_reference => direct NameIs source;
                       preamble => "BELONGING TO METHOD: \n\t";
                       template_reference =>
                                template_name => T_MethodProc;
                       end;
                       postscript => "\n";)

                      (filter_reference => direct NameIs source;
                       preamble => "BELONGING TO TECHNIQUE: \n\t";
                       template_reference =>
                                template_name => T_TechProc;
                       end;
                       postscript => "\n";)

                      (filter_reference => direct NameIs source;
                       operations     => edit (on),
                                    traverse (unfold (T_Guideline),
                                    text (on  direct NameIs target),
                                    diagrams (on) on direct);
                       preamble => "SUB PROCESSES: \n\t";
                       template_reference =>
                                template_name => T_SubProcess;
                       end;
                       postscript => "\n";)

                      (filter_reference => direct NameIs source;
                       operations     => edit (on),
                                    traverse (unfold (T_Guideline),
                                    text (on  direct NameIs target),
                                    diagrams (on) on direct);
                       preamble => "INPUT DELIVERABLES: \n\t";
                       template_reference =>
                                template_name => T_InputDeliverable;
                       end;
                       postscript => "\n";)
```

```
                    (filter_reference => direct NameIs source;
                     operations     => edit (on),
                                       traverse (unfold (T_Guideline),
                                       text (on  direct NameIs target),
                                       diagrams (on) on direct);
                     preamble => "OUTPUT DELIVERABLES: \n\t";
                     template_reference =>
                                    template_name => T_OutputDeliverable; end;
                     postscript => "\n";)

                    (filter_reference => direct NameIs source;
                     operations     => edit (on),
                                       traverse (unfold (T_Guideline),
                                       text (on  direct NameIs target),
                                       diagrams (on) on direct);
                     preamble => "USED TECHNIQUES (ACTIVITIES ONLY): \n\t";
                     template_reference =>
                                    template_name => T_Technique;
                     end;
                     postscript => "\n";)

                    (filter_reference => direct NameIs source;
                    preamble => "USED RESOURCES (METHOD ACTIVITIES
                                    ONLY): \n\t";
                     template_reference =>
                                    template_name => T_ActivityResource;
                     end;
                     postscript => "\n";)
end F_ProcessSpec;
```

Abbildungsverzeichnis

Springer-Verlag und Umwelt

Als internationaler wissenschaftlicher Verlag sind wir uns unserer besonderen Verpflichtung der Umwelt gegenüber bewußt und beziehen umweltorientierte Grundsätze in Unternehmensentscheidungen mit ein.

Von unseren Geschäftspartnern (Druckereien, Papierfabriken, Verpackungsherstellern usw.) verlangen wir, daß sie sowohl beim Herstellungsprozeß selbst als auch beim Einsatz der zur Verwendung kommenden Materialien ökologische Gesichtspunkte berücksichtigen.

Das für dieses Buch verwendete Papier ist aus chlorfrei bzw. chlorarm hergestelltem Zellstoff gefertigt und im pH-Wert neutral.